法律诊所实训

叶永禄 ◎ 主　编
尚立娜　陈敬根　王艳丽 ◎ 副主编

图书在版编目(CIP)数据

法律诊所实训/叶永禄主编. —北京：北京大学出版社,2022.11
ISBN 978-7-301-33572-7

Ⅰ.①法⋯ Ⅱ.①叶⋯ Ⅲ.①法律—中国—高等学校—教材 Ⅳ.①D92

中国版本图书馆 CIP 数据核字(2022)第 211268 号

书　　　名	法律诊所实训 FALÜ ZHENSUO SHIXUN
著作责任者	叶永禄　主编
责 任 编 辑	尹　璐
标 准 书 号	ISBN 978-7-301-33572-7
出 版 发 行	北京大学出版社
地　　　址	北京市海淀区成府路 205 号　100871
网　　　址	http://www.pup.cn　新浪微博：@北京大学出版社
电 子 信 箱	zpup@pup.cn
电　　　话	邮购部 010-62752015　发行部 010-62750672　编辑部 021-62071998
印 刷 者	北京鑫海金澳胶印有限公司
经 销 者	新华书店
	787 毫米×1092 毫米　16 开本　25.5 印张　499 千字 2022 年 11 月第 1 版　2025 年 8 月第 5 次印刷
定　　　价	79.00 元

未经许可，不得以任何方式复制或抄袭本书之部分或全部内容。
版权所有，侵权必究
举报电话：010-62752024　电子信箱：fd@pup.cn
图书如有印装质量问题，请与出版部联系，电话：010-62756370

前　言

　　法律诊所课程是以教师指导学生进行真实的职业法律实务工作操作为方法，以培养学生法律职业实务工作技能、价值观念和其他全面综合的法律职业素质为目的的一门新型课程。① 自2000年引进法律诊所课程，我国就正式拉开了诊所法律教育的发展帷幕。在中国法学会法律教育研究会的推动下，在诊所法律教育专业委员会的直接指导下，在各法律院校的帮助和支持下，诊所法律教育在我国得到了快速的发展。目前，中国法学会诊所法律教育专业委员会已有202个会员单位，开设法律诊所课程的法学院则更多。为了适应新形势下培养高素质社会主义法治人才的要求，满足法律院校法律诊所课程教学的需要，我们编写了本教材。

　　本教材分为诊所法律教育与法律诊所课程、法律职业伦理、接待（会见）当事人的理论与技巧、法律咨询的理论与技巧、事实调查的理论与技巧、法律研究的理论与技巧、民事调解的理论与技巧、刑事诉讼辩护的理论与技巧、民事诉讼代理的理论与技巧、行政诉讼代理的理论与技巧、仲裁代理的理论与技巧，共十一章。内容涵盖刑事、民事和行政诉讼以及商事仲裁等领域的法律事务，并以律师业务工作为主要线索，对各类法律业务的工作内容、工作流程和工作技巧进行比较全面的讲解。同时，为了厘清法律诊所发展过程中的一些理论问题，本教材对法律诊所的国际化和本土化进行了充分的论述，并根据法律诊所课程的特点，对法律诊所的运行机理和教学方法作了系统的介绍。

　　本教材可用于各个法律院校的法律诊所课程教学，同时也可用于社会上各类法律实务人员的培训。

　　本教材由叶永禄教授任主编，尚立娜博士、陈敬根教授和王艳丽教授任副主编。参加各章编写的作者及分工如下：叶永禄撰写第一章；尚立娜撰写第二章；朱玲龄、叶永禄撰写第三章；夏海波撰写第四章；王艳丽、叶永禄撰写第

---

① 相关内容详见2018年12月中国法学会法学教育研究会诊所法律教育专业委员会发布的《法律诊所课程质量标准》。

五章；陈敬根撰写第六章；任学强撰写第七章；王思维撰写第八章；王艳丽、尚立娜撰写第九章；姚姝、陈敬根撰写第十章；陈敬根撰写第十一章。全书由叶永禄统稿。

在本教材的撰写过程中，西北政法大学汪世荣教授、中国政法大学许身健教授、武汉大学李傲教授及澳大利亚纽卡斯尔大学法学院高级讲师李斌博士等，不仅对教材的撰写工作给予充分的关注，而且还在一些重要的问题上给予了热心的指导和支持，在此一并向他们表示感谢！最后，衷心感谢法学院各届领导班子对法律实践教学工作的指导，感谢法学院对"法律实训系列"教材出版的支持！

编　者

2022 年 6 月

目 录
Contents

第一章　诊所法律教育与法律诊所课程　001
　　第一节　诊所法律教育概述　001
　　第二节　诊所法律教育的产生和发展　007
　　第三节　法律诊所的模式选择与工作规范　017
　　第四节　诊所法律教育教学方法及其应用　030
　　第五节　诊所法律教育的评价体系　037

第二章　法律职业伦理　047
　　第一节　法律职业伦理概述　047
　　第二节　律师职业伦理　054
　　第三节　诊所式法律教育中的法律职业伦理培养　066

第三章　接待（会见）当事人的理论与技巧　070
　　第一节　接待（会见）当事人概述　070
　　第二节　接待（会见）当事人的步骤与方法　072
　　第三节　接待（会见）当事人的技能演示　084
　　第四节　接待（会见）当事人的技能训练　108

第四章　法律咨询的理论与技巧　110
　　第一节　法律咨询概述　110
　　第二节　法律咨询的步骤与技巧　113
　　第三节　法律咨询中的技能演示　127
　　第四节　法律咨询的技能训练　136

第五章　事实调查的理论与技巧　139
　　第一节　事实调查概述　139
　　第二节　事实调查的方法与步骤　142
　　第三节　事实调查的技能演示　157
　　第四节　事实调查的技能训练　175

第六章 法律研究的理论与技巧 — 178
第一节 法律研究概述 — 178
第二节 法律研究的步骤与技巧 — 181
第三节 法律研究的技能演示 — 198
第四节 法律研究的技能训练 — 207

第七章 民事调解的理论与技巧 — 210
第一节 民事调解制度概述 — 210
第二节 民事调解的步骤与方法 — 217
第三节 民事调解的技能演示 — 225
第四节 民事调解的技能训练 — 231

第八章 刑事诉讼辩护的理论与技巧 — 235
第一节 刑事诉讼概述 — 235
第二节 刑事诉讼辩护的业务流程 — 236
第三节 刑事诉讼辩护的技能演示 — 247
第四节 刑事诉讼辩护的技能训练 — 273

第九章 民事诉讼代理的理论与技巧 — 286
第一节 民事诉讼概述 — 286
第二节 民事诉讼代理的业务流程 — 287
第三节 民事诉讼代理的技能演示 — 300
第四节 民事诉讼代理的技能训练 — 313

第十章 行政诉讼代理的理论与技巧 — 324
第一节 行政诉讼概述 — 324
第二节 行政诉讼代理的业务流程 — 327
第三节 行政诉讼代理的技能演示 — 349
第四节 行政诉讼代理的技能训练 — 364

第十一章 仲裁代理的理论和技巧 — 367
第一节 仲裁概述 — 367
第二节 仲裁代理的业务流程 — 369
第三节 仲裁代理的技能演示 — 384
第四节 仲裁代理的技能训练 — 396

参考文献 — 400

第一章 诊所法律教育与法律诊所课程

第一节 诊所法律教育概述

一、概念界定

"法律诊所"与"诊所法律教育"是两个彼此区别而又相互联系的概念。

法律诊所（Legal Clinic）通常被认为是一门法律实践课程，它是以教师指导学生进行真实的职业法律实务工作操作为方法，以培养学生法律职业实务工作技能、价值观念和其他全面综合的法律职业素质为目的的一门新型课程。[①]

然而，法律诊所在成为法学实践教学课程之前，仅仅是一个物理空间概念，亦即对法学院学生实施诊所法律教育的处所。学生在法学院设立的"法律诊所"中接受当事人的法律咨询、委托等，在教师指导下参与法律实践，特别是亲自以"准律师"的身份介入案件的处理，在此过程中学习和运用法律，并培养能力。[②] 法律诊所不一定都设在法学院，也有可能设在合作单位，比如法律援助中心、妇联、社区等地，建立合作关系后，挂上"××法律诊所"的牌子。

除了上述两层含义外，在我国，法律诊所也可能是代表实施"法律诊所"课程的一个机构，通常表述为"××××大学法律诊所"；在有些教科书中还有"法律诊所教育"的称谓，此时的"法律诊所"应该是一种教育模式，即以"法律诊所"课程为实现载体的法律（学）教育模式，亦即本教材中的"诊所法律教育"。

诊所法律教育（Clinical Legal Education），又称"临床法律教育"，是指法学院学生在一个真实的"法律诊所"中，在有成熟实务经验的指导老师的监督指导下为处于困境中的受援人提供法律咨询，"诊断"他们的法律问题，开

[①] 相关界定详见2018年12月中国法学会法学教育研究会诊所法律教育专业委员会发布的《法律诊所课程质量标准》。

[②] 孙英伟：《诊所式法律教育的探索与实践》，载《学周刊》2013年第11期。

出"处方",为他们提供解决法律问题的方法,并为他们提供无偿的法律援助服务。学生和教师在承担法律援助的同时,理解法律的作用,实践职业伦理,培养职业价值观,实现教育的功能。

诊所法律教育是一种借鉴医学院临床教学法来培养法学院学生的教育方法或教育模式,实践证明这是一种法学院学生获得法律经验、培养实务能力的有效方法和途径,其突出的实践性特色具有单纯课堂教育无可比拟的优势,可用于培养大量的法律实务人才,并加强对理论性研究的理解和获取相关实践经验。

二、诊所法律教育的特点

(一)学生主体性——教学内容突出以学生为主体的实践性

诊所法律教育的教学内容都是围绕将学生由一个被动的听课者到一个主动解决法律问题的办案者的身份转换和技能提高的目的而设置的,亦即通过解决具体而实际的问题,锻炼学生的实践能力,让学生在解决实际问题中收获知识。因此,它与观摩认识型、实践知识型、模拟体验型、思考研究型等由教师(或带教老师)主导的实践课程有明显的不同。在诊所法律教育中,教学是围绕学生需要解决的实际问题(譬如正在承办的案件)展开的,教师的指导是根据学生解决实际问题的需要进行安排的。通常是教师设置一个教学主题,学生通过诊所法律教育来丰富其内容,最终师生共同配合实现教学意图,完成教学目标。教室和社会都是学生的课堂,课堂上更多的是学生的声音,学生和教师面对面地进行真正平等意义上的对话和交流。由于课堂教学紧紧围绕着解决学生手中承办案件中面临的法律问题,因此,学生会以更主动的、更积极的态度参与课堂教学活动。

(二)背景真实性——使用真实的背景材料,学生在学习过程中接触的是真实的案件、真实的当事人

诊所法律教育将学生置身于法律诊所这个真实的环境之中,学生在真实的场景,面对真实的当事人,处理真实的案件,解决实际的法律问题。学生身临其境,能真正在实践中分析和解决法律问题,掌握基本实践操作技能和了解司法制度体系,进而能培养职业道德,提高处理真实案件的能力,掌握解决现实纠纷的方法。因此,它与无场景安排的实践知识型教学有根本性的区别。同时,它与有"场景"、有"当事人"的案例教学(思考研究型)和模拟法庭教学也存在巨大差异。因为,传统的案例教学和模拟法庭采用的都是虚拟的或是已经发生过的案件,与诊所法律教育相比存在着明显的不足。具体表现在:一是学生的应变能力得不到有效训练。因为教学中使用的是已知的或虚拟的案

件，事实与证据都被确定在一定的限制范围内，不像诊所教育中遇到的都是真实案件，学生在处理真实案件时，会遇到许多未知情况和突发事件，学生的应变能力因此也就得到了锻炼。二是难于激发学生的兴趣，学生更不能设身处地地理解当事人的感受，难以培养其职业责任心。三是难以对法律实践的全过程进行有效训练，如接待当事人、提供咨询、谈判技巧、起草法律文件等。

（三）思维创新性——学生思维方式的创新性

实践知识型教学主要是课堂上教师在台上讲，学生在台下听；观摩认识型教学主要是别人在上面做，学生在旁边看，这种讲座式和观察性的教学方法都将学生置于被动学习中，师生之间缺乏相互交流，课堂上进行相互讨论也很少，这种形式的教育很难培养学生的思辨能力和独立思考的能力。即便是案例教学，虽然它也注重分析与讨论，但因为相关事实和证据都是既定的，学生在讨论和分析中心情是轻松的，无须担心说错了做错了会产生怎样的后果，而且学生所期待的往往是最后教师公布的"标准答案"。在诊所法律教育中，对案件的解决没有一个"标准答案"，办案的效果与学生利益（评价和成绩）直接关联。它要求学生在无既定答案的前提下，充分考虑现实情况，了解案件的所有细节和其特定的社会背景，根据具体的事实和证据进行分析，从有利于委托人的角度寻求一个最优的和最有效的解决方案。所以，在诊所法律教育中，学生充分参与其中，可以最大限度地发挥其主动性、能动性和创造性。这一点，与同为直接参与型课程的专业实习、司法见习也是不同的。

（四）直接参与性——在教师的指导下，由学生直接办理案件

在诊所法律教育中，要求学生在教师的指导下为真实案件的当事人代理，因此，学生所学到的不仅仅是法律，而是律师工作的整个过程。因为，学生在课堂上学到的法律知识，只能使人们从理论上理解律师的工作，而要获得律师执业必要的技能，学生必须从实践中去学习，在实际工作中积累经验。在现实案件的代理中，学生不仅获得了练习技能的机会，而且通过办理真实的案件，可以了解法院、检察院、律师事务所等法律实务部门的工作环境和工作方式，直接感受法律工作者的真实工作状态，这些都是在其他法学课堂上难以涉及的却又是必须了解的。同时，在现实案件的代理过程中，学生不可避免地要面对来自各方面的压力，由此必然引发他们对职业责任和职业道德的思考，这无疑对他们以后从事法律职业是大有帮助的。

（五）方法多样性——因材施教，开展个性化教学

诊所法律教育的教学方法必然是要求实行个性化教学，这不仅是因为学生本身存在着个性化差异，而且还因为学生正在处理的法律事务千差万别，他们

遇到的困难和问题也不尽相同，因此，学生对指导老师的需求肯定也是不一样的。故此，单一教学方法是满足不了诊所法律教育的要求的。提问式教学法、模拟训练教学法、对谈式教学法、反馈式教学法、合作式教学法、互动式教学法、视频回放教学法等，都是诊所法律教育中经常采用的教学方法。对这些教学方法的应用通常没有人为的设计和安排，也没有固定的程式化要求，而是需要教师或指导老师根据实时实况和具体人的需要灵活采用，以求得最佳的教学效果。

（六）评价独特性——学生自我评价、老师评价、同学评价、当事人评价有机结合

在传统的法学教育中，评价的主体和标准通常都比较单一。对学生的评价往往是教师的"特权"，评价的标准一般就是学生的考试成绩，而目前我们的考试中更多的是对记忆力而不是对分析能力、推理能力的测试，这不利于法科学生以后从事法律工作。而诊所法律教育中，教师对学生评价的"特权"被学生、指导老师以及当事人共同分享了。评价的标准也多元化了，尽管对知识学习和掌握的程度仍然是考核的内容，但其评价标准更多的是向学生解决具体实践问题方面倾斜。评价的方式也有很多种，包括教师对学生的评价、指导老师对学生的评价、学生对学生的评价、学生的自我评价，以及当事人对学生的评价（可考查学生办案的效果）等。评价可以书面形式进行，也可以口头形式进行，可以是一对一单独进行，也可以在课堂教学时集体进行，可以集中进行，也可以分阶段进行。集中反馈是诊所法律教育经常采用的方式，评价和反馈可以帮助学生养成审视和反思自己的理论和行为的良好习惯，集中反馈更可以扩大学生的学习机会，是一个相互学习的过程，评价和反馈使得"从经验中学习法律"的理念得到了更好的实现。

三、诊所法律教育在学生培养中的功能

（一）诊所法律教育采用"在行动中学习"的教学模式，有利于培养学生解决实际问题的能力

法学是应用性极强的一个学科，因此，就法科学生而言，"读万卷书"还真不见得就能"行万里路"。大学生尤其是将来要从事法律实务工作的法科学生，必须具有将书本知识转化为解决实际问题的能力。而现在的法学院学生主要还是接受传统的法学教育，"边听边学"仍然是学生获得知识储备的最主要方式，课堂教学是学生学习法学知识的全部或主要途径。当然，现在很多法学院为了加强学生在法律技能上的训练，也增设了庭审观摩、模拟法庭、证据试验这样的体验课程，但是，学生在庭审观摩中"边看边学"得到的法律技能

只能是纸上谈兵，在模拟法庭中"边学边做"学到的法律技能也只是花拳绣腿，由于缺乏在解决纠纷过程中的真实感受，学生还是不能掌握解决法律问题的"真功夫"。而诊所法律教育是一种"边做边学"的实践操作性训练，它强调学生要"在行动中学习"，在解决现实的法律问题中锻炼能力，这是提高学生法律工作技能最有效的途径。

（二）诊所法律教育将学生置身于法律实践问题的解决过程中，有利于学生"查漏补缺"，丰富知识结构

我们的法科学生从小学、中学到大学通常都是围绕着课堂、课本转，可以"两耳不闻窗外事"，只要考上理想的大学就是成功者。进入大学后，尽管大学的学习环境、课程设置和教学方法已经和小学、中学有了很大的改变，但是，由于长期养成的学习习惯，加上大学的评价考核和激励机制以及升学标准的导向作用，更多学生还是沿袭了中学阶段的学习方法，专注考试课程，以规定教材为中心，追求高学分。至于素质、能力培养类课程也只是以取得学分为目的，而完全或很少考虑今后就业、发展的需要。因此也就造就了很多"高分低能"，甚至是"高分无能"的所谓"学霸"。当这些新生的法治人才踏入社会，面对具体的法律事务时可能会束手无策。

其实，大学给学生传导的法律知识对其成长是至关重要的，很多成功法律实务人才的成长经历就证明了这一点。只是有些学习能力比较强的学生比较顺利地实现了角色的转变，通过自我学习比较快地将书面上的知识转化成了解决问题的能力。因为学生从书本上、在课堂里学到的概念、理论，是对"静态"法律的理解或解释，最多也是由别人写出来或者说出来的、别人的经验，可以用一般的原理进行分析。但是，现实中具体的法律事务都是与人的活动相关联的，是动态发展中的事件，必须把一般的法学原理与其他相关知识和能力结合起来才能加以分析。而这些"相关知识和能力"可能是在学校考核课程中没有触及的，需要在解决实际问题的过程中去发现和充实。如果学生只有离开学校后才能暴露自己的这种知识缺憾，就会对一些自主学习能力比较弱的学生带来成长中的困惑。

在学校开展诊所法律教育正好可以解决法学教育中的这一短板，学生在法律诊所学习中就亲身参与对真实法律事件的处理，并在解决实际问题过程中发现自己知识和能力上的缺失，并通过自己在校期间的努力和老师的指导丰富自己的知识结构，培养和训练解决实际问题的能力。

（三）诊所法律教育为学生搭建了展示自我的舞台，有利于激发学生的学习和创新热情，培养学生浓厚的学习兴趣和良好的学习习惯

在诊所法律教育中，法律诊所只是为学生搭建的一个舞台，无论是在法律

诊所的教学课堂上,还是接待当事人的过程中,或是成为当事人的代理人,学生都是教学的主体,他们可以在这个舞台上充分地展示自己的才华和能力。因此,这与传统课堂教学中学生作为被动接受者的角色完全不同,学生成为法律诊所中的主角。这种让学生被动接受向让学生主动学习的教学方式的改变,也会给学生的学习习惯带来变化,"要我学习"将转化为"我要学习",学生的学习兴趣将大大提高,学生的学习热情将被充分激发。而这种被激发的学习热情,又将促进学生锐意进取的创新精神的迸发。为了课堂中的一个报告,为了模拟演示中的一次出彩,为了代理案件有一个圆满的结果,学生会充分挖掘自己的潜力,发挥自己的创造力。

(四)诊所法律教育让学生直接服务于社会,有利于学生更深入地了解和认识社会,增强学生的社会责任感

我们的大学生都是从中学校门直接跨入大学校门的,无论是在学校或者是在家庭,他们最根本的生活目的就是"一心只读圣贤书",读书好就一好百好。因此,大多数人都没有深入接触过社会,也少有人能知"人间冷暖"。也正因为如此,很多社会有识之士都在呼吁学校和家庭需要加强对青少年的社会责任感教育。而诊所法律教育正好能够承担起这样的责任。

诊所法律教育不仅是一种专业教学活动,也是对学生进行人生观、价值观教育的课堂。诊所法律教育就是"通过教育的手段把'品格'与'经验'的要求彻底地贯彻到法学教育中,既注重实务经验的积累,又注重法律职业共同体职业道德和社会责任感的培养"[①]。首先,诊所法律教育倡导学生"受之于社会,服务于社会"的奉献精神,将学生置身于社会需要的地方,以自己的专业知识为社会提供服务。其次,法律诊所的公益属性决定了学生提供服务的对象是社会某个阶层的"困难群体",是一些生活在社会最基层,对人间冷暖体会最真切,也是社会最需要提供帮助的"平民百姓"。学生在了解了他们的生活后,就能够对现实社会有一种全新的思考,进而激发学生深入了解社会的热情;学生在认识了他们的世界后,就能够对现实社会有更加全面的认识;而当学生能以法律公平正义护卫者的身份去为这些迫切需要帮助的平民百姓奔走呼唤的时候,将会极大地增强学生的法律信仰,提高学生的职业伦理水平,并让学生充满着使命感和社会责任感。

(五)诊所法律教育强调发挥集体智慧的作用,有利于学生克服狭隘的利己主义倾向,培养团队协作的精神

和传统课堂教学中以学生个体学习的教学方法不同,在法律诊所教学中,

[①] 王霁霞、任之初:《美国法律诊所教育的模式及实施条件研究》,载《中国法学教育研究》2015 年第 3 期。

一个法律诊所教学班中通常还会分若干个四至六人的学习小组。学生以学习小组为单位一起听课、一起讨论问题、一起模拟角色演练、一起参与接待当事人、一起帮助当事人处理法律事务，最后，以学习小组作为一个评价对象进行课程考核。之所以这样安排，固然有安全（结伴外出）和教学（模拟角色等）需要的考虑，但重要的是诊所法律教育十分强调发挥集体智慧的作用。

在法律诊所教学中，学生是主体，教师只是学生的"幕后"支持者。但是，学生没有直接参与处理法律事务的经验，不要说缺乏对代理案件的整体把控能力，可能面对一个情绪起伏较大的当事人时就会束手无策。同时，一旦学生走上法庭，需要面对的不仅是法官和己方当事人，更要面对与自己处于对立关系的对方当事人和律师。所以，为了能够有效地维护当事人的合法权益，争取法律事务处理的最好结果（这是课程考核最核心的内容），学生必须做好充分的准备工作。而这些准备工作是不可能由学生个人来完成的，必须运用集体的智慧。

正因为如此，在法律诊所教学中，无论是担任课堂教学的教师，还是负责实务指导的律师都会刻意培养学生的团队协作能力。譬如，让学生共同完成老师布置的任务，组织学生共同参加案例讨论，在模拟训练教学的评价环节也是由学生在共同讨论的基础上发表共同意见，最后将一个小组作为一个评价单位进行考核。通过这样的培养和训练，势必会对这些养尊处优的"骄子"们带来深刻的变化，大大提高他们的团队协作精神。

第二节　诊所法律教育的产生和发展

一、美国诊所法律教育的产生和发展

诊所法律教育肇始于美国，是继学徒制、判例教学法之后新兴的一种法学教育模式或教学方法。从19世纪末20世纪初的萌芽，到20世纪六七十年代的兴起，直至现在在全世界的普及，诊所法律教育经历了一个漫长的探索和发展过程。

（1）现实主义思潮催生了美国的诊所法律教育。在18世纪末以前，美国一直沿袭英国的学徒制法律教育。即学生在律师事务所做律师的助理，跟着有经验的律师学习，在执业律师办公室"阅读法律"，复印并起草诉辩状、阅读案例和有关法律实践的文章，观察律师如何处理案件。[①] 学生就通过这样的日

---

① 管士寒、刘勤：《诊所式的法律教育的起源与发展》，载《云南大学学报（法学版）》2003年第4期。

常法律工作，积累相关法律经验和知识。

　　学徒制法律教育是技艺的训练与经验的积累，而非理论体系的根本学习，虽然它在培养学生的实际操作技能方面确实能够起到一定的效果，也培养了大量律师，但是它毕竟是一种没有考核（学生可以不经考核就进入律所学习）也没有标准（法律毕业生没有合格的衡量标准）的教育机制，随意性大，教学不稳定，而且非系统化弊端十分明显。因此，学徒制法律教育也被认为是失衡的、狭隘的，并不能表明学生将具有成为一名合格律师的能力。①

　　由于学徒制法律教育暴露出来的问题越来越突出，再加上19世纪60年代美国法学院的不断增加，人们开始对学徒制法律教育进行了深刻的批判和反思。到19世纪末期，学徒制法律教育逐渐被学院制（或经院制）法律教育所取代。

　　学院制法律教育不仅让学生从律师事务所走进了学校课堂，接受到系统的法律教育，而且还提高了进入法学院的门槛，同时学生必须经过严格的考试才能毕业，确保了法学院学生的培养质量。学院制法律教育建立在"研究和教育"的理念之上，认为法律教育应该以理论为方向，而不是以实践为内容。因此，学院制法律教育最初十分强调以授课为中心，教授专注于学术研究和对学生们基本法律知识的传授，而忽视了实践技能的培养。所以，学院制法律教育虽然抛弃了学徒制的传统思想，但又存在矫枉过正之嫌，因而也受到了众多的批判。

　　19世纪70年代，著名的法律教育家兰德尔在担任哈佛大学法学院院长期间，对法律教育进行了重大改革。他认为法律是一门独立研究的科学，教学的目的应当是训练学生像律师一样思考，因而反对当时盛行的脱离现实的纯理论讲授方法，并推广了"判例教学法"。这种教学方法改变了传统法学教育中仅讲授法律理论知识的教学模式所带来的弊端，对于学生法律思维能力的培养及形成法律共同体的同质性有着积极意义，但是它所产生的案件事实与社会真实隔离的缺陷还是受到了学者们的猛烈抨击。

　　20世纪30年代，美国社会生活受到经济危机的全方位影响，法律现实主义运动在这个时期蓬勃发展起来。在对判例教学法批判与反思的过程中，现实主义的领军人物弗兰克认为判例教学法"无可救药地绝对地"简化了法学教育。他指出，这种看似真实的案例教学实际上与大量在初审法院发生的诉讼相去甚远，并大声疾呼法学教育更应当看到法律法规的不确定性和事实的不确定性，让学生在社会中出现的真实案件和事实中学习，由此提出了法律诊所教育

---

① 管士寒、刘勤：《诊所式的法律教育的起源与发展》，载《云南大学学报（法学版）》2003年第4期。

的改革设想，为诊所法律教育的开展奠定了理论基础。

（2）民权运动的发展推动了美国诊所法律教育的前进。20世纪60年代，黑人运动、女权运动、反战运动、环保运动等民权运动兴起，同时整个西方世界掀起了"接近正义"的浪潮，这些都为诊所法律教育的发展提供了契机。它们促使律师和法学院的学生重视法律规则在实践中，尤其是在履行宪法和正当程序中的作用，也使人们认识到将书本上的法律转化为实践的重要性。由此，美国法律界和法律院校开设了"诊所教育"，为处于不利地位的一方当事人提供法律帮助，在培养学生的法律职业技能、职业道德的同时，也实践了保障"法律面前人人平等"的宪法性义务。所以，诊所法律教育既是法学教育接近现实的必要手段，也是法学教师与学生体现其社会责任感的一种方式，它将法学教育与法律援助紧密地结合在一起。

（3）对职业道德的关注加快了美国诊所法律教育的发展。20世纪60年代末70年代初，职业伦理课程远没有其他课程那么受重视，甚至很多人都认为是可有可无的，因此，它不但几乎没有相关材料和学术成果，而且缺乏讲授这门课程的优秀法学教授。[①] 20世纪70年代，美国爆发了"水门事件"，一些律师违背职业道德，帮助尼克松总统作伪证和销毁证据，这给美国社会尤其是司法界带来了巨大的冲击。这不仅提醒人们要重视律师职业道德教育，而且还进一步暴露了学院制法律教育对律师职业道德教育的无所作为。为此，美国律师资格审核部特别要求，所有经美国律师协会认证的法学院必须开设职业责任教育这门课程，而诊所法律教育也自然成为法律职业伦理教育的最好载体。因为，只有在真实案件中，存在真实当事人的情况下，学生才能以"用户心理"来对待职业责任，学会如何处理与客户的关系，并建立法律人的职业道德规范。也正因为如此，加强对学生法律职业伦理的培养，也成为诊所法律教育在美国法学院中得到普及的重要推动力。后来，美国律师协会要求所有法学院必须开设法律诊所课程。

（4）法律援助制度和福特基金会的资金支持促进了美国诊所法律教育的普及。诊所法律教育在美国产生和发展还有一个重要的原因，那就是美国法律援助制度的出现，社会可以借助于法学院的师生力量为穷人提供法律帮助。20世纪60年代，肯尼迪、约翰逊政府发动了"向贫困宣战"的运动，同时福特基金会提供了1000万美元的资金，以资助愿意建立诊所项目，为穷人提供法律服务的法学院。这样，法学院开展诊所法律教育不仅有了充足的案源保证，还有了充分的资金支持，使美国诊所法律教育进入兴盛期。据美国诊所法律教

[①] 王霁霞、任之初：《美国法律诊所教育的模式及实施条件研究》，载《中国法学教育研究》2015年第3期。

育协会和法律院校协会下属的诊所法律教育部的数据显示，到 1999 年年底，在美国的 184 所法学院中，有 183 个开设了法律诊所课程，[①] 诊所法律教育在美国的普及程度可见一斑。

二、诊所法律教育的国际化与本土化

美国的诊所法律教育经过了长期摸索和数十年的实践，取得了极大的成功并得以在美国各法学院中普及。20 世纪 60 年代，美国开始将诊所法律教育介绍到世界上其他国家和地区，并通过福特基金会的项目在世界各国的法学院中加以推广，使这种新型的法学教育模式很快就走出了美国，并成为欧洲、非洲、拉丁美洲和亚洲等地区诸多国家法律教育体系中不可或缺的组成部分。

当然，诊所法律教育毕竟是根植于美国法律文化土壤中的一种新型法律教育模式，它是在适应于美国社会发展的需要，符合美国法学人才的培养目标，受到美国法律制度保障的条件和背景下产生、发展和普及的。因此，尽管世界大多数国家都接受了这种新类型的法律教育模式，但是，由于各国的法律文化、法律制度、人才培养目标、社会需求等国情都不相同，所以，在各国引进并对这种法律教育模式本土化的过程当中，也相应地在内容和形式上进行了一些改造，以利于诊所法律教育在本国的成长和发展。

例如，与美国的政治、法律制度有传承关系的英国，他们具有差异不大的法律文化土壤，且都是判例法系国家，因此，诊所法律教育较早传到了英国，并很快得到了发展。英国最早的法律诊所建于 1973 年，在 20 世纪 80 年代和 90 年代期间获得迅速发展，并逐渐在英国各法学院中得到了普及。然而，英国与美国的国情毕竟不是完全一样的，社会对法科学生的需求也不完全相同。因此，与美国的法律诊所强调直接服务于当事人（美国的模拟训练基本上也是服务于学生办案的）不同，目前英国的法律诊所中的教育形式有三种：第一种是和客户面对面交流；第二种是模拟案例情境；第三种是参与法律机构活动。而在对英国法律诊所的统计中，在提供学位的 79 所法学教育机构中，超过一半的采用第二种方式，只有不到 1/4 的采用第一种方式。同时，英国在法律诊所的运作方式上也与美国的法律诊所有较大的差异。在英国，即便是让学生直接服务于当事人，可能也只会是让学生向当事人提供建议，或者是提供建议帮助和有选择地出庭（仲裁和调解等），或者是在某个律师事务所中为当事

[①] 王霁霞、任之初：《美国法律诊所教育的模式及实施条件研究》，载《中国法学教育研究》2015 年第 3 期。

人提供法律援助，而不会由学生直接代理案件。①

南非也是较早引进诊所法律教育并使其在各法学院中普及的国家。1971年3月，南非第一个法律诊所在开普敦大学建立。1994年，南非破除种族隔离政策后，举行了第一次民主选举，从此，法律诊所的规模与数量与日俱增。到1996年，在南非的21所大学中，每所大学的法学院都设立了法律诊所。②诊所法律教育在南非的大学法律教育中得到了普及。这不仅因为南非长期是英国的殖民地，受英国殖民文化影响，而且还与南非人民抵抗殖民统治，反对种族隔离政策的斗争有直接的关系。实际上，南非的法律诊所正是在南非人民反对种族隔离政策的斗争中建立起来的，并在反对种族隔离政策斗争的发展过程中逐渐普及。因此，南非的诊所法律教育与美国具有比较多的相同或相似之处。例如，强调学生解决当事人现实的法律问题，重视学生的职业技能训练，关注"弱势群体"的权利维护等。

澳大利亚是一个传统的英联邦国家，它的法律文化、法律制度深受英国的影响。因为澳大利亚也实行判例法，法学院非常重视学生经验的积累和技能的训练，因此，澳大利亚也很早就引进并"本土化"了诊所法律教育。20世纪70年代末，澳大利亚以美国的经验为基础，开始了诊所法律教育，并很快在各法学院中普及。截至2002年年底，在澳大利亚的39所大学中就有17所大学开设了法律诊所课程。③ 至2021年11月，在澳大利亚现有的42所大学中已有26所大学开设了法律诊所课程。但是，澳大利亚的法律诊所并不像美国那样与法律援助紧密联系，也没有硬性规定诊所学员必须接受委托，代理真实的案件、真刀真枪地办案。④ 另外，澳大利亚的法律诊所还有一个重要的特点，就是澳大利亚大学的法律诊所一般都会以项目的形式，与当地或者全国律师协会、律师事务所、仲裁机构、政府机构、公司法律事务部合作进行，政府、律师协会、司法机构和社会的认同和支持，成为促进诊所法律教育发展的重要手段。⑤

在日本，法律诊所是在日本"临床法学教育学会"⑥创设文件上被明确的临床法学教育形式之一，可见，诊所法律教育在日本法律教育中也是备受推崇

---

① 栾爽、平旭：《英国法律诊所教育研究——以谢菲尔德大学为例》，载《教育教学论坛》2017年第9期。
② 陈红梅：《南非诊所式法律教育对中国的启示》，载《西亚非洲》2008年第9期。
③ 于华江、李琳：《澳大利亚大学法律诊所教育课程设置解读》，载《中国农业教育》2006年第5期。
④ 陈中泽：《美国诊所式法律教育的特点与借鉴》，载《交通高教研究》2002年第2期。
⑤ 于华江、李琳：《澳大利亚大学法律诊所教育课程设置解读》，载《中国农业教育》2006年第5期。
⑥ 日本临床法学教育学会成立于2008年4月，是日本国内关于临床法学教育研究的最权威机构。它在创设文件上明确指出的三种临床法学教育形式包括法律诊所、模拟课程以及校外实习。

的。早在 2009 年公布的由早稻田大学临床法学教育研究所实施的调查结果显示，在当时日本全国 74 个法科大学院中就有 39 个开设了法律诊所，占被调查对象的 52.7%。[①] 鉴于日本法律对出庭人员有比较严格的资格限制，因此，日本的法律诊所虽然也强调需要通过真实案件的处理来培养学生的法律职业技能，但也没有刻意要求学生必须经过代理案件的全过程。例如，他们会在案件受理前，安排学生直接与当事人面对面交流，接受当事人法律咨询，并制作会谈笔录。在案件受理后，由学生查阅并研究相关法律和判例，调查案件相关事实，进行现场取证并制作诉状等相关法律文书。而在这个过程中，指导教师原则上不主动干预学生进行的工作，只是在旁观察并对学生的咨询意见等是否合适进行确认，并在咨询的最后阶段向当事人提供实际可行的法律意见。在整个活动结束后，学生在老师的指导下就咨询内容和法律意见形成书面报告。

在德国，起初只有寥寥几所法学院引进了美国的诊所法律教育，如汉诺威大学、比勒费尔德大学、柏林洪堡大学等，尽管之后这个数字有所增加，但直至今日，诊所法律教育也很难说已在德国法学院中普及。这是因为，首先，德国实行了与美国完全不同的法律制度体系，美国实行的是一种由先例和遵循先例原则主导的判例法体系，德国则是成文法系的典型代表。前者强调经验的价值，重视熟悉"区分"技术能力的培养；而后者则更强调教义化法律思维方式的意义，重视大学系统化理论教育。其次，德国与美国实行的法官遴选机制不同，决定了德国大学法律教育也不可能完全采取"律师导向"，仅培养"和律师一样思考与行动"的法科学生。因为，大学法律教育不只是向社会输送律师。再次，德国对提供法律服务（无论是收费还是免费）有严格的限制，原来德国法律明令禁止没有律师资格的人提供法律服务，尽管 2008 年德国修改了《法律服务法》，但给予学生的服务范围也仅仅是在律师或者教授的监督下为当事人提供免费的法律意见。最后，德国有非常完善和资金保障十分充分的法律援助制度，使得德国社会对法科学生为经济困难的当事人提供服务的需求相对较小。[②]

三、诊所法律教育在中国的"本土化"与发展

诊所法律教育在我国起步较晚，2000 年，清华大学法学院、北京大学法学院、中国人民大学法学院、中南财经政法大学法学院、华东政法学院、西北政

---

① 赵向华：《日本临床法学教育及对我国的启示》，载《东北师大学报（哲学社会科学版）》2015 年第 6 期。
② 〔德〕阿什特里德·斯达德勒尔：《德国法学院的法律诊所与案例教学》，吴泽勇译，载《法学》2013 年第 4 期。

法学院和复旦大学法学院等七所法学院校在美国福特基金会的支持下，开设了首批法律诊所课程，由此拉开了诊所法律教育在中国的发展帷幕。

诊所法律教育传入我国后便受到了高度重视。2002年，中国法学会法律教育研究会专门成立了诊所法律教育专业委员会（以下简称"诊所教育专业委员会"），负责指导各法学院校开展法律诊所课程建设工作和对外交流活动。2011年12月23日，教育部、中央政法委员会发布的《关于实施卓越法律人才教育培养计划的若干意见》还把法律诊所课程明确规定在"强化法学实践教学环节"中，极大地推进了我国的诊所法律教育事业的发展。

在中国法学会法律教育研究会的推动下，在各法学院校的帮助和支持下，诊所法律教育在我国得到了快速的发展。诊所教育专业委员会为推行和规范诊所法律教育，持续开展了法律诊所课程推介和师资培训工作，取得了很好的社会效果。目前，诊所教育专业委员会已有202个会员单位，开设法律诊所课程的法学院校则会更多。各"法律诊所"因地制宜，充分挖掘自身能力，并结合当地社会发展状况和人民群众的实际需求，开展了形式多样的法律诊所课程教学活动。例如，中国人民大学、中国政法大学、武汉大学、西北政法大学、扬州大学等高校就形成了一批具有明显特色和显著实效的"法律诊所"。

但是，由于各个学校在为什么或怎么样推行诊所法律教育的认识上并不完全一致，对法律诊所课程建设中师资及其他资源的支持力度也不相同，同时，当地社会对诊所法律教育的认识和关注程度也有很大的差别，因此，"法律诊所"在各地的发展很不平衡。除部分已经建立了比较完善的诊所法律教育机制，形成了比较稳定的指导教师队伍和资金支持来源的"法律诊所"外，有相当多的"法律诊所"都还在艰难摸索中前行，甚至变成"法律诊所维持会"。还有一些选择走"原汁原味"的美国诊所法律教育发展之路，以代理经济困难群众进行诉讼维权为法律诊所课程教学载体的法学院校，就因我国法律制度对"公民代理"和法律援助主体资格规定的限制，造成学生因无法取得合法的身份而无法接受当事人委托，使法律诊所教学活动陷入窘境。

因此，要使诊所法律教育在我国能够健康和可持续地发展，我们仍然还需要把"本土化"的问题解决好，把全社会的力量调动起来，真正实现"洋为中用"。

1. 必须使诊所法律教育根植于中国法律文化的土壤

由于美国特殊的法官遴选制度，美国的法学教育在一定程度上就是律师教育，受过法学教育的毕业生大多数都从事律师职业。[①] 同时，美国实行的是一

[①] 管士寒、刘勤：《诊所式的法律教育的起源与发展》，载《云南大学学报（法学版）》2003年第4期。

种由先例和遵循先例原则主导的判例法体系，它特别强调经验的价值，十分重视律师职业技能的培养，所以，美国的法学院对学生多采取职业化教育。而诊所法律教育正是在对"学徒制"法律教育的批判和对"经院（学院）制"法律教育的反思中产生并发展起来的，被认为是一种最适合律师职业教育的教育模式。另外，因为美国诊所法律教育的发展经历了美国民权运动的蓬勃兴起，而且伴随着美国社会对"接近正义"的追求，经济困难群体的法律服务需求急剧增长，故此，美国的诊所法律教育自然也就烙上了"人权"和"公益"的深刻印记。

然而，我国的现实与美国当时的情况完全不同，而且我国实行的政治、经济、法律制度与美国也存在巨大的差异。且不说美国的法律是建立在私有制基础上的资本主义法律制度体系，与我国建立在以公有制经济为主体、多种所有制经济共同发展的经济制度基础上的社会主义法律制度的区别，就说我国与美国实行的"法统"和法官遴选制度都是完全不同的。首先，我国是实行成文法的国家，强调法律人的教义化法律思维方式，因此，我国的法学教育必然是十分重视法学系统化理论教育的。我们切不可夸大诊所法律教育在我国社会主义法治人才培养中的功能，并形成一些不切实际的理想化构想。其次，我国与美国实行的法官遴选机制也完全不同，在我国，律师并不是成为法官的主要通道。所以，我国的法学院校不仅要为社会培养未来的律师、未来的企业法务，还要为国家培养未来的法官、检察官及政府官员。所以，我们不能完全照搬美国的诊所法律教育模式，搞所谓"原汁原味"的美国式法律诊所，而应当在学习和借鉴美国诊所法律教育的过程中，根据我国的国情和实际需要进行本土化改造，将诊所法律教育真正植根于中国法律文化的土壤。

2. 必须让诊所法律教育回归教育的本源

如前所述，美国诊所法律教育的产生和发展过程，也伴随了民权运动的兴起和法律援助制度的建立，因此，美国诊所法律教育也就多了一些"人权"和"公益"的元素。正因为如此，在我国推行诊所法律教育时，有些人很自然地将无偿为经济困难的群众维权当成了进行法律诊所教学的必要条件，这就大大地限制了开展法律诊所教学活动的空间，影响了诊所法律教育的实施效果。要解决这个问题，我们在对诊所法律教育本土化建设过程中，首先要做的是让诊所法律教育回归教育的本源。

尽管我们可以从不同的视角对诊所法律教育进行概念性的论述，但是，无论对其如何定义，它核心的内容是确定的，那就是"法律教育"，是一种以法律诊所为载体、通过法律诊所运作方式展开的"法律教育"模式。而教育的基本要义就是培养人才，在我国，法学教育就是要培养德法兼修的高素质社会主义法治人才。

关于法学教育的目标，我国学术界主要存在"素质教育说"和"职业教育说"两种倾向性的观点。但无论坚持哪一种观点，大家都认同职业教育对于培养高素质社会主义法治人才的重要意义，而诊所法律教育正是实现法律职业教育最有效的途径之一。它在提高学生的法律职业技能，培养学生的职业伦理水平等方面，具有其他教育模式或教学方式无可替代的功能或作用，因此，我们完全有必要推行诊所法律教育，并将法律诊所课程建设好。

在实施诊所法律教育中，我们应该紧紧把握教育的本质属性，只要对提高学生的法律职业技能，或者培养学生的职业伦理水平有益的教学素材（如果能够兼顾这两种功能的更好），都纳入法律诊所课程教学素材的选择范围，而可以不论这种法律事务是诉讼还是非诉讼，或者是不是为经济困难的群众提供法律服务。这样，我们也就无须纠结于法律规定是不是限制了学生取得诉讼代理人身份，不必过分焦虑作为法律诊所教学素材的案件来源，不必局限于服务被提供者是不是经济困难符合法律援助条件了（既然是一种教学活动，学生为当事人提供的法律服务当然应该是无偿的）。这样，在我国实施诊所法律教育也就有了无限的空间。

3. 在诊所式教育中必须坚持"在行动中学习"的理念

随着法律职业化教育的不断发展和普及，形式多样的法律实践教学方式不断出现，并逐渐形成了观摩认识型、实践知识型、模拟体验型、直接参与型和思考研究型等不同类型课程构成的实践教学课程体系。通过对实践课程有层次的设计和分阶段的实施，不仅可以克服传统课堂教学存在的重理论轻实践，重知识轻能力，重灌输轻探究的弊端，而且还可以加深学生对书本知识的理解，培养学生独立思考以及发现问题、分析问题和解决问题的能力，满足多样化法律职业人成才的需要。

当然，不同类型的课程对提高学生能力方面的功能和作用是不一样的。例如，实践知识型课程，包括判例课、法律文书写作、法律谈判、司法口才及辩论技巧、法律实践讲座、法律舞台剧等，主要是通过教师讲授或学生自习，能够使学生系统地掌握有关法律实践知识的课程。思考研究型课程，像学年论文、毕业论文及法律实务与判例研习等，其目的就在培养学生独立思考以及发现问题、分析问题和解决问题的能力。观摩认识型课程，包括庭审观摩、司法鉴定观摩等，是将学生以观察者的身份置于现实场景之中，让学生直接观察实际的法律实践活动，增加学生对法律实践活动的感性认识，提高学生对知识的汲取能力，加深对课堂教学内容的理解和认识。上述三种类型课程主要都是通过学生的观察、思考和练习，加深对知识的理解，丰富实践知识的，我们姑且将其统称为"观察思考型"实践课程。而模拟体验型课程的特征则在于让学生通过模拟各类法律事务活动获得对法律实践的完整认识,积累实践经验。例如,模拟法庭、模拟仲裁庭、模拟法律谈判、证据试验、疑案辩论、刑事侦查与物证技术试验等。直接参与型课程则是将学生置于一个完全真实的情境之中,让其与真实的当事人和机构交往,面对实际的法律问题,并使其运用所学的专业知识和综合素质来解决当事人间的实际问题,包括专业实习、司法见习、社会调查、法律咨询、法律援助等。

如果我们把观察思考型课程看作纸上谈兵,那么模拟体验型课程就是沙盘推演,它们在增强学生对书本知识的感性认识,提高学生分析和解决问题的能力方面确实能起到一定的作用,但是,这种没有经过实际运用的能力,最多也是"花拳绣腿",无法真正解决实际问题。直接参与型课程则是真枪真刀的实战,学生面对的是真实的当事人,并在指导老师的带领下直接参与解决真实的法律事务。因此,学生不仅可以亲身经历处理具体法律事务的全过程,还可以从老师身上学到解决法律事务的技巧和方法,积累法律实践的经验。但是,直接参与型课程毕竟还是一种以指导老师为主导的教学模式,无论学生参与的程度有多高,学生都不可能也不可以替代指导老师办案,而只能从属于指导老师,为指导老师处理法律事务发挥辅助性作用(就像一个学徒)。但是,与直接参与型课程不同,法律诊所课程强调学生必须"在行动中学习",在真实的法律诊所中,面对真实的当事人,直接处理现实的法律事务。学生要亲身经历处理法律事务的全过程,还必须自主决定解决法律事务的对策和方案,并直接对该法律事务的处理结果负责。实践证明,让学生在真实的情境中,处理真实的法律事务,是训练学生解决实际问题的能力,培养学生的社会责任感,提高学生的职业伦理水平最行之有效的途径和方法。

4. 必须有全社会为诊所法律教育发展的共同行动

从各国的实践来看,推行诊所法律教育基本都是以法律诊所课程为载体的。然而,法律诊所课程不同于一般的法律课程,它无法在学校的"围墙"里独立完成,因为,法律诊所教学的素材——真实的法律事务需要在社会上去发现,学生进行事实调查需要在现场,如果学生代理诉讼还需要在法院开庭。而学生要取得法律服务的资格,以及事实调查和出席庭审的权利,必须要有法律制度的支持;学生开展法律诊所课程规定的实践活动需要有必要的场所和经费,指导学生的实践活动还需要有丰富实践经验的法律实务工作者。这一系列的问题和条件,绝不是哪所学校靠自身力量就能解决的。因此,只有在全社会的共同行动中,才能真正建设好法律诊所课程,实现诊所法律教育的功能和价值。

例如，在法律或者政策上，是否能够赋予"诊所学员"以诉讼代理人的资格，或者在执行法律、政策时，能够对某些类型的案件（如符合法律援助条件的案件）的代理人身份给予"诊所学员"一定的灵活性。再如，法院、劳动争议仲裁机构、法律援助中心的对外咨询窗口，能否给法学院的法律诊所提供一定的机会；律师事务所能否为法律诊所提供一些适合教学的案件资源，以及一些具有教学热情和能力的律师，是否可以通过委托或合作的方式参与法学院法律诊所课程的教学活动中来等。在这方面，我们可以借鉴澳大利亚诊所法律教育发展的经验。

社会共同行动当然也要包括学校的行动。学校必须用行动上的重视来替代口头上或文件上的重视。学校应该遵循诊所法律教育自身规律，在课程设置、师资配备、资源分配上进行科学的安排；同时，必须制定科学完善的法律诊所课程评估考核和教师晋升制度，以保障诊所法律教育的可持续性发展。

第三节　法律诊所的模式选择与工作规范

一、法律诊所的模式选择[①]

概括起来，法律诊所的设置模式不外乎就是内置式法律诊所和外置式法律诊所两种。

（一）内置式法律诊所

内置式法律诊所，就是将法律诊所设置在高校内部，依附于所在的法学院，在有成熟实务经验的老师的指导下为寻求法律帮助的当事人提供法律服务。内置式法律诊所的优势有：第一，便利学生参与法律诊所实践活动。学生无须预约时间和来往奔跑，只要有课余的时间就可以在法律诊所进行接待、咨询等活动。第二，便利诊所指导老师的管理和指导，也有利于发挥高校师资优势，及时解决一些疑难问题。第三，有利于保障学习秩序和学生的安全。但是，把法律诊所设置在校内可能会对学校正常的教学和管理秩序造成一定不利的影响，而且可能还会影响法律诊所获取充分的案源，尤其是一些远离城市中心的法律诊所。

高校设置法律诊所除了必须具有成熟法律实务经验的师资（最好有具有教师、律师或法官双重经历的"双师型"教师）外，还应当十分注重法律诊所硬件方面的建设。下面以上海交通大学法律诊所为例。

---

① 此处的"法律诊所"不是法律诊所课程，而是法律诊所的物理空间。

> **示例**
>
> 上海交通大学法律诊所设置在法学楼入口附近，这样既方便当事人进出，尽量减少对教学环境的影响，也方便法律诊所课程正常教学秩序的管理（法律诊所对面就是学院保安的执岗点）。法律诊所由三部分构成：一是诊所教室。主要用于课堂教学、学生讨论、教师指导及师生其他互动。安置可移动课桌椅，安装互联网等设备，可容纳 15—20 名学生参与各种教学活动。二是接待室兼情景模拟演示室。主要用于接待当事人和法律咨询，学生进行情景模拟实训。安置办公桌椅，安装可回放视频录放及互联网等设备。三是诊所指导室。主要用于教师实时观察和指导。安置办公桌椅，安装互联网及控制设备。三个区域的空间环境相互区隔，彼此独立，但通过互联网将三个区域的活动融为一体。学生可以在指导老师不在现场的情况下开展当事人接待和情景模拟实训，而指导教师可以在不干扰学生正常实践活动的情况下观察学生并实时进行指导，同时，可以通过回放同步视频录像让参加当事人接待或角色模拟的同学，与作为观察员的其他同学进行互动，以最大限度地发挥实践教学的功能。

当然，要具备这样的设施是需要有较多的资金投入的，在资金投入等条件有限的情况下，也可以就在合适的位置安排一个可以对外开放的法律诊所用于接待当事人，而将课堂教学和学生讨论的处所安排在现有的教室。但需要强调的是，用于法律诊所教学的教室，课桌椅等设备应当是可移动的，否则会给法律诊所的教学活动带来很大的不便。

（二）外置式法律诊所

外置式法律诊所，就是将法律诊所设置在学校之外，学生在具有成熟实务经验的教师或者具有丰富实践经验的校外法律从业者（通常是执业律师）的带领和指导下，通过直接办理案件或参与案件的办理，培养和提高法律职业技能的教育模式。外置式法律诊所通常是和有关组织和机构通过合作的方式建立，选取地点可以是社区、街道、法律服务所、法律援助中心或律师事务所等。外置式法律诊所的优势体现在：第一，让学生直接进入社会，面对真实的当事人，能使学生身临其境，增加法律职业的体验，并保证法律诊所有充足的案源。第二，能较好地整合社会资源，弥补高校缺乏具有丰富实践经验的师资的状况等。然而，外置式法律诊所最大的问题是无法对相关的教学活动及学生进行有效的管理。此外，目前我国高校的法律诊所课程班学生动辄有三四十人，也很难要求合作单位提供适宜的教学场所。

由此可见，内置式法律诊所和外置式法律诊所各有优劣，各个学校必须根据自身的办学条件等具体情况选择适合的法律诊所模式，可以选择单一模式，也可以两种模式结合起来使用。

示例

上海交通大学法律诊所是内置式法律诊所。法律诊所接待室不仅可以直接对外接待当事人，为当事人提供法律咨询等法律服务，而且还连接了浦东新区法律援助热线，接受当事人线上的法律咨询服务；同时，通过与江苏省太仓市劳动人事争议仲裁院合作，利用他们开发的网上服务软件，在校内法律诊所为当事人提供网上法律咨询服务。但是，由于法律诊所地处学校的中心地带，且与法学院的教学、研究场所相近，为确保不影响法学院正常的教学科研秩序，也是为方便当事人联系，上海交通大学法律诊所和上海市闵行区劳动人事争议仲裁院合作在其办案大厅设立了固定的法律诊所接待室，并与北京炜衡（上海）律师事务所和长宁区华阳街道合作在华阳社区调解中心、与上海市汉盛律师事务所和浦东新区司法局合作在法律援助中心开设了法律诊所临时接待窗口。除与当事人有预约的接待，以及线上的法律咨询服务在校内法律诊所完成外，其他的接待和咨询等法律服务活动均在校外法律诊所进行。校内法律诊所则多用于课堂教学、实训，以及教师指导、学生讨论等。

需要指出的是，由于各个学校都会遇到法律诊所课程课选人数多而案源和师资力量不足，或嫌小班教学成本高的问题，因此，有些学校就将"模拟法律诊所"作为法律诊所的一种模式加以推行，我们认为此举并不可取。如前所述，要真正实现诊所法律教育在训练学生职业技能和培养学生职业伦理方面的功能和作用，就必须将学生置于真实的法律诊所，面对真实的当事人，并让学生亲自处理真实的法律事务。当然，这并不是否认"模拟法律诊所"的价值和它在训练学生某一方面的技巧上的作用，而是因为其与诊所法律教育的目标差距很远，却与模拟体验型课程或角色模拟教学法的功能更为趋同。所以，本教材没有将"模拟法律诊所"作为法律诊所的一种模式介绍，而将其归于模拟体验型课程范畴，并在角色模拟教学法的介绍中阐述。

二、法律诊所的工作规范

为了保障法律诊所正常的教学、学习和工作秩序，确保法律诊所教学的效果，法律诊所应当建立和完善相关的工作规范。法律诊所工作规范应当包括用以规范教师的教学指导、学生学习过程中应当遵循的法律诊所教学规范,以及为确保法律诊所正常的教学和工作秩序而制定的法律诊所管理制度。这些法律诊所的工作制度,不仅是教师和学生开展法律诊所教学活动应当遵循的行为准则,也是今后对教师教学和学生学习评价考核的重要依据。

(一)法律诊所的教学规范

法律诊所的教学规范,就是指为规范法律诊所的教学工作而制定的教师和学生在开展法律诊所教学指导和学习过程中应当遵循的行为规则,包括但不限于《法律诊所指导规范》《法律诊所课堂教学指引》《法律诊所学生办案守则》等。

示例1

法律诊所指导规范

一、指导目标与原则

(一)法律诊所的指导目标是加强学生的法律实践能力,提高学生的法律职业道德与职业技能。

(二)法律诊所的指导原则是:

1. 直接指导原则:诊所指导应当以面对面谈话、讨论、模拟的方式进行。

2. 间接指导原则:通过提示、启发等方式,引导学生独立思考和研究,培养学生独立分析问题、解决问题的能力。

3. 及时指导原则:对学生提出的问题应及时进行指导,避免因迟延、拖沓而影响办案效率。

4. 必要准备原则:指导老师及被指导的学生事先都应当有必要的准备,避免指导工作无的放矢。

5. 严格程序原则:诊所指导应严格遵循诊所指导规范所确定的步骤和程式要求进行。

二、学生规范

(一)学生若有以下情形之一时,应当寻求指导老师的指导:

1. 决定是否接受委托的;

2. 需要外出调查的;

3. 代理当事人参加庭审、听证、调解、谈判、仲裁等活动的;

4. 对主要办案环节和案件结果的总结和反馈;

5. 办案小组认为有必要经由指导老师指导的其他事项。

(二)学生要求指导老师指导应遵循下列程序:

1. 要求指导事项必须经由办案小组集体讨论;

2. 应提前两天向指导老师提交指导计划书,指导计划书应写明案件的简要情况、初步分析意见、需要老师指导的问题等;

3. 学生应在与指导老师约定的时间全体到达指定的地点接受指导;

4. 学生接受指导后应当及时对指导意见进行反馈,并填写《诊所指导表》附卷备查。

三、指导老师规范

(一)指导老师应当密切关注学生的办案进程,通过指导对学生的学习效果和实践活动实行有效的监督。

(二)指导老师应当及时地对学生提出的问题进行指导,并及时对下列事项作出决定:

1. 对学生提出的是否受理案件的意见和建议;

2. 对学生是否代理当事人参加庭审、调解、谈判、仲裁等事项;

3. 对是否同意学生外出调查;

4. 对学生代理当事人参加庭审、调解、谈判、仲裁等活动的预方案。

(三)老师的指导工作应当遵循下列规则:

1. 应当认真审查是否属于指导的范围,避免越俎代庖式的包办代替;

2. 应根据学生提出的"指导计划书"进行充分的准备,指导意见应尽量确定;

3. 及时答复学生预约,并在三日内安排对学生的指导;

4. 每次指导一般不超过两个小时;

5. 对学生指导后,应在学生填写的《诊所指导表》上签署意见;

6. 应当尽可能参加学生承办案件的庭审、调解、谈判过程;

7. 应对学生的指导工作进行书面记录,将发现的问题及时反馈给学生;

8. 每周至少要与被指导的学生安排一次会见;

9. 对指导中发现的问题,可以在诊所备课会议上研究解决;对于带有普遍性的问题,应提交诊所教学会议讨论、研究解决。

四、附则

1. 本规范的解释权属××大学法律诊所。

2. 本规范在法律诊所成立大会上通过,自公布之日起生效。

> 示例2

法律诊所课堂教学指引

一、课堂设计

1. 明确的教学目标;
2. 开放的教学计划;
3. 灵活多样的教学方法;
4. 丰富多彩的教学手段;
5. 课堂内容与实践教学的互动;
6. 诊所课堂内容与其他教学活动的关联;
7. 教学内容繁简适度、难易适度;
8. 教室布置有利于师生的平等交流。

二、教师手册

1. 全面反映课堂设计;
2. 清晰表现课堂进度;
3. 合理安排课堂时间;
4. 学生课前准备的内容明确具体、课堂任务安排合理恰当;
5. 教师在课堂上科学地分工、密切地配合。

三、课堂活动

1. 贯彻实施课堂计划;
2. 善于应对突发问题;
3. 熟练运用诊所方法;
4. 鼓励学生积极参与;
5. 师生互动教学相长;
6. 课堂气氛活跃有序;
7. 教学反馈总结提高;
8. 环节完整内容充实。

四、课后总结

1. 教学目的的实现情况;
2. 教学计划的执行状况;
3. 教学效果的评估;
4. 教学方案的改进。

五、附则

1. 本指引的解释权属××大学法律诊所。
2. 本指引在法律诊所成立大会上通过,自公布之日起生效。

示例3

法律诊所学生办案守则

第一节 权　利

第一条　选修××大学法律诊所课程的学生，在依法取得公民代理的身份后，可以以××大学法律诊所学员的名义，接受当事人或当事人近亲属的委托作为诉讼代理人或非诉讼代理人参加办案。诊所接受委托以后，再指派具体法律援助工作人员履行职务（具体手续另行规定）。

第二条　在民事诉讼、仲裁代理中，作为当事人的代理人依法行使调查收集证据、查阅本案有关材料的权利；经法院、仲裁院许可可以出席法庭、仲裁庭，参加庭审调查和庭审辩论。

第三条　在刑事诉讼的审查起诉阶段，经人民检察院许可，依法行使查阅、摘抄、复制本案的诉讼文书、技术性鉴定材料，同在押的犯罪嫌疑人会见或通信的权利；自人民法院受理案件之日起，经人民法院许可，依法行使查阅、摘抄、复制本案所指控的犯罪事实的材料，同在押的被告人会见和通信的权利；经法院许可可以出席法庭，参加法庭调查和法庭辩论。

第四条　在行政诉讼中，经人民法院许可，依法行使查阅本案庭审材料等权利，但涉及国家秘密或个人隐私的除外。经法院许可可以出席法庭，参加法庭调查和法庭辩论。

第五条　在办理非诉讼案件中，依法行使与案件有关的调查、查询等权利。

第六条　在法庭、仲裁庭上，可以对证据进行质证，对证人进行发问，有权提出新的证据，有权申请法庭通知新的证人到庭作证。

第七条　如果当事人出现法律规定的事由，可以拒绝辩护或代理（详见第十五条）。

第二节 义　务

第八条　忠于宪法和法律

在业务活动中必须严格遵守国家宪法，并以国家现行有效的法律规定为准绳。现行有效的法律是衡量是非曲直的唯一标准，诊所学员的责任是要准确地理解和探究有关法律的精神实质，不要屈从于外部的压力而悖法行事，也不能曲解法律以迎合委托人的利益。

第九条　忠实于事实真相

在业务活动中，要立足于客观事实本身，使自己的业务活动建立在有充分可靠的证据证明的事实基础上。不要以想象代替事实，也不要因任何因素而故意歪曲事实。诊所学员必须作风踏实，深入实际，搜集证据。

第十条　坚持原则，维护正义

诊所学员当忠于职守，以维护社会正义为己任。在具体案件的处理过程中，要有不畏权势，不徇私情，刚正不阿，仗义执言的精神。

第十一条　道德高尚，廉洁自律

"法律诊所"是一个法律援助机构，无偿为当事人提供法律服务是我们的宗旨。因此，除非另有协议约定，绝对不可以私下收取当事人的任何报酬和费用。珍视并维护"法律诊所"的形象和自己的声誉。

第十二条　诚实信用，尽职尽责

应当本着公平、真诚与恪守信用的精神为当事人提供法律服务，以善意的心理接受当事人的委托，以真诚的承诺为当事人提供法律帮助。应当自觉履行委托合同，信守诺言，无论遇到多大的困难，都应尽一切合法手段与途径维护当事人的合法权益。对当事人的合理请求不要拖延塞责，"迟到正义为非正义"，当事人的利益应当无延误地予以维护。

第十三条　保守职务秘密

诊所学员在执业活动中可能会知悉国家秘密、当事人的商业秘密和隐私，对这些都应当严格保密，切不可作为茶余饭后的谈资、笑料传播。作为律师，如果你被认为是一个"口风不严"的人，无异于自毁前程，当事人绝不敢问津这样的律师。如果由于你泄露了当事人的私密，你有可能招致一场官司上身而承担法律责任。如果你泄露了国家秘密则有可能构成犯罪。

第十四条　证据留存

对当事人提供的证据，一律只收复印件或复制物，原件交由当事人自己保管。如果在某一案件中必须由你保管或携带证据原件，则须特别小心，严防灭失或毁损。

第十五条　注意时效

诊所学员在接受案件后，要特别注意时效的到期日。时效一过，你纵有诉权却丧失胜诉权，打官司徒费时力而毫无意义。如果由于你的疏失而造成超过时效，则必须赔偿当事人的损失。

第十六条　不得无故拒绝代理或辩护

接受当事人的委托，承诺为其辩护或代理，就应当尽心尽力，一往无前地做下去。除非出现以下四种情况，不得拒绝辩护和代理：

1. 委托人委托的事项违法，要求律师在法庭上为其作伪证；
2. 委托人利用诊所学员提供的法律服务进行合同欺诈等违法犯罪活动；
3. 委托人对诊所学员隐瞒事实；

4. 委托人严重侮辱诊所学员人格，导致诊所学员无法工作。

第十七条 不得作伪证，不得唆使当事人作伪证

千做万做，欺骗法庭的事不能做。欺骗法庭就是欺骗国家法律，践踏正义。如果作伪证或唆使当事人作伪证，情节严重的还将会受到刑事制裁。

第十八条 不得违反规定，在非工作时间、非工作场所会见承办自己所代理的案件的责任法官、检察官、仲裁员，更不允许以任何方式贿赂或指使当事人贿赂法官、检察官、仲裁员。

第三节 注意事项

第十九条 接待当事人

作为诊所学员，你获得的第一个委托人是值得纪念的，因为这是你职业生涯的开端。诊所学员作为学生也必须郑重、认真地接待当事人，如果当事人委托了诊所学员，这是当事人对诊所学员的信任。首先让他们填写有关表格，尽可能详细记录下他们的自然情况和联系方法。

第二十条 注意授权范围

委托人的授权是诊所学员执行职务的合法依据，要特别注意委托人授予诊所学员的权限是什么，切不可越权代理。如果能够证明你是为了维护当事人的合法权益而越权代理，事后一定要得到当事人的书面追认。

第二十一条 注意案件发展的阶段性，及时做出必要的反应

刑事案件的侦查、审查起诉和审判，如果当事人是三个阶段一起委托，诊所学员必须与公、检、法部门保持联系，随时把握案件的进展动向。

第二十二条 按时出庭

按时出庭，除非有不可抗力，不能延误出庭。如果自己不能出庭，要及时与法院联系，争取更改开庭时间。如法院无法更改要征得当事人的同意，更换委托人。

第二十三条 附则

1. 本守则的解释权属××大学法律诊所。

2. 本守则在法律诊所成立大会上通过，自公布之日起生效。

以上是暂定条款，在诊所课程学习过程中尚需不断完善，同学们可随时提出修改意见。

注意事项

1. 确定当事人给你的材料中有无原始文件，如身份证、出生证、户口簿、护照、结婚证、产权证、遗嘱、借据等。如果有，请复印，我们只保留复印件，将原件归还给当事人，并嘱当事人妥为保存以备法庭核对。

2. 如因司法鉴定等原因必须要当事人提交原件，要给当事人出具收据。

3. 特别注意询问案件的时效，如果时效期限将至，请立即拟定措施并向指导老师报告。

4. 注意案件当事人的主体资格是否合格。

5. 确定当事人的请求是否合法、有据。

（二）法律诊所的管理制度

法律诊所管理制度，是指为确保法律诊所正常的教学和工作秩序而制定的规范性文件，包括但不限于《法律诊所值班制度》《法律诊所档案管理制度》《法律诊所财务管理制度》（如有财务支出）等。

示例1

法律诊所值班制度

为保证值班同学认真履行值班工作职责、明确工作内容、端正工作态度，确保法律诊所工作的高效、有序进行，特制定法律诊所值班制度，具体内容如下：

1. 值班时间：周一至周五以及周日晚上7:00—9:30。

2. 值班调换：由诊所办公室统一安排，个别人员因特殊原因须临时调换值班日期的，需提前1—2天向办公室负责人请示，征得同意后方可调换，调班在内部协调，并在值班记录本上注明。

3. 值班要求

（1）值班的同学必须准时到岗，并做好个人值班登记；诊所日常管理负责人不定时地到办公室对值班情况进行督促、检查，安排值班任务。

（2）值班人员应有礼貌地接听电话，注意工作态度、说话语气，并做好记录，协助当天工作；遇突发事件应及时处理并报告相关负责人。在值班结束前，检查公物有无损坏或遗失，门窗是否关好，电源是否切断，最后由值班人员完成值班记录并签字。

（3）值班人员应在值班记录本上记明值班日期、星期、人员；详细记录值班内容。如有记录不明造成的工作延误、失误，将追究值班人员的责任。

（4）值班人员应礼貌待人、文明工作，不得在办公室内大声喧哗及打闹，必须保持法律诊所成员的良好形象和素质。

（5）值班人员不得随意翻看老师的办公文件及材料，如果由于工作关系有此需要时，应先征得老师同意方可翻阅。办公室的书籍、报纸、杂志及其他所有用具不得随意外借或私自带出，必须经老师或负责人同意并做好记录。

（6）值班人员应保持室内清洁卫生，物品摆放整齐，无灰尘和异味。

（7）办公室禁止吸烟，禁止随地吐痰，垃圾不得随意乱扔。

（8）严禁用办公室电话打私人电话，否则将对当事人做严肃处理。

（9）使用电脑者不得擅自修改任何电脑配置文件，不得擅自安装任何软件、游戏，不得做与工作无关的事等，违者从重处理。非上班时间，一般情况下不允许使用电脑，若因工作需要则需向老师或者负责人申请，同意后方可使用。

4. 其他纪律要求

（1）进入办公室需保持衣冠整洁，不得穿拖鞋、背心、运动短裤。

（2）不得在办公室大声喧哗、打闹。

（3）注意节约用电，人走不忘关灯、关窗、关电扇、关饮水机、锁门。

（4）如无特殊原因下班后必须离开办公室（必须征得老师或者负责人的同意方可留在办公室）。

5. 附则

（1）本制度的解释权属××大学法律诊所。

（2）本制度在法律诊所成立大会上通过，自公布之日起生效。

（3）值班情况纳入成员考核范围；违反上述制度者，给予口头警告，情节严重者在例会上作出批评并责令其在例会上作出检讨；以上各项制度，由诊所办公室负责监督执行。

示例2

法律诊所档案管理制度

一、××大学法律诊所档案依本制度进行管理。

二、法律诊所需管理的档案包括但不限于：

1. 各期学生的个人资料、学习情况；

2. 课堂记录；

3. 各期学生的作业；

4. 学生办案的案卷材料等。

上述档案需要制作表格进行登记的，应当分别制成表格以便管理。

三、档案管理人员负责档案的整理、归类、收存，需要查阅档案的须向管理人员登记。档案借阅时间为周一至周五，上午9:30至下午4:00。

四、各期诊所学生的个人资料应于各学期初发放表格供学生登记；各学期末，将学生个人总结与课堂记录、办案资料等相结合，形成各期诊所学生的个人学习情况记录，并依此为每期学员制作相关档案，评定个人成绩。

五、课堂记录应为各期学生在同一笔记本上所作的连续的、书面的课堂实录，由各小组轮流进行。如需要也应另行制成电子版。内容应尽量详尽，包括但不限于：案件进展情况的汇报、分析，所安排的课堂教学、讨论内容，等等。

六、各期学生的作业应制作成电子版本，以便保存。按学期归存于文件夹，每次作业分别存为一个电子文档。文件夹标题须标明为哪一期学生，文档标题须标明作业为当期哪一周及其主要内容，以便检索。作业以小组为单位完成的，须在作业中标注小组；作业以学生个人为单位完成的，须在作业中标明完成人，以便评定成绩。作业由教师作出点评的，应在作业后附点评内容。作业有书面版本且需要收存的，也应归档。

七、学生办案的案卷材料应于结案后30日内，由承办案件的小组负责整理、提交，档案管理负责人应于10日内审核完毕。要求补充材料的，应退回承办小组或要求提交其他材料，补充材料期限为15日。审核合格的，即登记归档。

八、学生办案后应提交归档的案卷材料应当全面、完整，并且应全部制作成打印文本。

案卷材料应当是办案过程中形成的全部材料，包括但不限于：

1. 接案（或咨询）记录

（1）当事人电话咨询的，应当及时在电话咨询记录表上记录下咨询时间、所咨询内容以及为当事人提供的法律答复；

（2）当事人来信咨询或网络咨询的，应当将所收函件及所回复信函的备份归档；

（3）当事人来访的，应填写来访人员登记表，制作好符合标准的谈话笔录，接待人员和当事人应签名。

2. 代理部分的材料

（1）委托代理协议；

（2）授权委托书；

（3）承办小组制作的案情简介；

（4）承办小组的讨论记录、计划、方案等；

（5）指导教师的意见。

九、本制度的解释权属××大学法律诊所。

十、本制度在法律诊所成立大会上通过，自公布之日起生效。

示例3

法律诊所财务管理制度

一、××大学法律诊所财务事宜依照本制度进行管理。

二、法律诊所由专人负责财务管理。

三、法律诊所资金来源为：

1. 社会资助；
2. 教务处及其他机构的科研经费；
3. 法学院专项基金。

四、法律诊所财务支出以各学期为一周期进行核算，分别列项制表：

1. 购置办公用品及其他消耗品支出；
2. 学生办案经费支出；
3. 指导教师报酬支出；
4. 助教津贴；
5. 其他活动支出，具体可包括但不限于教学交流活动、会议的经费，网站维护费用，等等。

五、财务管理负责人（或诊所财务管理组），应当对各笔支出明细归类、登记，定期向成员公布。

六、法律诊所购置所需用品须进行登记。领用、借用时填表领取，如有损坏，应当赔偿。

七、学生外出办案经费支出须开具正式发票（或收据），于结案归档时一并提交，所提交发票（收据）应分类整理、粘贴于A4纸上，标明各类金额与总计金额，财务管理负责人核实后即依总计金额报销。报销范围包括：外出办案的车费（一般仅限公交车）、文件复印费、电话费、咨询回复函邮寄费、就餐补助费（10元）及其他办案相关费用等。

八、学生及指导教师到外地办案所需费用按学校差旅费标准执行。

九、助教津贴按月结算、支付；诊所教师的报酬支出依《诊所教师报酬支付办法》管理，按期登记核算。

十、其他活动经费支出应依其名目另行登记核算，如有需要也应分别列项。

十一、本制度的解释权属××大学法律诊所。

十二、本制度在法律诊所成立大会上通过，自公布之日起生效。

第四节　诊所法律教育教学方法及其应用

一、提问式教学法

在学生处理具体法律事务的过程中，老师通常不应该主动介入，而应当要求学生充分发挥主观能动性，通过自己的思考制定解决方案，寻找解决的办法，并通过自己的努力去争取法律事务的最佳处理结果。当然，学生肯定也会遇到一些依靠自身能力不能解决或难以解决的问题，在这个时候，学生就会主动寻求指导老师的指导和帮助。而根据法律诊所的教学要求，老师不能直接向学生回答带有结论性质的问题，更不能取代学生去决定应选择的解决方案。此时，老师以提问式教学法对学生进行指导就是一种极好的选择。

提问式教学法，也称苏格拉底式教学法[①]，是指为解决学生遇到的问题，老师通常并不直接把学生所应知道的结果告诉他，而是根据学生已有的知识和经验，通过不断向学生提出问题的方式，在与学生讨论、问答甚至辩论的过程中，启发学生进行独立思考，揭示学生认识中的矛盾，并逐步引导学生最后自己得出结论的方法。

示例

学生："请问什么是善行？"

苏格拉底："盗窃、欺骗、把人当奴隶贩卖，这几种行为是善行还是恶行？"

学生："是恶行。"

苏格拉底："欺骗敌人是恶行吗？把俘虏来的敌人卖作奴隶是恶行吗？"

学生："这是善行。不过，我说的是朋友不是敌人。"

苏格拉底："照你说，盗窃对朋友是恶行。但是，如果朋友要自杀，你盗窃了他准备用来自杀的工具，这是恶行吗？"

学生："是善行。"

苏格拉底："你说对朋友行骗是恶行，可是，在战争中，军队统帅为了鼓舞士气，对士兵说援军就要到了。但实际上并无援军，这种欺骗是恶行吗？"

学生："这是善行。"

[①] 孙淑云、冀茂奇主编：《诊所式法律教程》，中国政法大学出版社2010年版，第13页。

这是流传很广的一则"苏格拉底之问",也是一个很经典的提问式教学法的范例。提问式教学法最大的特点就是不对问题给出明确的答案,而是通过不断地提问,启发人的思想,使人主动地去分析、思考问题,以实现教学的目的。同时,在提问式教学法中,老师通常以追问的方式向学生展开问题,如何面对老师连珠炮式的问题,也能训练和考验学生临场应变和处惊不乱的能力。

在法律诊所教学中,学生可能对正在处理中的法律事务尚未形成自己的处理意见或观点,或者对现有的两种或几种想法和解决方案拿捏不定的时候请求得到老师的指导,此时,老师就可以采用提问式教学法,通过层层剥茧式地不断向学生提出问题,引导学生深入地思考问题,直至最后导出学生需要的结论。另外,当学生经过先前的事实调查和法律研究,已经初步形成了对法律事务的处理意见和解决方案,但无法确定是否正确或具有可行性,而老师初步判断该处理意见和解决方案需要完善或应持否定态度时,老师就可以通过采用提问式教学,并辅之以故错教学法对学生展开指导。

提问式教学法通常按照以下步骤展开:

(1)生成并提出问题。创设问题亦即生成问题是进行提问式教学的基础。当老师接受学生的指导请求后,首先必须明确学生需要解决的是什么问题,然后再围绕这个问题的处理意见或解决方案,设定有难易不同梯度或逻辑递进关系的若干问题。尽管这些问题都是让学生能导出最终的处理意见或解决方案而设定的,但是,每个子问题的提出都必须是有明确的指向性的,而且这些问题必须以学生的实际知识、思维水平为依据,如果老师提出的问题过于艰深,或者明显超出了学生的知识和能力水平,就可能因学生无法作答而使提问式教学无法进行下去。

(2)探索并反馈问题。学生对于老师提出的问题需要有积极的响应,或直接回答老师的提问,或查阅书本或其他资料后答复老师提出的问题,或通过与同学、老师的讨论和辩论阐明自己的观点和想法,并将这些观点和想法迅速向老师反馈。

(3)回应并反复追问。老师在得到学生对问题的答复后,应该对学生阐述的观点和想法进行积极的回应,或肯定学生并提出新的问题;或与学生共同探讨形成共识后导入新的问题;或增加一些具有启发性的问题,让学生去完善自己的思想并导入新的问题。

(4)导出并验证结论。在经过老师提问—学生回答—老师追问—学生回答这样一个反复的过程后,学生就应该能够导出一个确定的结论。这个结论可能是通过老师的直接提问而让学生最终直接导出或形成确定的处理意见和解决方案;也可能是老师在提问中运用故错教学法后学生通过排除错误或不完善的处理意见和解决方案而推导出来的。在学生导出最后结论后，老师还可以与学生一起运用法学原理和法律方法验证这种处理意见和解决方案的正确性和可行性，给学生增强处理法律事务的信心和决心。

二、模拟训练教学法

模拟训练也是诊所教学中比较常用的教学方法。模拟训练教学法，也称角色扮演教学法，是指以学生实际办理的案件为脚本，或者以教师事先选取真实案件的片段，并预设演练目标，由学生扮演不同的角色，使学生置身于相关角色中，体会各种角色的感受、训练相关法律技能、解决相关法律问题、达到预定目标的一种教学方法。[①] 因此，诊所教学中的模拟训练实际上有两种不同的形式，一种是双方或多方的角色都是模拟的，它类似于模拟法庭、模拟谈判、模拟接待等训练；还有一种是有一方角色是真实的，如一方当事人的代理人，其他方面的角色是扮演的，相当于"陪练"。模拟训练既可以是全过程的，如法庭审理的整个过程；也可以是法律事务中的某个阶段，如接待（会见）当事人、谈判调解、庭审举证质证、法庭辩论等。

模拟训练教学法通常按照以下步骤展开：

（1）选择并确定模拟训练的基本材料。如果是针对学生实际办理的案件所展开的模拟训练，基本材料就无须另行选择了，只要确定是全过程还是局部演练后，再根据实际需要进行取舍即可。如果不是对学生实际办理的案件进行模拟训练，那么，模拟训练选择的材料就必须充分考虑：① 必须符合此项模拟训练教学的目的；② 与学生正在办理的案件具有针对性；③ 能提高学生对办理案件的体验感。

（2）拟定模拟训练计划。凡事预则立，不预则废。进行模拟训练也是如此，指导老师应当事先对模拟训练制订计划和做好安排，包括通过模拟训练要达到的目标或任务、模拟训练的主题、模拟训练的材料、学生事先需要阅读的资料，以及时间和课时安排等。

（3）场景布置和安排。为增强模拟训练的真实感，教师可以根据教学的实际需要安排模拟训练的场所，对于一般的模拟训练项目，譬如模拟调解、模拟谈判、模拟辩论、模拟接待当事人等，通常都可以放在教室进行。有同步视频传播条件的，也可以把扮演者隔离在接待室、谈判室进行，以免受到干扰而影响模拟训练的效果。如果要进行模拟法庭训练的，那最好放在模拟法庭进行。如果学校没有独立的模拟法庭，则需要对教室进行一些场景布置，以增强

---

① 许身健主编：《法律诊所》，中国人民大学出版社2014年版，第6页。

模拟法庭的真实感。

（4）角色分配。角色分配应该根据模拟训练的内容确定。例如，模拟接待当事人，通常只需要有学生扮演接待律师和当事人即可，如果是在律师事务所接待，可以再安排一位学生扮演前台。如果是模拟法庭辩论，那就需要有学生分别扮演原告及其诉讼代理人、被告及其诉讼代理人以及法官等角色。角色一般由学生自由选择，必要时也可以由老师指定。

为了体现法律诊所是一种教学活动，我们还需要让一些学生扮演观察员的角色，让他们观摩其他学生的演练，并对各方的演练情况进行分析和评价，真正达到教学的效果。

（5）角色演练。角色演练是模拟训练的核心内容。角色演练的效果如何，取决于学生能不能"假戏真做"。如果学生一直不能进入角色，他就很难体会到角色的真实感受，当然也就无法达到模拟训练的效果了。另外，角色扮演者在演练的过程中，一定要注意把自己学到的法律专业知识和有关法律技能充分结合并加以运用。

（6）观摩与评价。没有参加角色演练的学生，一般都可以充当观察员，也可以在没有参加演练的学生中选择数位学生为观察员。每位学生都应当认真观摩，并做好必要的记录，尤其是观察员。角色演练结束后，首先由学生对演练的效果进行评价。学生应当对角色扮演者的表现进行客观的评价，这既是一种互相学习的经历，也是自我提高的机会。每位学生尤其是充当观察员的学生一定要注意把握好这样的学习和提高机会。在学生评价之后，老师还应当对学生的角色演练进行指导与点评。老师应当全面、客观地对每位学生的表现作出评价，并对演练中存在的问题进行必要的指导。在必要的时候，老师还可以对某些方面进行当场示范，然后再让学生重新演练一遍，以增强对角色的理解和体验。

三、对谈式教学法

对谈式教学法，是指学生与指导老师就办案中所遇到的问题进行一对一的谈话讨论，寻求解决问题的方法与途径的一种诊所教学方法。

对谈式教学法具有以下特点：

（1）对谈话题的广泛性。在对谈式教学中，对谈的话题通常是没有限制的，它既可能是学生在办理案件中遇到的实体问题，也可能是遇到的程序性问题；它既可能是办案过程中遇到的心理问题、社会问题、人际关系问题，也可能是学生遇到的生活困难影响了他的办案心情等。总之，只要是学生认为对案件解决有帮助的话题都可以与指导老师进行交流和探讨。

（2）对谈主体的平等性。尽管对谈一方是学生，而另一方是指导老师。但是，在对谈教学中，对谈双方没有地位高低和主从之分，双方是平等交流者。基于相互信任和彼此尊重，老师可以对学生提的一些观点和问题提供一些具有启发和引导性的意见，让学生充分发挥自主与创新精神，自由、独立地去探寻解决问题的途径和方法，而不能强迫学生接受自己的观点和主张。

（3）对谈形式的多样性。在对谈式教学中，学生与指导老师的交谈可以不拘泥形式，既可以面对面交谈，也可以通过电话沟通，还可以通过网络社交平台交流，或发电子邮件进行笔谈。

（4）对谈时空的不确定性。对谈式教学对场所、时间也没有限制，学生随时随地遇到问题都会找老师商量探讨，既可以在学校、在课堂上，也可以在家里、在路边；可以在办公室，也可以在食堂或其他社交场所；学生可以在工作时间找指导老师交流，也可以在休息时间联系指导老师；谈话时间可长可短，以能够帮助学生解决所需要解决的问题为限。

在对谈式教学中，学生与老师的谈话通常是以学生叙述事实，陈述所遇到的问题为开始的，因此，老师应当学会做"倾听者"，认真聆听学生陈述中的每一个事实，甚至去感受学生的每一次情绪。然后，再用一些具有启发性的提问和引导性的语言，让学生去发现并谈出自己解决该问题的思路和方法。

四、反馈式教学法

反馈式教学法是依据系统论、信息论、控制论等理论创立的一种新型教学方法，是一种"以信息反馈为主线，以探求为根本，把教学矫正和调控贯彻始终"的教学方法。[①] 它体现了课程教育以人为本的核心思想、以学生为主体的新理念。这种教学方法有利于教师开展因材施教，促进学生的个性发展；它还能使更多的学生有机会审视自己的行为，分享大家的智慧，增加学习的机会。

反馈式教学法在诊所法律教育中被广泛应用。因为与课堂教学不同，在诊所教育中尤其是在学生办理案件或其他实践的过程中，教师不可能也没必要完全掌握学生学习及实践的情况。通常，教师会要求学生在规定的时间，向其汇报自己办理案件的工作进度，以及自己在实际办理案件过程中的心得体会和所遇到的问题。教师也会根据学生的汇报对其学习、工作进行评价和指导。因此，反馈就是教师获取学生学习工作情况，以及学生得到老师指导和评价的重要途径。

---

① 资料来源：https://wenku.baidu.com/view/bf9699d4f524ccbff0218404.html，2021年12月12日访问。

反馈可以采取单独反馈的形式，也可以采取集中反馈的形式。单独反馈也就是与一个学生单独进行的反馈。这种形式比较方便、灵活，能及时解决学生遇到的问题或困难。集中反馈就是在指定或约定的时间，有小组成员或参与诊所学习的所有学生共同参加的反馈形式。这种反馈形式的优势是可以让更多的学生有共同学习的机会，分享大家的智慧。集中反馈是诊所法律教育中比较常用的一种形式。

五、互动式教学法

互动式教学法，是指通过营造多边互动的教学环境，在教学双方平等交流探讨的过程中，达到优势互补，形成不同观点碰撞交融，进而激发教学双方的主动性和探索性，达成提高教学效果的一种教学方法。这种方法主题明确，条理清楚，探讨深入，能充分调动学员的积极性、创造性，是法律诊所教育中被广泛使用的一种教学方法。

（1）法律诊所教育的互动体现是多方面的：首先，是学校与社会的互动。学生通过真实的案件，参与社会活动，在社会中接受教育，在变化的社会环境中学习法律。学生通过自己积极主动地服务社会弱势群体，运用所学知识，服务社会，实现自身价值。学生和教师在真实的社会中，研究和讨论现实社会中的问题，理论与实践结合，增强了科学研究的针对性和现实性。其次，是教师与学生的互动。俗话说，教学相长，从自身经历中学习，从经验中学习，不仅仅是一种学习方法，而且是一种教育方法。在诊所教育中，学生的客户是当事人、教师的客户是学生。学生向当事人负责，教师向学生负责。最后，同伴间的学习、同行间的学习、团队成员间的学习，是诊所教育中倡导和推动的重要的学习环节。

（2）互动式教学法贯彻在法律诊所教学的全过程。从法律诊所课程的设置到法律诊所教学计划的安排，教师都会充分考虑互动性要求，并将这些互动的情景和内容设计和安排在教学的各个环节。在教学过程中，教师给学生安排了大量的实践性活动，让他们走进法院、律师事务所与法官、律师互动；让他们在律师事务所、仲裁机构接待当事人，与当事人近距离互动，为当事人提供法律服务。同时，即便是在课堂讲授和训练过程中，教师也会安排案件谈论、头脑风暴、情景模拟、角色扮演等，用对谈式、反馈式等多种教学方法，为学生与教师、学生与学生之间的互动提供机会。

学生通过互动方法，认识法律职业中组织与管理活动的重要性，这对法律职业内部的自治，对形成健全的职业规范和职业道德具有积极的作用。

六、合作式教学法

合作式教学法是根据社会心理学中的"小团体理论"发展而来的，它认为小团体成员会相互依赖并产生隶属感和荣誉感，如果把大班分成若干个"小团体"，就可以利用"小团体"之间的分工合作，共同利用资源，互相支持，去进行学习，去完成工作任务；并利用"小团体"本位的评核及组间的比赛，制造团队比赛的社会心理气氛，以增进学习的成效，培养学生的团队协作精神。

合作式教学法通常按以下几个步骤实施：

（1）进行学习分组。将班级学生分成若干个学习小组。按诊所教学要求，一个法律诊所课程班的学生人数不宜超过20人，一个班级可以分成5个组，每组成员3—4人。否则，班级过大，小组成员过多，会造成法律诊所教学方法无法实施，无法确保学生的充分互动，影响法律诊所课程班的教学效果。

分组以学生自由组合为原则，学生可以根据自己的意愿，自由选择和哪些同学分在一个小组，以便形成志同道合、优势互补的学习小组，便于今后工作、学习中的话题讨论。当然，学生在组成团队时也应当注意不能同质性太强，否则就无法实现团队中的优势互补了。

在各学习小组组成后，还应当推选出一位负责人，由其负责召集小组成员开展各种活动，以及与教师和其他学习小组的协调沟通。

（2）教室座位空间安排。座位空间的安排应当以增进小组成员有效学习，方便小组成员之间的交流为原则，因此，空间安排不能太密集，要尽量避免给其他小组可能带来的干扰。通常是在一个教室里，将课桌拼成几个方阵，每个方阵固定安排一个小组的成员。这样不仅方便小组成员之间的沟通交流，也方便教师的考勤和管理。

（3）组织小组活动。小组的活动通常有课堂内的活动和课堂外的活动。课堂内的活动，一般是在教师的组织下进行，如课堂讨论、角色扮演等；课堂外的活动，通常由小组负责人召集，如角色扮演的训练，对办理案件的准备等。

（4）小组的考核与评价。合作式教学法实行个人考核、评价与小组考核、评价相结合。对于学生在法律诊所中的表现，应突出对小组的考核与评价。

合作式教学法要求学习小组的每个成员都要具有团队协作精神，成员之间既要讲分工负责，又要强调成员之间的相互协作，因此，它强调"大家的事情大家来做"，要求每个成员不仅要主动参与，而且还要发挥个人专长，使工作效率最大化；它注重良好人际关系的形成，要求每位成员要重视沟通，学习沟通，善于沟通。所以，合作式教学法在培养学生的语言表达能力、沟通交流能力、社会交际能力等方面，都能起到较好的效果。

七、视频回放教学法

视频回放教学法是现代科学技术在诊所教育中的运用。它是指教师通过选择与教学内容有关的影像视频进行剪辑或全部回放，让学生在观看视频过程中或观看视频后，评价、借鉴、模仿其中的优秀经验或表现，分析、反思其中的问题，从而帮助学生学习或提高法律技能的一种教学方法。

视频回放教学法可采取以下方式进行：

（1）教师根据教学需要，对已有的影像视频通过剪辑后回放。学生在观看相关影像视频后，应对其中相关的法律问题提出自己的观点和意见，并对其中的法律技能运用进行分析和评价。在学生评价后，教师还应当对学生提出的观点和解决问题的思路进行点评，从而加深学生对某些重要法律问题的理解和认识，提高分析和解决实际问题的技巧和能力。

（2）教师将正在进行的模拟训练场景实况录像后，当场向学生回放。这样会极大地提高模拟训练教学的效果，因为，对观摩的学生来说，他们等于在现场两次观摩了角色扮演者的演示，对模拟训练的场景观察得更加真切，评价也会更精准，学习和借鉴意义也更大。而对参加演示的角色扮演者而言，教学效果的提高将更为显著。因为通过视频回放，这些学生不仅会直观地看到自己在演示中的表现，发现自己的长处及需要完善的方面，而且还可以通过由"局内人"向观察者的身份转变，更客观地发现自己需要提高的法律技能。实践证明，这是一种成本低廉却能带来极好教学效果的教学方法。

（3）如果条件许可，教师还可以将学生在法律诊所接待当事人等真实场景进行实时录像（这通常需要征得当事人的同意），或者从法院等机构获取学生参与庭审等活动的视频资料，并向学生进行回放。这将比回放模拟场景的录像带来更好的教学效果。

第五节　诊所法律教育的评价体系

法律诊所课程评价体系是诊所法律教育模式的重要组成部分。它包括法律诊所的课程评价体系、法律诊所的教师评价体系和法律诊所的学生评价体系三个部分。

一、法律诊所的课程评价体系

法律诊所的课程评价指的是法律诊所课程的指导或评定机构，从法律诊所课程的内容设计、法律诊所课程的实施保障以及法律诊所课程的管理等方面，对一个学校是否具备开设法律诊所课程的条件，或对已开设的法律诊所课程是否符合建设要求进行分析、判断后所形成的结论。对此，诊所教育专业委员会于 2018 年 12 月发布的《法律诊所课程质量标准》（以下简称《质量标准》）进行了明确的规定：

（一）法律诊所课程的内容设计

法律诊所课程的内容设计必须是在教师指导下学生进行的真实法律业务操作，主体内容不应当是模拟和理论知识讲座、案例教学、研讨等非真实业务操作的教学活动。法律诊所课程的核心教学方式是学生自主独立办理真实法律业务，辅以教师的指导和监管。在具体方法上，针对不同环节的实务内容可以采取启发、讨论、体验、案例、模拟等参与互动式教学方法。

（二）实施法律诊所课程应当具备的条件

1. 运行支持与行政管理平台

（1）法律诊所课程应当有必要的专项经费支持，专门的行政人力工作支持，以保证课程专业化、专门化持续稳定开展。

（2）法律诊所课程应当有必要专门的教室、会议室、办公空间以及录音、摄影摄像、互联网相关等电子设备支持，以保证区别于讲授式课程方法的有效运用，并创造相应的法律职业文化氛围。

（3）法律诊所课程应当有有效的管理和运行制度，以实现有序运行、成果积累、保证课程自身与社会服务工作质量。

（4）法律诊所课程应当根据自身内容需要，建立立足于学校或者校外的法律实务工作操作平台，为学生提供稳定的实操业务来源和运行条件支持。

2. 教师、资质和师生比

（1）法律诊所课程的教师要求由专职教师担任；也可以在专职教师的主持下，组织具有职业工作经验的法律工作者担任指导教师。

（2）诊所课程要求至少有 1 名在校的专职讲授法律课程的教师授课或者负责课程的教学活动；诊所课程教师构成要求有较多的成员具有相应的法律实务工作经验和技能。

（3）法律诊所课程设置要求配备充分的教师，师生比不得小于 1∶8，特定的法律诊所课程都要有一个明确的师资比例和限定的学生数量，学生选课时要明确学生数量和教师数量。

3. 课程任务性质和学分

（1）法律诊所课程应当纳入所在院校的学生培养方案，要作为一门有学分的必修或者选修课程，每学期（半年）至少 2 分。

(2) 法律诊所课程的教学、科研以及指导任务应当作为所在院校的工作量统计对象。

(三) 应当有完善的法律诊所课程管理制度体系

(1) 法律诊所课程业务工作平台建设制度。法律诊所课程应当具有一个法律实务业务工作平台作为开展真实法律工作的基本条件。法律诊所应当建立严格的平台管理制度，就业务性质、合作方的权利义务、工作风险处理、工作责任界定和处理、工作协调机制等进行明确合法的约定和制定。例如，法律诊所课程与法律援助中心、律师事务所、立法机构、政府机构、司法机构等相关业务的合作和约定。

(2) 法律诊所的业务操作制度。法律诊所课程核心的工作是教师指导学生进行法律实务业务操作。相关业务操作必须严格按照职业法律业务工作质量标准执行，因此，诊所法律课程应当具有完备有效的业务操作流程、业务选择规范、业务受理规范、业务办理规范、业务监控规范、业务考核规范、业务评估规范、业务指导规范等相关制度规定。

(3) 法律诊所课程管理制度。法律诊所课程作为法学教育的人才培养活动，由于不同于讲授式法学课程的特征，为保障课程有效的成果产出，应当制定不同于其他课程的课程活动出席考勤、工作量评定、课程活动行为规范、成果奖励规则、成绩评定等相关制度。

(4) 经费保障与财务管理制度。在相关法学院系中开展法律诊所课程活动，任何法律诊所课程业务操作活动不得商业化，不得向服务方收取服务费用，所在单位应该具有独立稳定的经费保障政策和制度。法律诊所课程经费使用上应当有明确的财务预算、财务支出、财务报销、财务审批、财务报告、财务监督和检查等必要的财务管理制度。

(5) 人事与工作分工制度。与其他类别的法学教育课程相比，法律诊所课程具有丰富多维的工作人员构成，包括校内教师、校外教师、学生、志愿者、行政管理人员等。为了更加有效地协调力量开展工作，法律诊所课程应当建立不同工作人员的岗位功能区分、协作关系、工作职责、工作评估和考核、工作奖惩、工作流程等多种必要的管理制度。

(6) 日常行政管理制度。法律诊所课程活动面向校内外，因此具有大量的日常行政性工作用以保障整个课程活动的有序有效运行。法律诊所课程应当建立办公场所管理制度、案卷归档管理制度、档案管理制度、图书资料管理制度、办公作息制度、办公设备和用具的使用与管理制度等。

法律诊所的课程评价除上述的外部评价外，还包括法律诊所内部对法律诊所课程运行情况及实施效果所作的评价。对法律诊所课程的规范运行和实施效果,也是对法律诊所教师的评价内容,可详见"法律诊所的教师评价体系"部分。

二、法律诊所的教师评价体系

法律诊所的教师评价指的是学校主管部门、学生、案件当事人、教师本人及法律诊所督导小组从法律诊所教学规范、教学内容和手段,以及教学效果等方面对法律诊所教师(包括校内专职教师和校内、外兼职教师)进行分析、判断后所形成的结论。其中,法律诊所课程是否规范运行,是教师评价体系中最核心的内容。为此,诊所教育专业委员会的《法律诊所课程质量标准》对法律诊所课程运行标准进行了明确的规定。

(一) 开课准备

(1) 对于主题明确的法律诊所课程而言,在每个学期开课之前,课程应当有一个针对本学期具体的可实现的主题和目标。

(2) 每个学期开课之前,法律诊所课程应当具有相对确定的具体实务工作任务或者形成相对具有保障性业务来源。

(3) 每个学期开课之前,法律诊所课程应当形成相对完整的课程参考书目等需要学生独立准备的材料和辅助用品清单。

(4) 每个学期开课之前,法律诊所课程以基本课程大纲为基础,应当形成一个具有现实可操作的教学计划,该计划包括整学期课时数、内容结构关系、教师构成、教学方法、应急调整机制、授课与工作地点以及其他相关的行政技术支持等。

(5) 每次开课和预约指导学生之前,法律诊所课程教师应当对相关工作进行充分的准备,每次课程都应当具有包括任务、目标、方法等的充分完整的课件。

(二) 学生的选拔

(1) 参加特定法律诊所课程的学生,应当具备操作相关主题业务所要求的基础性法律知识,如必须修完相关主题所关联的基础专业课程;具备操作该诊所课程具体法律实务工作的基本法律素养和条件,如必须要具备基本的沟通、表达和文书专业能力等。

(2) 法律诊所课程选拔学生必须公开公正,应当有申请学生知悉的选拔制度;根据学生参与课程特定条件的要求,必要情况下可以通过笔试和面试进行选拔。

(三) 课程运行空间与任务结构

法律诊所课程活动运行应当体现为三个空间中的三种活动的循环。整个课程运行应该具备全员课、实务工作以及小组或者个体交流活动。全员课的主要任务为知识分享、能力建设、制订计划、分配任务以及总结反馈等；实务工作的主要任务是法律职业空间中真实具体的法律业务实战，体现为知识和技能的运用和计划的执行；小组或者个体交流活动是特定与个性化的知识能力强化与业务指导活动。

（四）业务内容的确定与选择

由学生办理的法律诊所课程实务具有法律职业工作和人才培养的双重性，因此课程实务工作的确定和选择应当考虑工作任务的完成能够与课程运行时间相适应；在地域空间上，应当考虑工作的便利和可接受的成本支出；在复杂程度和驾驭能力关系上，应该考虑业务难度和学生能力的相适应；在业务价值上，应当充分考虑业务活动带来的知识增长、能力提升以及社会公益价值的综合性和典型性。

（五）指导学生

法律诊所课程教师应当为学生提供充分、适当、科学的实务工作指导，在一般规定性指导和个性指导、启发性指导和告知性指导以及交流性指导和结论性指导之间获得合理平衡。指导应该保证充分性，即重要指导的常规化、体系化和固定化，与学生的个性问题必须得到明确及时回应；指导应当适当，不能指导不足和过分指导，从而导致学生的能力欠缺或者自主性、创造力的缺乏；指导应当以启发和鼓励创造性思维和能力培养为导向，与学生进行交流，鼓励学生积极参与，尽量避免直接告知学生问题结论，避免取代学生的独立思考和独立动手工作。

（六）业务监控

法律诊所课程应当对学生操作的真实法律业务，包括业务内容确定、提供结论性服务等进行严密的业务监控，以保证业务的工作质量和避免责任风险；法律诊所课程应当建立业务跟踪、责任风险预防和应对处理机制。

法律诊所课程的学生法律业务的选择、接受以及结论性服务应当在教师的指导下进行，学生执行每个操作任务应当对诊所指导教师或者相关诊所课程负责人进行汇报，是否开展特定业务以及提供结论性服务应当由指导教师以及诊所课程负责人进行审批。

（七）反馈、总结、评估与成绩考核

法律诊所课程运行中，在教师与学生之间，应当对教学、实务操作、管理等方面内容进行阶段性的总结、评估和反馈，以保障课程有效运行以实现课程的任务和目标。反馈、总结、评估和考核可以分为阶段性主题、期中和期末等几个阶段进行。

法律诊所课程应当建立学生成绩与教师业绩考核机制，阶段性评估、反馈和总结应当明确确立相关要点，并且应当与学生成绩评定和教师业绩考核紧密联系起来。

上述法律诊所课程运行标准是规范法律诊所教师教学行为的准则，也是对法律诊所教师评价的重要依据。

三、法律诊所的学生评价体系

法律诊所的学生评价体系是法律诊所课程评价体系中最核心、最重要的组成部分。法律诊所的学生评价是指教师、学生、案件当事人等从认知、行为、能力、态度等各个方面对学生在法律诊所教学全过程的各种表现进行分析、判断所形成的结论。由此可见，与传统教学中的学生评价不同，法律诊所的学生评价具有明显的特点。

（一）评价主体多元性

在传统的教学评价中，教师通常是对学生的唯一评价主体，掌握着学生成绩"生杀予夺"的权利，学生的学习成绩主要取决于教师事前设定的评价标准，对于有些较为主观的项目，甚至可能还会受到教师的个人好恶甚至情绪的影响。但是，在法律诊所的学生评价中，评价主体不仅包括上课老师，还有实务指导老师、同学、案件当事人，甚至还包括学生本人。

（二）评价内容广泛性

在传统的教学评估中，评估内容通常就是试卷完成情况，或者命题或不命题论文的写作质量，尽管现在也增加了平时成绩等内容，但是其范围还是相当狭窄的。而法律诊所中的学生评价内容则相当广泛。案件办理的成与败，固然会对学生的成绩带来一定的影响，但是，在法律诊所的教学中绝不会以成败论英雄，而是会从学生在处理法律事务过程中，对知识的运用能力、准确适用法律能力、分析判断能力、法律文书写作能力、团队协作能力等诸方面，以及对社会的正义感、责任感，对当事人的态度等方面全面进行评价。同时，这种评价不是静态地分析判断学生的各项能力和各种表现，而是动态地发现学生在法律诊所学习过程中各种职业能力的提升和职业伦理水平的提高。

（三）评价方法多样性

在法律诊所教学中，不仅运用量化评价方法和质性评价方法来对学生的学习情况进行评价，而且还采用教师评价、同学评价、当事人评价、学生自我评价等多种途径对学生进行全方位的考察和评价。

1. 自我评价

自我评价是法律诊所课程评价体系中最具特色的一种评价方法，它是由法律诊所课程的教学特点所决定的。

法律诊所课程是一种学生真实体验型教学，学生在真实的场景（真实的诊所、真实的当事人）之中，为当事人处理真实的法律事务，他们的背后尽管还有老师，但老师平时只是一个被动的指导者，更多的时候就像一个旁观者。学生对接受代理的法律事务必须自己想办法解决，遇到困难也得自己先顶着，而不能直接找老师求教，更不可能让老师来代自己解决困难，因此，个中的艰辛只有学生自己能够体会。当然，在学生顺利完成了当事人委托的法律事务后，他可能会收到当事人的赞许，同时又感受到了自己的知识在增长，能力在提高，这样的满足感只有付出过努力的学生才能体会到。所以，在法律诊所教学中，来自学生的自我评价才是最真切、最客观的评价，"自我赞许"或许也是学生最有成就感和最在意的一种感受。所以，实际上"学生自评的重要意义已远远超过教师的评价"[①] 了。

学生的自我评价除了上述"终局"的评价外，还应当贯穿在法律诊所课程学习的整个过程。学生可以在进入法律诊所学习之前先对自己已有的知识水平和能力状况做个评估，并为自己在法律诊所学习中期望得到的提高定下一个总的目标。进入法律诊所学习后，学生根据课程的推展和演进还可以围绕总目标的实现做一些小小的计划，如参加一堂课堂教学、一次小组讨论、进行一次事实调查以了解自己应该取得什么样的进步等。学生根据这些计划展开法律诊所教学活动的同时，也对自己阶段性的成果适当地作些总结和评价，这不仅可以保证学习计划的有序推进，还可以从过程中体会到学习的乐趣，增强自己的信心。

学生除了有学习计划和学习总结可以作为自我评价的依据外，还可以通过日记的形式将自己办理案件过程中的点点滴滴记录下来，包括案件受理前的准备、案件进行中的控制、案件结束时的反思等的所做所想，同时根据这些工作和学习内容事前编制评价表并不断充实其内容。[②]

2. 教师评价

教师评价是法律诊所学生评价体系中重要和不可或缺的组成部分。在法律诊所教学中，教师由原来的课堂主导者变成了被动接受、对学生进行指导的"辅助人员"，这并不意味着教师评价在法律诊所教学中已经不重要了。首先，学生之所以能够放心大胆地去处理自己从没有经历过的法律事务，那是因为他

---

① 秦勇、张洋洋：《"法律诊所"教学评价模式探析》，载《教育评论》2016年第9期。
② 孙淑云、冀茂奇主编：《诊所式法律教程》，中国政法大学出版社2010年版，第24—25页。

们感受到背后有老师强有力的支持。因此，学生对于老师给出的建议肯定是十分重视的，而且老师一个赞许的评价也一定能给学生带来极大的鼓舞。其次，老师被动指导宛如"旁观者"，但却不真是旁观者而是观察人。老师观察着学生在处理法律事务过程中的各种表现，还对学生一些不适当的行为及时进行指导。因此，老师不仅对学生处理法律事务的结果了然于心，而且还了解学生在处理法律事务过程中的方方面面，对学生的学习情况有更全面的认识，也使老师对学生的评价更接近客观和全面。最后，老师对学生的评价也要分阶段进行，这样可以及时地为学生总结处理法律事务过程中的经验教训，增强学生顺利完成法律事务的信心，并及时纠正或完善处理法律事务的措施和方案。

由于法律诊所是一门实践性课程，实践性课程通常都是一种过程教学，因此，老师不能单凭结果而应当对学生进行综合评价，不仅要去评断学生处理法律事务的成功与失败，也要去分析学生处理法律事务过程中的教训和经验；不仅要看到学生的知识在增长、技能在提高，也要看到学生的职业伦理、社会责任感的提升。老师可以通过查阅学生提交的书面材料、对学生学习过程的观察，甚至通过谈话、讨论等方式感受学生的变化。

3. 同学评价

同学评价也是法律诊所学生评价体系的重要内容。为了方便办案和学习中的讨论交流，法律诊所课程通常采取小组学习的方式。小组同学一起参加课堂教学，一起进行讨论交流；在办理法律事务过程中，同学之间尽管有所分工，但彼此之间需要团结协作，相互支持，共同完成当事人委托的法律事务。因此，同学评价对法律诊所教学既是必需的也是必要的。通过同学之间的相互评价，可以增进同学之间的相互了解和相互信任，可以让学生学会同学之间的彼此包容和尊重，可以提高学生的反馈、反思和评价的技巧，促进大家共同进步。

4. 当事人评价

当事人接受法律诊所学生作为其代理人处理法律事务，对学生接受案件后及处理法律事务整个过程中的表现是了解最多、关注最深，也是最有发言权的。因此，当事人理所当然地成为法律诊所的学生评价主体。但是，由于当事人是法律事务处理结果的最终承受者，是利益相关方，所以，当事人的评价难免会有更多的主观意志，我们应当审慎对待。

(四) 评价具有全程性

法律诊所的教学活动是动态的、开放的和全过程的，尤其是学生在处理法律事务的过程中，情况是不断发生变化的，因此，仅凭学生的一次评价就下定论显然是不科学的。同时，学生办理的案件，也不一定就是在期末结束的，所以，对学生的评价必须是全程性、常态化的。

示例

法律诊所教育评估体系

之一 教师评估体系

一、法律诊所应当定期评估指导教师的教学质量,各学期期末组织当期学生依本体系进行评估。

二、法律诊所指导教师应当:

1. 准时上课;
2. 备课充分、内容充实、方式灵活,并且依实际需要作及时调整;
3. 重点、难点突出;
4. 激发学生学习兴趣和主动性;
5. 鼓励学生发表独立见解和创新观点;
6. 注重培养学生运用法律、分析解决问题的能力;
7. 注重培养学生的社会使命感、法律执业道德观念、人文关怀精神等;
8. 布置的作业有助于学生理解和掌握课程内容;
9. 甄选合适的案件分配给诊所学生;
10. 及时启发学生,指导学生办案,监督办案过程;
11. 对学生承办案件的质量、效果以及学生安全负责。

三、法律诊所助教应当认真、负责地完成下列工作:

1. 收集学生的作业、记录收发情况,尽快呈交指导教师及反馈给学生;
2. 及时同指导教师、诊所学生沟通;
3. 及时收发、处理法律诊所和指导教师的邮件;
4. 妥善保管交托的相关文件、档案资料、办公用品以及报销经费等;
5. 其他工作。

之二 学生评估体系

一、法律诊所应当依本体系对各期诊所学生进行评估。

二、法律诊所学生应当:

1. 准时上课;
2. 积极参与课堂教学活动,发表独立见解和创新观点,但亦应遵守课堂纪律;
3. 认真完成并按时提交作业;
4. 训练提高自己归纳、总结、表达情景和事实的陈述能力;
5. 训练提高自己查找法律和其他方面文献的能力;
6. 训练提高自己直接询问、交叉询问的能力;

7. 积极同指导教师交流，汇报案件进展、工作情况、小组方案等；

8. 团结一致，服从分配，与小组其他组员互相配合，分担工作，共同为案件出力；

9. 具有社会责任感、正义感、使命感；

10. 以当事人权益为重；

11. 在不与其他课程发生冲突的情况下，尽力地、热情地投入办案工作；

12. 各小组全体组员共同对本小组所承办案件及案件当事人负责。

三、评估时间为各学期末，具体评估办法由指导教师听取学生意见后确定，可以结合学生自评、小组互评、教师意见等多种方式综合评定。

四、对诊所学生的评估结果不设定优良比例。

五、以本评估结果作为确定学生法律诊所课业成绩及证书评语的依据。

之三　课程评估体系

一、法律诊所应当依本体系对各期诊所课程进行评估。

二、法律诊所课程的原则与要求：

1. 以学生为中心，以法律援助案件为主要载体；

2. 有教学目的相对稳定的课程安排，内容充实，方式灵活，采用诸如模拟法庭、旁听庭审、邀请法律实务人员座谈等形式，且根据需要作出及时调整；

3. 依学生所承办案件进展情况，安排内容、目的非固定的讨论，并结合案件调整授课进程；

4. 能够激发学生学习兴趣和主动性；

5. 有助于培养学生运用法律的能力，研究、分析、解决问题的能力；

6. 有助于培养学生的社会使命感、法律执业道德观念、人文关怀精神。

三、法律诊所课程的评估要求应当在各学期初始即告知诊所学生，学生在学习过程中有任何意见、建议可及时与指导教师沟通。可以调整、改进的，应当及时改进。

四、各学期末由学生进行诊所课程的统一评估，依据统计结果确定是否调整下一学期的课程计划。

第二章 法律职业伦理

第一节 法律职业伦理概述

一、法律职业与法律职业共同体

（一）法律职业

谈到法律职业伦理，首先需要了解什么是"法律职业"。一般来说，对法律职业的明确往往是从法律职业者的角度来说的。从学理上说，法律职业是指以法律专业知识为工作内容，以研究、发展和应用法律为职业的总称。① 具体来说，是指以法律活动为专业、以法律教育为背景的专业人士所从事的职业。"法律人""法律工作者"都是对法律职业者的称呼。

在我国现阶段，法律职业者是指受过专门的法律教育、具备法律规定的任职条件、取得国家要求的任职资格而专门从事法律工作的一种社会角色。2015年12月，中共中央办公厅、国务院办公厅联合发布的《关于完善国家统一法律职业资格制度的意见》中明确：法律职业人员是指具有共同的政治素养、业务能力、职业伦理和从业资格要求，专门从事立法、执法、司法、法律服务和法律教育研究等工作的职业群体。担任法官、检察官、律师、公证员、法律顾问、仲裁员（法律类）及政府部门中从事行政处罚决定审核、行政复议、行政裁决的人员，应当取得国家统一法律职业资格。国家鼓励从事法律法规起草的立法工作者、其他行政执法人员、法学教育研究工作者，参加国家统一法律职业资格考试，取得职业资格。

2014年10月，党的十八届四中全会通过了《中共中央关于全面推进依法治国若干重大问题的决定》，其中指出：完善法律职业准入制度，健全国家统一法律职业资格考试制度，建立法律职业人员统一职前培训制度。2018年4月28日，司法部颁布了《国家统一法律职业资格考试实施办法》，其中第2条

---

① 许身健主编：《法律职业伦理》，中国政法大学出版社2019年版，第20页。

规定:"国家统一法律职业资格考试是国家统一组织的选拔合格法律职业人才的国家考试。初任法官、初任检察官、申请律师执业、公证员执业和初次担任法律类仲裁员,以及行政机关中初次从事行政处罚决定审核、行政复议、行政裁决、法律顾问的公务员,应当通过国家统一法律职业资格考试,取得法律职业资格。法律、行政法规另有规定的除外。"对于报名条件,该办法第9条第5项明确规定:"具备全日制普通高等学校法学类本科学历并获得学士及以上学位;全日制普通高等学校非法学类本科及以上学历,并获得法律硕士、法学硕士及以上学位;全日制普通高等学校非法学类本科及以上学历并获得相应学位且从事法律工作满三年。"与之前的报名条件相比,在教育背景上更加强调了法律专业性,即只有取得法学学士学位、法律硕士学位或法学硕士学位,或者从事法律工作满三年的非法学学士及以上学位的人,才有资格报考法律职业资格考试。

(二) 法律职业共同体

"共同体"的概念源于美国科学史家和科学哲学家托马斯·S.库恩提出的关于"科学共同体"定义。德国著名学者马克斯·韦伯将法律职业看作一个"法律职业共同体"。根据韦伯的观点,法律职业共同体是基于职业的特定内涵和特定要求而逐步形成的。具体来说,法律职业共同体是指以法官、检察官与律师为代表的,受过专门的法律专业训练,具有娴熟的法律专业技能与法律职业伦理的人所组成的自治性共同体。

在我国,学者们对法律职业共同体有着不同释义,法律职业共同体可以描述为以法官、检察官、律师、法学家为核心的法律职业人员所组成的特殊的社会群体。这一共同体必须经过专门法律教育和职业训练,是具有统一的法律知识背景、模式化思维方式、共同法律语言的知识共同体;共同体以从事法律事务为本,是有着共同的职业利益和范围,并努力维护职业共同利益的利益共同体;其成员间通过长期对法治事业的参与和投入,达成了职业伦理共识,是精神上高度统一的信仰共同体。

在西方,法学家和社会学家都极为重视对法律职业及其共同体现象的研究。国内对法律职业共同体的研究始于20世纪90年代,学术界基本达成了共识:法律职业共同体的形成与发展是一个法治国家赖以生存的基础。正如强世功教授所说,法律只有成为一门稳定的专业化的知识体系,才能独立于大众感知的道德和不断变化的政治意识形态获得自主性,只有具备与众不同的思维逻辑和法律技艺,才能掌握在法律共同体的手中。[①]

[①] 强世功:《法律共同体宣言》,载《中外法学》2001年第3期。

党的十八届四中全会通过的《中共中央关于全面推进依法治国若干重大问题的决定》中，使用了"法治工作者""法治队伍"，代替了原来的法律工作者、法律工作队伍，扩大了法律职业的范畴，即"凡在党政军机关、司法机关、人民团体和社会各领域专职从事司法工作和法治工作的人员，都可以称为法治工作者，都隶属于法治队伍和法治职业共同体"。法治队伍包括：(1) 国家立法机关、行政机关、司法机关中从事立法、执法和司法工作的法律专业人员；(2) 以律师、公证员、基层法律服务工作者、人民调解员队伍，以及众多的法律志愿者为代表的法律服务队伍；(3) 通晓国际法律规则、善于处理涉外法律事务的涉外法律人才；(4) 法学家队伍。[1]

法律职业共同体决定着一个国家法治化的进程和法治的质量，其成员作为法律活动的主体，政治立场坚定是根本，同时在知识素养、法律素养和道德素养上均有一定的要求：

(1) 在政治素养方面，坚持政治立场，拥护党的领导，遵守宪法和法律，追求公平正义并致力于实现社会福祉。

(2) 在知识素养方面，完善的知识体系和较高的专业化程度是法律职业共同体立足的根基。法律职业共同体成员应掌握扎实的法律专业知识，具备完善的法学知识结构，广泛地了解法学知识体系，并经过理论结合实际的操作训练，不断修正，使法律职业者的素质不断升华。

(3) 在法律素养方面，法律职业共同体成员应具有法律思维模式并善于运用法律方法。法律思维使得法律职业共同体成员区别于普通大众，是其在具备专业的法律知识的前提下，依据法律所明确的权利和义务而进行的思维，具有规则性。专业的法律训练使得法律职业共同体成员在工作中强调依法治国、依法执政、依法办案；经过专业学习并结合法律解释、法律推理、法律论证等专业方法，不断完善自己的专业技能并在守法、执法、司法、法律服务过程中推动法治国家和法治体系的完善。

(4) 在道德素养方面，法律职业共同体成员应遵守职业道德规范和行为准则。法律职业从业者在伦理道德规范上的要求有别于普通大众，而且对于不同类型的共同体成员具有专门的职业伦理要求，只有遵守了这些基本的职业伦理规范，才能符合法律职业共同体成员的身份要求并在法治建设过程中发挥积极作用。

---

[1] 《张文显：新时代法治发展与法律职业共同体建设》，https://www.sohu.com/a/247651778_159412，2021 年 3 月 23 日访问。

二、法律职业伦理

(一) 法律职业伦理的含义

法律职业伦理是法律执业活动中应当遵循的伦理道德规范。具体来说,法律职业伦理是指法官、检察官、律师、仲裁员、公证员等法律职业人员在其职务活动中与社会生活中所应遵循的行为规范的总和。①

法律职业共同体成员的伦理道德要求,不同于对一般公众的要求。在我国,自古就有"徒法不足以自行"② 之说,表现在法官身上,就意味着法律是通过法官来适用的,而法官的思维仍然是靠"人"的器官——大脑来完成,因此法律的执行,不仅仅需要完善的法律,还需要执行者——法官具备相应的职业伦理道德素质。也有学者认为,司法者作为法律化身、公正化身,需要制度上的"硬约束"和职业伦理上的"软约束"。③

著名法学家孙晓楼教授认为,法律人才一定要有法律学问,才可以认识并改善法律;一定要有社会常识,才可以合于适宜地运用法律;一定要有法律道德,才有资格来执行法律。④ 而法律职业伦理就是法律人在其职业实践中必须遵守的一种道德。

法律职业者利用其所掌握的法律知识,保护社会主体的权利,成为维护社会秩序的关键因素,因此对法律职业者的职业道德要求非常高。相比较而言,忠诚于法律的职业伦理,应该是法律职业伦理的最佳表述,这意味着"法律人应当为整个法律实践的道德吸引力负责"⑤。法律实践的关键在于"法律",法律职业共同体成员应当致力于追求整个法律实践或法治的满足,即对法律的忠诚,并表现为不同类别的成员对各自职业伦理要求的严格遵守。

法律职业伦理作为规范专门从事法律工作的法官、检察官、律师、仲裁员、公证员等法律职业人员的特定要求,规范的是他们运用法律和实施法律过程中的行为,其相对于一般道德而言,具有更高的标准和更强的约束性⑥,这样才能有效地维护和保障法律的正确实施。

(二) 法律职业伦理的基础性规则

法律职业人员在从业中有最基本的伦理规范要求,这是他们执业活动的根

---

① 李本森主编:《法律职业伦理(第二版)》,北京大学出版社2005年版,第9页。
② 《孟子·离娄上》。
③ 马长山主编:《法律职业伦理》,人民出版社2020年版,第2页。
④ 孙晓楼:《法律教育》,中国政法大学出版社1997年版,第12—13页。
⑤ 马长山主编:《法律职业伦理》,人民出版社2020年版,第79—80页。
⑥ 袁钢编著:《法律职业伦理案例研究指导》,中国政法大学出版社2019年版,第9页。

本指导思想，也是对每个法律职业人员的执业活动进行评价的重要指标。① 综合我国对法官、检察官、律师等法律职业共同体的职业伦理规范内容，法律职业伦理的基本共性规则包括以下内容：

1. 忠于党、忠于国家、忠于人民、忠于法律

法律职业者应当坚定社会主义理想信念，拥护党的领导，拥护社会主义制度，自觉维护宪法和法律尊严；其权利来源于人民，应当把执业为民作为根本宗旨，全心全意为人民群众服务，通过执业活动努力维护人民群众的根本利益，维护公民、法人和其他组织的合法权益。

2. 以事实为根据，以法律为准绳

事实和法律的结合是法律适用的精髓，这也关乎一个国家法治化进程的速度，法律职业共同体成员在执业活动中需要完全理解这一要求的基本内容并严格遵循。例如，法官在审理案件过程中，结合证据对案件事实进行认定是整个案件审判的基础，继而正确并严格地运用法律对案件作出判决，才能达到公正的结果。

3. 严明纪律，保守秘密

法律职业人员应当遵守纪律，保守国家秘密、司法工作秘密、商业秘密、当事人隐私或者当事人不愿意透露的秘密信息，这是建立社会公众和法律职业者信任关系的基础。只有这样，才能充分展现案件事实，才能维护社会主体的合法权益。

4. 互相尊重，相互配合

法律职业共同体成员在从业过程中一定会出现相互接触的情况，甚至有时是对抗关系，但在实现社会公平正义的目标下，大家应做到各司其职，相互尊重，相互配合。例如，律师应尊重司法权威，遵守诉讼规则和法庭纪律，与司法人员建立良性互动关系，维护法律正确实施。

5. 恪尽职守，勤勉尽责

法律职业人员应当热爱法律职业，坚守职业操守；对本职工作一丝不苟、尽心尽力且精研业务，保持良好的职业修养。法律职业人员还应当认真履行法律援助义务，积极参加社会公益活动，自觉承担社会责任。律师应当把维护公平正义作为核心价值追求，为当事人提供勤勉尽责、优质高效的法律服务，努力维护当事人的合法权益。引导当事人依法理性维权，维护社会大局稳定。

6. 清正廉洁，遵纪守法

法律职业人员应当树立正确的权力观、地位观、利益观，坚守廉洁底线，

---

① 巢容华主编：《法律职业伦理》，北京大学出版社2019年版，第11页。

自觉遵守法律职业道德，在本职工作和业外活动中严格要求自己，维护法律职业形象和司法公信力。[①]

（三）法律职业伦理的渊源

法律职业伦理在形式上表现为：

（1）宪法和法律。例如，宪法中所规定的公民的保密义务和批评建议权；《中华人民共和国法官法》《中华人民共和国检察官法》《中华人民共和国律师法》（以下简称《律师法》）、《中华人民共和国刑事诉讼法》（以下简称《刑事诉讼法》）、《中华人民共和国民事诉讼法》（以下简称《民事诉讼法》）、《中华人民共和国行政诉讼法》（以下简称《行政诉讼法》）等均有对法律职业伦理内容的规定。

（2）司法解释与司法政策。例如，最高人民法院、最高人民检察院都有关于执行刑事诉讼法的司法解释，其中许多内容涉及法官、检察官、律师的职业道德问题，如有关回避制度，审判中立等的规定中就包含大量的法律职业道德的内容。

（3）行政法规与部门规章。例如，国务院发布的行政法规《中华人民共和国法律援助条例》（以下简称《法律援助条例》）中有关律师职业伦理的规范；司法部、公安部等部门发布的有关职业道德的规章；司法部发布的《律师和律师事务所违法行为处罚办法》等。

（4）行业规范。例如，最高人民法院发布的《中华人民共和国法官职业道德基本准则》，最高人民检察院发布的《检察官职业道德规范》，中华全国律师协会发布的《律师职业道德和执业纪律规范》，中国公证员协会发布的《公证员职业道德基本准则》等。

（5）国际公约。这方面主要集中在联合国国际人权公约，特别是在有关刑事司法方面的法律文件中，如《执法人员行为守则》《关于司法机关独立的基本原则》《关于检察官作用的基本准则》《关于律师作用的基本原则》等中有大量的对法官、检察官、律师、警察等法律职业人员伦理要求的规范。

（四）法律职业伦理的主要内容框架

1. 法官职业伦理

序号	伦理规则	内容
1	忠诚司法事业	牢固树立法治理念、坚持维护司法制度、热爱司法事业；维护国家利益；保守秘密

[①] 袁钢编著：《法律职业伦理案例研究指导》，中国政法大学出版社2019年版，第10页。

(续表)

序号	伦理规则	内容
2	保证司法公正	提升业务能力；中立裁决纠纷；恪守公开原则；坚守法官良知
3	提升司法效率	勤勉敬业；严格守时；注重效果
4	确保司法廉洁	禁止获取不正当利益；限制从事法官业外活动；保持正当的生活方式；约束家庭成员的行为
5	坚持司法为民	重视群众诉求；尊重当事人的人格尊严
6	维护司法形象	遵守司法礼仪；培养良好的政治素质、业务素质和个人品行；严守保密义务；谨慎参与社会活动；退休后的自我约束

2. 检察官职业伦理

序号	伦理规则	内容
1	坚持忠诚品格，永葆政治本色	忠诚于党、国家和人民；忠诚于宪法和法律；忠诚于客观事实；忠诚于检察事业
2	坚持为民宗旨，保障人民权益	坚定信念、执法为民；维护法治、追求正义
3	坚持担当精神，强化法律监督	不受干涉、自觉抵制干扰因素，依法履行职务；尊重事实和法律，依法履行客观义务；自觉接受监督
4	坚持公正理念，维护法制统一	树立正确执法理念；保证司法公正；保守职业秘密；提升职业素质
5	坚持廉洁操守，自觉接受监督	遵守检察礼仪；慎重社会交往；谨慎发表言论；保持健康生活方式；严格约束近亲属；离职后继续保持良好操守

3. 律师职业伦理

序号	伦理规则	内容
1	坚定信念	拥护党的领导，拥护社会主义制度；自觉维护宪法和法律的尊严
2	执业为民	积极参加法律援助活动
3	维护法治	尊重事实和法律、严格依法履责；尊重司法权威，遵守诉讼规则和法庭纪律
4	追求正义	履行在法庭上的真实义务；维护当事人的合法权益
5	诚实守信	告知义务；保密义务；禁止虚假承诺；禁止非法牟取委托人的利益；保管好委托人的财物，避免利益冲突
6	勤勉尽责	亲自代理业务；规范转委托行为；尽职审查；尽责代理；禁止无故拒绝辩护或者代理

第二节　律师职业伦理

一、律师职业伦理概述

律师在社会主义法治建设中占据重要位置。在我国，律师的职业定位经历了从1980年8月《中华人民共和国律师暂行条例》的"国家的法律工作者"到1996年5月《律师法》的"为社会提供法律服务的职业人员"，再到2007年10月修订的《律师法》的"为当事人提供法律服务的执业人员"和"社会主义法治队伍的重要组成部分"。当律师作为当事人的代理人进行权利请求时，需要正确适用法律，这对维护法律的公平正义起到了关键作用。作为律师除了要遵守法律职业共同体共性的职业伦理标准外，还有具体的职业道德准则要求。律师职业伦理的具体内容与一个国家的律师制度、律师角色的定位有密不可分的关系。

（一）律师职业伦理的概念

律师职业伦理，是指律师在从事律师职业过程中应当遵守的道德准则，表现为律师根据相关的法律、法规和规章应当遵守的行为规范。律师职业伦理具有角色性，即律师在执业过程中，由于其特殊身份而形成的、区别于一般公众道德的职业道德；律师职业伦理具有广泛性，即该职业伦理贯穿于律师整个执业过程，对律师的执业活动均有约束性；律师职业伦理具有制度性，即律师职业伦理都以体系化的成文规范形式表现出来。①

（二）律师职业伦理的法律渊源

我国律师职业伦理的法律渊源主要包括以下几个方面：（1）法律和司法解释：《律师法》《刑事诉讼法》《民事诉讼法》《行政诉讼法》及其相关司法解释等；（2）行政法规和行政规章：国务院发布的《法律援助条例》、司法部发布的《律师执业管理办法》《律师和律师事务所违法行为处罚办法》等；（3）行业自律规范：中华全国律师协会发布的《律师执业行为规范》《律师职业道德基本准则》等。

（三）律师职业伦理的分类

律师职业伦理规范从律师和不同相对方关系的角度进行划分，主要分为律师和委托人关系规范、律师和法官关系规范、律师和检察官关系规范、律师和

---

① 马长山主编：《法律职业伦理》，人民出版社2020年版，第219—220页。

同行关系规范、律师和律师事务所关系规范。本节将结合法律诊所课程中所涉及的相关规范进行介绍。

二、律师职业伦理的主要内容

(一) 律师的诚信义务

律师应当对当事人保持诚信，这是律师职业的基本道德要求以及律师和委托人关系建立的基础，它贯穿于律师执业过程的全部活动中。《律师职业道德基本准则》第5条要求，律师应当牢固树立诚信意识，自觉遵守职业行为规范，在执业中恪尽职守、诚实守信。司法部《关于进一步加强律师职业道德建设的意见》中也提出"要教育引导广大律师恪守诚实信用"。律师在提供法律服务的过程中，从接待当事人开始，就应当恪守诚实信用的原则。诚信义务要求律师做到以下几个方面：

1. 如实告知委托人相关信息

《律师执业管理办法》第33条第1款规定，律师承办业务，应当告知委托人该委托事项办理可能出现的法律风险，不得用明示或暗示方式对办理结果向委托人作出不当承诺。《律师执业行为规范》第35条规定，律师应当充分运用专业知识，依照法律和委托协议完成委托事项，维护委托人或者当事人的合法权益。因此，律师应向当事人如实告知自己的专业技能和进程费用等相关情况，不得接受自己不能办理的法律事务，不得作出保证胜诉等虚假承诺。

2. 禁止串通损害委托人利益

《律师法》和《律师和律师事务所违法行为处罚办法》规定，律师在执业活动中禁止接受对方当事人财物或其他利益，以及禁止与对方当事人或第三人恶意串通侵害委托人权益，包括禁止向对方当事人或第三人提供不利于委托人的信息或者证据材料、禁止与对方当事人或第三人恶意串通暗中配合妨碍委托人合法行使权利、禁止律师接受对方当事人财物或者其他利益，以及禁止律师故意延误、懈怠或者不依法履行代理、辩护职责，给委托人及委托事项的办理造成不利影响和损失。

3. 禁止非法牟取委托人权益

《律师法》《律师和律师事务所违法行为处罚办法》和《律师执业行为规范》规定，律师在执业活动中禁止利用提供法律服务的便利，牟取当事人争议的权益。例如，律师不得采用诱导、欺骗、威胁、敲诈等手段，获取当事人与他人争议的财物、权益；律师不得指使、诱导当事人将争议的财物、权益转让给他人并从中获取利益；律师和律师事务所不得违法与委托人就争议的权益产生经济上的联系，不得与委托人约定将争议标的物出售给自己；不得委托他人为自己或为自己的亲属收购、租赁委托人与他人发生争议的标的物。

4. 妥善保管委托人财产

律师在处理法律事务的过程中，律师事务所可能会接受委托保管委托人的财产。在保管委托人财产时，律师事务所应当坚持不挪用、不侵占、严格分离、妥善保管四项原则。一般来说，委托人的资金应当保存在律师事务所所在地信用良好的金融机构的独立账号内，或委托人指定的独立开设的银行账号内。

5. 不得随意转委托

律师在接受当事人的委托后，一般来说，不得无故随意解除委托或将委托事项转委托给他人。只有在为了委托人的利益的情况下才允许转委托，且原则上应当取得委托人的同意，如在紧急情况下，不能及时取得委托人同意的，事后也应当及时告知委托人。另外，转委托的范围不得超过律师自己的代理权限。

> **示例**
>
> **浙江律师李某因牟取当事人争议的权益被处以停止执业三个月的处罚**[①]
>
> 李某系王某诉吴某等人道路交通事故人身损害赔偿纠纷一案原告王某的诉讼代理人，代理权限为特别授权。该案经××区人民法院调解于2017年5月10日结案。根据××区人民法院作出的（2017）浙03×4民初2021号民事调解书，被告方向原告支付赔偿款107754.4元，××区人民法院退还多余诉讼费3338.5元。前述两笔款项均由李某代收代管。但李某在收到前述款项后，并未及时向当事人移交，而是私自挪用。后经当事人催讨，李某分别于2017年7月1日、7月2日通过银行转账归还80000元、10000元。7月3日，李某向当事人出具一张欠条，承认尚未归还当事人21093元，承诺于7月13日前付清，另加利息500元。李某于7月13日通过银行转账还款6000元，7月底通过银行转账还款5000元，余款10593元（包括李某承诺的500元利息）仍未退还。××区司法局于8月1日受理当事人投诉，经××区司法局责令，余款于2017年8月8日退还完毕。

根据《律师法》第40条第2项，律师在执业活动中不得有利用提供法律服务的便利牟取当事人争议的权益的行为。《律师执业管理办法》第34条明

[①] 资料来源：http://www.moj.gov.cn/pub/sfbgw/zwxxgk/fdzdgknr/fdzdgknrcfqz/202103/t20210316_208539.html，2021年7月12日访问。

确规定，律师承办业务，应当维护当事人合法权益，不得利用提供法律服务的便利牟取当事人争议的权益或者不当利益。

(二) 律师的勤勉尽责义务

律师在接受当事人的委托后，即和当事人之间形成了委托代理关系，律师应尽职尽责地为当事人提供代理合同约定的法律服务，美国律师协会的《职业行为示范规则》中将此称为"称职"。根据《律师职业道德基本准则》第5条，律师应在执业中恪尽职守、勤勉尽责，积极履行合同约定义务和法定义务，维护委托人合法权益。从这个角度说，勤勉义务应当是律师职业伦理的核心规范。勤勉尽责义务要求律师做到以下几个方面：

1. 努力提高自己的专业素质和执业水平

律师是在委托人自己不具备专业知识和技能或者委托人不便于自己出面处理事务的情况下接受委托，为委托人提供法律专业服务的，因此律师的专业技能是其为委托人提供法律服务的基础。如果律师不具备该专业能力或者不能根据法律和社会发展不断更新自己的专业知识和技能，则无法做到"称职"。

2. 充分了解委托事项或案件事实并尽力调查

法律适用的基础是确认事实，因此律师在接受委托后首先需要对委托事项的内容进行充分了解，涉及诉讼的，耐心听取委托人的陈述并进行必要的取证形成证据链条，如果出现委托人陈述和证据印证信息有出入的情况，律师则有义务尽力消除两者的不一致，在此基础上充分细致地研究法律，包括司法解释、过往判例，形成初步的法律意见。

3. 制订对委托人最有利的解决方案并经委托人确认

律师应当运用自己的专业知识和经验，制订出让委托人利益最大化的方案。由于委托人可能因为缺乏法律知识而对该方案不予认可，律师应当耐心地对委托人进行讲解说明并督促其再行考虑；如果仍然不能劝说委托人接受该方案，在释明利害关系的情况下，尽量与委托人达成一致；确实无法达到委托人心理预期的，可告知委托人有权选择解除委托合同。

4. 迅速、及时、亲自处理代理事务

方案经与委托人确认后，律师应当立即开始着手亲自处理代理事务，尤其是律师要遵守有关诉讼时效或者权利时效的规定，不得拖延。在实施方案的过程中，应与委托人进行充分沟通，让委托人及时了解代理事务的进展情况；律师应亲自代理该受托事务，一般情况下不得终止委托，除非特殊情况出现，如律师因为客观原因无法履行代理义务，或者委托人不听从律师的劝阻，执意采取伪证、贿赂等律师认为不合法或不合理的行动等。

5. 委托合同终止后的附随义务

代理事项完成后，律师依然承担着合同的附随义务。例如，律师有义务代收法律文书、及时通知、送达当事人，提醒胜诉当事人申请执行的期限，及时进行费用退还、材料移交等。

示例

律师见证不尽责被律协处以中止会员权利六个月的处罚[①]

2012 年 9 月 24 日，邹某某的母亲张某某就订立遗嘱一事委托辽宁某律师事务所进行见证。该律师事务所指派韩某、李某以该所律师的名义，对受托事项进行见证。当日，该所就该项见证业务出具遗嘱见证书。该见证书存在应签名未签名、打印与手写混合的要件瑕疵，被沈阳市××区和沈阳市两级法院认定为无效，并判令该律师事务所赔偿邹某某经济损失 165804 元。律协认为该律师事务所有《律师协会会员违规行为处分规则（试行）》第 22 条第 4 项规定的"因过错导致出具的法律意见书存在重大遗漏或者错误，给当事人或者第三人造成重大损失的"代理不尽责行为，因此给予该律师事务所中止会员权利六个月的处罚。

（三）律师的保密义务

保守秘密是律师的基本职业伦理要求。律师的保密规则的设定是基于律师和委托人之间的信任关系。律师只有取得了委托人的信任，委托人才能如实陈述，律师也才会尽最大可能维护委托人的利益。

根据我国《律师法》第 38 条的规定，律师应当保守在执业活动中知悉的国家秘密、商业秘密，不得泄露当事人的隐私。律师对在执业活动中知悉的委托人和其他人不愿泄露的有关情况和信息，应当予以保密。律师保密义务的要求有以下内容：

1. 保密义务的主体包括所有基于委托关系建立而获取秘密信息的人

律师保密义务的主体包括承办律师、律师助理、事务所秘书以及所有因为委托关系的建立而获得秘密信息的人。律师应当采取必要的保密措施。通过电子邮件、云存储等技术手段进行发送或者存储信息的情况下，应当尽到保密义务。

[①] 本案详情参见《辽宁省律师行业处分案例汇编（2017 年—2020 年）》，http://www.lnlawyers.net/service/rest/tk.File/995dd1b8dd874aafb1107f86482f8ef3/view，2021 年 7 月 12 日访问。

2. 保密义务的客体为律师在执业活动中获知的国家秘密、商业秘密和当事人的隐私,以及委托人和其他人不愿意泄露的有关情况和信息

律师对于其所获知的国家秘密负有保密义务。国家秘密是指关系国家安全和利益,依照法定程序确定,在一定时间内只限定一定范围的人员知悉的事项。根据全国律师协会《律师办理刑事案件规范》第37条,律师参与刑事诉讼获取的案卷材料,不得向犯罪嫌疑人、被告人的亲友以及其他单位和个人提供,不得擅自向媒体或社会公众披露。律师查阅、摘抄、复制的案卷材料属于国家秘密的,应当经过人民检察院、人民法院同意并遵守国家保密规定。律师不得违反规定,披露、散布案件重要信息和案卷材料,或者将其用于本案辩护、代理以外的其他用途。

律师在接受委托提供法律服务时,对接触到的权利人的商业秘密负有保密义务,不得向任何第三方提供。当事人的隐私是指与当事人的生活安宁、私人秘密有关的个人信息。委托人和其他人不愿意透露的有关情况和信息,包括除了国家秘密、商业秘密和个人隐私之外的其他情况和信息,也包括律师执业过程中知悉的与该代理有关的其他人的情况和信息。

3. 律师保密义务承担的时间具有永久性

虽然在我国有关律师职业伦理规范中没有明确的保密时间的规定,但是理论上一般认为,律师保密义务不受时间限制。律师从接待潜在委托人开始,就有可能基于可能建立的委托关系获取委托人的秘密信息,而且即使委托事项完成,在委托人并无对相关秘密信息的保密义务予以免除的情况下,律师依然承担保密义务。

4. 律师承担保密义务存在例外情况

根据《律师法》第38条和《刑事诉讼法》第48条的规定,律师在知悉委托人及其他人准备或者正在实施危害国家安全、公共安全以及危害他人人身安全的犯罪事实和信息时,有义务及时告知司法机关。另外,如果律师因为代理委托事项而引起纪律惩戒或者刑事追溯时,为了维护自身的合法权益,也应当允许其将上述相关信息披露给特定的主体。

需要说明的是,律师对当事人的保密义务,同时也是律师相对于其他司法机关的保密特权,即律师基于委托人的信任所获取的与案件相关的信息,除非经委托人本人允许外,律师有拒绝作证的权利。

(四) 律师的避免利益冲突规范

律师作为委托人的代理人,在代理过程中,如果有对律师自身利益或者律师对其他现任委托人、前委托人或者第三人的利益产生重大不利影响的情况,则认为存在利益冲突。为了确保律师对委托人忠实诚信和司法制度的有效运

行,以及代理的有效性等,很多国家都规定了律师代理业务应当避免利益冲突。这种利益冲突可能存在于律师和委托人之间,也可能存在于律师的现任委托人之间,还可能存在于律师的前委托人和现委托人之间。

根据《律师执业行为规范》的要求,有下列情形之一的,律师及律师事务所不得与当事人建立或维持委托关系:(1) 律师在同一案件中为双方当事人担任代理人,或代理与本人或者其近亲属有利益冲突的法律事务的;(2) 律师办理诉讼或者非诉讼业务,其近亲属是对方当事人的法定代表人或者代理人的;(3) 曾经亲自处理或者审理过某一事项或者案件的行政机关工作人员、审判人员、检察人员、仲裁员,成为律师后又办理该事项或者案件的;(4) 同一律师事务所的不同律师同时担任同一刑事案件的被害人的代理人和犯罪嫌疑人、被告人的辩护人,但在该县区域内只有一家律师事务所且事先征得当事人同意的除外;(5) 在民事诉讼、行政诉讼、仲裁案件中,同一律师事务所的不同律师同时担任争议双方当事人的代理人,或者本所或其工作人员为一方当事人,本所其他律师担任对方当事人的代理人的;(6) 在非诉讼业务中,除各方当事人共同委托外,同一律师事务所的律师同时担任彼此有利害关系的各方当事人的代理人的;(7) 在委托关系终止后,同一律师事务所或同一律师在同一案件后续审理或者处理中又接受对方当事人委托的;(8) 其他与上述第 1 至第 7 项情形相似,且依据律师执业经验和行业常识能够判断为应当主动回避且不得办理的利益冲突情形。

另外,有下列情形之一的,律师应当告知委托人并主动提出回避,但委托人同意其代理或者继续承办的除外:(1) 接受民事诉讼、仲裁案件一方当事人的委托,而同所的其他律师是该案件中对方当事人的近亲属的;(2) 担任刑事案件犯罪嫌疑人、被告人的辩护人,而同所的其他律师是该案件被害人的近亲属的;(3) 同一律师事务所接受正在代理的诉讼案件或者非诉讼业务当事人的对方当事人所委托的其他法律业务的;(4) 律师事务所与委托人存在法律服务关系,在某一诉讼或仲裁案件中该委托人未要求该律师事务所律师担任其代理人,而该律师事务所律师担任该委托人对方当事人的代理人的;(5) 在委托关系终止后一年内,律师又就同一法律事务接受与原委托人有利害关系的对方当事人的委托的;(6) 其他与本条第 1 至第 5 项情况相似,且依据律师执业经验和行业常识能够判断的其他情形。

律师和律师事务所发现存在利益冲突情形的,应当告知委托人利益冲突的事实和可能产生的后果,由委托人决定是否建立或维持委托关系。委托人决定建立或维持委托关系的,应当签署知情同意书,表明当事人已经知悉存在利益冲突的基本事实和可能产生的法律后果,以及当事人明确同意与律师事务所及律师建立或维持委托关系。

> **示例**
>
> **律师违反利益冲突案**①
>
> 吴某为辽宁某律师事务所律师，2017年3月10日至14日期间，吴某参与会见了自己承办案件当事人张某的同案犯罪嫌疑人施某、刘某，与张某的同案犯罪嫌疑人施某、刘某的对话涉及辩护工作内容。市司法局认为，吴某参与会见同一案件其他两名犯罪嫌疑人的行为是《律师和律师事务所违法行为处罚办法》第7条第2项规定的"同时为二名以上的犯罪嫌疑人、被告人担任辩护人的"违法行为，属于《律师法》第47条第3项规定的律师"在同一案件中为双方当事人担任代理人，或者代理与本人及其近亲属有利益冲突的法律事务的"违法行为。市司法局决定给予吴某警告的行政处罚。

（五）律师的真实义务

律师在参与诉讼活动过程中，作为法庭的一员，对于司法活动发现真实和实现公正有着重要、积极的作用，尤其是在刑事案件中，律师作为犯罪嫌疑人、被告人的辩护人参与司法活动，通过行使法律赋予辩护人的权利，运用法律专业知识和诉讼技巧，在一定程度上制衡追诉机关，有利于司法活动发现真实，实现公正。

> **示例**
>
> **律师因构成辩护人伪造证据罪被司法厅决定吊销律师执业证书**②
>
> 邱某为浙江某律师事务所律师。2016年1月25日，邱某因涉嫌辩护人妨害作证罪被××市公安局刑事拘留，2016年3月1日变更强制措施为取保候审。2016年7月12日，××市人民检察院向××市人民法院提起公诉。2016年9月26日，××市人民法院作出判决书，认定邱某在担任章某某非法买卖外汇一案辩护律师期间，在犯罪嫌疑人家属的请求游说下，利用其律师身份会见在押的犯罪嫌疑人时，帮助家属劝说犯罪嫌疑人作虚假陈述，并向嫌疑人家属提供虚假供述的相关信息，由家属劝说证人提供虚假证言，因此判定邱某构成辩护人伪造证据罪，但所造成的危害结果不大，免予刑事处罚。之后，浙江

---

① 本案详情参见袁钢编著：《法律职业伦理案例研究指导》，中国政法大学出版社2019年版，第107—108页。

② 资料来源：http://www.moj.gov.cn/pub/sfbgw/zwxxgk/fdzdgknr/fdzdgknrcfqz/202103/t20210316_208434.html，2021年5月5日访问。

省司法厅根据《律师法》的相关规定，即"律师执业必须遵守宪法和法律，恪守律师职业道德和执业纪律"，以及律师在执业活动中不得"故意提供虚假证据或者威胁、利诱他人提供虚假证据，妨害对方当事人合法取得证据"，情节严重的，由省、自治区、直辖市人民政府司法行政部门吊销其律师执业证书等，作出吊销邱某华律师执业证书的处罚决定。

我国《律师法》《律师执业管理办法》《律师执业行为规范》对律师的真实义务进行了规定，同时在《刑事诉讼法》《民事诉讼法》《行政诉讼法》等法律中也有对律师的真实义务的要求。具体而言，律师对法庭的真实义务主要体现在以下几个方面：

1. 律师不得提供虚假证据，不得指使、威胁、利诱他人提供虚假证据

律师不得故意向司法机关、行政机关或者仲裁机构提交虚假证据，或者指使、威胁、利诱他人提供虚假证据。我国《律师执业行为规范》第63、64条明确规定，律师应当依法调查取证，但律师不得向司法机关或者仲裁机构提交明知是虚假的证据。我国《律师法》明确规定，律师在执业活动中不得故意提供虚假证据或者威胁、利诱他人提供虚假证据，妨碍对方当事人合法取得证据。如果律师提供有关证据后才得知证据不真实，则必须采取合理的补救措施。根据《律师法》第49条的规定，律师故意提供虚假证据或者威胁、利诱他人提供虚假证据，妨碍对方当事人合法取得证据的，由设区的市级或者直辖市的区人民政府司法行政部门给予停止执业六个月以上一年以下的处罚，可以处五万元以下的罚款；有违法所得的，没收违法所得；情节严重的，由省、自治区、直辖市人民政府司法行政部门吊销其律师执业证书；构成犯罪的，依法追究刑事责任。

2. 律师不得指示、帮助相关人员隐匿、毁灭证据等

律师不得指示或者帮助委托人或者他人隐匿、毁灭证据，不得指使或者帮助犯罪嫌疑人、被告人串供，威胁、利诱证人不作证或者作伪证。由于我国在刑事犯罪构成上实行"疑罪从无"的原则，律师为了维护委托人的利益，往往会对现存证据进行区分，对委托人不利的证据，不希望被检察机关获取，因此可能存在指示、帮助相关人员隐匿、毁灭证据或者威胁、利诱证人不履行作证义务的情况，这势必会给法院在案件审理过程中设置障碍或者影响对犯罪行为的责任追究。

3. 律师不得妨碍或者阻止他人合法取证，不得故意向法庭作虚假陈述，不得故意误导法庭

律师不得妨碍或者阻止他人合法取证，或者阻止他人向案件承办机关或者

对方当事人提供证据，律师不得故意向法庭作虚假陈述，不得故意误导法庭。律师维护委托人的合法权益是律师特殊的社会职能，律师参与诉讼活动，应从委托人的角度出发，收集有利于委托人的证据材料并依据自己对事实的认定和对法律的理解提出有利于委托人的意见，以利于法庭作出正确的认定并在事实准确的基础上适用法律，从而维护委托人的合法权益。但律师维护的是委托人的合法权益，而不是全部利益，律师不能为了委托人的利益而妨碍或者阻止他人合法取证，或者阻止他人向案件承办机关或对方当事人提供证据，不得在明知的情况下向法庭作虚假陈述，也不得故意误导法庭。

4. 律师在参与诉讼活动中应遵守有关诉讼程序的要求

律师还应遵守其他跟诉讼程序有关的规范。例如，根据《律师法》第40条的规定，律师不得煽动、教唆当事人采取扰乱公共秩序、危害公共安全等非法手段解决争议；律师不得扰乱法庭、仲裁庭秩序，干扰诉讼、仲裁活动的正常进行。根据《律师执业管理办法》第39条的规定，律师代理参与诉讼、仲裁或者行政处理活动，应当遵守法庭、仲裁庭纪律和监管场所规定以及行政处理规则，不得有妨碍、干扰诉讼、仲裁或者行政处理活动正常进行的行为，如在会见犯罪嫌疑人、被告人时，违反有关规定，带犯罪嫌疑人、被告人的近亲属或者其他利害关系人会见，将通信工具提供给在押犯罪嫌疑人、被告人使用，或者传递物品、文件；无正当理由，拒不按照人民法院通知出庭参与诉讼，或者违反法庭规则，擅自退庭；聚众哄闹、冲击法庭、侮辱、诽谤、威胁、殴打司法工作人员或者诉讼参与人；等等。根据《律师执业行为规范》第65、67条的规定，律师应当遵守法庭、仲裁庭纪律，遵守出勤时限、举证时限、提交法律文书期限及其他程序性规定。律师在执业过程中，因对事实真假、证据真伪及法律适用是否正确而与诉讼相对方意见不一致的，或者为了向案件承办人提交新证据的，与案件承办人接触和交换意见应当在司法机关的指定场所进行。

示例

律师会见当事人时违规为当事人提供通话便利被中止会员资格[①]

2017年8月21日，浙江省嘉兴市律师协会收到桐乡市人民检察院检察建议书，反映浙江某律师事务所律师陶某在会见犯罪嫌疑人时，违反看守所会见规定，两次将手机开在免提状态让犯罪嫌疑人对外进行通话，后被民警发现并

---

① 资料来源：http://www.moj.gov.cn/Department/content/2018-03/31/613_17818.html，2021年5月5日访问。

停止会见。2017 年 10 月 16 日，嘉兴市律师协会给予陶某中止会员权利 6 个月的行业纪律处分。

示例

广东律师党某因干扰诉讼活动正常进行被处停止执业六个月①

2017 年 7 月 5 日，杭州保姆纵火案犯罪嫌疑人莫某的家属莫某与广东省某律师事务所签订《刑事委托合同》，约定由该所指派律师党某担任纵火、盗窃案的辩护人。2017 年 12 月 21 日上午，莫某涉嫌犯罪一案在杭州市中级人民法院开庭审理。庭审过程中，莫某的辩护律师党某不服从法庭指挥、不遵守法庭纪律，未经法庭许可擅自退庭。以上事实有省司法厅《案件转办通知书》、浙江省杭州市中级人民法院《司法建议书》及所附材料、广东某律师事务所《情况汇报》、《刑事委托合同》、党某个人新浪微博文章、《询问笔录》等证据予以证实。

（六）律师应遵守庭外活动规范的要求

在实践中，律师因为有代理案件寻求胜诉、承揽业务和想利用媒体言论带动大众舆论进而影响裁判等因素的考量，可能会有庭外活动或者通过公开渠道发表言论的行为。但是，从司法公正的角度出发，律师作为知晓案情的代理人，对审判结果有着一定的利益关系，如果律师对正在审理的案件发表言论或者和法官、检察官关系过于紧密，则会引发裁判不公或者"媒体审判"的恶劣的社会影响；同时，作为"法庭的一员"，律师的庭外活动或者不当言论会降低社会公众对律师职业群体水准的评价，这不仅败坏了律师职业群体的形象，而且败坏了社会公众对法治的尊重和对司法的信任，因此需要对此进行规制。主要有以下几点要求：

1. 不得作出破坏司法廉洁性的行为

根据《律师执业管理办法》第 36 条的规定，律师与法官、检察官、仲裁员以及其他有关工作人员接触交往，应当遵守法律及相关规定，不得违反规定会见法官、检察官、仲裁员以及其他有关工作人员，向其行贿、许诺提供利益、介绍贿赂，指使、诱导当事人行贿，或者向法官、检察官、仲裁员以及其

---

① 资料来源：http://www.moj.gov.cn/pub/sfbgw/zwxxgk/fdzdgknr/fdzdgknrcfqz/202103/t20210316_208550.html，2021 年 7 月 12 日访问。

他工作人员打探办案机关内部对案件的办理意见、承办其介绍的案件，利用与法官、检察官、仲裁员以及其他有关工作人员的特殊关系，影响他们依法办理案件。

2. 律师不得发表不当庭外言论

根据《律师执业管理办法》第38条的规定，律师应当依照法定程序履行职责，不得以下列不正当方式影响依法办理案件：（1）未经当事人委托或者法律援助机构指派，以律师名义为当事人提供法律服务、介入案件，干扰依法办理案件；（2）对本人或者其他律师正在办理的案件进行歪曲、有误导性的宣传和评论，恶意炒作案件；（3）以串联组团、联署签名、发表公开信、组织网上聚集、声援等方式或者借个案研讨之名，制造舆论压力，攻击、诋毁司法机关和司法制度；（4）违反规定披露、散布不公开审理案件的信息、材料，或者本人、其他律师在办案过程中获悉的有关案件的重要信息、证据材料。

> **示例**
>
> **律师因不当言论被律师协会处以中止会员资格九个月的处罚**[①]
>
> 律师吴某是浙江某律师事务所专职律师和负责人，系杭州市律师协会个人会员。新浪微博、新浪博客上实名认证的"律师吴某（浙江某律师事务所专职律师）"的微博号和博客号，腾讯微博上实名认证的"律师吴某"，微信公众号"吴言乱语"（该微信公众号有浙江碧剑律师事务所及律师吴某简介、法律咨询等链接内容），为律师吴某申请注册并使用的微博、博客、微信公众号，该等微博、博客、微信公众号截至本会调查期间一直在使用中。律师吴某在其申请注册的微博、博客、微信公众号上发表了大量的文章与言论，部分内容涉及律师行业、司法制度、国家治理等内容。包括《拆迁户，如何做到合法快乐维权》《懂规矩、守规矩，其实就是肮脏的潜规则》《我认为，中国有两"邪"，堪称宝贝一对：一个是"足邪"，一个是"律邪"》，在律师协会立案及调查期间，律师吴某在其上述微博、博客和微信公众号上发布了《律师协会，拜托你别这么搞笑好不好》《致律协：律师，当坚守宪法法律的底线（之一至之七）》等多篇文章。
>
> 律师吴某的行为明显已超出了言论自由的范畴，已严重损害律师职业形象，其行为违背了《中华全国律师协会章程》《律师职业道德和执业纪律规范》《律师执业行为规范》《律师协会会员违规行为处分规则（试行）》等有关律师行业规范和律师职业道德的规定，应当予以处分。经过杭州市律师协会

---

① 资料来源：http://www.hzlawyer.net/news/detail.php?id=15533，2021年5月5日访问。

纪律与惩戒委员会讨论并表决，决定对律师吴某发表不当言论、损害律师形象的行为作出中止会员权利九个月，责令律师吴某删除并改正其在微博、博客及微信公众号等自媒体中的不当言论的处分。

（七）律师应遵守社会责任规范的要求

律师作为法律职业共同体的重要成员，承担着追求公正、维护正义的目标，因此其不仅应通过专业技能维护当事人的合法权益，正确处理各种职业关系，而且应当尽力运用自己的专业知识和技能为社会服务。[①] 具体包括以下要求：

1. 积极参与立法与公共政策的制定

实践中，有些律师还是人大代表、政协委员、政府法律顾问等，参与国家立法的相关工作，也可能在办理案件过程中发现现行法律中存在着疏漏之处，他们应积极建言献策，为实现国家立法进步贡献力量，这也是他们利用自己的专业特长服务于国家的另一种方式。

2. 积极参与公益诉讼或法律公益服务

公益诉讼涉及"公共利益"，通过律师积极参与，可以最大化保护特定当事人的合法权益；律师提供法律公益服务是保障和改善民生的重要举措，对提高国家治理体系和治理能力现代化水平具有重要意义。司法部印发的《关于促进律师参与公益法律服务的意见》中明确了公益法律服务是律师事务所、律师为公民、法人和其他组织提供的无偿法律服务，具体服务内容包括：鼓励、引导律师为残疾人、农民工、老年人、妇女、未成年人等特殊群体提供公益法律服务；参与公益性法治宣传活动，担任普法志愿者；在公共法律服务平台或通过其他渠道提供免费法律服务，并倡导每名律师每年参与不少于50个小时的公益法律服务或者至少办理2件法律援助案件等。

第三节　诊所式法律教育中的法律职业伦理培养

法律诊所教育模式通常是将学生放置在真实的法律实践之中，学生在诊所指导老师的指导与带领下，参与到法律事件处理的全过程之中，包括接见、会见案件当事人，参与法律事务的谈判过程，学习如何阅读、评析、修改、起草各类法律文书与报告，以及代理当事人出庭参与案件审理等公益性法律实践问

[①] 马长山主编：《法律职业伦理》，人民出版社2020年版，第247—249页。

题。学生在法律诊所的学习中，在学习职业技能的同时，也要培养法律职业伦理，尤其是培养诊所学生正确处理与委托人的关系，这可以参照有关法律规定的律师与委托人的关系规则。①

一、"以委托人为中心的代理"原则的贯彻

律师的角色定位是"以委托人为中心的代理"。只有律师与委托人形成信赖关系，才能为委托人提供专业尽责的法律服务。这一原则要求律师在为委托人服务的过程中尊重委托人的自主权，要从始至终坚持以委托人的利益和诉求为目标，律师应当站在委托人的立场，以专业人士的身份倾听委托人的想法和诉求，据此确立解决问题的思路并征得委托人的认可。在这个过程中，委托人没有义务按照律师的意愿去配合律师，而律师却需要理解委托人，勤勉尽责地去发掘案件材料，尽力去实现委托人的期望目标。

二、诊所式法律教育对法律职业伦理培养的作用

在诊所式法律教育中进行职业伦理训练被认为是必要和可行的，尤其是随着社会的发展，在法律职业伦理教育的重要性日益加强的背景下，初入职场的法律人尤其需要具备遵守一定的职业伦理规则的能力。法学院的学生参与实务训练的方式以参与法律诊所和法律实习为主，而法律实习已经属于学生步入社会提供专业的法律服务阶段，应属于法律职业伦理的实践行为，因此对于法律职业伦理素质的培养，除了法律职业伦理课程外，主要以诊所式法律教育为主。

1. 诊所式法律教育能激发学生的社会责任感

诊所式法律教育的案件来源多为社会弱势群体的求助，学生提供的是无偿的法律援助，通过让学生以当事人委托人的身份实际介入案件，为弱势群体办案和伸张正义，不但可以激发学生的社会正义感、社会责任感，还可以让学生真切地感受到法律职业的价值，从而塑造高尚情操②，从根本上有助于法律职业伦理的培养。

2. 有利于让学生感受到法律职业伦理的考验与抉择

学生在法律诊所学习训练中，不但要掌握如何运用所学的专业知识，还需要现实面对一些矛盾冲突，如当事人利益和社会伦理、当事人利益和律师职业规范、律师身份职责与司法机关职能等多种矛盾，这些在现实中遇到的疑问和困惑，学生要通过自己的思考和权衡作出抉择；同时，在诊所指导老师的适当

---

① 许身健主编：《法律诊所（第二版）》，中国人民大学出版社2017年版，第59—61页。
② 郭欣：《论诊所式法律教育在法律职业伦理培养中的功能》，载《科教导刊》2012年第29期。

引导下进行法律职业伦理训练，使学生成为不仅拥有高超的法律职业技能，而且拥有良好的法律职业道德的高素质法律人才。[①]

3. 诊所式法律教学更加有利于培养学生的法律职业伦理素养

学生在参与法律诊所学习过程中，接触的往往都是社会的弱势群体，更能感受到强烈的法律服务的被需要性，因此在培养学生的勤勉尽责、忠实诚信等法律职业伦理要求方面，更具有现实意义。在诊所式法律课程中，学生直接与当事人交流，了解当事人的想法和需求并对当事人进行专业的讲解和指导，因此他们会意识到要对自己的行为负责，为当事人负责，这有助于学生法律职业伦理素养的提升。

三、法律职业伦理培养在诊所式法律教学中的体现

在诊所式法律教学的设计中，无论是理论教学，还是实践训练，都体现了法律职业伦理的内容。

1. 课程设置中需体现法律职业伦理教育的重要性

"培养有德行的法律人"是法学教育的要求之一，这就要求在诊所教学中有意识地安排法律职业伦理方面的内容，要明确职业伦理在法律诊所教育中的权重，可以专门设置有关法律职业伦理部分的理论教学，并在学生进行咨询、接待、代理的各个环节融入法律职业伦理内容。

2. 法律诊所指导教师在教学中要随时根据学生的表现进行法律职业伦理指导

诊所式法律教学的一大特点是指导教师能根据学生的表现随时进行指导讲解，法律职业伦理的培养也是教师指导的一部分，指导教师对学生在处理具体案件时的行为进行观察和评估，指出哪些是不符合良好法律职业道德的行为，在细微之处对学生的职业伦理观进行引导，这样对学生形成的是现身说法式、直感式的影响，学生的感受更强，印象更深刻。

3. 在评价体系中体现出对法律职业伦理的要求

诊所式法律教学作为一种实践性课程，其评价体系的制定至关重要。要在评价体系中体现法律职业伦理教育目的，就需要设置相应的职业伦理评价标准，通过对诊所学生的行为进行观察、记录和评估，由学生的行为透视其法律职业伦理水平，从而全方位地、客观地对学生在法律诊所课程的表现给予评价。[②]

---

① 郭欣：《论诊所式法律教育在法律职业伦理培养中的功能》，载《科教导刊》2012年第29期。
② 白云：《诊所式法律教育模式在法律职业伦理教育中的应用》，载《教育探索》2008年第12期。

4. 在案件选择中尽量多体现法律职业伦理的内容

为了更好地在诊所教学模式中实现对学生职业道德培养的目标,诊所指导教师在选择案件时,应当重点关注有代表性的弱势群体维权案件和社会公益案件,这样使学生在办理案件时能够更深刻地感受到自己的被需求,对弱势群体在维权道路上的无奈与无助感同身受,从而使学生产生强烈的正义感和作为法律职业人的责任感。只有发自内心地对法律职业的认同和强烈的使命感,才能使学生今后在职业道路上坚守"法律至上"的崇高信念和职业道德。另外,由于实务中遇到案件的复杂程度更高,指导教师应当有选择地让学生接触一些普通人的道德标准和法律职业道德标准相冲突的案件,让学生充分意识到法律职业伦理的复杂性和重要性。

第三章 接待（会见）当事人的理论与技巧

第一节 接待（会见）当事人概述

律师从事专业的法律服务工作，其服务对象主要就是当事人，因此，建立与当事人的联系，确立彼此的信任关系，是律师开展有效法律服务的前提。尽管律师在与当事人建立委托关系过程以及在今后的代理（辩护）活动中都会有不止一次的、不断的沟通交流，但彼此的初次见面对双方能否建立起充分的信任关系，并开展卓有成效的合作影响重大。所以，在律师业务中就赋予了接待（会见）当事人以特殊的意义。

一、接待（会见）当事人的基本含义

"接待"和"会见"词义本不相同。"接待"是指迎接、接洽、招待。其近义词有招呼、招待、款待。《汉书·萧望之传》："望之见纳朋，接待以意。"这里所表示的就是接纳、招待的意思。而"会见"则意指跟别人相见。语出《周书·王褒传》："白云在天，长离别矣，会见之期，邈无日矣。"尽管两者都有与人见面之意，但"会见"相较"接待"更正式，因此，"会见"多用于外交场合。而"接待"则多一层"礼遇"宾客的含义，多用于社交场合。

在律师执业中，律师提供法律服务工作的对象主要就是当事人。这里所谓的"当事人"是指在某一法律关系中权利义务的承受人，包括民事、行政案件中的原告、被告、第三人，刑事案件中的犯罪嫌疑人、被告人、被害人，以及非诉讼事务中要求提供法律服务的人。[①] 所以，接待（会见）当事人是律师执业过程中一项重要的工作内容。

需要说明的是，"接待当事人"和"会见当事人"都是包含了律师与当事人见面交谈的含义，所以本章以"接待（会见）当事人的理论与技巧"作为标题。但是，接待当事人和会见当事人使用的场合并不相同。由于刑事诉讼中

---

① 孙淑云、冀茂奇：《诊所式法律教程》，中国政法大学出版社2010年版，第26页。

的犯罪嫌疑人、被告人的人身自由多被限制，其自由活动的空间通常被限定在一定的区域或处所，如看守所、监狱等，律师如果因执业需要与其见面，法律不仅对会见处所有严格的限定，即犯罪嫌疑人、被告人被羁押处所，而且还对会见程序进行了严格的规定，如必须提供委托书、律师事务所出具的"律师会见犯罪嫌疑人、被告人介绍信"等，同时还必须通过看守所严格的身份和执业状况审查。因此，律师会见犯罪嫌疑人、被告人并不是一项普通的律师业务活动，而是一项法律规定的律师执业行为。所以，在刑事诉讼中使用了"会见当事人"这样一个比较正式、规范和专业的表述。与刑事诉讼中的"会见当事人"相比，在民事诉讼、行政诉讼和其他非诉讼法律事务中律师与当事人的见面交谈则显得非正式和随意得多。它不属于法律规定的律师执业行为，没有法律的严格规制，而是律师为了拓展法律服务业务为当事人安排的社交活动，目的是要通过这样的交流及对当事人的礼遇来展现自身（包括律师事务所、律师团队及本人）的实力，取得当事人的信任，进而与当事人建立合作关系。因此，它就用了一种更具有仪式感的"接待当事人"来表述。

综上所述，所谓"接待当事人"是指在民事诉讼、行政诉讼和其他非诉讼法律事务中，律师或诊所学员为了建立与当事人的合作关系，并通过当事人了解案件情况而与当事人进行的会晤和交谈。所谓"会见当事人"是指在刑事诉讼中，律师为了确认与当事人的委托关系，并通过当事人了解案件情况，在法律规定的处所与当事人进行的会晤与交谈。

二、接待（会见）当事人的特征

（一）接待（会见）当事人是律师提供法律服务的前提

律师为当事人提供法律服务，前提是要对当事人所涉法律事务以及其寻求的法律帮助的具体内容有所了解，显然，上述信息主要来源于接待（会见）过程。同时，接待（会见）期间，律师通过具有技巧性的沟通理解当事人的意图，通过专业的询问方式引导当事人表达出有效信息，从而构建案件的法律框架。律师通过事先准备，在接待（会见）过程中形成的专业层面的思路和方案，是其赢得当事人的信任，建立委托关系的必要前提。

（二）接待（会见）当事人是信息双向传递的过程

接待（会见）当事人实质上是双方进行信息交换的过程。沟通往往是双向的，律师在获取案情信息、分析案件思路给予针对性的专业意见的同时，也可以向当事人介绍自己擅长的执业领域以及过往的成功案例，以此让当事人充分了解自身实力从而建立信任关系。

(三）接待（会见）过程是感性和理性交流兼具的过程

在接待（会见）过程中，"理性"和"感性"的交流方式如车之两轮、鸟之两翼，共同发挥作用。理性体现在律师对于当事人提出的问题和提供的信息从专业的视角进行把握，而感性则体现在律师对当事人遭遇法律困境以及迫切想要从困境中脱身而出的共情上。用理性的分析提供解决方案，用感性的理解和劝导稳定当事人情绪，将会最大程度获取当事人的信任。

第二节　接待（会见）当事人的步骤与方法

美国联邦最高法院大法官霍布斯曾说过，法律的生命不在于逻辑，而在于经验。作为法律工作的重要一环，如何接待（会见）当事人，如何在过程中把握技巧，知深浅知轻重，这要求律师具备长期经验的积累，在不断学习中反复思考，及时归纳总结。

一、接待（会见）当事人前的准备工作

（一）做好当事人的联系和接待工作

1. 接待（会见）前的提醒和确认

接待（会见）当事人前，律师或诊所学员应再次与当事人联系，以确认接待（会见）的时间、地点，及时了解当事人是否会因特殊事由有所变动，便于及时调整自己的工作安排。提前一天进行提醒和确认除了确定接待（会见）的时间有无变化之外，还可以告知当事人携带相关证件和文件，既便于律师或诊所学员接待（会见）时全面了解案件，也方便办理委托手续。

2. 注意穿着和仪态

认识和了解一个人，第一印象至关重要。律师或诊所学员带给当事人的第一印象，就是在不说话的情况下，当事人第一眼看到律师或诊所学员时所产生的感受。由此可见，最外在最先映入他人眼帘的外在形象非常重要。律师或诊所学员需要思考怎样的穿着才能让当事人第一眼就对自己产生信赖感。

具体来说，律师或诊所学员的穿着需要体现职业特点，即严谨和专业。律师或诊所学员在接待（会见）当事人当天应当穿着职业装，力求整洁，让人有一种庄重、严肃、专业的感觉，让当事人产生良好的第一印象，由此加深对律师或诊所学员的信任。

3. 注意接待礼仪

接待礼仪同样很重要，其贯穿接待整个过程，予以重视可以处处体现对当

事人的尊重。例如，问候他人时最好用尊称。走进律所的当事人听到的第一句话"你好，见到你很高兴"，显然不如"王经理，您好，见到您很高兴"更加亲切。再如，律师或诊所学员应当尽可能主动开始本次谈话，珍惜宝贵的接待（会见）时间。尽管当事人在接待（会见）前已经告知案件概况，律师或诊所学员仍应主动开口，可以再次对某些问题进行强调和说明。在接待过程中，假如律师或诊所学员行为粗鲁，毫不在意他人感受，比如频繁接听电话，或者听当事人陈述时漫不经心，不仅显得律师或诊所学员缺乏基本的职业素养，也难以培养当事人的信任感。

4. 接、送当事人要得体

当事人到达律所后，尽量不要让他在接待室等待太久，如果等待无法避免，应该向其说明原因，并告知等待时间。同时，律师事务所秘书应当主动将当事人引入律师会议室或者律师的办公室，如果条件允许最好是由律师或诊所学员亲自去迎接。引入当事人需要遵循基本的社交礼仪，如起身（当事人进门前，律师或诊所学员通常处于入座状态）、握手、自我介绍。如果当事人初来律师事务所，还应向其展示律师事务所以及律师的个人情况，递交名片，这会对今后工作的开展以及律师事务所未来的业务开展带来很多机会。

结束接待（会见）时的礼仪也值得我们去关注。结束交谈时，律师或诊所学员应当起身并与当事人握手，并陪同当事人离开接待室，然后再安排律师事务所的行政人员将其送出律师事务所，当然如果情况允许最好由律师亲自将当事人送离，分别的地点可以是写字楼楼下，也可以是电梯口。送客需要目送当事人离开（上车、出门、电梯门关闭）后律师再自行离开。需要明确的是，律师或诊所学员向当事人提供的不仅是专业而细致的法律服务，同时更需要表达出真诚和尊重。

（二）了解案件的基本情况并熟悉相关的法律规范

法律领域的法律部门种类较多，法律规定和法律条文纷繁复杂，即使是资深的律师，也很难做到对当事人遭遇的各类法律问题及解决方案信手拈来，因此，律师或诊所学员应当事先了解案件的基本情况，并有针对性地根据对案件的基本认识，对所有可能涉及的法律、法规、司法解释等进行检索、学习。同时，还可以通过客户网站、企业信用公示系统等对当事人的主体信息、业务状况等事先进行调查。

对主体、事实的了解和专业知识的熟练掌握，有助于在接待（会见）当事人时更顺利地深入案件，在体现律师或诊所学员对工作的认真、专业的态度的同时，更快地获得当事人的信任。尤其是青年律师，通过检索案例收集相关法规，一方面能提升自己的专业素养，更客观地对案件走向作出预判，另一方面也能向当事人传达自己具备较强的法律功底和实务操作技能。

（三）做好接待（会见）当事人的计划和安排

如前所述，接待（会见）当事人不仅是律师或诊所学员了解案件基本情况，把握证据基本来源的重要途径，而且也是律师或诊所学员建立与当事人之间的信任，确立与当事人的代理人关系，顺利完成代理工作的基础和关键性工作。因此，为了确保接待（会见）当事人工作的有序开展，保障接待（会见）当事人工作的卓有成效，律师或诊所学员应当对接待（会见）当事人工作认真做好周密的计划和细致的安排。既要明确接待（会见）当事人的工作目的，也要对接待（会见）当事人工作的基本步骤、场地、时间和人员安排，乃至于可能发生的困难和问题进行周密的安排和精准的评估，并预设必要的解决方案。

二、接待（会见）当事人的基本步骤

（一）接待（会见）的开场白

律师或诊所学员在正式进入主题之前，通常会跟当事人进行法律以外话题的交流，这种交流的目的无外乎是通过寒暄，拉近关系，相互了解，因此在这个阶段，律师可以简单地向客户进行自我介绍，内容可以包括自己的简历、律所概况、办案流程等事项，同时也可以简单介绍自己的擅长领域与过往的成功案例。在自我介绍和递送名片时要注意社交礼仪。

律师或诊所学员在和当事人初次交流时还应注意观察，以便了解当事人的情绪，判断当事人的社会阶层和经济状况，选择适当的交流语言和交流方式。

（二）倾听当事人的陈述

"听"是接待（会见）当事人中信息获取的主要手段。"听"就是指倾听当事人的陈述。当事人叙述的内容包括其来访的原因、涉及的问题和困惑，提出无法自我解答的问题，请求律师提供帮助。

倾听者首先需要有一定的耐心，认真完整地倾听当事人叙述，尽量不作打断。认真倾听是接待（会见）当事人必经的步骤以及必须具备的技巧。当事人来访，往往是带着问题和困惑而来，因此，他希望有人能够认真听取他的倾诉，了解他的处境，帮助他一同解决问题。因此，律师或诊所学员应保持一定的耐心和热情，认真听取其陈述。

（三）询问当事人

在倾听当事人的陈述后，接待（会见）当事人就进入下一个阶段，即双方开始进行言语互动，律师或诊所学员可以通过询问的方式进一步有针对性地获取信息。具体而言，询问是指律师或诊所学员为明晰倾听过程中当事人尚未表述或尚未厘清的问题，向当事人提问，要求其作出回答的沟通方式。这是深入了解当事人所叙述事实中某个细节或某个重要问题的重要方法。

询问发起的时间可以是在接待（会见）开始时，由律师或诊所学员首先发问奠定本次谈话的方向和基调；也可以在倾听过程中提出，让当事人就所叙述事实中的某一情节作出解答，或者重复叙述某一事实；大多数情况下，询问会在当事人陈述结束后进行，此时，律师或诊所学员就当事人所作的陈述，在进行总结前作全面、详细的提问与确认，以达到核实相关事实的目的。

（四）回应当事人

对当事人的回应是体现律师或诊所学员专业水平的重要环节。首先，律师或诊所学员需要进行实体法解读，也就是对当事人所咨询案情的实体法问题，从法律的层面上为当事人进行解读，让当事人对于案情在我国法律语境下的状况和解决方法有一个基本的认知；其次，律师或诊所学员需要进行程序法解读，大多数普通民众对于如何通过法律手段解决案情的程序都不够了解，因此，律师或诊所学员需要将问题解决的具体程序、相关流程以及所需要的各项资料都对当事人交代清楚。此外，律师或诊所学员需要针对当事人所关注和提出的各类问题逐一进行解答，过程中尽量使用较为通俗易懂的语言。

（五）咨询收费标准告知

在初步和当事人沟通并了解基本的案件情况后，律师可以结合其初步确立的诉讼或者其他解决思路，将各类解决方案对应的收费标准及处理流程告知当事人，以避免在接待（会见）当事人结束后，当事人以未提前告知收费标准为由不予认可，甚至对律师未告知即收费的行为产生怀疑和不信任，最终影响与当事人建立委托和合作关系。

需要特别指出的是，法律诊所作为一种公益性法律服务工作，是不会涉及收取当事人费用问题的。

（六）制作笔录

对接待（会见）当事人内容的总结和确认是固定谈话内容的重要方式，最常见的形式便是制作笔录。接待当事人需要做好记录，对当事人陈述的事实进行概括，这个内容概括体现了对案件整理的思路。笔录中也要对案件的风险、律师办案的流程和收费情况作记录。

笔录的内容包括当事人对案件的陈述、诉求，以及律师对当事人权利、案件风险、案件办理方向的告知，这都是作为律师办案的事实依据，也是律师为当事人提供服务的书面凭证。笔录作为律师工作记录，完成后应当由当事人签名,律师、记录人签名。

(七)结束接待(会见)和跟踪记录

律师或诊所学员在结束本次接待(会见)之前,应当对本次谈话的内容做一个简单的陈述,并向当事人确认前述陈述是否准确真实,在此过程中也可以向当事人进行开放性的问询,确认是否还存在不清楚的地方,因为有的当事人因为紧张或者愤怒,会遗漏一些重要的事实,而这些事实通常对案件的走向起到重要的作用。因此,在接待(会见)当事人工作结束前的进一步确认和问询显得尤为关键。如果此时当事人的回答推翻了接待(会见)时和律师确认的陈述,一个专业的律师也不应当责备或者是对此类行为表现出不耐烦,而是应当予以理解,并重新认真听取当事人的陈述。

从第一次接触当事人时就应进行记录,将姓名、联系方式、案由、咨询收费报价等都录入备忘录,否则会产生不少麻烦。律师工作安排较满,每天要接触的人和材料较多,有时候与当事人口头进行过的交流难以记住,一段时间后可能会对某个特定客户的案件信息产生记忆上的模糊,此时如果存有记录,就能以最快的时间重新拾起,并且工作也能井井有条。

(八)总结确认

接待(会见)当事人结束后,要及时地总结、记录当次接待(会见)的内容,并且对该当事人和咨询的事项进行评估,以便于判断本次接待(会见)是属于一次性咨询服务还是需要后期跟踪服务,形成案件或进行更多的业务拓展。

三、接待(会见)当事人的方法

(一)如何与当事人建立信任关系

1. 给当事人留下良好的第一印象

在接待(会见)当事人时与当事人建立相互信任和融洽的关系是非常重要的。想做好这一点,必须有意识地加强训练。与当事人建立相互信任和融洽的关系始于初次接待(会见),双方形成的这种关系将贯穿于代理的全过程。所以,初次接待(会见)至关重要,律师尤其是年轻律师或诊所学员一定要十分注意自己的言行举止,向当事人充分展示理性、沉稳、思维缜密和自信的形象,不仅让当事人感受到你的热情和精力充沛,更要让当事人体会到你的稳重踏实,对你充满信任感。给当事人留下良好的第一印象影响持久且深远,当事人往往会基于这种印象,决定是否要进一步发展委托关系,并为今后合作中的顺畅沟通和协同行为奠定良好的基础。

2. 做好知性的倾听者

律师或诊所学员面对的客户不仅是纠纷的当事人，同时也是一个遭遇了挫折的人，因此，作为法律服务工作者，律师或诊所学员一定要设身处地，多为当事人着想。与当事人初次见面，切不可盛气凌人地指责当事人，而要做一个善解人意的倾听者。接待中的律师或诊所学员，与其会说话，不如会听话。耐心地聆听，会让当事人觉得自己备受尊重。

3. 做专业的服务者

端庄的仪态能够给初次见面的当事人留下美好的印象，贴心的接待也能给当事人带来温暖的感受，这对于律师或诊所学员建立与当事人的信任关系无疑是重要的。但是，接待（会见）当事人毕竟不是普通的社交活动，当事人是因为遭遇法律上的困境而向律师或诊所学员寻求法律支持和帮助的，因此，律师或诊所学员是否有为其解决问题的能力和诚意，才是当事人最为关注的根本所在。所以，律师或诊所学员应当在接待（会见）当事人过程中通过展现自己扎实的法律能力、高超的谈判能力和自如的沟通能力来折服当事人，并用"当事人无小事"的同理心和不懈追求法律公平正义的敬业精神感动当事人。这是律师或诊所学员获得当事人信任，并确立与当事人信任关系的关键之所在。

（二）如何理解当事人的真实意图

如何把握当事人的真实意图，是律师或诊所学员在接待（会见）当事人过程中需要时刻关注的核心问题，也是律师或诊所学员接受委托后工作的重心。因此，对当事人意图的探寻和把握，应贯穿整个接待（会见）以及后续的全部工作过程。

通常情况下，当事人或出于戒备心不会立刻表明自己的真实意图，或因为不专业和语言表达上的限制不能充分显现自己的真实意图。因此，律师或诊所学员在接待（会见）当事人过程中，需要通过自己的真诚消除当事人的戒备心，并及时引导当事人表明自己的真实意图；同时，律师或诊所学员也应当具备"抽丝剥茧"的能力，从当事人纷杂无序的陈述中分析并得到当事人的真实意图。

示例

一个急于向律师哭诉丈夫劣迹的当事人，虽然嘴上说着要离婚，但其真实意图可能并非如此，她也许只是碍于情面不愿表达对恢复双方关系的期许。如果此时律师仍以帮助当事人离婚为目继续深入谈话，可能就无法达到当事人满意的效果。

律师:"您好!有什么可以帮助您的吗?"

当事人:"我想向您咨询一下离婚的事。"

律师:"好的,请您把具体情况和要求说一下吧!"

当事人:"我和老公2016年结婚,第二年就有了孩子,孩子现在已经上幼儿园了。为了照顾家庭和孩子,有孩子后我就辞去了原来的工作。前不久,我从他的手机里发现他外面有人,因此,我现在想和他离婚。就这样。"

律师:"您能说一下具体要求吗?"

当事人:"什么具体要求呀?"

律师:"就是您提出离婚除确定要解除婚姻关系外还有什么要求,譬如您要不要孩子;家里有什么财产,您需要分割到哪些财产等。"

当事人:"哦,现在就要讲这么多情况呀?"

律师:"是的,这些都是离婚案件需要处理的事情。"

当事人:"那好吧,我回去再想想。"

善于引导的律师会更多地从当事人的内心真实感受开始问询,当律师成功引导当事人敞开心扉,诉说出丈夫的优点以及他们在一起的快乐时光时,律师就应该了解此刻当事人的真实意图其实是想恢复曾经的恩爱关系,从而也避免律师"棒打鸳鸯"的"恶"行发生。

律师:"您好!有什么可以帮助您的吗?"

当事人:"我想向您咨询一下离婚的事。"

律师:"好的,请您把具体情况和要求说一下吧!"

当事人:"我和老公2016年结婚,第二年就有了孩子,孩子现在已经上幼儿园了。为了照顾家庭和孩子,有孩子后我就辞去了原来的工作。前不久,我从他的手机里发现他外面有人,因此,我现在想和他离婚。就这样。"

律师:"哦,我大概了解您的情况了。您是说在您老公的手机里发现他有外遇,是吗?"

当事人:"是的。"

律师:"您是怎么断定在手机里和您老公联系的那个人就是外遇的对象?"

当事人:"他们经常联系,短信交流非常暧昧,还公然称呼对方'老公''老婆'。"

律师:"那个女人您认识吗?"

当事人:"见过面,是我老公客户公司的代表。是我老公让我一起陪他和客户吃饭的时候认识的。"

律师:"嗯,吃饭时您有没有看出您老公和那个客户代表有什么异样?"

当事人:"好像也没什么。就是那个女的很能喝酒,很活跃。"

律师:"(笑)这可能也是做销售的能力。您和您老公说过看他手机的事吗?"

当事人:"我和他说了,他不大高兴。"

律师:"您问过您老公和那个客户代表的关系吗?"

当事人:"我问过,可是他不承认,说就是一般的工作关系。"

律师:"您相信您老公说的吗?"

当事人:"我当然不相信咯。"

律师:"您一直不相信您老公,还是就不相信您老公说的这件事。"

当事人:"就这件事。我以前一直对他都是很信任的。"

律师:"您和您老公的关系怎么样?"

当事人:"我们是大学同学,工作后谈恋爱并结婚的。以前,我一直都觉得他对我和家庭都挺好的。尽管有的时候工作会比较忙,但只要有时间都会待在家里陪孩子,帮做一些家务。总觉得他还是蛮顾家的。"

律师:"您说'以前'是指在你发现他手机上的'暧昧'短信之前吗?"

当事人:"是的。"

律师:"那您和他说了短信上的事以后,您老公有什么变化?"

当事人:"就是说到这件事的时候他会生气,其他……好像也没有什么变化。"

律师:"还是挺关心您和孩子,挺顾家的。是吗?"

当事人:"是的。"

律师:"您有怀疑过短信里的'暧昧'事实,可能是开玩笑的吗?"

当事人:"有怀疑过。我老公每次解释的时候也都是这么说的。(沉默并若有所思)记得有一次老公给我看了他们的'微信工作群',群里也有称'老公''老婆'的。(傻笑)"

律师:"您一直都很相信您老公,为什么不可以在短信的事情上再相信他一次呢?赢得一段感情不容易,经营一个家庭也很难,需要彼此的信任和包容。"

当事人:"(笑着)对的对的。"

律师:"回去和您老公好好做个沟通,解开这个心结,好好珍惜这段感情和这个家庭吧。"

当事人:"好的好的,我会的。非常感谢您的开导。"

律师:"不要客气。我送送您!"

同时，律师或诊所学员在对案件相关事项得出相关结论或作出初步的决策时，也可以通过仔细观察当事人的反应来了解当事人的真实看法。如果当事人对此无动于衷或表现得较为迟疑的话，即使当事人未明确提出异议，但也表明其对该结论或对策并不是很支持，或者是不太了解，此时，律师应该对此作出相应的解释或变更处理方案。

（三）如何核实当事人的证据

"证据是诉讼之王"，没有证据支持的诉讼主张就是无本之木。因为，证据是认定案件事实的依据，是决定案件成败的关键因素。没有证据，别说维护当事人的合法权益无从谈起，就连进入或推进诉讼程序都将造成障碍。

由此可见，证据可以说是双方关系破裂后的最后一道防火墙，对于矛盾的解决起到决定性的作用。因此，律师或诊所学员必须让当事人懂得"打官司就是打证据"的道理，提醒当事人，遇到类似案件时及时保留书面证据是对自己合法权利的保护，可以降低未来产生的交易风险，让自己的诉求有证据支持。

当事人是案件的亲历者，掌握着与案件有关的众多证据或证据来源信息，因此，律师或诊所学员应通过接待（会见）当事人，让当事人尽量充分地提供案件的证据材料和证据来源信息。如果律师或诊所学员在接待（会见）当事人之前就已经对案件有所了解的话，就可以为当事人开列证据清单或口头提醒当事人在约定的接待（会见）之日携带相关证据资料。与此同时，律师或诊所学员在接待（会见）当事人的过程中，还应当通过与当事人的有效沟通，使当事人能够客观全面地提供与案件有关的所有证据材料，尤其是要消除当事人对律师或诊所学员的不信任感，避免其基于对案件胜诉的期待而隐瞒对己方不利或对他方有利的相关证据资料。

对于当事人提供的证据材料，律师或诊所学员可以在接待（会见）当事人过程中，从证据的真实性、关联性和合法性等方面与其进行分析交流和沟通，进而确定这些证据材料能否向法院提交。同时，从证明责任分配和证明标准的视角，分析已有证据对案件事实的证明效果，并明确是否及如何根据当事人提供的证据资料和来源信息进行证据补充调查的相关工作。

律师或诊所学员除了需要掌握当事人陈述提供的有效信息外，还可以要求当事人提供有效的证据来佐证，使"当事人陈述"这种形式的证据具有更高的真实性和更大的说服力。

需要指出的是，《最高人民法院关于民事诉讼证据的若干规定》第90条规定，当事人的陈述不能单独证明案件事实，属于"不能单独作为认定案件事实的根据"，因此，除了当事人的陈述之外，当事人以及律师还需要收集其他形式的证据,对想要主张的事实加以证明,证据的种类和形式在各类关于证据问题的规定中都可以查询到。

(四) 如何掌握案件的关键信息

在接待(会见)当事人时,律师或诊所学员面对的是有各种社会背景及个人品格迥异的人,由于他们的成长环境、教育背景、个人能力以及对法律的认知不同,他们对案情的陈述不可能完全按照法律的逻辑展开,甚至会不得要领。基于趋利避害的本能,他们还可能会掺杂一些个人主观的成分,影响律师或诊所学员对案件事实的评估。因此,律师或诊所学员必须在认真倾听当事人对案情陈述的同时,充分运用自己的专业能力和经验迅速厘清所涉及的法律关系,并通过娴熟的沟通技巧掌握案件的关键信息。

案件的关键信息通常是指那些对法律关系的认知或法律纠纷的处理有重要或决定性影响的事实和证据来源等信息,如在刑事诉讼案件中对定罪量刑有决定性影响的犯罪构成及量刑情节所涉及的事实和证据来源等信息;民事诉讼案件中证明权利存在和发生争议的关于民事法律关系发生、变更和消灭的事实和证据来源等信息;行政诉讼案件中确定行政行为合法性的事实和证据来源等信息等。

示例

当事人在某饭店就餐过程中去停车场取东西,因雨天地面湿滑,当事人在饭店门口通往停车场的无障碍通道的斜坡上滑倒受伤,后当事人向饭店索赔。当事人在与律师的接待(会见)过程中,向律师提供了滑倒时的监控视频以及其接受治疗的费用单,律师分析视频并结合当事人的陈述得出了初步的结论:饭店门口没有明显警示标志;通道上有下过雨的积水未及时处理,的确是由于地面湿滑导致了损害的发生。

事实上,我国的民法理论一般认为,在侵权类纠纷中,除无过错责任外,受害人不仅要证明损害发生的事实,还要证明侵权人存在过错。上述案例中,仅有证明有损害结果以及侵权人未作警示说明的证据,尚未达到主张侵权的证明标准,因此,律师根据自己的专业经验判断,需要寻求更多的关于证明侵权人过错的证据。通过实地考察取证以及与当事人深入沟通,律师收集到了更为充分的证据:

(1) 无障碍通道是斜坡,具有一定坡度,较易滑倒,应设置安全扶手或防滑垫等防滑措施;

(2) 饭店虽在通道中安装使用的是防滑石材，也作过一定的防滑处理，但实施防滑处理的公司在该防滑处理的合同中注明：对餐饮等重油污场所效果不佳。相较于普通场所，饭店应更加强防护措施，因此未能据此免责；

(3) 门口照明灯光强度较暗。

上述证据最终在诉讼过程中，在证明侵权人具有过错方面起到了重要作用。可见，对案件突破口的判断以及关键证据的收集，要求律师在接待时有意识地去寻求和把握，在上述案例中，律师把握住了店家未设立警示牌因而未尽安全保护义务的关键点，从而使得问题迎刃而解。

需要明确的是，不同类型的案件存在不同的关键点，而关键点的挖掘一方面依赖于律师的专业能力和经验，如在接待（会见）当事人过程中以诚心和同理心打消当事人心存的顾虑，并运用重复、强调、提问等多种形式的沟通方法等；另一方面也需要律师结合案情进行细致分析，其中也包括通过检索类似案例的方法寻找突破口。

（五）如何通过接待（会见）当事人挖掘更多的案件信息

仅凭当事人的陈述是很难完整地了解案件的全部事实的，因此，律师或诊所学员接待（会见）当事人的一个重要任务就是尽可能多地引导当事人有方向性地表达出更多的案件信息。

具体而言，律师或诊所学员需要在聆听当事人陈述的过程中，对当事人陈述不清、遗漏的问题，使用引导、启发等办法，帮助当事人尽快揭示真实事件，以及时掌握案件的关键信息。因为，当事人的陈述通常不可能很有条理、逻辑十分清晰，这就要求律师或诊所学员要引导当事人有条理地叙述，律师或诊所学员自己也需要在与当事人的沟通过程中和之后将不完整、不清晰、有遗漏的情节加以补充，对一些前后矛盾、含糊不清的情节加以确认和纠正。引导是为了使案件事实再现，启发则是为了挖掘全部相关事实，尽可能在律师或诊所学员面前呈现出完整的案情全貌，如此，律师才能准确地把握案件的关键信息，为当事人提供切实有效的问题解决方法。

（六）如何把握当事人的经济状况

在观察和沟通中迅速判断当事人的经济状况，并非单纯的势利行为，这关系到律师将采取怎样的沟通与诉讼策略，是律师应当具备的基本素质之一。具体来说，应根据当事人的经济状况提供合适的解决问题的策略以及相应的报价，进而满足不同经济水平的当事人的需求。

实践中，常常会遇见这样的情况，有些经济状况不太乐观的当事人可能无法接受成本较高的法律解决方案，而另一类经济状况较好的当事人会对报价较低的律师的水平产生怀疑，质疑律师可以提供服务的质量。

示例

当事人因为承租人擅自解除房屋租赁合同发生纠纷而咨询律师。在交谈过程中，律师从案涉标的以及出租人对违约的承租人的态度中判断其经济状况很一般。当事人的妻子在家里是全职太太，因经营的生意难做当事人也没有多少收入，全家人大部分生活费还要靠该套房屋的租金收入。律师推测通过一次性收取案件律师费，并以诉讼方式解决该纠纷，从成本和效率上于当事人而言都比较难以接受，因此，律师最终建议其按分步骤委托法律服务的方式，即先支付少部分费用委托律师发送律师函催告对方履行义务，根据对方的反应再决定是否委托律师采取进一步措施。当事人觉得能在初期少付点律师费与自己的预算比较吻合，就接受了分步骤服务和付费的方案。最终，签订律师聘用合同的时候，当事人表示其实其之前已经咨询过一位律师，但因为该律师一次性付费的报价方案对其来说一时很难接受，所以才找其他律师。事实上，根据现在的分步骤服务方案，发函与诉讼代理两项服务的律师费加起来总金额是超过当事人咨询的前一位律师的，但分步骤服务的方案较能满足当事人的经济状况需求及对案件结果的预期。所以，了解当事人的经济情况、消费理念、消费习惯是很有必要的。

因此，律师应当为当事人提供"私人定制"化的法律服务，而不能完全用可"复制"的服务方式对待任何一个当事人。

（七）如何告知法律风险

法律服务行业是一个收益和风险并存的行业，律师或诊所学员在接受当事人的委托之前，有风险告知义务，绝不能向当事人承诺案件处理的最终结果，否则，一旦案件走向不理想，就极有可能遭遇当事人对自己的职业操守、职业水准的质疑，甚至还会遭受投诉。除了接待（会见）当事人阶段，律师或诊所学员在办理业务的其他阶段发现有可能影响所承办法律事务的进程，有可能影响承办案件最终结果的情形时，都应当及时告知当事人并共同寻求化解风险的方案。必要的时候，律师或诊所学员可以在接待（会见）当事人过程中制作当事人调查笔录，并在调查笔录中载明法律风险告知内容。

总而言之，律师或诊所学员在接待（会见）当事人并接受当事人委托前，应当客观、全面地分析案情，准确向当事人提示该项法律服务存在的各种法律风险，这样不仅有利于当事人作出理性正确的选择，也便利律师或诊所学员接受委托后建立与当事人的信任关系，防范和化解各种法律风险，最终实现当事人合法权益的最大化。

在实务中，律师需要向当事人提示的常见风险包括但不限于以下几种：(1) 各种方案或解决途径可能存在的风险与防范、化解对策。(2) 案件关键问题对处理该项法律事务可能产生的不利影响及解决问题的对策。(3) 处理该项法律事务可能存在的几种后果及追求合法利益最大化的建议。(4) 如果涉及诉讼，当事人胜诉能得到什么利益，将会承担什么风险；如果当事人败诉，需承担什么法律后果。(5) 处理该项法律事务大约耗费的时间。(6) 处理该项法律事务需要耗费的经济成本是多少。

第三节　接待（会见）当事人的技能演示

一、接待（会见）当事人准备工作的技能演示

常言道，机会往往留给有准备的人，接待（会见）当事人前，做好充分的准备，确定接待（会见）当事人的目标，并制订实现该目标的计划，掌握接待（会见）的有关技巧，对律师或诊所学员完成一次成功的接待（会见）以及取得当事人的最终信任都大有裨益。

（一）明确接待（会见）当事人的目的

律师或诊所学员接待（会见）当事人过程的持续时间不会很久，为确保工作效率，作为接待（会见）当事人的主导者，律师或诊所学员需要在接待前充分计划好本次接待意图达成的目标和手段，以结果导向型的思维明确接待目的，以便接待过程有目的性地、高效地进行。

1. 通过接待（会见）获取当事人对案件的信息，了解案件的基本情况

当事人是案件的亲历者，因此，通过接待（会见）当事人，充分获取当事人对案件的信息，是律师或诊所学员了解案件基本情况最重要的途径，也是律师或诊所学员接待（会见）当事人的首要目的。

了解案件的基本信息就是要对案件所涉主体信息、案件发生时间和地点、案件所处阶段的确认，以及案件的主要事实和关键信息等进行初步了解，以便确定本案所属法律范畴、是否属于自己擅长的服务领域，也便于律师找寻案件的主要争议焦点。

(1) 对案件当事人的主体信息的把握有助于确认案件适格的当事人。当事人适格，又称为正当当事人，是指在具体的诉讼中当事人有起诉或应诉的资

格。实务中,判断当事人适格与否,需要与具体的诉讼案件相联系,看当事人与特定的诉讼标的有无直接的利益联系。

> **示例**
>
> 在甲与乙的贷款纠纷中,甲乙双方是贷款协议中的当事人,但乙出借给甲的款项实际是其父亲丙提供的,随后丙向法院起诉要求甲返还乙的贷款,由于丙在甲乙借贷纠纷法律关系中无直接联系,丙就不是本案的适格当事人。

通过这个简单的案例可知,确定案件主体信息是开展接待(会见)的基础事项,如果前来咨询的客户不是适格的当事人,那么,律师或诊所学员就需要提前考虑接待(会见)当事人工作继续进行的必要性。

(2)对案件发生时间的确认有助于厘清诉讼时效,避免案件因超出时效而丧失胜诉权。诉讼时效是权利人请求人民法院在法律规定的期间内保护其合法权益而提起诉讼的法定期限。如果超过该期限,当事人虽然仍可以提起诉讼,请求法院保护自己的合法权益,但如果对方以诉讼时效进行抗辩,法院就会进行审查。存在超过诉讼期限的行为,往往都会驳回当事人的诉讼请求。《中华人民共和国民法典》(以下简称《民法典》)确定了三年的普通诉讼时效,这意味着在普通案件中,权利人应当在知道或者应当知道权利受到损害或者发生争议之日起三年内提起诉讼,否则对方可以超过诉讼时效为理由提出抗辩,当事人将承担败诉的法律后果。

(3)对案件相关事实的发生地点的确定有助于确定管辖法院,当然,这还需要结合案件的性质来判断。例如,《民事诉讼法》第24条规定,因合同纠纷提起的诉讼,由被告住所地或者合同履行地人民法院管辖;该法第29条规定,因侵权行为提起的诉讼,由侵权行为地或者被告住所地人民法院管辖。通过诸如此类关于管辖的规定可以看出,案件相关的地点将决定案件的受理法院,这会影响当事人的诉讼成本、诉讼效率以及诉讼的便捷性,甚至影响到最终的审理结果。

(4)了解案件所处的阶段。以民事诉讼为例,案件通常根据所处的阶段分为:尚未起诉、一审、二审或者再审。案件处于不同的阶段,律师或诊所学员需要完成的准备工作差异较大,准备不同阶段案件的难度也大相径庭。以二审准备工作为例,二审法院改判的比例很低,并且二审阅卷过程中除须查看该案全部起诉材料外,还须完整查看庭审记录,仔细研究一审原被告双方发表的意见以及相关证据,以分析出一审己方诉求未得到支持的原因,并有针对性地制作法律文书。

对案件所处阶段的了解，还可以帮助律师或诊所学员准确把握案件的法定期限，如法定的举证期限、上诉期限、再审提出的期限以及申请执行期限等，避免案件的重要事项被延误。

（5）案件的基本事实。案件的基本事实通常就是指用以确定当事人主体资格、案件性质、具体权利义务和法律责任等主要内容，对判决、裁定的结果有实质影响的事实。案件性质不同，构成案件的基本事实也不一样。概括地讲，犯罪构成要件所依据的事实，以及决定量刑轻重所依据的事实就是刑事诉讼案件的基本事实；证明民事权利状况所依据的事实，以及证明民事权利受到侵犯或发生争议所依据的事实是民事诉讼案件的基本事实；而行政诉讼案件的基本事实指的是证明行政机关具体行政行为是否具有合法性所依据的事实。

"以事实为依据，以法律为准绳"是社会主义法治的基本原则，也是司法人员和法律服务工作者在处理各类纠纷时应当遵循的行为准则。因此，通过接待（会见）当事人全面了解案件的基本事实是此项工作的重点和中心目标。

（6）识别、分辨信息。通常情况下，来访的当事人由于复杂情绪的影响以及专业法律素养的缺乏，陈述案情时往往是想到什么就说什么，缺乏逻辑，遗漏重点，律师或诊所学员只能获得一些零碎的信息。因此，律师或诊所学员应当注意在接待（会见）当事人过程中识别和分辨当事人在陈述中的各类信息。那么，律师应如何将凌乱的话语和零碎的信息重新组织并梳理出其中的逻辑线索呢？

首先，接待的律师或诊所学员要勤于动手，在接待时边思考边记录，并在记录的过程中力求以最快的速度首先筛除掉无效以及重复的信息。其次，以时间为轴或以各项法律事实为单位，将当事人叙述的信息进行筛选、编排、整理，整理的过程也是第二次对信息进行筛选的过程，律师或诊所学员可以通过已有的信息建立逻辑体系，将不符合该体系的信息删除或打上问号留待稍后向当事人予以确认。最后，在对整理后的信息进行分析的基础上，通过询问提示让当事人陈述案件的关键之处或其他更加具体细致的信息。这一环节涉及律师的发问技巧与运用问题，将在下文具体展开阐述。

2. 通过接待（会见）建立与当事人之间的信任，确立委托代理关系

当事人之所以到律师事务所或法律诊所寻求律师或诊所学员的帮助，是因为他们遇到了（至少是当事人认为的）人生中重要的法律事件。尤其是来到法律诊所的当事人，大多还是遭遇各类纠纷、属于社会或某一社会关系中的"弱势群体"，他们处在一种急切需要帮助而又缺乏信任感的情绪状态之中，

当其初次面对一个陌生的法律工作者时，内心难免会有些紧张和戒备。此时，律师或诊所学员能否通过沟通交流，使当事人放下戒备心，建立彼此之间的信任至关重要。因为，这不仅决定了当事人是否愿意将涉案事项委托给律师或诊所学员处理，而且还对律师或诊所学员能否不辱使命，顺利完成当事人所委托的法律事务，并获得当事人的高度评价，产生重大的影响。

因此，律师或诊所学员在接待（会见）当事人时，首先应当对当事人的遭遇拥有"同理心"，能对当事人的处境感同身受，使其有被关心和关注的温暖感；使当事人放下戒备心，纾解紧张焦虑的情绪。同时，律师或诊所学员必须对当事人保持一种真诚的态度，并用认真倾听和耐心询问的方式让当事人的情感得到宣泄，并完整地陈述案件事实。最后也是最关键的是，律师或诊所学员应从专业的角度帮助当事人进行分析并提供有效的建议，让当事人相信你的专业能力和专业经验，确信你有能力也有诚意帮助他们解决问题，和他们并肩战斗。

总而言之，取得当事人的信任是得到当事人委托的重要前提，而与当事人建立信任关系需要依赖律师或诊所学员扎实的专业能力、丰富的执业经验和高度的职业精神作保障。

3. 通过接待（会见）了解当事人的真实意图，统一协调案件的工作对策

律师行业的本质乃为服务行业，而服务行业核心是了解客户需求并基于需求提供定制化服务。从当事人的角度而言，评价律师的好坏，最直观的依据就是律师是否实现了其需求。因此，律师或诊所学员在接待（会见）当事人的过程中，除了解案件的事实、获取证据材料等案件信息外，还需了解当事人的具体需求。

了解当事人的需求是律师或诊所学员决定是否建立委托关系的基础。就具体个案而言，首先，律师可能由于性格、非自身擅长的领域、收费存在分歧等主客观原因，不适合和某一个特定的当事人建立合作关系。其次，客户的需求本身是否正当合理，需要律师或诊所学员进行评估。如果当事人需求超出法律服务范畴或逾越法律界限，比如要求律师帮助其以监听为手段取得非法证据时，那么，可以判断当事人的需求不切合实际。如果律师或诊所学员在接待（会见）当事人过程中，通过与当事人的沟通仍无法改变其需求，那么，是否接受该当事人的委托就需要慎重考虑了。同时，当事人基于某些原因可能不一定会直接表示自己的真实意图，而律师或诊所学员又缺乏洞察能力，不能了解当事人的真实意图，这也会直接影响当事人与该律师或诊所学员的合作意愿，无法实现接待（会见）当事人工作的重要目标。

因此，通过接待（会见）了解当事人的需求，有助于律师或诊所学员了

解当事人需要什么样的法律服务，及时作出是否合作的决定。对于某些类型的案件，可能更适合由其他律师接手处理，因此在接待（会见）时可建议当事人与更为适合的其他律师合作，或和其他律师共同与当事人进行合作。

此外，除了诉讼这一手段外，当事人所遭遇的纠纷还存在多元的纠纷解决机制，最终工作对策的确定，取决于律师或诊所学员与当事人的共同选择。甚至可以说，是由律师或诊所学员协助当事人进行最终策略的制定。因此，律师或诊所学员在接待（会见）当事人过程中，还需要向当事人充分说明各种纠纷解决途径的优势和劣势，解释各种纠纷解决方式之间的衔接，如诉讼与调解之间的联动、诉讼与劳动仲裁之间的衔接、各种非诉讼纠纷解决方式之间的协调等，在将更多的选择提供给当事人的同时，也能充分发挥各种纠纷解决手段优势互补的作用，最大限度维护当事人的合法权益。

(二) 做好接待（会见）当事人的计划

1. 接待（会见）当事人的主体

在律师业务中，接待（会见）当事人的主体通常以执业律师为主，然后辅之以一名律师助理，由其负责记录等辅助性工作。在法律诊所中，一般以学生为主体，可配备一名执业律师作为现场指导。实务中，如果当事人人数较多，律师或诊所学员人数也可以相应地增加，以便在双方沟通洽谈过程中维持人数上的基本平衡，避免"一对多"的情况的出现，人数的匹配也能让当事人感受到律师或诊所学员对接待（会见）工作的重视。参与接待（会见）的律师或诊所学员可以在接待（会见）之前共同制订接待（会见）计划，事先拟定接待（会见）的目标和策略，以便接待（会见）顺利展开。

2. 接待（会见）当事人要实现的目标

确定了接待（会见）当事人的主体之后，拟计划参与接待（会见）的律师或诊所学员可以共同制定接待（会见）目标，正如前文所述，接待（会见）目标通常包括了解案件的基本情况，准确地识别、分辨当事人提供的信息，并通过这些信息剖析出当事人的真实意图，在接待（会见）当事人过程中核查当事人提供的有效证据，并对当事人的经济情况进行把握，努力取得当事人的信任，并最终与当事人成功建立委托代理关系。

当然，这些工作目标可能不是在一次接待（会见）当事人过程中都能够实现，因此，在制订接待（会见）当事人计划时，可以在计划中作出整体工作目标的规划，同时对阶段性具体目标加以明确，使工作能在规划中有条不紊地展开。

3. 接待（会见）当事人的时间

在确定接待（会见）当事人时间时，需要充分和当事人协商，选择一个于人于己都方便的时间，在此过程中为双方留足接待（会见）的准备时间。基于对当事人的尊重，律师或诊所学员可以让当事人先提出一个或几个备选时间，然后再与其协商确定具体的接待（会见）时间。

4. 接待（会见）当事人的场所

确定好接待（会见）当事人的时间后，就需要考虑地点的选择问题。场所的选择没有固定的模式，可以根据当事人的具体需求以及开展工作的便捷程度协商确定。作为教学活动，诊所学员的接待（会见）通常都会安排在法律诊所，或者与所在学校有合作关系的机构所设立的接待场所，如法院、仲裁院、律师事务所、调解中心的接待室等。诊所学员在自己熟悉的场所进行接待（会见）工作，类似于"主场作战"，有利于自我信心的建立以及对接待话题、节奏的把握。同时，当诊所学员遇到对当事人咨询的某个问题拿捏不准时，随时可以向学校老师或者律师事务所的律师等请教。当然，如果当事人确有需要也可选择在其方便的场所进行。

示例

某公司老总想约见律师谈一起民事纠纷案件，但律师得知该老总最近很忙，每晚还得到医院照顾其住院的母亲。在这种情况下，请当事人到律师事务所会谈并非最好的选择，更优的处理方法是转告当事人，在其方便时可以告知律师到他的办公室去谈，这样当事人就会因为律师对他处境的关心与理解而倍感受到尊重。

总之，作为一名法律服务工作者，应当从细微处入手，尽可能替当事人着想，通过细节树立良好的职业形象，从而为日后的顺利合作奠定基础。

5. 预见困难并预设解决方案

接待（会见）当事人是一项极其复杂、困难的工作，是律师或诊所学员社交能力、沟通能力、语言表达能力、法律专业能力的综合检验。因此，即便律师或诊所学员已经做过周密的接待（会见）当事人工作计划，但在接待（会见）当事人过程中仍然可能会发生一些没有意想到的问题或困难，对此，律师或诊所学员必须要有充分的思想准备并做好具体的预案。

（三）提示当事人在会见前准备相关材料

在接待（会见）当事人前对案情进行初步了解，有利于帮助律师或诊所学员形成初步的案情轮廓以及基本的办案思路，这就要求律师或诊所学员能在初次会见前，提醒当事人在力所能及的范围内尽可能准备充分的证据材料，以便律师或诊所学员在接待（会见）过程中能够快速借助有效证据明确案件事实。事实是基础，确认了基础事实之后，后续的思路以及策略的展开才能更加顺利。

示例

有一位因为吃了小龙虾而导致横纹肌溶解的客户向律师寻求帮助，律师事先通过电话与其进行了简单的沟通，了解了案件的基本事实，明确了案件属于侵权纠纷。该类案件的关键在于侵权方过错的认定以及损害范围的界定。有无过错的判定方面比较依赖于医院开出的诊断证明，即医生是否将病因归结于食用小龙虾；损害范围界定方面则依赖于客户所提供的医疗费等支付凭证。律师在接待（会见）当事人之前就提示当事人对上述材料进行充分的收集和准备，因此在实际接待（会见）时双方对于事实的梳理和确定非常高效，从而在有限的时间内将更多的精力放在确认诉讼思路、进一步巩固所掌握的证据的效力等方面。

（四）其他准备工作

除以上已经明确的准备工作外，在接待（会见）当事人之前，律师或诊所学员还应当做好计划落实情况的检查，如人员确定及工作安排、场所预订、提醒相关人员按时参与接待（会见）等。

二、倾听的技能演示

倾听，是接待（会见）当事人的必经过程。律师或诊所学员对案件的了解，通常是从倾听当事人的陈述开始的。律师或诊所学员首先是从当事人陈述获取与案件有关的信息中逐渐形成对案件的认识的，因此，善于倾听将有助于律师或诊所学员了解更多的案情细节，以便圆满解决问题。同时，善于倾听的人让人感觉谦虚，容易取得对方的信任。反之，缺乏倾听往往导致错失良机，产生误解、冲突和拙劣的决策，并可能因为问题没有被及时发现而导致出现危机。

所以，倾听是一项技巧，是一种修养，甚至是一门艺术。学会倾听应当成为每个渴望事业有成的人的一种责任、一种追求、一种职业自觉，善于倾听也是每个法律服务工作者必不可少的素质之一。

在《论语·季氏篇》中，孔子有云："侍于君子有三愆：言未及之而言谓之躁，言及之而不言谓之隐，未见颜色而言谓之瞽。"孔子想要表达的道理是，与人交谈容易犯三类错误：没轮到他说话却抢着说，叫作急躁；轮到他说话了却不说，叫作隐瞒；不懂察言观色便贸然开口，叫作盲瞽。

"三愆"体现出与人交谈时礼仪和修养的重要性，[①] 律师在与当事人的沟通交流过程中，同样需要避免上述三种过失，即要善于倾听、善于解惑、细心观察。此外，及时记录和总结将为日后工作的开展做好准备。

（一）倾听过程要体现对当事人的充分尊重

沟通理应是双向的，但初次接待（会见）当事人时，无论是从尊重当事人、照顾当事人的内心感受、引导其进行正常的情感宣泄的角度，还是从专业的角度尽可能优先获取足够多的信息来看，律师或诊所学员都应当认真倾听当事人的陈述。

听的繁体字是"聽"，表示倾听需要"耳"到、"目"到、"心"到。可见，倾听不仅是耳朵听到相应声音的过程，而且是一种情感活动，需要通过面部表情、肢体语言和话语的回应，向对方传递一种信息——我很想听你说话，我尊重和关心你。

同时，律师在倾听过程中还需要注意方式方法，不要轻易打断当事人的陈述，也不要轻易反驳当事人的观点。对于当事人陈述中可能存在的问题或缺漏，可以待当事人情绪稳定后再以一种委婉的方式指出。此外，律师在倾听当事人叙述过程中，切忌表现出不耐烦甚至是鄙夷的神态，也不要让当事人感觉律师对其产生怜悯之情。总之，律师要做好知性的倾听者，给予他人良好的被服务的体验。

> **示例**
>
> 某日，陈女士按照事先约定的时间来到了律师事务所，前台接待小姐径直将陈女士带到接待室。20分钟后，律师推门走进了接待室。
>
> 律师："你是陈女士吧？"
>
> 陈女士："是的。我们约定的时间是九点钟吧？"
>
> 律师："是，但我临时有点事来晚了。你找我有什么事？"
>
> 陈女士："我是听朋友介绍的，听说你在……领域很专业……"
>
> 律师："时间宝贵，你就不要客套了。咱们直奔主题吧。"
>
> 陈女士："那我就把案件的情况和你说一下吧。"
>
> 律师："嗯，长话短说。"
>
> 陈女士："……"
>
> 律师：（见到助理小李从接待室门口走过）"喂，小李你过来一下。……"

[①] 尚博：《与当事人沟通当戒"三愆"》，载《人民法院报》2014年5月29日第2版。

陈女士："……"

律师：（一边翻看手机）"嗯……"

陈女士："……"

律师：（打断陈女士陈述）"好了好了，这些事没有必要和我说。……"

陈女士：（面露难色）"那我要说什么？"

律师：（显得不耐烦）"就说案件上的事！"

陈女士：（面露不快）"我就是说案子上的事呀。……"

律师：（电话铃响）"喂……"（走出接待室）

（五分钟后回到接待室）

陈女士："看来你确实很忙，我就不麻烦你了。"（气愤地走出接待室）

这是一位爱耍"大牌"律师的极端表演，由于他缺乏基本的职业修养，不能对当事人表示基本的尊重，因此，即便他在专业上有再大的建树，也是不可能得到当事人的尊重和信任的。

（二）有同理心，与当事人共情

遭遇法律困境的当事人往往或多或少都会带着某些负面情绪，当他（她）来到律师事务所或法律诊所这个自己并不熟悉的环境，面对将为自己提供服务却又感到陌生的律师或诊所学员时，那种期待得到帮助受到保护，但又对律师或诊所学员缺乏信任感的复杂情绪，很容易让当事人在陈述事实的过程中，或者与律师或诊所学员沟通的时候失控。律师或诊所学员如果没有对可能发生的状况有所预判，不能对当事人情绪失控的情势适时调整，不仅会直接影响此次接待（会见）工作的顺利展开，还会进一步加深当事人对律师或诊所学员的不信任，进而强化其对社会、对法律公平正义追求的挫折感，甚至产生自己已经被社会抛弃的错觉，为当事人的矛盾解决打上"死结"。因此，一个成功的律师或诊所学员一定要有同理性，具有与当事人共情的能力。

法律纠纷发生后，当事人基于自我保护的意识，往往会片面强调自己的权益受到侵害和必须受到保护，因此，当事人在陈述的过程中主观性往往比较强，一般都会放大自己在法律关系中的善意和积极方面，而抱怨对方缺乏诚意，不通情达理。在这种情况下，律师或诊所学员应当站在当事人的立场上去理解和包容，耐心倾听当事人对事实的陈述及对相对人的抱怨，尽量不要直截了当地指出当事人的不当之处，尤其是对一些比较偏执的当事人。如果律师或诊所学员感觉当事人可能发生完全偏离客观事实的状况，应适时地通过"附和"、引导，提醒当事人尽量客观地陈述案件事实。律师或诊所学员切忌居高临下地进行责备，甚至指责当事人的诚实度。

示例

当事人："……"
律师："嗯，我相信您说的。您说的这些事情，我们最好有证据支持。……"
当事人："……"
律师："嗯，我理解您的感受。您看我们是不是还是回到案件事实上来呢？……"

当法律纠纷长期没有得到解决，当事人都会产生比较强烈的焦虑情绪，加上对案件处理结果不确定性的担忧，以及对取得利己结果的强烈期待，在陈述案件事实过程中往往比较激动。面对这样的当事人，如果律师或诊所学员不能适时地让当事人调整、恢复正常和稳定的情绪，当事人就可能难以客观、全面地陈述案件事实，使此次接待（会见）工作成效大打折扣。甚至可能因为律师或诊所学员一个让其感觉不"舒服"的言语表示或神态，就会形成"话不投机半句多"的尴尬局面，让正在进行中的接待（会见）工作陷入僵局。因此，律师或诊所学员在倾听当事人陈述的过程中，一定要能够"将心比心"，与当事人感同身受。此时，律师或诊所学员虽然也可以随着当事人的情绪适当起伏，但绝对不能让当事人的情绪任意发展，甚至让当事人的情绪爆发。而是要通过律师或诊所学员的情绪波动，加上言语、神态的安抚，使当事人克服"单兵作战"的孤独感，平复当事人的焦虑感，恢复平和安静的情绪，陈述案件的事实。在此过程中，律师或诊所学员可以多采取眼神交流、点头等肢体方式，让当事人感觉自己并不"孤单"，同时适时使用一些安抚和带有激励性的语言，激发其对追求圆满结果的热情。

示例

当事人："……"
律师：（点头）"嗯！"
当事人："……"
律师：（眼神交流）"……您不要急，慢慢讲。"
当事人："……"
律师："您慢慢讲，我们一起来想办法解决这个问题。"

当事人："……"
律师："我们一定会为您努力争取最好结果的。"

此外，自我保护是人的本能，遭遇法律困境的当事人更是如此。当事人来到律师事务所或者法律诊所，确实是希望得到律师或诊所学员的帮助和支持的。但他毕竟"初来乍到"不熟悉这里的人，更谈不上对接待（会见）的律师或诊所学员的充分信任了。他不确定自己是不是应该把"心里的痛"告诉陌生的律师或诊所学员，也不能肯定面前的律师或诊所学员能不能为自己解决眼前的法律问题。因此，当事人在陈述案件事实的过程中，往往会在谈到一些比较私密的事情时戛然而止，说到一些敏感的问题时欲言又止，讲到一些对自己不利的事实时吞吞吐吐，甚至为了"家丑不可外扬"或追求利己的结果隐瞒甚至编造一些事实。面对这样的当事人，律师或诊所学员切不可因此妄断当事人不诚实或者不愿意配合自己的工作，而是应该通过言语举动，尽量地去拉近与当事人的心理距离，让他相信你是"自己人"，信任你能够与他"并肩战斗"去争取最好的解决结果。否则，就很容易在当事人心中产生误解，甚至因此而使正在进行中的接待（会见）工作破局。

示例

当事人："……"
律师："请您不要担心我会把您说的事外传，我是执业律师（或诊所学员），有职业操守和执业纪律的。……"
当事人："……"
律师："嗯，您刚刚说的这一节事实很重要，法院如果能够采信对我们很有利。但是，法院认定事实需要有证据证明的。您有或者知道什么地方有相关的证据吗？"
当事人："……"
律师："嗯，您还有没有需要补充的陈述。打官司也需要有备无患，因此，我们尤其需要对您不利的方面做好充分的应对准备，否则就会在打官司中被动。……"
当事人："……"
律师："您不要担心，我们一起来想办法解决这些问题。"

总之，面对当事人，律师或诊所学员一定要学会站在当事人的角度去思考问题，将自己代入当事人的处境之中，从而更好地理解当事人的情绪、把握当事人的真实需求。良好的共情能力一方面使得律师能深切理解当事人的情绪，能够与当事人找寻到更多的共同语言，容易获得当事人的信任；另一方面，换位思考往往能够使得思考者充分考虑当事人的处境和诉求，作出更能让当事人接受的决策。因此，律师或诊所学员在倾听当事人陈述的过程中，一定要站在当事人的立场，耐心倾听当事人陈述，整理出案件的脉络，并记下重点；倾听时不要心存偏见，只听自己想听的或者以自己的价值观判断当事人的想法；对当事人的陈述不要轻易怀疑其诚实性，不要表现出不应有的防卫的态度。律师或诊所学员可以先倾听当事人陈述，查看当事人提供的材料，切忌尚未听清就回答，这样可以给人耐心沉稳的印象，也不至于导致贸然回答后的被动。

（三）适时附和、技巧性打断

倾听也不是一味地听当事人讲而绝不打断，有时在当事人陈述的过程中适时地以"嗯""是的""对的"等方式进行附和，可能更有利于让当事人产生对律师或诊所学员的信任，营造一种更加宽松和谐的谈话气氛，使当事人更能充分地陈述案件的事实。

另外，在当事人稍作停顿的时候，律师通过适当发问，可以避免当事人"开无轨电车"，把当事人的陈述尽快引导到对案件事实的表述上来。例如，当律师或诊所学员面对一个思路混乱的当事人时，光倾听和附和是不够的，因为有可能当事人几个小时都没能把自己的重点说出来，只是说一些他自己认为很重要但律师却认为无关的事项。在离婚纠纷中当事人往往会绘声绘色地描述婚前漫长的恋爱经历，以及自己在婚姻中付出的心血等，很难很快表述出案件的重要事实。此时如果任由当事人自行发挥，接待（会见）过程将会非常低效。在这种情况下，律师就应该掌握谈话的主动权，采用认可、温和打断进而发问的方式去及时中断当事人的"长篇大论"，以便迅速地厘清案件基本事实。

除发生上述当事人"开无轨电车"的无益陈述时可以适时打断外，如果发现当事人进行隐瞒事实或编造虚假事实的有害陈述时，律师或诊所学员必须采取合适的方式打断当事人的这种陈述。因为隐瞒事实或者编造虚假事实不仅对于解决法律纠纷是一种无效的陈述（对证明案件事实没有任何作用），而且还会误导律师或诊所学员形成错误的决策，最终直接损害当事人自己的利益。

示例

一名当事人持一张借条委托律师进行诉讼，要求借款人还款，借条载明的借款为30000元，利息为每月2%，并由保证人作担保。当律师询问当事人借款人借款用途时,当事人神情稍有慌乱,随后支支吾吾地将该话题搪塞过去。之后律师告知其借款用途如果非法,可能会导致借款行为无效,当事人这才全盘托出,该出借款项系借款人用于赌博等事实,律师因此改变处理策略,争取将本案通过诉讼外的方式解决。如果律师未发现借款用途存在问题,当事人很可能在诉讼时被法官认定为隐瞒债务性质、虚假陈述,从而滋生更严重的后果。

那么,律师或诊所学员要如何识别当事人是否存在隐瞒事实或是编造的行为呢?一方面,需要律师或诊所学员具备较为丰富的专业经验,知晓各类型案件可能存在的风险点,以及当事人规避这种风险可能采取的掩饰的举措;另一方面,需要律师或诊所学员细心观察当事人的言行举止,并根据常理判断其陈述的事实是否具有真实性、前后是否相一致。

当然,律师或诊所学员从当事人陈述案情过程中出现的自相矛盾,进而判断出当事人存在隐瞒、编造行为时也不宜直接点破,使得当事人处于难堪的境地,更不应站在当事人的对立面进行指责,而应当适时地中断当事人陈述,并引导当事人如实地陈述案件的事实。因为当事人期待利己处理结果的心情是可以理解的,当事人的谎言只要不影响对案件事实的准确判断,律师或诊所学员可以暂时将其搁置一边,并可以通过提示法律风险,使其意识到隐瞒事实,编造虚假事实的法律后果。

(四)注重通过眼神等非语言方式与当事人交流

如前所述,在倾听当事人陈述,与当事人交流过程中,一种神态、一个眼神或者一次很平常的点头,都能够在拉近与当事人之间的心理距离,增强当事人对律师或诊所学员的信任感方面起到意想不到的效果。例如,一个记录的动作,能让当事人产生被重视的感觉;抬头给一个关注的眼神,能让当事人体会到被人关心的温暖;而一个会意的点头,会让当事人感受到彼此间的共鸣。这些感受对于拉近彼此的心理距离,增强彼此信任感是十分重要的。总而言之,律师或诊所学员在倾听当事人陈述的过程中,一定不能让当事人感觉是自说自话的独角戏表演者,必须要通过神态、眼神或其他非语言的肢体交流方式(尤其是眼神),与当事人始终保持着联系。

美国辩护大师贝利在《舌战手册》一书中对眼神的使用作出了生动的描述:"用眼睛观察别人,我们可以知道他是什么样的人,可以了解他的内心世界。观察别人的眼睛,可以看出他真正的意图和想法。一个人极力想隐藏起来的感情,眼睛会一丝不漏地流露出来。"

可见，眼睛是心灵的窗户，律师要善于利用这扇"窗户"与当事人建立联系，学会用眼神与当事人交流。当事人随时都能注意到律师何时转移视线，何时又开始眼神交流，从而判断律师是否思想坚定、是否真诚可靠、是否心不在焉。律师亦可以运用眼神去表达同情、鼓励、疑问、赞同、否认等意思。例如，当事人在诉说他的悲惨遭遇时，因为常年遭受恐吓，导致他思前顾后，唯唯诺诺，想说又不敢言，此时，律师只要目光温和、坚定地看着他，微微点一点头，他就会感受到鼓舞，从而建立信心和勇气，把他的遭遇倾诉出来。"因此，一般来说，眼神交流是最为重要的非语言信号，律师必须掌握好怎样与别人进行眼神交流，掌握好眼神交流的时间、时机，弄明白为什么要进行眼神交流。"[1]

三、询问的技能演示

在倾听当事人的陈述之后，律师或诊所学员需要挖掘更深入更有效的案件信息，这考验律师或诊所学员的沟通、询问方面的基本功。询问的技巧是律师与当事人沟通必须掌握的技巧之一，从某种程度上说，询问方法和策略的掌握以及熟练程度决定了本次接待（会见）当事人工作最终达成的效果，甚至进一步会影响案件的后续进展。

（一）应当确认原始事实与信息来源

如何提出有针对性的问题，进而挖掘出本案所需要的信息，我们可以参照上文"接待（会见）当事人的准备工作"部分，对案件的基本情况、主体信息、案件案由、主要事实（包括案件的发生时间、发生地点等重要的情节）等相关内容进行简单的询问，以便对于整个案件有一个概括性的认识。

在向当事人询问基础事实的准确性以及获取该项信息的来源时，律师或诊所学员应尽量避免直接向当事人核对结论的正确性，而应该将问题直指事实本身，防止客户通过自己片面的逻辑得出错误的结论，并将这种错误结果传导给律师。

> **示例**
>
> 当询问交通肇事当事人驾驶的汽车是否超速时，律师不应当直接问超速与否，而是应该询问汽车具体的行驶速度，并向当事人询问该速度信息的来源，因为当事人自己感知的汽车速度是无法构成有效证据的，而只有交警部门出具的事故责任认定书上记载的数据才能够作为有效证据被法院认可。

---

[1] 〔美〕F.李·贝利：《舌战手册》，林正、于志怡译，中国商业出版社2011年版，第52—55页。

(二) 注意细节的询问

年轻律师或诊所学员通常会陷入一个误区,即只关注案件存在争议部分的事实,而忽略了对其他事实、对案件整体性的把握,殊不知只关注案件局部往往会忽略案件其他事实部分隐藏的有效信息。

示例

在一次接待过程中,当事人咨询继承析产问题,被继承人为当事人的母亲,被继承人此前已立下书面遗嘱。当事人在本次咨询过程中展现出对被继承人订立遗嘱形式有效性的高度关注,过多地描述被继承人订立遗嘱的场景、见证人数量等细节,律师一度受当事人影响侧重关注遗嘱形式的有效性。但是,在后续沟通过程中,律师注意到被继承人已身患重疾,因此立刻想到被继承人订立遗嘱时的精神状态,是否为完全民事行为能力人。律师急忙问询,这才发现遗嘱订立时被继承人已处于住院状态,因此关于本案所涉遗嘱,不仅需要关注其形式有效性,还需要关注立遗嘱人的行为能力。

(三) 根据不同的问题灵活运用询问的方式

在倾听的过程中或倾听当事人陈述后,律师或诊所学员为确认案件事实,或深入挖掘当事人的案件(事实和证据)信息,就要把自己想进一步了解的信息向当事人进行询问,因为当事人所讲述的内容往往会忽略或漏掉律师或诊所学员认为重要的事实,同时询问的过程也是律师或诊所学员思路的整理过程。

询问应当根据不同的需求,采用灵活多样的提问方式:

1. 为从当事人处充分挖掘与案件相关的信息,多可采用开放式的询问方式

当事人经历了案件的过程,对案件了解的程度最深,而且掌握着与案件联系最密切的证据资料及其他案件信息,因此,通过接待(会见)当事人,充分了解案件事实并获取证据及证据来源信息,是律师或诊所学员开展此项工作的主要也是最直接的目的。为实现这一目的,采用开放式询问方式是最为有效的。

之所以说是开放式询问,是因为这种询问方式只对当事人提出一个比较概括、广泛、范围较大的问题,对当事人回答的内容不作严格的限制,给当事人以充分自由发挥的余地。当事人可以说自己经历过的、自己看到或者听到的,甚至可以说自己曾经有过的想法或自己体验过的感受等。这样就可以让当事人说出更多与案件有关的人和事,律师或诊所学员也可以从中发现更多与案件有

关的情况和信息。

开放式问题常常运用包括"什么""哪些""怎么""为什么"等词在内的语句发问。让当事人对有关的问题、事件给予较为详细的反应，而不是仅仅以"是"或"不是"等几个简单的词来回答。

律师或诊所学员在接待（会见）当事人初期，应该给当事人一个比较宽松的谈话环境和气氛，让当事人能放松情绪，尽量全面地陈述案件事实，此时宜采用开放式的询问方式。

示例

律师："陈先生，您好！我有什么可以帮助您的？"
当事人："……"
律师："好的。请您谈谈情况吧。"（或："请您把事情的经过说一说吧。"）
当事人："……"

还有，对当事人陈述的某些事实需要进一步说明或解释的场合，也可以采用开放式询问。

示例

律师："陈先生，您提出离婚，对财产处理有哪些具体请求呢？"
当事人："……"
律师："您说您的爱人有外遇，有哪些证据可以证明吗？"
当事人："……"

此外，在需要探索某些事实的原因，或当事人真实意图（想法）时，通常也可以用开放式询问。

示例

律师："陈先生，您为什么说您的爱人对婚姻不忠诚呢？"
当事人："……"
律师："您听了您爱人对微信上信息的解释后是怎么想的呢？"
当事人："……"

在接待（会见）当事人中，开放式询问通常是最先被运用，也是运用最广泛的询问方式。

2. 为引导当事人传递更多有利于己方的案件信息，可采用诱导（偏向）式的询问方式

在接待（会见）当事人过程中，由于法律认知及表达和思维能力的局限，当事人对案件事实进行滔滔不绝的陈述，只能提供一些缺乏逻辑联系、没有主次分别的碎片化信息。要形成案件的事实必须经过律师或诊所学员的组织、整理，使缺乏逻辑联系的案件事实和证据材料有机地连接起来，让案件事实重点突出，主次分明地展现出来。如果要使这些经过组织、整理的案件事实成为当事人陈述的内容，就可以通过向当事人提出诱导性问题来实现。

所谓诱导性询问，是指询问者为了获得某一回答而在所提问题中添加有暗示被询问者如何回答的内容，或者将需要被询问人作证的有争议的事实假定为业已存在的事实加以提问而进行的提问。① 包括重复性提问、强制性提问和确认性提问等几种常见方式。诱导性询问一般在问题中含有答案，被询问者只需回答"是"或者"不是"以及"对"或者"不对"等，或者被询问者选择回答问题本身就意味着对某个暗含假定事实的承认。

示例

当事人："……"

律师："我刚刚已经认真倾听了您对案件事实的完整陈述，为了明确一些案件的重要事实和问题，想问您几个问题。"

当事人："好的，请律师问吧。"

律师："您于2016年2月20日和上海××置业有限公司签订了《上海市商品房预售合同》，约定向上海××置业有限公司购买上海市浦东新区灵山路××弄××金融中心1号1911房屋。对不对？"

当事人："对的。"

律师："约定的房价款共计人民币3296964元，是不是？"

当事人："是的。"

律师："约定的房屋交付时间为2017年5月31日前，是吗？"

当事人："是的。"

律师："您已经依约向上海××置业有限公司支付全部房款，对吧？"

---

① 张建伟：《关于刑事庭审中诱导性询问和证据证明力问题的一点思考》，载《法学》1999年第11期。

当事人："对的。"

律师："付款的时间和金额分别是2016年2月23日支付了首付款1656964元，2017年7月3日支付了尾款1640000元。是吗？"

当事人："是的。"

律师："2016年2月23日，您已经向被申请人递交了办理网签及房屋过户手续的相关材料。是吗？"

当事人："是的。"

律师："2017年5月，上海××置业有限公司已经将房屋交付给您了，对吗？"

当事人："对的。"

律师："当时政府对您购买的房子是没有交易限制的，是吗？"

当事人："是的。"

律师："导致您迟迟无法办理产权证及过户手续的原因，就是上海××置业有限公司没有及时为您办理网签及过户手续，是不是？"

当事人："是的。"

通过这样的询问，当事人与上海××置业有限公司之间房屋买卖合同纠纷所涉及的案件事实就完整而清晰地展现出来了。

3. 为确认某项事实或者甄别真相，可采用封闭式的询问方式

封闭式询问，是指提问者提出的问题带有预设的答案，回答者的回答不需要展开，从而使提问者可以明确某些问题。它通常可用来澄清某项具体事实，获取案件重点信息，缩小讨论范围。由于封闭式询问比较具有对抗和强制性，容易使当事人陷入被动的回答之中，或者给当事人一种被逼供的压迫感，因此，在接待（会见）当事人过程中只能作为开放式询问、诱导式询问的一种补充形式来使用。一般是在需要对某一项具体的事实进行确认或强调时，才会使用封闭式询问。

封闭式询问与诱导式询问中的问题要找的都是一个明确答案，当事人通常只要在"是"或者"不是"、"好"或者"不好"、"同意"或者"不同意"等两个或多个选项中选择一个答案。因此，封闭式询问与诱导式询问经常被混同。

示例

当事人："……"

律师："我刚刚已经认真倾听了您对案件事实的完整陈述，为了明确一些

案件的重要事实和问题,想问您几个问题。"

当事人:"好的,请律师问吧。"

律师:"您借给杨先生的50000元,是通过现金支付给他的,是吗?"

当事人:"是的。"

律师:"您给钱的时候,现场确实没有人看到,对吗?"

当事人:"对的。"

律师:"这50000元现金也不是当天从银行提现的,对不对?"

当事人:"对的。"

当然,律师或诊所学员在接待(会见)当事人过程中应该使用何种询问方式是很难一一描述的,需要询问者根据询问的目的和要求,并结合具体的时空环境和当事人的具体情况灵活使用。因为,律师或诊所学员接待(会见)的是己方当事人,而且是以在保证当事人能够完全自由陈述的基础上,充分挖掘有利于发现案件真实的有效信息为直接目标和主要目的。因此,通常情况下,在接待(会见)当事人过程中,应更多地使用开放式询问方式。只有在已经与当事人真正确立了信任关系,且对厘清案件事实、甄别案件真相确有必要的情况下,选择使用封闭式、诱导式或其他有效的询问方式。

(四)预留思考时间

如前所述,当事人的初步陈述往往是杂乱、欠缺逻辑的,律师或诊所学员对陈述传递出的信息也需要经历一个加工、处理的过程,为了使律师或诊所学员有充分思考的时间,有必要在当事人陈述之后设定一个空白的时间段。倘若律师或诊所学员一直紧跟当事人思路,就难以独立思考并对案件事实作出评判,也无法确定自己的思路。所以,律师或诊所学员需要注意引导当事人迅速、简洁地在最短的时间内将案件所涉法律关系表达出来,如在谈话刚开始时就明确说明:"为了使我能够尽快全面地了解案情,我们之间需要做一定的配合,请尽可能在20分钟以内,告诉我什么时间、什么地点、哪些人之间发生了什么事情,希望律师解决什么问题,之后我们可以就双方存在的基本分歧尽快达成一致。"经过律师或诊所学员这样的引导,当事人大概率就不会按照普通人从事情发生、发展到结果的思维顺序陈述,而是以结果导向的思维先表露诉求,律师或诊所学员也可以在最短的时间内了解当事人的"痛点"和"难点"。如此一来,在与当事人交谈的过程中,律师或诊所学员就有充分的时间一边倾听,一边检索与当事人所陈述事实相关的法律关系的构成要件、所需证据、相关法规、可能遇到的困难,以及接受委托后的客户方面需要配合完成的工作。这样,在当事人陈述完成后,律师就可以很快地告知当事人初步的解决方案。这样不仅可以提高工作效率,而且也能给当事人一个干练、专业的律师职业形象。

在实践中,有些律师并不注意上面的问题,而往往是放任当事人讲很多与案件无关的、没有任何法律价值的话,结果讲半天还讲不到关键问题,然后就反复地问。殊不知在这种反反复复的问答中,当事人进门时那种对律师肃然起敬的感觉就在一点一点地消耗着,最后直接影响接待(会见)当事人工作预定目标的实现。

四、答疑的技能演示

解答当事人提出的事实和法律问题,是接待(会见)当事人工作最重要的步骤和阶段。经过当事人对案件的完整陈述和律师或诊所学员的引导、发问,案件有关的材料和事实应该已经基本厘清。此时,律师或诊所学员应冷静地对案件的整体进行分析,找出问题焦点并对处理后果形成一系列的想法,同时,在做通盘缜密的思考后,给当事人一个比较成熟的法律意见。当然,对案情复杂疑难的也应当指出问题所在,说明要进一步查明事实,收集证据,或者不露声色地另行查阅法律资料。

律师解答当事人咨询是律师的一项主要业务。在获取以及简要分析当事人提供的信息后准确地回答当事人提出的一系列问题,这要求律师具有较为扎实的理论和实务基础,以及良好的心理素质和丰富的社会经验,同时还要求律师对当事人富于同情心并能与当事人共情,以平等的态度待人,自信且负责任地回答问题。

律师或诊所学员解答当事人的法律问题应当注意:

(一)依法、准确、谨慎解答

解答咨询,首先要求必须依法解答,律师或诊所学员在听取当事人的叙述,通过提问,进一步了解事实后,依据自己掌握的法律知识,准确地回答当事人的咨询。"以事实为依据,以法律为准绳"是我国司法工作中的一项最基本的原则。律师或诊所学员解答法律咨询不是司法工作,但因其本质上属于法律事务,因而也应贯彻这一原则。这一原则要求律师或诊所学员把解答咨询建立在事实的基础上,忠于事实真相,然后正确运用有关的法律规定,给他人以合理有据的答复。

一般情况下,解答咨询不需另行调查事实真相。因此,律师或诊所学员在回答问题时应首先提醒当事人实事求是,不歪曲事实真相,或隐瞒、捏造事实。在引导当事人签订承诺书以及风险告知书后,律师或诊所学员理论上只需对当事人提供的事实负责，这是由法律咨询业务的性质所决定的。

律师或诊所学员在认真研究、分析咨询者所提供的事实及所提出的问题后，就应当准确应用有关法律、法规，作出合法的解释。对于确实比较复杂，一时无法把握解答的，一定要向对方说明，经过研究后再作答复，切莫乱用法律，误导他人。

准确解答咨询是第二项原则。只有准确解答才能体现律师或诊所学员的业务水平，只有准确解答，才能对当事人提供切实的帮助，才能引导当事人依法采取行动，维护自身的合法权益。

律师或诊所学员在解答中，使用语言需要准确严密，不能含糊不清，力求做到有的放矢、重点突出、观点明确、通俗易懂。汉语是非常复杂的，尤其是涉及数量和时间字眼的时候，建议尽量避免使用含糊不清的词语，比如"估计、大概、可能"，又如"根据法律规定"等，如果可以，尽量说成"根据《××法》××条规定"，准确表述更有说服力。

谨慎解答则是第三项原则，当事人本是抱着不同的动机、目的、希望而来的，但多数当事人都是以咨询的结果、律师的解答去指导自己的行动的。由于咨询只能听取一个方面的情况和意见，不可能听到或调查另一方的情况和意见，不能做到兼听则明，所以在解答咨询时一定要谨慎，解答的语言要确定，不要使用不准确的语言，但也不要使用毋庸置疑的语气，要掌握分寸，留有余地，不说过头话。[①] 在弄清咨询者所提问题的事实原委和来龙去脉以后，要对问题的定性和处理作出一定的综合性分析，然后再进行具体分析，从而谨慎且有针对性地提出法律意见和解决方案。对于疑难复杂、涉及面广及把握不准的问题，不要急于作出绝对性的肯定或否定答复，而应当从咨询者所陈述的事实中理出头绪，找出实质性和关键性的问题，然后依法作出评判。必要时，要集体研究讨论，以确保所给出的解答准确无误、切实可行。

（二）答疑方式要简单易懂

当事人追求的不是用法言法语描述的最终结果，而是解决纠纷的思路和方法。接待（会见）时律师或诊所学员面对的是当事人，是迫切希望问题得到解决的人，所以，律师或诊所学员引用法律条款以及使用法律语言要适度，更多的是将案子的实际操作以及可能产生的效果和代价告知当事人。实践中，有些律师答疑时忽略了自己所面对的听众的身份，对当事人的认知水平和法律理解能力没有把握好，答疑变成了大量法律名词和复杂的逻辑关系的堆砌，当事人很难在短时间内掌握其表达的意思。所以，律师或诊所学员在答疑阶段的语

---

① 俞静尧编著：《律师实用心理》，法律出版社1999年版，第18—20页。

言应当尽可能地"接地气",多使用当事人熟悉的事情来进行类比,将晦涩的法理和法条化作通俗易懂的大白话。如此才能确保沟通的有效性。

(三)慎重承诺,有所保留

当事人聘请律师代理民事诉讼案件,都是为了争取有利于自己的诉讼结果,使自己的权益得到保护,因此,在接待(会见)当事人阶段,当事人往往会询问案件的结果甚至要求律师作出保底承诺。对此,律师或诊所学员务必要审慎对待。面对这样的问题,律师或诊所学员回答时应把握好两个方面:一方面,明确告知当事人,通过接待(会见)了解案情后所作的判断仅仅是初步判断,并不代表最终就按这个思路进行处理;另一方面,明确在实务中个案的最终结果往往会受到多方因素的制约,如证据因素、法官的个人认知因素、社会影响因素等。但是,这并不代表案件的发展完全无迹可寻,在事实清楚、证据充分的情况下,律师可以将理性的分析代替承诺,或者有条件地对当事人承诺,如告知当事人,案件如果具备怎样的条件将会产生怎样的后果,或是从法律角度分析,这个案子可能产生的结局。

慎重承诺、谨慎许诺是为了让律师有路可退,确保案子无论结果如何,当事人不会将责任转嫁到律师身上,不会责怪律师未践守诺言。同时,也是对当事人负责任的态度。如果律师或诊所学员真正能与当事人共情,而且你的努力工作确实已经让当事人产生了并肩战斗的力量,当事人还是能够理解律师或诊所学员对承诺的谨慎态度的。正如前文所述,案件的成败并不是取决于诉讼的胜诉还是败诉,而是是否满足当事人的需求。即使当事人诉求未被支持,但当事人需求得到了满足,那么该案件仍然是成功的。

此外,律师不是教师,不以传授知识为业,所以在解答当事人咨询时,一方面要展示自己,另一方面要点到为止。对于尚未建立委托代理关系的当事人,答疑过程中需要对某些问题的处理方式做一定的保留,把握好一定的尺度,不用将案件办理的详细流程、思路、适用法律、结果预判等讲得非常详细,或者将案件的处置方案形容得十分简单。对于当事人所涉案件的核心问题的答复有所保留、点到为止,随着案件进程的推进再将答案慢慢托出,这不是对当事人的隐瞒,而是对自身实力的保留,从长远来看,有利于与当事人之间建立持续性的合作关系。

五、记录的技能演示

(一)接待(会见)当事人笔录

制作接待(会见)当事人笔录对及时固定当事人陈述内容的意义上文已经有所提及。首先,接待(会见)过程中制作记录性文件会让当事人觉得自己的陈述得到了足够的重视，有助于当事人对律师或诊所学员信任关系的建立。其次，接待（会见）笔录的制作有利于律师或诊所学员在接待（会见）之后梳理辨别当事人提供的有效信息，并形成案件的处理思路。

接待（会见）笔录在起草的过程中要力求简洁、清晰，接待（会见）笔录的阅读者不仅是同团队的其他成员，也可能是接替律师处理该案件的其他律师，因此其语言的简练以及清晰程度显得尤为重要。在实务中，现阶段的接待（会见）笔录通常以电子文件的方式记录，避免了文字不清晰所产生的阅读障碍问题，同时也方便团队各成员之间的复制和修改。

附：《接待当事人谈话笔录》范本

接待当事人谈话笔录

时间：____年__月__日__时__分至__时__分
地点：_____
当事人/委托人：姓名_____ 性别__ 民族__
出生日期：_____ 籍贯：_____
工作单位：_____ 职业：_____
联系地址：_____
联系方式：_____
案由/事项：_____
接待人/律师：_____
记录人：_____

感谢你（你单位）对我们所及我本人的信任，使我有机会为你（你单位）提供法律服务。在此，我向你（你单位）郑重承诺：

1. 我将严格按照授权范围履行我的职责，尽最大的努力维护当事人的合法权益；

2. 在办理委托法律事务时认真负责、诚实守信，不做有损当事人合法权益的事。

作为委托人，你（你单位）还享有下列权利：

1. 知悉律师收费标准；

2. 查验律师事务所《执业机构许可证》《收费许可证》及承办律师的《律师执业证》；

3. 了解律师对委托事项的主要办案思路；

4. 交纳律师服务费时，有权索取发票；

5. 有权向承办律师了解诉讼（仲裁）风险。

以上向你（你单位）承诺的事项及你们的权利你是否清楚了？

当事人/委托人：_____

接待人/律师：下面请你将委托事项的具体情况及要求详细谈一下。

当事人/委托人：_____

接待人/律师：根据你所反映的情况，我们可以为你提供法律服务，正式接受委托之前，我们要向你告知如下法律服务风险和要求：

1. 法律服务系有偿服务，由本所统一收费、收案；
2. 律师只能依法维护你的合法权益，不能为你弄虚作假，提供伪证；
3. 律师只能依法提供法律服务，不负责向办案人员请客送礼和行贿；
4. 律师不承担办案风险，律师不能承诺办案结果；
5. 你本人应当积极举证，需要律师为你调查取证的，应当全力配合；
6. 如果你委托的事项违法、利用律师提供的服务从事违法活动或者你隐瞒事实，律师有权拒绝辩护或代理。

当事人/委托人：_____

以上记录内容与谈话内容一致，属实。

律师事务所申明：

当事人/委托人必须对介绍的情况和提供的证据的真实性承担责任。如因当事人/委托人故意隐瞒事实或提供虚假证据所导致的不利后果由当事人/委托人承担责任。本所视具体情况可解除委托代理关系，并不退还所收费用。

当事人/委托人：上述内容已全部看过，并能全部正确理解其含义。同时，接待人/律师已将本委托事项可能涉及的法律风险告知了我（我单位）。特此签字确认_____

当事人/委托人签名或盖章：　　　接待人/律师签名或盖章：
日期：　　　　　　　　　　　　日期：

由于会见在押的犯罪嫌疑人或被告人必须是有律师执业证的律师在羁押场所进行，诊所学员无法进行该项训练，因此，本教材对被羁押当事人的会见笔录不作介绍（未被羁押的刑事当事人会见笔录，可以参照上述《接待当事人谈话笔录》使用）。

（二）备忘录

备忘录通常配合接待（会见）当事人笔录使用，主要起到突出重点、记录问题的作用，具体是指律师或诊所学员在聆听当事人陈述以及问询当事人的过程中，对案件的重要信息、主要线索等关键内容，以及无法当场作出解答、有待事后共同探讨或查询的事项进行及时记录后形成的文件。备忘录的制作有利于律师或诊所学员将思考结果和疑问有条理地记录下来，同时避免接待（会见）当事人被各个问题频频打断，为接待（会见）当事人后的信息整理和相关问题的查询提供了可以参考的文本。

第四节　接待（会见）当事人的技能训练

一、接待（会见）当事人技能情景训练之一

【案情资料】　赵某系某电器维修公司的维修工程师，业务能力强，在公司是首屈一指的技术能手，但脾气暴躁，比较容易和人发生冲突。2019年1月，该公司为了加强对客户服务质量的管理，提高自身品牌和声誉价值，专门制定了客户投诉处理办法。该办法第5条规定："公司维修服务人员如在一个月内受到客户投诉两次或一年内累计被投诉十次的，给予开除处分。"该办法于2019年2月1日由公司领导签发，2月3日在公司召开的部门主管会议上，向各部门主管宣布该办法正式实施。2019年3月，赵某由于坏脾气不改，服务态度粗鲁，被客户连续投诉五次。在调查核实后，公司当即依照上述办法规定，作出了开除赵某的决定，并书面通知赵某本人。但赵某不服，坚称自己没有看到过这个办法，认为公司按照这个规定作出对其开除的决定是违法的。

【要求】
1. 由两位学生作为律师模拟接待（会见）当事人场景；
2. 其他同学观摩并点评；
3. 教师总结、点评。

【提示】
1. 律师的仪态和接待礼仪是否标准？
2. 律师接待（会见）当事人的过程是否规范？
3. 律师是否具备临场应变和处理能力？
4. 律师对当事人咨询问题的应答是否符合法律的规定？

二、接待（会见）当事人技能情景训练之二

【案情资料】　王先生和周女士系夫妻，双方住所地均为上海，二人于2020年1月登记结婚，婚后双方工资均由王先生保管。婚姻期间，二人通过王先生的银行卡全款购买了位于上海市内环内的房产一处，登记于王先生一人名下。2020年9月，王先生看中因疫情而日渐火爆的医疗板块，决定投资相

关股票，故其作为卖方与第三人崔老板订立出卖该房屋的合同，但双方一直未办理过户手续。2020年年底，股票市场红利消失，投资收益不再显著，但上海的房地产市场行情大涨，于是王先生以其妻子周女士不同意出卖为由拒绝向崔老板办理过户手续，遂发生纠纷。崔老板前来律所咨询，请你在听过问询和交谈后给出处理的建议。

【要求】
1. 由两位学生作为律师模拟接待（会见）当事人场景；
2. 其他同学观摩并点评；
3. 教师总结、点评。

【提示】
1. 律师的仪态和接待礼仪是否标准？
2. 律师接待（会见）当事人的过程是否规范？
3. 律师的询问方式是否符合规范？
4. 律师对当事人咨询问题的应答是否符合法律的规定？

第四章 法律咨询的理论与技巧[①]

第一节 法律咨询概述

一、法律咨询的概念

(一) 法律咨询的定义

在中国古代"咨"和"询"原是两个词,"咨"是商量,"询"是询问,后来逐渐形成一个复合词,具有以供询问、谋划、商量、磋商等意思。在现代汉语中,"咨询"一词有征求意见的含义。[②] 作为一种智力密集型的知识服务性产业,咨询的现代意义是指来自个体和组织外部的专业化技能,它以专门的知识、信息、经验为资源,针对不同的用户需求,提供解决某一问题的方案或建议。[③] 法律咨询也是日常生活咨询服务中常见的一种。

法律咨询是指单位以及公民提出的有关法律事务的询问,被询机关及工作人员作出解释、说明,以及提供法律方面的意见、建议的法律服务等活动。

法律咨询是律师的一项重要法律事务。律师法律咨询有广义和狭义两种理解。广义的律师法律咨询是指整个律师行业的法律咨询业务,不限于合同内外、公益或有偿、正式或非正式、口头或书面,就有关法律事务问题作出解释、说明、提出建议和解决方案的活动。狭义的律师法律咨询(律师传统意义上的法律咨询业务),是指签订委托合同之外的咨询业务,即律师对国家机关、企业事业单位、社会团体以及公民个人提出的有关法律事务的询问,作出解释或主动说明,或提供法律方面的解决意见或建议的一种业务活动。[④] 它一般是口头的和非正式的。

[①] 本章的"法律咨询"是一种比较纯粹的咨询活动,与第三章"接待(会见)当事人"中以与当事人建立委托关系为追求目标的咨询有一定的区别。
[②] 资料来源:https://cd.hwxnet.com/view/eagnkomefhfnckif.html,2021年1月5日访问。
[③] 寻会云主编:《法律咨询》,中国政法大学出版社2015年版,第3页。
[④] 《法律咨询和法律顾问业务》,http://wxjclaw.com/News.asp?id=80,2021年1月5日访问。

在法律诊所中，法律咨询是指诊所学员在现场指导老师的指导下，直接对当事人提出的有关法律事务的询问，作出解释或主动说明，或提供法律方面的解决意见或建议的一种业务活动。

(二) 法律咨询的特征

1. 解答咨询的意见和建议不具有法律约束力

法律咨询一般都是律师或诊所学员根据咨询者的陈述以及咨询者所携带的相关材料经过综合、分析后给咨询者提出一定的意见和建议，都是口头上的。律师或诊所学员受委托就专门性问题进行法律论证一般要形成书面的论证意见。但不论是口头的解答还是书面的解答，律师或诊所学员的咨询意见仅是咨询者用来解决自己所遇到的问题的参考意见，不具有法律约束力。

2. 提供法律咨询服务的内容具有广泛性

随着我国法律体系的不断健全和完善，法律已经渗透到我们生活的方方面面，大到国家的大政方针，小到邻里纠纷、乡规民约都有可能成为法律咨询的内容。因此，法律咨询服务的内容具有广泛性，涉及社会的不同层次、不同方面。

3. 法律咨询服务对象范围广泛

法律咨询服务内容的广泛性决定了法律咨询服务对象的广泛性。[①] 从领导干部到平民百姓，从大型国企到个体工商户，从党政机关到私营企业，从老人到孩子都有可能成为法律咨询服务的对象。

4. 接受咨询主体的特定性

接受法律咨询的人一般都是具有一定工作经验的律师或诊所学员及其他法律工作者。

5. 法律咨询的服务手段不仅靠知识、技能，还凭借丰富的社会阅历和经验

法律是相对稳定的、有教条的，而现实生活却是时时在变化的，是鲜活的。因此，法律滞后于现实生活是必然的，用生硬的法条并不能解决生活中的所有问题。一些问题的解决需要依靠律师或诊所学员对法律规定的深刻领悟与融会贯通，需要依靠律师或诊所学员内心公平正义的理念，需要依靠律师或诊所学员丰富的社会阅历和经验。

---

① 王岳华等：《关于做好基层法律咨询服务工作的几点建议》，载《基层政治工作研究》2014年第6期。

二、法律咨询的意义及作用

(一) 宣传法律

法律咨询的过程是一个以案说法、宣传法律和普及法律常识的过程。与一般的发放宣传册子、单向的法律知识灌输等方式相比,向咨询者提供法律咨询是普法中较为有效的一种方式。通过告诉咨询者什么是合法的、什么是违法的,面对纠纷应该怎样正确处理,怎么做是不正确的,法律依据是什么。① 由于这些问题与咨询者自身遇到的法律问题直接相关,与其利益息息相关,因此会有更加深入和切身的体会,从而可以最直接、最有针对性地起到宣传法律、法规和政策的作用,帮助群众准确、及时地掌握法律的精神和相关法律规则,更好地理解法治精神。

(二) 平抑诉讼

法治社会鼓励民众运用"法律手段"解决问题,但"法律手段"并不仅仅意味着提起诉讼。诉讼只是法律手段的一种,也因为诉讼成本过高,往往是普通民众不得已的选择。大量的法律问题人们通过与对方谈判或协商来解决,而如果能够获得来自专业人士的帮助,他们的谈判或协商或许会更有效地解决纠纷。事实上,一些当事人通过几次循序渐进的法律咨询,完全可以通过自身的能力办好法律事务。② 这对普通民众来说是一个学习和锻炼的过程,通过法律咨询,能有效帮助其增强解决法律问题的能力,从而减少诉讼纠纷。

(三) 沟通群众和有关机关

咨询者接受律师或诊所学员的法律咨询服务并由律师或诊所学员提供必要的指导之后,对于简单的事务能够自行办理或者能够明确地知晓可以向其提出请求的政府机构、社会组织、企业法人等相对方;对于重大复杂的事务,能够清楚地知道寻求法律救济的途径、条件和期限。

(四) 提高自身水平

解答法律咨询,是律师或诊所学员执业的入门课,也是基本功。在律师或诊所学员的业务中,解答法律咨询是一项经常性的工作,不仅考察解答律师或诊所学员对日常事务法律适用问题的范围宽度,而且考察解答律师或诊所学员对某一具体问题法律适用掌握的深度。故此,一次成功的解答,可以全面展现一个律师或诊所学员的业务素质,获得当事人的信任,令当事人感到亲切。

---

① 宋振江:《律师的哲学素养与执业技能》,载《中国律师》2013 年第 7 期。
② 王岳华等:《关于做好基层法律咨询服务工作的几点建议》,载《基层政治工作研究》2014 年第 6 期。

（五）提高公民的法律意识

在提供法律咨询过程中，通过专业的法律工作者的解释法律、解答疑问，能够让公民了解一些相关的法律知识。专业的法律咨询解答能有效地帮助公民解开疙瘩，理顺情绪，也能使其对事情的处理方式、处理结果有一个正确、客观的认识。公民通过法律咨询可以意识到如果是合理合法的诉求，通过法律程序就能得到合理合法的结果，从而增强公民的法律意识。

第二节 法律咨询的步骤与技巧

一、明确法律咨询的目的

在法律咨询实践中，当事人咨询的目标不仅多样，而且咨询的目标也存在变化。有些咨询者能准确表达自己的咨询目的，这种情况下律师或诊所学员极易与咨询者的目标以及欲实现的目的达成一致的认识。反之，如果当事人不能准确地表达自己的目标或者目标多样且存在变化的可能，则律师或诊所学员需要进行识别以确认当事人的咨询目的。在法律咨询过程中，有各种因素影响当事人的咨询目标，要想将目标调整正确，应当注意以下几个方面：（1）注意目标的最有利和利益的最大化；（2）注意目标的可实现性；（3）目标要符合当事人的心愿。同样的案件，不同的当事人有不同的诉求，追求的价值目标也不一样，律师或诊所学员在讲清自己的理由后应尊重当事人的意愿，切勿以自己的意愿代替咨询者的判断。

二、制订法律咨询计划

计划是实现目的的前提，律师或诊所学员在与咨询者沟通前可制订法律咨询计划。除了咨询者的基本概况外，咨询计划还应当包含以下内容：

（一）了解案件事实，综合整理信息资料

咨询者带来的证据、资料都是与所咨询的问题有关的，审阅这些材料可以帮助律师或诊所学员了解整个案件事实，确认询问者的叙述有无根据。

在诉讼事务中，律师或诊所学员可以按时间顺序排列出咨询者带来的各种证据、资料。

在非诉讼事务中，整理信息资料的注意力应集中在与当事人拟进行的交易种类有关事项上，如在企业兼并的交易中，可以把注意力集中在各企业的经营范围、经营状况、公司结构以及目前的资金状况。

(二) 列出需要了解和决定的事项

在诉讼事务中，律师或诊所学员可以根据现掌握的有关证据、资料将可能引起当事人争议问题的情况制作成表，且其中应包含各种情况的具体细节。然后，根据已掌握的有关证据、资料罗列出需要确定的各种情况（包括各种细节），以便准备可供选择的事实主张和找出潜在证据。

在非诉讼事务中，律师或诊所学员可以根据已掌握的有关信息、资料进行研究，并作出各种分析，列出收集解决问题所需要的资料清单。

(三) 设计询问提纲

为了弄清纠纷的主要情节、尽快把握住"问题"的中心环节，律师或诊所学员可以有针对性地向咨询者提出问题。律师或诊所学员最好拟定一份询问提纲，把相关的事实主张和潜在证据对应地列上去，并明确列出要继续搞清楚的问题。

(四) 制订备询方案，注明利弊得失

解决方案的形成似乎是法律咨询过程的结束，但实践中并非如此。好方案的形成可能意味着新的法律咨询程序的开始。一般而言，当事人提出问题时会要求律师或诊所学员形成多个解决方案。每种解决方案可能产生不同的问题和风险，相应地会衍生出其他的法律问题。律师或诊所学员在每种解决方案形成前，可以针对每种解决方案制订相应的备询方案，并做好每种方案的利弊备注，以帮助当事人作出最有利的决策。

(五) 建立信任关系的准备

(1) 穿职业装与会咨询者；
(2) 遵循适当的习俗礼节迎接咨询者；
(3) 会谈前可进行适当的寒暄，拉近彼此距离；
(4) 帮助咨询者从事情起因、目的、手段、问题四个方面等对案情进行全面陈述；
(5) 充分听取咨询者对情况的全面介绍；
(6) 阶段性地归纳当事人陈述的情况；
(7) 鉴于法律问题和与其相关的事实和证明情况的复杂性，初次会见咨询者时不宜草率作出法律判断；
(8) 确定需要后续跟进的工作。

三、法律咨询的基本步骤

(一) 介绍和确定双方身份

一般来说，律师或诊所学员在解答法律咨询前，首先要向咨询者进行自我

介绍，条件允许的话可以向咨询者递上自己的名片。

此外，律师或诊所学员在解答法律咨询时要对咨询者的基本情况如姓名、性别、年龄、职业、工作单位、住址、电话号码等进行登记。[1] 目的有两个：一是借此可以对咨询者的职业、文化背景等基本情况有一个大致的了解，以便根据这些信息调整自己的咨询方法、表达方式，以及与对方的沟通方式；二是为了后期工作的开展，如需要出具法律意见书时，就需要留下联系方式以便联络，及时将意见书交到咨询者手中。

（二）告知咨询意见仅作为参考

律师或诊所学员接受委托后，无论是就专门性问题进行法律论证从而形成书面的论证意见，还是就一般法律咨询提供口头意见和建议，都应在法律咨询前，告知咨询者相关咨询意见仅是用来解决所遇到的问题的参考意见，不具有法律约束力。

（三）咨询者陈述

接受法律咨询，首先要听取咨询者的陈述，这是解答法律咨询的前提和基础。律师或诊所学员在听的过程中要做到"听全""听准""听懂"。

（1）听全。所谓听全，要求律师或诊所学员接受咨询时必须有耐心，即使是杂乱无章的冗长叙述，也要耐心听完，否则容易从片面情况出发，得出不合实际的结论。当然，实践中也可以根据情况灵活把握，当咨询的叙述过于偏离所咨询的问题时，可以用提问的方式将咨询者引导回对主要问题的陈述上来。在听的过程中切忌表现出不耐烦的表情，切忌过多地打断咨询者的陈述。例如，王先生向律师咨询房屋租赁纠纷的问题：

示例

律师："您好，王先生有什么我可以帮到您吗？"

王先生："我在绿城花园租了一套房屋，每个月我都按时支付房租和水电气费用。但是今天房东通知我说他要把房子卖了，要求我在后天之前搬走。这么短的时间，我搬到哪里去？我不知道现在该怎么办了。"

律师："王先生，从你咨询的问题来看，我认为对你来说比较重要的是两个问题，其一，是否能继续保留你与该房屋所有权人的租赁关系；其二，在你不得不采用诉讼的方式解决你与房东的租赁合同纠纷时，你可能承担的律师费、诉讼费等费用。在我能就上述两个问题提出建议前，我还需要从你那里了

---

[1] 《法律咨询和法律顾问业务》，http://wxjclaw.com/News.asp?id=80，2021年1月5日访问。

解更多的情况及资料,因此我想你可能需要多花点时间将你租赁房屋前后的情况作一个全面的叙述,可以吗?"

王先生:"律师先生,我需要从哪里开始讲起,从我与房东签订租赁合同开始吗?"

律师:"对,你是什么时候与房东签订的租赁合同,合同约定的租赁期限是多久?"

王先生:"去年6月5日,租期为3年。"

律师:"好的,那你什么时候得知需要搬离该房屋?"

王先生:"我第一次听到这个消息是在房东打电话来谈关于近期付房租事宜时。"

律师:"好的,就从这里接着说下去。"

(2) 听准。所谓听准,就是要聚精会神,对问题的细节或关键情节不能含混、疏漏。由于咨询者不一定懂法律,哪些事在法律上有意义、哪些事在法律上无意义,咨询者不一定能抓住重点。这就要求律师或诊所学员在接待咨询时,善于准确抓住重要细节,在咨询者陈述结束后有针对性地发问,以便进一步弄清事情的来龙去脉,在此基础上作出准确的分析判断。

示例

张某咨询关于继承的问题,向律师叙述了以下事实:张某的弟弟因车祸去世,弟弟结婚时间不长,还没有孩子。张某的父亲因悲伤过度,不久也过世了。父亲在老家有一座有20多间老屋的院落,因拆迁可能会补偿几百万元。父亲有7个子女,还有1个养子,子女中有的尽了赡养义务,有的没有,总之家庭关系很复杂。张某叙述了很长时间。在这些叙述中,有一个细节律师或诊所学员不应该忽略,那就是张某死去的弟弟刚结婚不久。需要抓住这一细节进一步追问,张某的弟媳是否已有身孕,有和没有在法律上的意义是完全不同的。如果怀有身孕,那么老人的遗产中就应该留出预留份额给胎儿,因为胎儿在法律上有代位继承权,即代替其死亡的父亲的位置,继承老人的遗产。留出给胎儿的预留份额还要分两种情况进行处理,如果胎儿流产或在出生的过程中死亡,那么留出的这部分财产仍然是老人的遗产,应在老人的配偶、子女、父母中分配继承,孩子的母亲无权继承;如果胎儿生下来是活体,几天后又死亡了,那么留出的这部分财产是孩子的遗产,应由其母亲继承。

在这个案例中，弟媳有没有身孕是一个很重要的细节，一定要"听准"，要把它从当事人纷繁复杂的叙述中提取出来，加以分析判断，只有这样才能给出正确的咨询意见。

（3）听懂。所谓听懂，就是要边听边总结，以便抓住问题的实质和争议的焦点，弄清咨询目的，归纳咨询要点。有些咨询者对事情会有很长的陈述，但基本的意思用一句话就可以概括，这时律师或诊所学员就要及时地把咨询者的意思归纳出来，问咨询者是不是这个意思，得到咨询者的确认后再让咨询者继续陈述。在基本事实确定的前提下，根据确定的事实提出咨询意见。只有这样，对当事人的解答才能做到有的放矢、准确无误。

（四）询问相关事实

咨询者不懂法律，他们对事情的把握和理解与律师或诊所学员的法律思维往往是不相符的，因此，他们的陈述难免会遗漏一些重要的法律事实，或者对自己有利的说得多，对自己不利的说得少或者干脆隐瞒不说。[①] 对此，律师或诊所学员应当引导咨询者进行陈述，以便搞清楚事情的真相。还有一种情况是，咨询者喋喋不休，有实质意义的事实说得少，而生活中的琐事说得多，尤其是在离婚咨询和继承咨询中，这种情况经常会出现，这时也需要律师或诊所学员对咨询者进行引导并询问相关事实。

律师或诊所学员向咨询者提问要讲究一定的方式和方法。为了不使来访者产生误解，发生疑虑，形成心理压力，律师或诊所学员提问的方式、方法要根据不同的对象和不同性质的问题而有所区分。

1. 谈心式

它适用于来访者顾虑重重、欲言又止等情况，这时律师或诊所学员要用善良的语言鼓励对方说下去，表示在关心他所叙述的问题，从而建立起他对律师或诊所学员的信任，引导他说出事实真相。这种方式一般运用于刑事案件的咨询以及涉及隐私权的咨询。

> **示例**

张某就婚姻方面的问题进行咨询，在咨询过程中，律师明显感觉到张某闪烁其词，有难以启齿的事，一直谈不到最核心的问题上来。于是律师将话题引到其他方面，与他交谈其他方面的问题，在逐渐取得他的信任后，告诉他律师对咨询者的隐私有保密的义务，这是律师的职业道德要求，什么事都要尽可能

[①] 王骏良、熊业华：《试述调解民间纠纷中语言表达技巧》，载《武汉公安干部学院学报》2013年第1期。

地向律师陈述。最终张某放下了顾虑，向律师陈述了自己的事情。原来张某在老家有一个妻子，来到城市后变换身份又与另外一个女子领了结婚证，他想问这件事应该怎么处理，如果被发现了会承担什么责任。

2. 探讨式

它适用于一些重大而又有疑难，或者在新形势下出现的新问题，或者是已经发生了争议，但无法律明文规定的一些问题。实践中有一些咨询者，如前面所述是咨询过很多人的，自己对所咨询的问题也查阅了大量的资料，对所咨询问题所掌握的信息比较多，这时就需要用探讨式的方式与咨询者沟通、交流。探讨式提问，要坦率亮疑，提问要简明扼要，问题要一目了然，不要含糊不清，同时提问要化整为零，所提问题不宜过大。

示例

王某是某企业的法定代表人，最近企业不景气，想与一批工人解除劳动合同，王某以前也和个别工人解除过劳动合同，对这方面规定也有所了解，但和大批工人解除合同还是第一次，于是进行咨询。关于解除劳动合同给工人补偿这一方面，法律的规定有一个发展变化的过程，而且根据不同的解除合同的情形还有不同的规定，在一些问题上法律规定不明确，实践中还存在着争议。律师看到王某对这方面的规定有所了解，于是和对方进行了探讨，针对其企业的实际状况，商量了一个现实可行、具有一定操作性的解除劳动合同及补偿的方案，王某对这个方案很满意，高兴地拿着方案走了。

3. 发问式

它适用于来访者不知如何说明或一时难以说明的情况。此时，要通过提问引导来访者讲清存在的矛盾，回忆某些重要过程和重要情节，从模糊不清的问题中抓住矛盾和争议的焦点。

示例

马某就民间借贷纠纷进行法律咨询，在咨询过程中律师发现马某出借资金的方式是现金出借，并非以转账的方式进行出借。律师明显感觉到马某已经记不清在现金交付时的具体情节及是否有见证人见证。于是律师通过对马某提问的方式，帮助马某进行回忆并确认其他案件争议焦点。

律师:"您在10年前借您朋友的10万元现金是一次性给他的,还是分几次给他的?身边有其他见证人吗?"

马某:"一次性给他的,当时已经下班,没有其他人。"

律师:"平时您身上应该不会随身带那么多现金,您是在家里给他的,还是双方约在某一特定的地方给的?"

马某:(听到不会随时带那么多现金时,马某回忆起)"我是在我的前工作单位(×××公司办公室)给他的。"

律师:"那您当时的收入大约是多少?工资是否有银行流水?劳动合同还在吗?"(现金出借需要证明出借人的资产证明)

马某:"我当时在(×××公司)担任部门主管,每月工资收入3万多元,年终还有10万多元的年终奖金。我每月工资的银行流水和劳动合同可以给你们。"

律师:"那您10年来有无向您朋友主张还钱?"(以确认诉讼时效是否届满)

马某:"前几年一直在向朋友主张还钱,但是他一直拖欠欠款不还。后来,听其他朋友说,这个朋友因犯诈骗罪被法院判决3年有期徒刑。但现在好像3年期满,已经被放出来了,所以我就想起诉他还钱。"

律师:"您还知道其犯罪的相关信息吗?比如,您朋友被判决的年份以及判决法院?"

马某:"这个我可以再去向其他朋友打听一下告诉您。"

后来,马某打听到了该借款人犯罪的其他信息,律师也根据这些信息找到了该借款人犯罪被判刑的刑事判决书。

通过上述问题逐步发问,律师了解了这个案件的基本借款情况,并向马某确认了当时其真的具备出借10万元现金给朋友的资产实力。同时,通过初步了解马某的追偿情况,意外得知借款人在还款期间内因刑事犯罪而被羁押导致马某追索债权中断的事实,有助于更好地为马某发表代理意见。

(五)初步确认相关法律事实

法律事实是依法能够引起法律关系产生、变更和消灭的事件与行为,其中事件因受法律调整又称"法律事件",行为因受法律调整又称"法律行为"。法律事件是指不因主体的主观意志而转移的法律事实。法律事件都会引起一定法律关系的产生、变更或消灭,是法律关系运行的重要的法定原因。法律行为是指法律主体所进行的作为或不作为。

律师或诊所学员应根据咨询者提供的信息、资料初步确认相关法律事实（包括但不限于法律程序内容、法律实体内容等），并做好相关记录。

（六）初步明确法律关系及适用的法律

律师或诊所学员解答咨询者问题的过程，本质上是一个运用法律思维，从法律的角度对现实生活中发生的事情进行分析，然后告诉咨询者对于其咨询的问题，法律是怎么规定的，他应该怎么办的过程。这个过程中核心的部分就是律师或诊所学员对法律关系的分析和识别。正确地分析、识别法律关系是律师或诊所学员需要掌握的最基本技能。分析法律关系的基本步骤如下：

（1）抓住核心法律关系。明确争议的核心关系，围绕核心关系进一步分析有关联的法律关系，以及二者关系如何。[①] 例如，争议的焦点是无权代理行为是否有效，围绕该争议点可能涉及授权关系是否存在、相对人是否成立表见代理关系等"有关联的法律关系"，然后判断核心关系与有关联的法律关系之间的联系，如授权关系的有因、无因等。

（2）确定是否产生了法律关系。现实生活中很多关系由道德、风俗、习惯、宗教等社会规范调整，法律并不介入。[②] 咨询者如果不明白这些问题，会陈述很多事情给律师或诊所学员听，有些在法律上是有意义的，有些则毫无意义，律师或诊所学员要学会排除非法律关系因素，不受这些因素的干扰。

示例

甲乙二人素来交好，甲邀请乙到家里做客，此为好意施惠关系，由当事人的私人友谊调整。两人不因这件事发生任何法律关系，不构成民法上的债权债务及违约责任问题。

（3）分析法律关系的性质，准确加以识别。一个法律关系的性质究竟如何，是合同关系、侵权关系、无因管理关系还是不当得利关系，对确定当事人的权利义务影响很大。把握法律关系的性质，主要从纷繁的事实中分析法律关系三要素，通过法律关系三要素确定法律关系的性质。

第一，分析法律关系的主体。

法律关系的主体，即法律关系的参加者，是法律关系中权利的享受者和义

[①] 上官家乐：《法律关系分析方法在案例分析中的运用》，载《晋城职业技术学院学报》2011年第4期。

[②] 李飞诚：《"8W"案例分析法——案例分析的一种基本方法》，载《职业》2012年第24期。

务的承担者。① 享有权利的一方称为权利人,承担义务的一方称为义务人。② 法律关系的主体包括公民(自然人)、法人和其他组织、国家。要成为法律关系的主体,应当具备权利能力和相应的行为能力。权利能力是权利主体享有权利和承担义务的资格;行为能力是权利主体能够通过自己的行为取得权利和承担义务的能力。

根据我国《民法典》的规定,自然人分为完全行为能力人、限制行为能力人和无行为能力人三种。社会组织作为法律关系的主体也应当具有权利能力和行为能力,但是,其权利能力和行为能力不同于自然人。以法人为例,法人的权利能力、行为能力在法人成立时同时产生,到法人终止时同时消灭。③

准确分析、判断法律关系的主体是确定法律关系性质的第一步,有很重要的意义,如果不能正确地确定法律关系的主体,就很难维护当事人的合法权益。

第二,分析法律关系客体。

法律关系客体是法律关系主体权利和义务所指向的对象。权利的享有和义务的承担是法律关系主体行为的直接意义。因此,法律关系客体是实现主体法律活动意义的直接对象和承受者,只有具备了法律关系客体,法律主体的活动才能具体化、实在化。正确确定法律关系中的客体对完成咨询任务也是很重要的。

第三,分析法律关系的内容。

法律关系的内容,是指法律关系主体所享有的权利和承担的义务。这种权利义务内容,是法律调整社会关系的直接表现。一切法律问题既肇始于权利义务的规范分配,又落实于权利义务的社会实现。任何个人和组织作为法律关系的主体,参与法律关系,必然要享受权利和承担义务。

第四,分析法律关系的变化及变化的原因。

法律关系会由于法定的或约定的原因而产生、变更、消灭。法律关系变化的内容或过程有三个方面:一是法律关系的产生,即因一定的原因而在主体之间形成了某种权利和义务联系,使主体置于特定的法律关系网中。二是法律关系的变更,即因一定原因使已形成的法律关系发生一定的变化,包括主体的变更(增减或改换)、客体的变更(增减或改换)、内容(即权利和义务)的变更(增减或改换)等。三是法律关系的消灭,即因一定原因而使法律关系终

---

① 成红、孙良琪:《论流域生态补偿法律关系主体》,载《河海大学学报(哲学社会科学版)》2014年第1期。
② 沈月榕:《论劳动法律关系的主体》,载《经济研究导刊》2011年第11期。
③ 成红、孙良琪:《论流域生态补偿法律关系主体》,载《河海大学学报(哲学社会科学版)》2014年第1期。

止。法律关系运行的全过程是如上三个方面的统一。此外，法律关系还因为主体对权利与义务的履行情况而发生变化，这是另一意义上的变化，也叫法律关系的"履行"。

（七）告知举证责任和证明标准

举证责任，是指民事案件当事人对自己提出的主张有收集或提供证据的义务；当事人及其诉讼代理人因客观原因不能自行收集的证据，或者人民法院认为审理案件需要的证据，人民法院应当调查收集[①]；然而，法律规定的特殊侵权诉讼案件等，适用举证责任倒置（如由侵权人负责举证，证明与损害结果之间不存在因果关系或者受害人有过错或第三人有过错）。刑事案件中，人民检察院负举证责任；刑事自诉案件中，自诉人负举证责任。

证明标准是指负担证明责任的人提供证据加以证明所要达到的程度。三大诉讼法适用的证明标准是不同的：刑事诉讼法中通常适用"排除合理怀疑"规则；行政诉讼法中适用"高度盖然性"规则；而民事诉讼法适用"优势证据"规则。

故此，律师或诊所学员应根据现掌握的有关证据、资料，告知咨询者其事实主张及其举证责任和证明标准。

（八）评估和选定方案

律师或诊所学员在了解收集解决问题所需要的信息和资料后，应该初步形成解决当事人问题的方案。如果有两个以上的解决方案，应该与咨询者就每个解决方案进行判断，并且研究每一种方案可能产生的法律后果。

无论是哪种解决方案，律师或诊所学员都应从正反两方面进行分析，说明相关利害关系，为当事人进行决策提供相应参考，但不应替当事人进行决策，否则，容易损害律师或诊所学员的形象，一旦诉讼失败，也容易发生纠纷。

（九）制作法律意见书

律师或诊所学员有时候需要用书面的方式回答咨询者提出的问题，这就涉及法律意见书的制作。法律意见书是指法律咨询从业者就某特定事项的有关法律问题所提出的书面意见。一份形式严谨、结构缜密、分析准确、论证精当的法律意见书不仅是法律咨询从业者为客户提供的专业法律意见，同时也是法律咨询从业者对纷繁复杂的法律关系宏观驾驭能力和微观操作技巧的充分展示。

制作法律意见书不仅要求法律咨询从业者对相关事实做到由表及里、由此及彼、去粗取精、去伪存真地深入掌握，同时要对不同法律渊源、不同效力等

[①] 参见《民事诉讼法》第67条。

级、不同适用范围的相关法律文件进行细致分析，从而为解决核心法律问题提供正确的分析意见、出具最优越的操作方案。

法律意见书有可能涉及各种事项，因而具体内容可能各不相同，但法律意见书的基本内容及写作的基本要求应该是一样的：

1. 首部

即标题，实践中一般有两种写法：一是直接写"法律意见书"；二是具体写明法律意见书的性质，如"关于××合同审查的法律意见书"。[①] 此外，还可以有法律意见书的编号。

2. 正文

下面是正文部分应当依次写明的各个部分：

第一，委托人基本情况和受托人（即法律意见书出具人）基本情况。这是法律意见书涉及的主体，即列举委托人和受托人的身份事项。委托人是指委托出具法律意见书的当事人；受托人是指法律意见书的出具人。应将两者的身份事项列举清楚。

第二，委托事项。应当写明就何种法律问题提供法律意见。

第三，委托人提供的资料和受托人独立调查获得的资料。各类资料和相关事实应如实写明，如果有附件的应当另行注明。需要注意的是，受托人独立调查获得的资料有时在法律意见书中是空缺的，这是因为法律咨询从业者在出具某些法律意见书时一般没有义务去调查和获取其他资料。只有在法律咨询从业者有义务去调查和获取其他资料时，这部分内容才可能出现在法律意见书中，而这种义务有可能来自委托方的要求，也有可能源自法律的直接规定。[②]

第四，出具法律意见书所依据的法律规定。法律规定无须具体到条款，仅需要说明法律、法规、司法解释的名称。

第五，法律关系的分析。法律分析是法律意见书的主体内容，应当对事实和法律规定作出详细的分析，引用法律、法规甚至司法解释的规定应完整具体。如有必要还应进行法理上的阐述。

第六，结论。结论部分是实现法律意见书目的的载体，因而对委托人和其他利害关系人具有重要意义，也是委托人和其他利害关系人作出决策的最为直接的依据。在措辞上应该严谨缜密、客观直接。

第七，声明和提示条款。声明条款涉及法律意见书的责任问题，对于任何一方当事人来说都具有重要性，声明条款的内容包括责任限定条款，即出具人

[①] 何志、何晓航：《为法律专家意见书"把脉"》，载《北京航空航天大学学报（社会科学版）》2012年第1期。

[②] 张雪萍、宋子慧、闫国明：《军队律师审查军采合同浅议》，载《科技视界》2012年第9期。

对于自己应该承担的责任予以限制和排除的条款；提示条款是出具人提示委托人和其他利害关系人应特别注意的条款，也关系到委托人可能承担的责任。

第八，署名、盖章、签发日期。法律意见书的出具人应在法律意见书的右下角署名盖章，也就是说，法律咨询从业者应在该位置署上姓名，出具法律意见书的法律咨询从业者的执业单位应加盖公章，盖章位置应能压住法律咨询从业者署名及签发日期。签发日期则是指法律意见书出具的时间，应采用汉字而不是阿拉伯数字表示。①

第九，附件。对法律意见书的结论可能产生影响的文件应附于法律意见书之后，附件较多的应另行编制附件目录。

示例

法律意见书示范范例

_____律师事务所

法律意见书

编号：(_____)____字第____号

致：_____有限公司（以下称"贵司"）

抄送：_____

发自：_____律师事务所_____律师

关于：_____

日期：____年__月__日

页数：_____页

注：保密文件

_____有限公司：

_____律师事务所（下称"本所"）系根据中国法律登记注册的中国律师事务所，现本律师函署名律师具有完全的合法执业资格。本所现依法接受贵司的委托，指派署名律师就_____公司解散纠纷的相关问题，出具本法律意见书。

一、本所律师出具本法律意见书的主要事实依据

1. 目标公司章程。
2. 贵司与目标公司民间借贷纠纷案件的《调解书》。

二、本所律师出具本法律意见书的主要现行法律依据

---

① 何志、何晓航：《为法律专家意见书"把脉"》，载《北京航空航天大学学报（社会科学版）》2012年第1期。

1. 《中华人民共和国公司法》。
2. 《中华人民共和国民事诉讼法》。
3. 《最高人民法院关于适用〈中华人民共和国公司法〉若干问题的规定（二）》。

三、事由

目标公司成立于 2004 年 6 月 21 日，注册资本为 14 万美元，其中贵司以人民币 60 万元受让目标公司 30% 股权并担任董事兼总经理，股东一持股 65% 并担任董事长，系目标公司实际控制人，股东二持股 5% 并担任董事。

然而，股东一始终独断专行，自 2017 年 8 月以来，目标公司仅有的 3 名董事连续 3 年未能根据公司章程召开董事会，也无法做出任何有效的董事会决议，导致目标公司董事会及监事机制失灵，长期处于经营僵局。

同时，目标公司的经营状况及会计账簿均被股东一严格控制，这导致贵司与股东二在作为目标公司股东期间也未收到目标公司的任何分红，且根本无法查阅目标公司会计账簿。

2019 年 11 月，贵司作为公司股东曾向目标公司申请查阅公司会计账簿以依法行使股东及董事权利。但是，股东一自恃其为目标公司的实际控制人竟以各种非法定亦非公司章程约定的理由（包括但不限于在公司章程无任何明确规定的情况下对贵司能够有权查阅的会计账簿时间段、查账人数等作出无任何依据的限制）故意阻碍贵司查阅公司会计账簿，实际导致贵司对目标公司根本无法行使经营权和管理权。

此外，贵司曾在股东一的要求下借款给目标公司，但目标公司迟迟不归还。因此，贵司于 2019 年 11 月无奈向×××人民法院对目标公司提起民间借贷纠纷之诉，历经多次开庭及调解方拿回钱款，故贵司对目标公司及股东一已经失去信心。

四、本所律师的法律意见

根据上述事实，本所律师认为，如果继续诉讼，需要具备以下条件：

根据《中华人民共和国公司法》第 182 条的规定，股东提起解散公司之诉，应具备两个实质要件、一个形式要件和一个程序要件。两个实质要件为公司经营管理发生严重困难、股东权益受到重大损失，一个程序要件是穷尽其他救济手段，一个形式要件为原告应持有公司表决权 10% 以上。

1. 关于形式要件。现目标公司作为外商投资公司，不设立股东会，只设立董事会。根据目标公司章程第四章的约定，董事会共三人，实行一人一票表决制。贵司作为目标公司董事之一，占有 33.33% 的表决权，符合原告应持有公司表决权 10% 以上的形式要件。

2. 关于实质要件。尽管法律将"严重困难""重大损失"作为提起解散公司之诉的实质性条件，但这种高度概括性的抽象表述往往导致法律适用的困难。尽管最高法关于适用公司法的司法解释二第 1 条列举了三种常见的可以提起解散之诉的情形，但是本案目标公司无股东会，应囿于司法解释列举的三种情形，属于超出列举范围的，应使用该条第 4 项的兜底条款。①

因此，贵司要举证目标公司经营管理上发生其他严重困难，公司继续存续会使股东利益受到重大损失的情形。而目标公司确无股东会，但有董事会。故，建议类比适用上述司法解释二第 1 条的前三种情形，即贵司要举证：

（1）公司持续两年以上无法召开董事会；

（2）董事表决时无法达到法定或者公司章程规定的比例，持续两年以上不能作出有效的董事会决议；

（3）公司董事长期冲突，且无法通过董事会解决。

3. 关于程序要件。在股东提起解散公司之前，必须首先穷尽其他救济途径。根据我国公司法的规定及其他国家的通行做法，其他救济途径有：（1）在符合公司章程规定公司权力机构运行规则下，遵循意思自治，作出自行解散公司的决议；（2）强制回购股权等。

综上，本所律师认为，在起诉之前可做如下诉前准备：

第一步：发律师函给目标公司的实际控制人，为避免股东长期存在冲突，望股东一以_____元的转让价格受让贵司持有的 30% 股份。

第二步：如股东一同意以_____元的转让价格受让，则贵司转让其股份，本案终结；如股东一不同意受让股权，则向全部股东发送律师函，通知各位股东就公司解散一事召开股东会议，各方股东自行协议解散公司。

第三步：如各方股东未予答复，则贵司向×××人民法院起诉，目标公司为被告，剩余股东列为第三人。

五、声明与承诺

1. 本法律意见书所载事实来源于本法律意见书出具之日前贵司的陈述和贵司提交的相关材料。贵司应保证，已向本所律师提供了出具本法律意见书所必需的全部有关事实材料，并且提供的所需文件均真实、合法、有效、完整，并无任何虚假记载、误导性陈述或重大遗漏，文件上所有的签名、印鉴均为真实，所有的复印件或副本均与原件或正本完全一致。若在本法律意见书出具后，贵司发现新的证据材料或者案件有新情况发生，请及时与本所律师联系，本所律师将根据新的证据材料和新的进程重新制作法律意见书。

---

① 郭航：《浅析公司股东资格取得的条件》，载《金融发展研究》2012 年第 8 期。

2. 本法律意见书中对有关目标公司章程内容的引述，并不表明本所律师对该等内容的真实性、准确性、合法性作出任何判断或保证。

3. 本法律意见书仅根据并依赖于本法律意见书出具之日公布并生效的相关法律、法规，并参照部门规章等本国的法律、法规、规章出具。本所不能保证在本法律意见书出具之后所公布生效的任何法律、法规、规章对本法律意见书不产生影响。

4. 本所律师已经严格履行了法定职责，遵循了勤勉、尽职、诚信的执业原则，由于本意见书的出具涉及对法官自由裁量权的评价，而法官依据自由裁量权最终作出何种判决并非律师所能掌控。对此，特提示贵司对本意见持审慎采信态度。

5. 本文件仅应贵司要求，供贵司参考，切勿外传。

律师联系方式：
_____律师事务所_____律师
执业证号：_____
电话：_____
电子邮箱：_____
地址：_____
邮编：_____

_____律师事务所
_____律师
____年__月__日

第三节　法律咨询中的技能演示

一、打开话题和循循善诱的技能演示

万事开头难，与人初次交流也是如此。律师或诊所学员在开展法律咨询时常常会遇到有些当事人看似求助心急，但出于对陌生人的戒备心或惧怕家丑外扬的羞耻感，他们往往不愿意很直接地陈述案件的真实情况，甚至不愿意主动和律师或诊所学员交谈；即便说出了一些实际情况，但一旦讨论到某些特定话题时，他们又会闪烁其词，或欲言又止，让人感觉不是很配合。例如，当讨论到令他不愉快的一件事或者对其有着某种威胁的特定话题时，他就会产生很多顾虑，吞吞吐吐不愿意说出实情，甚至缄默不语。在这种情况下，律师或诊所

学员就要充分发挥自己擅长的沟通交流能力，设法打开当事人的话题，并运用适当的交流技巧，循循善诱，引导当事人展开话题。通常可以采取的技巧包括：

（一）诱导性陈述

律师或诊所学员在已经明确意识或者预测到了当事人的顾虑后，应当因势利导，通过一些具有同理心的言语，消除当事人心中的顾虑及戒备心，促使当事人展开对案件事实的陈述。典型的诱导性陈述包括两个步骤：第一个步骤是律师或诊所学员通过对当事人的顾虑和不快表示同情，并让当事人体会到对他的关心，从而消除阻碍交谈的因素；第二个步骤则是运用一种激励因素，其核心是指出当事人只要克服阻碍因素，并公开地讨论有关话题就可能获得的益处，进而激发当事人敞开心怀，陈述案件事实。

示例

当事人B涉及就一起医疗事故致其丈夫死亡提起诉讼的案件。医疗事故是在医院对死者施行一般手术时发生的。死者术后状况不断恶化，并在两天之后死亡。律师或诊所学员准备就死者和主治医师在之前两周之内的谈话内容向死者的妻子提出一些问题。

在这个例子中，律师或诊所学员要求死者的妻子回忆其死去的丈夫和主治医师的谈话内容，那么妻子可能会再度经历亡夫之痛。为了避免再度引发伤痛的经历，当事人可能不愿谈及其丈夫与医师谈话的细节。对此，律师或诊所学员可以采取下述诱导性陈述：

"×女士，下一步我想知道在手术之后，你丈夫和医生谈了些什么。我知道这对你来说并不是件容易的事，可能会引发某些使你极不愉快的回忆。但请你相信，我会尽力帮助你，只要你尽量多告诉我一些你能记得的事。"

此处，律师或诊所学员不仅承认了谈论这个话题对B来说非常不容易，而且还说明了不易是"可能会引发某些使你极不愉快的回忆"。当然，这句话或许可以省去，但几乎所有的人都会认为谈论新近去世的家人是一件痛苦的事情，所以作此陈述一般认为体现出说话人的同理心。至于该陈述的第二个组成部分，即当事人谈论有关话题所可能带来的"益处"则不仅仅局限于某一类特定的当事人。因此，律师或诊所学员可以在大多数诱导性陈述中加进此种评语。

（二）信守承诺，为当事人保守秘密

为减少当事人对某些话题的顾虑，律师或诊所学员在运用诱导性陈述时，可以告诉当事人，保守秘密是职业纪律。必要的时候还可以提示律师或诊所学员和当事人关系的私密性，以拉近与当事人之间的心理距离。有时甚至还可以通过一些具有调侃性的语言，以舒缓谈话中的紧张气氛。

示例

"你告诉我的事情都是保密的。在未征得你明确的同意之前，我不会向其他人泄露你的谈话内容。（笑着说）当然，你最好不要告诉我你准备抢劫一家银行或者其他什么地方。"

（三）变换询问的方式

面对顾虑重重的当事人，律师或诊所学员的另一个选择是变化询问的方式。一般的情况下，为保证当事人能够更加充分地展开对案件事实的陈述，律师或诊所学员在询问当事人的时候都会提出开放性问题。但如果遇到当事人因回避某些话题而影响对案件事实呈现的情况，律师或诊所学员就可以考虑变换一种询问方式，如通过启发性问题或封闭式提问，把当事人的陈述直接引入案件事实。

示例

律师："你曾提到王某有一段时间曾和你们同住，你能否再告诉我一些有关这方面的情况？"

当事人A："没有什么可谈的，他只是需要有个住处。他问是否可以和我们同住，我就答应了。"

律师："好。请继续往下谈。"

当事人A："我只能告诉你这些了，他住了大概六个月。"

律师："你为何不告诉我他怎样来和你们同住的？他在居住期间究竟发生了什么事？"

当事人A："我真的记不起多少了。他是我很熟悉的朋友，而他需要住处，就是这些。"

至此，律师应该意识到谈话已经进入僵局，开放式提问已经无法继续进行下去了。此时，律师就应该适时地转变交流方式。

律师:"A女士,你一直都对我无话不谈,对此我很感激。我很清楚,与陌生人谈论这种事是很难为情的。我觉得关于王某搬进你家的情况你还可以谈得再详细一点。我对你的顾虑很理解,因为很多人都觉得有些事还是只有自己知道为好。但是,我想尽力帮助你和你的女儿,如果我对情况不够了解,我就很难去帮助你们。说实在的,当律师最难的就是了解当事人的情况,你放心,你所说的我都会为你保密。你记得是谁最初建议王某搬来和你们同住的?"

当事人A:"是他自己提出的。"

律师:"你是否还记得他是在什么时候提出的?"

当事人A:"好像是在今年春季。"

律师:"你谈的情况很有用,你能否再仔细告诉我,你们当时是怎么谈的吗?"

当事人A:"……"

二、处惊不乱和随机应变的技能演示

律师或诊所学员在开展法律咨询过程中,还时常会遇到一些情绪容易激动的当事人,他们很容易因一语不合就情绪爆燃,有些时候甚至会让人感觉蛮不讲理。在这个时候,律师或诊所学员一定要有冷静的头脑,要学会站在理性旁观者的地位接受当事人的咨询,客观、公正、冷静、理性地分析判断当事人咨询的问题,切不可受当事人情绪的影响,沉浸在当事人的情绪中。律师或诊所学员如果做不到这一点就会不理性,就会犯"先入为主"的错误,看到当事人振振有词或悲伤落泪就断定他确实有理,这是律师或诊所学员在接受咨询时比较容易犯的一个错误。另外,律师或诊所学员不仅不能受到当事人情绪的影响,而且应当善于做稳定和平复当事人情绪的工作,尤其是对于情绪过于激动的当事人,律师或诊所学员要善于用一两句话、一两个动作、一两个眼神使对方情绪平静下来,使之恢复常态,回归客观理性地陈述案件事实。同时,律师或诊所学员还要善于从当事人的陈述中透过现象看到本质,为有针对性提问创造条件。

如果当事人要委托律师或诊所学员,律师或诊所学员也必须让当事人客观地面对现实,只有在理性的情况下才会作出理性的判断,展开友好的合作;如果律师或诊所学员不能让当事人稳定、清醒,等他自己稳定、清醒后,就会在心里说:"律师或诊所学员和我一样冲动,这官司怎么打?"这会使得当事人对律师或诊所学员的能力产生怀疑。

此外,如果遇到当事人情绪激动且有一发不可收拾之势,律师或诊所学员还可以通过转移话题或其他方法，让当事人形成一个冷静期，这样做可能会有意想不到的效果。

> **示例**
>
> 一天，律师的一个朋友带着张某向律师咨询离婚的事，张某蓬首垢面，见了律师后就哭诉她丈夫如何给婆家人办事多，给娘家人办事少，两人因此吵架甚至动手打架，张某让律师为其起草起诉状，说现在就要提起诉讼要求离婚。律师没有急于回答张某的问题，更没有急于为其起草诉状，而是巧妙地把话题引到了其他方面，正好律师和自己的朋友也好久不见，于是就和朋友及张某一起聊起天来。聊了一个多小时后朋友和张某起身告辞，张某竟没有再提离婚的事，几天后张某专门打电话感激这个律师。

在这个事例中，律师就是很敏锐地察觉到了张某当时情绪的不正常，知道其是在一时的气头上才提出离婚的要求，即使对其在法律上解释了关于离婚的事也是徒劳，所以干脆不解释，而是用其他话题让张某进入一个冷静期，使其平复情绪，收到了很好的效果。

如果律师或诊所学员面对有敌意、恼怒和火暴情绪的当事人，首先应当对当事人在感情爆发之前表现出的一些征兆有所察觉。当律师或诊所学员觉得当事人开始感到疲倦和紧张时，应当主动提议休息一会再谈。

> **示例**
>
> 律师或诊所学员同当事人花费大量的时间研究了一些复杂的文件后发现，当事人开始显得不耐烦了。这时，律师或诊所学员可以说："我们讨论这一点已很长时间了，我觉得有点累了，我们休息一会儿怎么样？"

其次，如果当事人的情绪毫无征兆地突然爆发，积极倾听其诉说是一种行之有效的方法。律师或诊所学员可能不能立刻消除当事人的气恼，但可以告知当事人你理解其苦衷，让其感受到你对他的关心和支持。

> **示例**
>
> 在前述当事人发脾气的情况下，律师或诊所学员可以说："我理解你的心情，我们现有的法律制度有些地方确实值得商榷。"另一种技巧是在当事人发

脾气之后给他一段"冷静"的时间,如给当事人倒杯茶,让其先放松下来。

最后,在当事人发脾气之后给他一个下台阶的机会。因为,大多数当事人在大发脾气之后往往会感到难堪或者羞愧。

示例

当事人可能会说:"唉,我的朋友总是说我动不动就发火。"此时,律师或诊所学员就要敏锐觉察到当事人情绪的变化,顺势给他一个台阶下:"我们都不免有发火的时候,因为我们周围的压力实在太大了!"随后再一次表明乐意帮助当事人的意愿:"你准备好之后,我们可以接着再谈。我愿意帮你找到最有利的解决途径。"

三、明察秋毫和因势利导的技能演示

律师或诊所学员进行法律咨询时一定要注意观察,要从当事人的衣着和外表判断其年龄和所处的社会阶层,从当事人的神情和态度分析其教育程度和职业特点,从当事人的言语和举止了解其真实意图和现实需求,根据不同的当事人,采用他们能够接受的方式进行交流,并以通俗易懂的语言解释法律问题。尤其是要注意从当事人的细微神情变化或"不经意"的表白中,去发现他的所思所想和真实愿望,并根据其特点和需求把话题导向真实的案件事实。

示例

(当事人因离婚问题前来咨询律师或诊所学员,该律师或诊所学员是这样询问当事人丈夫收入的)。

诊所学员:"在你丈夫被解雇之前,你知道他每月的收入是两万元?"

当事人:"是的。"

诊所学员:"你们是租房子住的?"

当事人:"是的。"

诊所学员:"是用谁的名字租的呢?"

当事人:"我想是用我们两人的名字。但房租一般都是通过我丈夫在银行的户头支付的。不过最近几个月我听房东说我们拖欠了房租,而我丈夫也没有详细跟我说过,其实,就算他把车卖了也不会让我知道,但那是我爸爸的

车……"

诊所学员："你是说房子是用你们两人的名字租的，而你丈夫一直都在支付这笔房租，直到最近？"

当事人："是的，但我认为他不会付那笔拖欠的款项，而且如果他把车卖掉的话……"

诊所学员："嗯，我知道了……"

从上述对话可以看出，当事人所关心的是她的丈夫会不会卖掉她父亲的汽车，当事人总是要回到这一点上来。有经验的律师或诊所学员可以对当事人关心的问题马上作出反应：

> 我知道你很关心那辆车，而且希望你丈夫不要卖了它，因为它是你父母的财产，关于这一点我们稍后再谈，现在还是让我们来讨论更为重要的问题……

在接待法律咨询中，有时也会碰到一些说话语无伦次、颠三倒四的"话痨"，他们一旦打开话匣子就会漫无边际地喋喋不休。对于这样的当事人，律师或诊所学员切不可表现出不耐烦的神态，而应当在表现出对当事人充分理解和尊重的同时，从他所提供的碎片化信息中寻找与案件有关的讯息，因势利导，通过一些启发性问题或封闭式发问，把当事人的话题引导到对案件事实的陈述上来。具体做法可以是：

（1）告诉当事人开始应该怎么做。面对一个对法律缺乏认知、毫无经验的当事人，律师或诊所学员可以在引出案情陈述之前，就如何进行案情陈述向当事人作一个预先说明。

示例

×女士，你想要咨询的问题我大概清楚了。现在我想听听整个事情的来龙去脉，你就按照每一个事情发生的先后顺序进行复述，不要担心在法律上面是不是重要，你自己按照自己的节奏谈就可以了。我可能中途会提一点问题，但基本还是你自己谈。你介绍完全部的情况过后，我可能就一些法律上的重要问题进一步提问但今天不一定能够完成，因为一个小时后我就得离开办公室了。如果你有时间我争取在明后天请你过来进行下一步讨论。当然，今天走之前我会给你一个初步的方案。你放心，我们之间的谈话是绝对保密的，在没有得到你的许可下，我们不会向第三方透露。不知道我这样说你清楚了没有？

（2）提示当事人回忆更早发生的事情。通常在法律咨询中，律师或诊所学员在预先说明时会交代当事人从头说起，但这并不意味着律师或诊所学员要去指导当事人具体从什么地方谈起。因为律师或诊所学员不是当事人，不能代替他作判断，如果律师或诊所学员猜错了事情的起因而要求当事人从某一处谈起，就有可能错过更重要的一些情节。

示例

　　一个交通事故中的受害者来咨询，律师或诊所学员不应该仅要求其从开车出来时谈起，而是应该让他自己来决定从何说起，因为这起车祸或许与当事人之前知晓的一些重要信息有关，或许也与其身体状况有关。当然，有时候当事人也很迷茫，不能确定事情真正的起源，以至于他会问他应该从哪里讲起，这时律师或诊所学员要做的就是告诉他："你认为应从什么地方开始就从什么地方谈起。"

（3）换一个角度提示咨询者陈述出律师或诊所学员的需求。有时候，尽管你已经一开始就交代了当事人按照时间顺序介绍案情，但他不一定一下就能明白律师或诊所学员的意图，于是在叙述过程中出现颠三倒四、掐头去尾就不奇怪了。在这种情况下，律师或诊所学员不妨换个方式重申其要求。

示例

　　一个前来咨询交通事故的当事人，他是车祸的受害者，情绪激动而且说话缺乏逻辑，律师或诊所学员可以这样打断他："赵先生你很生气，我们完全理解。但是，现在可以帮你的就是你尽快平静下来，把车祸发生前后的所有你认为相关的情况告诉我们。你要一步一步来，不要遗漏什么情节，不要着急，一件件慢慢讲。"

当然，重复解释后，赵先生可能仍然不得要领，并又一次脱离律师或诊所学员的要求，这时必须明确告诉他律师或诊所学员的意图以及他现在的谈法不妥之处。律师或诊所学员可以换个角度提示咨询者：

　　　　赵先生，你一直强调你行驶在快车道的时候，他突然从慢车道超车撞上你的车，这一点确实很重要。现在我需要知道撞车的整个过程，你没有说清楚其他事情，你能逐一地讲一下你进入××高速路段后发生的情况吗?

此外,遇到当事人年迈或体弱多病从而导致交流上存在障碍的情况,律师或诊所学员也要特别注意。尽管并非每一个年迈的人都在回忆和传达信息方面有障碍,但是一旦出现交流上的问题,律师或诊所学员就要准备克服这种障碍。有些当事人起初只能对问题作出最起码的反应,律师或诊所学员不应将此种情形误认为是当事人的交流习惯所致。在当事人确实存在理解和反应障碍时,律师或诊所学员所应具有的技巧不能仅仅是保持耐心。另一个简单技巧是向当事人提出一些启发性的问题,也可以采取封闭式提问,把当事人的思路引到案件事实上来。对有交流障碍的当事人而言,封闭性问题比开放性问题更能引起他们的反应。还有一个技巧是为年迈和虚弱的当事人提供舒适的交谈环境。比如,可以让某个当事人在亲属或者朋友的陪伴下到你的办公室里来;你还可以在其家里会见当事人。如果上述技巧均不奏效,可以考虑为当事人指定一个监护人或者诉讼代理人。

四、抽丝剥茧和从有知推无知的技能演示

前来法律诊所咨询的当事人往往对法律的认知程度不会很高,他们不清楚什么是法律要件事实,哪些是应该向律师或诊所学员陈述的事实。加上自己遭遇或正在遭遇的法律事件让其倍感焦虑,都会影响当事人的陈述效果。因此,为了明晰案情,律师或诊所学员应有从当事人凌乱的、碎片化的、没有逻辑的事实陈述中抽丝剥茧,从有知推无知的能力和技巧。

首先,律师或诊所学员应从当事人陈述中提供的碎片化信息中提取对认识案件事实有作用的素材;然后通过对这些有用素材的整理、分析,逐步形成一条符合法律逻辑的事实链条,并由表及里,从有知推无知,最后将案件的事实展现出来。在这个过程中,巧妙和灵活运用归纳与演绎的分析方法很有意义。

归纳法是指从许多个别事例中获得一个较具概括性的规则。这种方法主要是对收集到的既有资料抽丝剥茧,加以分析,最后得出一个概括性的结论。演绎法,则与归纳法相反,是从既有的普遍性结论或一般性的事理中推导出个别性结论的一种方法。由较大范围逐步缩小到所需的特定范围。归纳法和演绎法在律师或诊所学员法律咨询中经常被使用到。

示例

甲是某国有企业的法定代表人,某日与自己的好朋友乙签订了一份房屋租赁合同,将企业的一套房子以甲个人的名义租赁给了乙使用,甲收取的租金归自己所有,乙也明知所租房子是某国有企业的房子。乙咨询他们签订的房屋租赁合同是否有效，如果被追究他们会承担什么责任。

【分析提示】 根据法律规定对一个具体事情作出判断就是一个运用演绎法的过程。这个案例我们就可以运用演绎法进行分析，然后得出相应的结论。首先，我们要找大前提，即相关的法律法规；然后看小前提，即本案的具体事实是不是和大前提所规定的相符，如果相符，那么根据大前提的规定就可以得出小前提的结论。

大前提：(1)《民法典》第132条："民事主体不得滥用民事权利损害国家利益、社会公共利益或者他人合法权益。"

(2)《中华人民共和国刑法》第382条："国家工作人员利用职务上的便利，侵吞、窃取、骗取或者以其他手段非法占有公共财物的，是贪污罪。受国家机关、国有公司、企业，事业单位、人民团体委托管理、经营国有财产的人员，利用职务上的便利，侵吞、窃取、骗取或者以其他手段非法占有国有财物的，以贪污论。与前两款所列人员勾结，伙同贪污的，以共犯论处。"

小前提：乙所陈述的具体事实。

结论：分析确认小前提的事实与大前提的规定是不是一样，如果一样我们就可以从大前提演绎出小前提的结论：甲和乙签订的合同因为损害了国家的利益，所以他们签订的合同是无效合同。因为甲利用其国有企业法定代表人的便利条件，将本来应当归国家所有的房屋租金非法占为己有，所以甲的行为是贪污行为，如果贪污的租金达到一定的数额就要以贪污罪追究甲的刑事责任。乙在明知房屋是国有企业的房屋的情况下，仍然与甲签订租赁合同，并将租金交给甲，是与甲伙同贪污的行为，如果甲被追究刑事责任，乙也应以贪污罪的共犯论处。

第四节　法律咨询的技能训练

一、法律咨询情景模拟训练之一

【案件材料】 刘某与潘某是朋友关系。2020年4月，刘某将自己的一套房屋委托潘某代为办理房屋出售相关手续，代为办理公证事宜。后来潘某在刘某不知情的情况下，代替刘某与郝某签订了借款抵押合同，将刘某委托出售的房屋作为担保向郝某借款300万元，并办理了房屋他项权利证书。因房子一直未售出，刘某向潘某索要房产证时，才得知房屋已被抵押，刘某想拿回自己的房产，于是咨询抵押合同是否有效。

【要求】
1. 现场咨询模拟训练的情境介绍。
2. 指定4名学生模拟现场咨询情境。
3. 其余学生点评学生接待当事人的礼仪、法律咨询时存在的问题。
4. 教师总结、点评。

【提示】
1. 刘某与潘某之间存在何种合同法律关系？
2. 潘某为借款而代替刘某签订的抵押合同是否有效？

二、法律咨询情景模拟训练之二

【案件材料】　　张某某、吴某某均为某监狱警察，2011年8月19日两人在监门值班。上午10点左右监狱警察朱某某带在押罪犯李某某、谢某某拉了一平板车猪饲料来到监狱大门。张某某、吴某某检查核对了出入人员后放行（未检查平板车）。朱某某到养猪场后进入休息室睡觉，11点左右在押罪犯李某某、谢某某、王某某逃出监狱。原来，罪犯王某某与李某某、谢某某密谋，利用李某某、谢某某拉猪饲料之际脱逃。3人脱逃后抢劫了出租车一辆，杀害出租车司机一人。后在监狱组织的追逃行动中，3名罪犯被抓获归案。2012年6月，张某某、吴某某、朱某某被检察院指控因过失导致在押人员脱逃罪被取保候审，案件进入一审。现张某某父亲前来咨询，并告知已咨询过两个律师，甲律师认为不构成犯罪，但是提醒张某某父亲在庭审时，张某某一定要态度诚恳地说："因我的工作失误导致在押3名罪犯脱逃，导致出租车司机遇害，特向被害人家属致歉。"乙律师认为张某某已构成犯罪，应作有罪辩护。

【要求】
1. 现场咨询模拟训练的情境介绍。
2. 指定4名学生模拟现场咨询情境，其他同学为观察员。
3. 模拟咨询员分析三名狱警是否构成犯罪？
4. 讨论观察员评价模拟咨询员的咨询技能。

【提示】
1. 研究过失导致在押人员脱逃罪的构成要件。
2. 查找监狱大门值班人员的职责，是否应当检查出入的平板车辆，这是值班干警是否存在工作过失的关键。
3. 如果作无罪辩护，该案被告人能否承认自己存在工作过失。

三、法律咨询中法律文书制作技巧训练

【案件材料】 甲、乙是朋友关系，2020年7月31日，两人约定由甲出资20余万元，以乙的名义购买"铜江"牌重型自卸货车一辆，享有该货车的所有权；乙只协助甲办理年检、纳税等义务，获取几百元劳务费。购车后，甲以该车从事货物运输，夜晚常寄放于丙停车场，遂以其自己的名义与丙订立书面协议，约定：甲每晚12点之前将车辆存放于丙停车场，存放费用为每月300元，每月25日前预付下月停车费用。2021年1月13日中午，甲又将车寄放于丙停车场。当晚，汽车被盗。次日，丙停车场和甲一起向派出所报案，派出所立案侦查未果。甲多次要求丙停车场赔偿，因丙拒绝，甲遂聘请律师或诊所学员，由登记车主乙作为原告向×××人民法院起诉，请求判决丙停车场承担因保管不善的违约责任。

【要求】

1. 学生根据案情，制作合同审查意见书、法律咨询意见书。
2. 教师总结、点评。

【提示】

1. 本案引起纠纷的合同法律性质是什么？
2. 甲是否具备签订该合同的主体资格？
3. 乙是否有权起诉丙停车场，要求其承担违约责任？

第五章 事实调查的理论与技巧

第一节 事实调查概述

一、事实调查的概念

与法律纠纷处理活动相关的事实调查，从广义上讲包括司法人员、执法人员以及其他相关人员为查明案件事实而进行的与证据的收集、审查和运用有关的各种调查活动。[①]法律诊所业务中的事实调查是律师或诊所学员在接受委托之后，通过法律许可的各种方式和手段收集案件事实材料，查明案件事实，并获取有关案件的证据资料的过程。事实调查是实现辩护或代理目的的基础，可以说，事实调查是否充分，直接关系到诉讼成败或非诉讼活动的效果。

在实务中，事实调查更直接地表现为证据收集活动，因为所有调查到的事实，最终必须以法律规定的证据形式固定下来。不能以法定证据形式固定下来的事实调查，一般不能算是成功的调查。

二、律师调查权的法律依据

调查权是法律赋予律师的权利。我国《律师法》第34条规定："律师担任辩护人的，自人民检察院对案件审查起诉之日起，有权查阅、摘抄和复制本案的案卷材料。"第35条规定："受委托的律师根据案情的需要，可以申请人民检察院、人民法院收集、调取证据或者申请人民法院通知证人出庭作证。律师自行调查取证的，凭律师执业证书和律师事务所证明，可以向有关单位或者个人调查与承办法律事务有关的情况。"《刑事诉讼法》第43条规定："辩护律师经证人或者其他有关单位和个人同意，可以向他们收集与本案有关的材料，……辩护律师经人民检察院或者人民法院许可，并且经被害人或者其近亲属、被害人提供的证人同意，可以向他们收集与本案有关的材料。"《民事诉

[①] 何家弘主编：《证据调查（第二版）》，中国人民大学出版社2005年版，第2页。

讼法》第 67 条规定："当事人对自己提出的主张，有责任提供证据。当事人及其诉讼代理人因客观原因不能自行收集的证据，或者人民法院认为审理案件需要的证据，人民法院应当调查收集。人民法院应当按照法定程序，全面地、客观地审查核实证据。"第 68 条规定："当事人对自己提出的主张应当及时提供证据。"按照法律规定，民事诉讼中，当事人或代理人收集证据不仅是权利，更是义务。在行政诉讼中，原告的调查权基本与民事诉讼一致，但是作为被告的行政机关的调查权受到法律限制。《行政诉讼法》第 35 条规定："在诉讼过程中，被告及其诉讼代理人不得自行向原告、第三人和证人收集证据。"

三、事实调查的业务类型

按照我国诉讼法的分类，可以把律师诉讼业务分为民事诉讼、行政诉讼和刑事诉讼，此外，律师还会根据当事人的要求和委托承办一些非诉讼业务。根据不同的业务类型，事实调查也具有不同的特点和操作规范。

（一）民事诉讼中的事实调查

按照民事诉讼中的"谁主张，谁举证"的证据规则，律师或代理人在民事诉讼中的事实调查工作量较大，调查工作涉及面广，案件的主要证据靠律师发挥主观能动性获取。除了与诉讼请求有关的事实调查外，原告方在立案前，还要对被告主体和资信状况进行调查。

被告的主体调查包括被告的名称、住所、法定代表人、股东等信息。有些公司注册地和实际办公地不一致，进行主体调查有利于选择管辖法院和便于法院文书送达。对被告的股东和出资状况进行调查，在符合法律规定时把股东追加为当事人，可能会有利于诉讼目的的实现。

"执行难"是我国司法活动中长期存在的难题，打赢一场诉讼、拿到一份胜诉的判决书往往并不能达到当事人的诉讼目的。为了保证判决书的判决事项能落到实处，诉讼时采取财产保全措施是保障当事人权益的重要方式，所以在接受当事人的委托后，对对方的房产及资信状况进行调查基本已经成为常识。

（二）刑事诉讼中的事实调查

刑事诉讼的事实调查活动主要由司法机关进行，律师的调查往往是辅助性的或者补漏性的。刑事诉讼的调查对调查实施者的要求更高，不仅要严格按照法律的规定执行，而且必须两人配合执行。

刑事诉讼中，调查时机的介入也有讲究。《刑事诉讼法》第 39 条规定："辩护律师会见在押的犯罪嫌疑人、被告人，可以了解案件有关情况，提供法律咨询等；自案件移送审查起诉之日起，可以向犯罪嫌疑人、被告人核实有关证据。辩护律师会见犯罪嫌疑人、被告人时不被监听。"第 40 条规定："辩护律师自人民检察院对案件审查起诉之日起,可以查阅、摘抄、复制本案的案卷材料。其他辩护人经人民法院、人民检察院许可,也可以查阅、摘抄、复制上述材料。"按照以上规定,在刑事案件的侦查阶段,律师的主要职责是为犯罪嫌疑人提供帮助,但不能妨碍侦查机关的侦查活动,所以这个阶段,律师不宜展开调查活动,如果发现有利于当事人的相关情况或线索,应当向侦查机关汇报,由侦查机关调查和核实证据。到了审查起诉阶段,律师才有阅卷的权利,一般只有调阅了卷宗后,才会发现需要调查的事实,所以,辩护律师的调查活动一般是在审查起诉、查阅卷宗之后。

(三)行政诉讼中的事实调查

行政诉讼中的律师调查基本可以参照民事诉讼进行,但也有自己明显的特点。首先,行政诉讼的事实调查活动主要由原告方的律师进行,被告方在进入诉讼程序后,法律禁止行政机关进行调查取证。其次,由于行政诉讼主体单一明确,不会像民事诉讼那样可以追加共同原告或共同被告,所以一般也不需要对主体作太多调查。此外,行政机关经费相对有保障,执行难问题基本不存在,因而财产和资信调查也就不必要了。

(四)非诉业务中的事实调查

除诉讼业务外,律师还会受当事人委托承办许多非诉讼业务,这些业务也需要运用调查取证的知识和技巧。在诉讼案件中,审判机关为了查明事实,会主动或者依据当事人的申请进行一些调查,相对而言减少了当事人及其律师不少的调查压力。而在非诉案件中,基本没有可以依靠的机构,调查活动更依赖于律师和代理人。因此,调查技巧的运用也就尤为重要。

在民事领域,非诉业务有遗产继承、财产分割、宣告失踪和死亡、认定财产无主、协议离婚等;在商事领域,律师的非诉业务范围更广,有投资调查、公司组建、股权转让、项目转让、股票债券发行等,为了帮助当事人评估商业风险,也为了减少律师自己的工作失误,事实调查必不可少,甚至构成非诉讼律师工作的最主要部分。但是从方法和手段来说,仍然和诉讼业务的调查有很多共同之处。

四、事实调查的作用

有句法律谚语说:"在法庭上,只有证据,没有事实。"证据是否充分直接关系到诉讼的成败,而获得证据的手段就是事实调查,可见事实调查在诉讼中的重要作用。具体说来,事实调查的作用体现在以下几个方面:

(1)通过事实调查获得证据是当事人维护自身合法权益的重要武器。无论是在民事诉讼、行政诉讼还是刑事诉讼中,要想向法庭说明真相,就必须运用证据。法官不是事件的亲历者，他不知晓事情发展的来龙去脉，只有通过证据来了解事实，然后按照法律的规定作出判断。如果当事人不能提供对自己有利的证据证明事实，即使事实客观存在，但是法官没法了解，当事人就会利益受损。"事实胜于雄辩"，只有有证据证明的事实才能胜于雄辩，只有用证据形式固定下来的事实才能转变为维护自身合法权益的有力武器。

（2）通过事实调查获得的证据是保障司法公正的基础。古谚云："法律是善良与正义的艺术。"要实现正义，就要使裁判结果和客观事实相符合，一个背离了客观事实的判决是不可能实现正义的。要使裁判结果与事实相符的媒介就是证据，当事人只有收集到全面、客观的证据才能够让审判机关对事实有足够了解，才有可能作出相对公正的判决。

（3）通过事实调查获得证据是诉讼主体进行诉讼的前提条件。以民事诉讼为例，民事诉讼的举证原则是"谁主张，谁举证"，当事人自己没有证据，即使受到了极大的损失，人民法院也难以帮助你维护权益。《民事诉讼法》第124条规定："起诉状应当记明下列事项：（一）原告的姓名、性别、年龄、民族、职业、工作单位、住所、联系方式，法人或者其他组织的名称、住所和法定代表人或者主要负责人的姓名、职务、联系方式；（二）被告的姓名、性别、工作单位、住所等信息，法人或者其他组织的名称、住所等信息；（三）诉讼请求和所根据的事实与理由；（四）证据和证据来源，证人姓名和住所。"目前，我国很多基层法院在立案时，一般都要求原告方提供证据清单，有的法院甚至还要求原告在立案时提交被告的工商登记查询资料（针对法人单位），因此，在代理人接受案件、进行诉讼前，事实调查已经成为不可缺少的一项工作。

（4）通过事实调查获得扎实的证据，有助于让当事人更高效快捷地解决问题。当前社会诉讼案件显著增多，有的当事人不讲诚信，认为对方没有证据或证据不够，试图"赖账"，但是，如果一方当事人获得了保护自身合法权益的充分证据，让对方没有空子可钻，也就可能打消其"赖账"的念头，使诉讼不必发生，或者即使发生了，也能够快速调解和结案。

第二节　事实调查的方法与步骤

如前所述，尽管法律规定律师有调查权，但是律师只是一名法律服务工作者，不掌握任何公权力，不能命令、强迫被调查者配合调查，除了法律规定的政府信息查询部门以外，其他社会上的单位和个人完全可以不配合律师的调查，对律师的调查活动不接待，对律师的调查成果不签字盖章。因此，在具体的事实调查过程中，律师需要运用法律和经验形成的技巧和方法，达到取得证据的目的。

一、事实调查的基本原则

事实调查虽是法律赋予当事人和律师的权利，但是在实施中，应当遵循以下原则：

（一）合法性原则

律师开展调查活动必须严格依法进行。首先，律师进行调查取证，要获得当事人的授权，没有授权就不得进行。其次，在实施调查行为过程中，要向有关机关提供合法的手续（如律师事务所介绍信、当事人委托书、律师执业证等）。最后，律师在事实调查中，要尊重被调查人的合法权益，保守当事人隐私。

（二）正当性原则

律师调查取证要具有正当性，要遵守律师执业道德规范，不得用于非法目的。与案件无关的事实，不要轻易扩大调查。在调查中可能会获得案件当事人以外的一些证据材料，不得为了律师个人私利而滥用。

（三）有利于当事人原则

律师调查不同于公检法机关的调查。公安机关和检察院的调查往往是代表国家，惩治违法犯罪分子，所以他们调查的证据，一般都是不利于被调查的犯罪嫌疑人的。法院的调查是为了查明事实，保证判决的公正，所以他们的调查目的也不是完全有利于当事人的。律师的职业、身份则不同，他是受当事人委托，保护当事人合法权益的，所以他的调查目的就是收集对当事人有利的证据。《刑事诉讼法》第37条规定："辩护人的责任是根据事实和法律，提出犯罪嫌疑人、被告人无罪、罪轻或者减轻、免除其刑事责任的材料和意见，维护犯罪嫌疑人、被告人的诉讼权利和其他合法权益。"《律师法》第30条规定："律师担任诉讼法律事务代理人或者非诉讼法律事务代理人的，应当在受委托的权限内，维护委托人的合法权益。"

（四）保守秘密原则

《刑事诉讼法》第48条规定："辩护律师对在执业活动中知悉的委托人的有关情况和信息，有权予以保密。但是，辩护律师在执业活动中知悉委托人或者其他人，准备或者正在实施危害国家安全、公共安全以及严重危害他人人身安全的犯罪的，应当及时告知司法机关。"《律师法》第38条规定："律师应当保守在执业活动中知悉的国家秘密、商业秘密，不得泄露当事人的隐私。律师对在执业活动中知悉的委托人和其他人不愿泄露的有关情况和信息，应当予以保密。但是，委托人或者其他人准备或者正在实施危害国家安全、公共安全以及严重危害他人人身安全的犯罪事实和信息除外。"也就是说，律师在办案过程中，要是获悉当事人有其他犯罪事实时，法律对律师的要求是不同于一般民众的：一般民众获悉其他人犯罪，就有检举揭发的义务；律师对于自己当事人已经实施完毕的违法犯罪行为，不仅不能揭发，还要为其保密。只有对于还未发生后果的个别罪行，法律才允许律师揭发披露。

在民事和行政诉讼当中，律师也是为当事人服务的，因此，在工作当中，应当小心谨慎，保守当事人的秘密。当然，对于因调查活动获得的被调查对象和其他人的秘密，也有义务予以保密。

（五）事后性原则

为了保证调查活动有明确目标和提高工作效率，律师调查一般遵循事后调查的原则，具体可以表现为以下方面：

（1）先听当事人陈述，再进行调查取证。当事人一般是事件的亲历者，他们最了解事实和真相，因此调查前，应当先向当事人了解情况，然后再进行调查取证活动。

（2）先阅卷再调查。律师在办理刑事案件时，应先看公安和检察机关的卷宗，查阅当事人反映的有关情况在卷宗中是否有记录，是否能够认定。如果答案是肯定的，则不一定对该事实进行调查；如果答案是否定的或不确定，就要进行有针对性的调查。律师在代理一审并不是自己代理的二审案件时，或者中途介入一个已经开过庭的案件时，也应当先到法院阅卷，然后再根据阅卷结果进行调查和代理活动。

（3）在司法机关调查之后，律师再进行补充调查。对于司法机关调查得到的事实，一般都能够得到认定，所以，在刑事诉讼中，辩护律师获悉了有关有利于当事人的事实后，可以先向司法机关反映，让司法机关先去调查。在司法机关调查完后，或者司法机关不予调查，律师才进行调查。这既是提高办案效率的手段，也是律师自我保护的一种措施。

二、事实调查的基本要素

在新闻学中，要求新闻文体具备六个要素，教材一般把它们概括为"5个W和1个H"，即谁（Who）、何时（When）、何地（Where）、何事（What）为何（Why）、结果如何（How），换一种说法就是人物、时间、地点、经过、原因、结果。同样，在法律诊所的事实调查中，这六个要素也是证据材料要求的基本要素。如果一个案件的证据中，时间不详尽、地点不明确、人物不清晰、经过不完整、原因不明了、结果不确定，事实调查就会归于失败。当然，法律事实调查中的事件，可能是一件时间发生比较久远的事情，要想清晰地获得以上所有要素有时是比较难的，在这种情况下，调查者应该根据案情，区分轻重，在其他次要要素基本吻合的情况下，把最重要的要素挖掘出来。

三、事实调查的对象与途径

律师或诊所学员接受委托并初步了解案情后，下一步就是展开调查。调查对象与证据来源通常有以下几种：

（一）当事人本人

当事人是事件的亲历者，最熟悉事情的来龙去脉，是直接证据的持有者，所以，律师接受委托后，首先是向当事人收集证据。律师可以要求当事人把所有与案件有关的合同、书信、传真、物件、电话录音、短信、电子邮件、财务凭证等全部提交给律师，由律师根据案情和需要进行筛选。

律师在向当事人调查取证时，务必提醒当事人要如实反映案情。因为当事人处在利害关系当中，受自己情绪所影响，往往对案情带有偏见，会夸大对自己有利的事实，缩小甚至隐瞒对自己不利的事实，使律师无法了解案件的全貌，从而影响律师的正确判断。因此，律师在向当事人调查取证时，要向当事人阐明律师会为当事人保密的职业道德和要求，打消当事人的疑虑，让当事人如实陈述案情，包括对自己不利的事实以及对方可能掌握的证据情况。只有这样，律师才能对案情有客观、全面的了解，才能科学有序地展开代理工作。

在调查中需要注意的是，对当事人提交的证据，律师应当尽量收取副本或复印件，原件交由当事人自己谨慎保存，只有在开庭需要时才携带原件。对于因案情需要而交给律师保存的原件，律师一定要小心谨慎地保管好，不能遗失。如果原件遗失，不仅当事人利益受损，律师名誉受损，律师及律师从业机构还将面临投诉甚至赔偿。

（二）证人

事件的在场目击证人也是了解案情的人员，而且其描述一般比当事人自己更客观准确，因而证人是事实调查的重要对象。

根据法律规定，律师向有关单位和个人调查取证时，有关单位和个人有责任给予配合和支持。律师向证人调查取证时，应当向证人告知律师和代理人（辩护人）身份，出示律师执业证、授权委托书，必要时，还要开具律师事务所介绍信。律师在向证人调查取证时，有必要告知证人反映的情况一定要真实，要如实陈述所见所闻，并向证人明确作伪证可能承担的法律责任。

对于证人证言，可以由证人本人书写，也可以由律师制作谈话笔录。取完证后，还要争取证人同意出庭作证，因为没有到庭作证的证言，人民法院无从判断证人的真实存在，就更无从判断证言的真假。对方当事人或律师完全可以以不存在这个证人为由进行抗辩，导致证言无法被采纳。尤其是在民事诉讼中，根据民事诉讼法的规定，如果证人不出庭作证，可能会影响证人证言的证明效力。

（三）政府部门

政府的一些注册登记、档案保管部门，保留有公司、社会团体登记和变更的信息，而且依照法律规定，大多数的信息是可以向社会公开的，因此，一些政府部门的登记处、档案处往往是律师调查取证的权威证据来源。律师可以在下列政府信息公开部门调查收集证据：

（1）市场监督管理局（原工商行政管理局）。可调取企业的登记档案，查阅到公司的营业状况、股东状况、出资状况、年检状况、对外投资状况、动产抵押状况、股权出质状况等，市场监督管理局是律师调查最常去的部门。现在的公司档案，多数已经实现电子化管理，市场监督管理局把企业登记资料扫描输入电脑，律师点点鼠标就可以查阅资料。

（2）不动产登记管理部门。可查询房产、土地的所有权信息，产权变更历史记录，以及抵押登记状况。目前，该部门一般只向律师提供按照房屋坐落查询不动产的信息，不提供按照所有权人为索引查询该人名下的所有不动产信息。

（3）公安局派出所。提供户籍所在地人员的个人基本资料。

（4）车辆、船舶登记部门。提供车辆船舶的产权信息及抵押状况。

（5）民政局婚姻登记部门。提供婚姻状况证明。

以上是律师经常调查取证的政府部门，到这些部门调查取证，务必要携带律师事务所介绍信，还要出示律师执业证，有的部门还要求提交当事人委托书或法院立案证明。此外，到这些部门调查取证时，一般还要支付查询费和档案复制费等。

（四）司法部门

律师在代理刑事案件时，有权查阅公安、检察机关的卷宗材料。律师在代理交通事故的侵权纠纷时，可以查阅交警部门对事故处理的卷宗材料。律师在中途介入一个已经开过庭的案件或代理二审案件时，有权查阅法院的卷宗材料。当事人或承办律师有权查阅自己发生或承办过的法院卷宗材料。由于法律规定，经法院已有判决书认定的事实也可以作为证据，所以查阅法院卷宗也是律师经常采取的调查方式。

（五）申请法院调查取证

《民事诉讼法》第 67 条第 2 款规定："当事人及其诉讼代理人因客观原因不能自行收集的证据，或者人民法院认为审理案件需要的证据，人民法院应当调查收集。"第 84 条规定："在证据可能灭失或者以后难以取得的情况下，当事人可以在诉讼过程中向人民法院申请保全证据，人民法院也可以主动采取保全措施。"按照以上规定，当事人及其诉讼代理人对于因客观原因无法收集到的证据，以及证据可能灭失或者以后难以取得的情况，可以申请人民法院收集或进行证据保全。

（六）其他调查取证对象

社会现象千变万化，对于调查取证活动，律师要有开放的思维，从一切可能的途径获取证据。比如，当前社会网络发达，在网上也能搜索到对案件有帮助的证据材料。

四、事实调查的基本方法

根据证据的外部形式和法律规定，常见的事实调查方法有以下手段：

（一）会见访问

会见或访问是律师或诊所学员向当事人、证人等调查收集证据最常用的方法。关于通过会见当事人获取案件信息，调查收集证据的相关内容，已在本教材第三章"接待（会见）当事人的理论与技巧"中作过详尽的介绍，在此不再重复。现仅就向证人调查的相关内容进行介绍。

证人证言，是指当事人之外了解案件有关情况的人向人民法院就自己知道的案件事实所作的陈述。证人证言是事实调查中最经常采集的证据形式。证人证言具有以下特点：

（1）证人证言是证人就案件事实所作的陈述，陈述的事实必须是证人本人看到或感觉器官感受到的，不能用猜测、推断或者评论性的语言。对于证人证言在事实以外的一些看法，不属于证人证言范围。

（2）证人证言的真实性、可靠性受到多种因素的影响。首先，由于光线、距离等原因，证人对事实的观察可能不全面、不完整；其次，在与事件发生相距时间较长后，证人的记忆也会模糊；最后，由于证人和案件当事人存在亲疏关系，对案件事实可能会有意地取舍或歪曲。

依法作证是公民的法定义务，因此，在三大诉讼法中都有"凡是知道案件情况的单位和个人，都有义务出庭作证"这样或类似的规定。但是，在现实生活中，很多证人基于"多一事不如少一事"的观念，不愿得罪人或者担心不利一方的报复等原因,往往不愿意出来作证,更不愿意出庭作证。这种情况在民事诉讼中尤为普遍。

需要注意,按照我国法律规定,下列人员不得作为证人:(1)不能正确表达意思的人。(2)诉讼代理人(辩护人)。在同一案件中,诉讼代理人(辩护人)和证人的身份是相冲突的,不能既当诉讼代理人(辩护人)又当证人。如果诉讼代理人(辩护人)要当证人,就必须辞去代理人(辩护人)身份。(3)办理本案的法官、检察官、侦查人员、书记员、鉴定人、翻译人员和勘验人员。除以上人员外,在民事诉讼中,与案件有利害关系的人是可以出庭作证的,只是他的证词的证明力比较弱,甚至可能完全不会被法庭采信。

律师或诊所学员寻访证人时,要注意帮助证人打消顾虑,掌握好谈话的气氛,要善于帮助和推动证人回忆事件,但不要让证人推测或发挥想象,尤其是对于证人确实不知道的细节,不要代替证人去想象。询问时可以让证人先自由回忆,然后再辅助提问。询问笔录宜简洁准确,字体清晰端正。如有必要,可以用录音笔辅助。开庭时,证人不能旁听,必须坐在庭外等候。律师要向证人讲清楚开庭和作证的程序,打消证人对法庭的恐惧心理。

(二)抄录、复印

抄录、复印是对文件、信函、图片等资料进行取证的方法,抄录是复印技术普及前的常用方法,现在常用的是复印方法。对于复印的证据材料,需要请档案保管部门加盖查询章或类似印章确认与原件一致。对于不需要作为证据使用的材料,鉴于当前的数码相机和手机拍照功能已经比较成熟,也可以拍照以供查阅。

(三)拍照

对于容易被破坏或发生改变的现场证据,拍照是比较常用的取证手段。实际操作时,要注意拍摄细节,还要注意把参照物拍进来以便确定现场所处的位置和时间。

(四)录音录像

录音录像与拍照类似,要注意在录音录像中体现当时的时间、地点和人物。录音中,要不经意地把对话人物的姓名、对话时间等信息反映出来,以便作为证据时容易被采信。

《民事诉讼法》第76条规定:"经人民法院通知,证人应当出庭作证。有下列情形之一的,经人民法院许可,可以通过书面证言、视听传输技术或者视听资料等方式作证:(一)因健康原因不能出庭的;(二)因路途遥远,交通不便不能出庭的；（三）因自然灾害等不可抗力不能出庭的；（四）其他有正当理由不能出庭的。"按照这个规定，对于符合条件的证人可以不出庭，而用录音录像（视听资料）取代。

（五）公证

对于现场情况，如条件允许，请公证处做公证的效果要比自己录音录像、拍照的效果好得多。这也是在民事诉讼中律师取证较为常用的一种方法，尤其是对于网络上出现的一些侵权案件，公证保存网页是经常使用的有效手段。公证保存证据的缺点是灵活性差，费用高，为此，在审判实践中，强制适用公证证据的范围已在逐渐缩小。

（六）勘验

现场勘验，要制作勘验笔录，记录一些拍照、摄像手段所不能反映出的一些数据。勘验笔录往往和拍照、摄像手段一起合并使用。在勘验时，如果能征集到愿意出庭的目击证人，那么证明效果会得到极大加强。由于是单方的勘验，法官对此证据会持怀疑态度，如果现场有条件保留且不被破坏，由案件的承办法官亲自勘验效果会更佳。

（七）鉴定

按照当前的诉讼规则，一方当事人单方委托的鉴定很难被法庭采纳，因此，鉴定一般申请法院主持进行，由法院按照法定程序委托有资质的鉴定机构进行鉴定。一般而言，中介机构的鉴定费用比较高，从诉讼成本、诉讼效率等方面考虑，鉴定一般不建议由当事人自己委托进行，但律师要为将来法庭主持下的司法鉴定做好准备。

五、事实调查的基本步骤

（一）分析案件情况

事实调查通常是从接待（会见）当事人开始的。在接待（会见）当事人的过程中，律师或诊所学员通过倾听当事人的陈述，便会对案件的事实有一个初步的认识；在此基础上，通过核实、收集当事人提供的证据材料，获取有关待证的案件证据信息，使律师或诊所学员形成对案件事实的基本轮廓，进而让律师或诊所学员作出今后代理工作的方案设计。由此可见，事实调查的第一步便是分析案件情况。分析案件情况是律师或诊所学员开展诉讼代理等法律事务的十分重要的基础性工作，因为：

（1）通过分析已有案件材料，明确案件的法律关系、适用的法律以及当事人的主张，律师或诊所学员就能明确证明案件事实的待证事实是什么；为达到证明标准需要调查收集哪些证据材料。

(2) 通过分析已有案件材料，梳理和分析已有证据材料的状况，律师或诊所学员就能够判断已有证据材料对哪些待证事项实现了证明。

(3) 通过分析已有案件材料，对照案件需要证明的待证事项和已经实现证明的待证事项，律师或诊所学员就能确定还需要证明的待证事项有哪些。

(4) 通过分析已有案件材料，确定尚需证明的待证事项，律师或诊所学员就能够清楚需要通过调查收集的证据是哪些。

只有这样，制订事实调查计划才具有针对性，实施事实调查计划才能确保有效性。

(二) 制订事实调查计划

如上所述，事实调查是律师或诊所学员进行诉讼代理或其他法律事务十分重要的基础性工作，繁重且复杂，必须制订充分完备的事实调查计划。所谓"事实调查计划"就是律师或诊所学员对未来将要进行的事实调查活动所做的事前预测、安排和应变处理。事实调查计划必须有明确的目标，并对如何做、由谁做、何时做、在何地做事实调查，以及做事实调查需投入的资源等基本问题作出明确的规划和说明。

(三) 进行证据的调查收集

如上所述，为确保事实调查工作的顺利展开，我们必须认真分析案件的基本情况，并根据案件的实际需要拟定事实调查的范围，选择事实调查的模式。在充分做好这些事实调查前的准备工作之后，我们才能积极有效地开展各项事实调查工作。

1. 书证、物证的调查收集

(1) 书证的调查收集

书证，是指以文字、符号、图案等表示的内容来证明案件待证事实的书面材料。书证在各类诉讼中都具有十分重要的地位，有的国家在民事诉讼中实行书证优先主义，使书证具有优先于其他证据的证明力。我国2012年修正前的《民事诉讼法》和现行《行政诉讼法》都把书证位列为各类证据之首，在《刑事诉讼法》中书证排位仅次于物证，足见书证在我国诉讼中的作用和地位。因此，采集书证是各类诉讼的重中之重。书证的特点和优点在于：第一，书证不仅能够证明案件的主要事实，还能表达当事人的思想和真实意思，一旦发生争议，书证可以起到直接证明作用。第二，书证的真实性强，不易伪造；即使伪造变造，也容易辨认或通过鉴定手段发现。

常见的书证有合同书、信函、电报、传真、图纸、图标及各类证照等。书证的种类繁多，按照不同的划分标准，可以有不同的分类：

① 公文书证和私文书证

按照书证的制作主体或制作者不同，可以把书证分为公文书证和私文书证。

公文书证是指国家机关或者其他行使公权力的组织依照一定程序和格式，在行使自己职权范围内制作的文件。例如，工商营业执照、卫生许可证、结婚证等。公文书证一般在政府机构的档案部门或档案馆可以查询。

私文书证是指一般民事主体在进行民事行为时所制作和形成的各种文书，例如，合同、信件、欠条等。私文书证一般保存在当事人自己手上，主要从当事人处获取。有些私文书证也会在政府有关部门留下档案或副本，如公司章程、房地产买卖合同等，律师如需要可到相关部门调取。

② 处分性书证和报道性书证

按照书证的内容和所产生的法律效果不同，可以将书证划分为处分性书证与报道性书证。

处分性书证是以设立、变更或终止特定的民事法律关系，记载一定的民事法律行为的书证，如合同、遗嘱、授权委托书等。

报道性书证，是记载一定的事实，不以产生一定的民事权利义务关系为目的的书证，如日记、信件、台班记录等。诉讼中，使用较多的是处分性书证，报道性书证使用较少。

③ 原本、正本、副本、影印本、节录本

这是以文书制作方式为标准进行的证据分类。

原本是文书制作人最初制作的原始文本。书证的其他文本都来源于原本。正本是指按照原本全文制作，对外具有与原本同样效力的书证。副本也是按照原本全文制作，与正本具有同样效力的书证。影印本是指采用复印、摄影等方式复制而成的书证。节录本则是摘抄或复印文书原本、正本、副本等部分内容而形成的书证。原本、正本、副本都可以构成证据原件，影印本和节录本是证据复制件。在诉讼中，律师可以向法院提交证据复印件，但是原件必须经法庭调查核对。复印件可以拼接、变造做成，所以复印件如果是孤证就可能因不满足证据真实性而不具备证明效力，只有对方认可真实性的复印件或有其他证据相互印证时才可以作为认定事实的依据。

案件当事人一般都会保存与案件有关的重要书证，所以诉讼所需要的书证一般由当事人本人提供。某些行政机关的档案部门也可以提供对案件有帮助的书证，在接受查询时，档案部门会在复印件上加盖查询专用章，所以这些复印件的真实性有保障，法庭一般都会采纳。收集证据时，律师对传真件的收集和使用要多加留意，因为传真件尽管是实体法规定的书面文件，但从证据法的角度看，传真件与复印件的外观基本一致，难以区别，也容易变造而成，所以在诉讼中，对于传真件的真实性，最好辅之以通话记录等其他形式的证据予以证明。

（2）物证的调查收集

物证是指以其存在的外形、特征、质量、性能等来证明案件待证事实的物品。在刑事诉讼中，物证是《刑事诉讼法》中排名第一的证据，可见物证对于刑事诉讼具有最重要的地位和作用。但在民事诉讼和行政诉讼中，物证的地位和作用要低于书证，许多案件的处理都不涉及物证。但是，在损害赔偿案件和质量争议等案件中，物证的作用也举足轻重。

物证具有以下特点：（1）可靠性强。物证是以自身的形状、质量、规格等证明案件事实的，只要物证不是伪造的，就不会受到人们主观因素的干扰，能够可靠地证明案件事实。（2）稳定性较强。除那些易腐、易变质的物品外，多数的物证在形成后，短时间内不会发生变化，具有较强的稳定性。（3）需要举证人的说明才能发生作用。物证是"物"，它自身不会表达当事人的意思和思想，所以需要举证人对物证与待证事实之间的关系作出说明和解释。

在刑事诉讼中，国家侦查机关具有法定的侦查权，获得物证比较容易。但在民事诉讼中，物证的收集往往会出现很多困难和障碍。例如，保留物证的现场被破坏，或者取证人无法进入现场。有些物证体积庞大、无法移动，难以使用。因此，进行事实调查时，物证有可能被转化为其他证据形式，如照片、录像，甚至转化为勘验笔录、鉴定报告。

2. 视听资料、电子数据的调查收集

（1）视听资料的调查收集

视听资料，是指采用先进科学技术，利用图像、音响以及电脑储存的资料等来证明案件待证事实的证据。视听资料包括录音资料和影像资料。①

视听资料证据有以下特点：① 具有较高的可靠性与客观性。它是用科技的手段，反映案件真实情况的原始证据，能客观地反映真实情况，具有较高的真实性和可靠性。② 体积小、重量轻、易于保管。③ 具有动态连续性，生动逼真。物证只能反映案件的片段情况，而视听资料可连续地反映案件的动态过程，人物的动作、表情、神态、声音生动逼真。④ 具有直感性。视听资料不仅具有反映当事人意思表示的语言内容，还有情绪、思想等言辞之外的感性信息，增加法官的感性认识。⑤ 视听资料容易被裁剪或伪造。视听资料可以通过消磁、剪辑等方法改变内容。

---

① 江伟、肖建国主编：《民事诉讼法（第八版）》，中国人民大学出版社 2018 年版，第 184 页。

随着数码设备的普及,以及手机功能的进步,视听资料越来越容易制作;随着移动存储设备的发展和普及,保存、播放视听资料也越来越方便,视听资料已经成为一项便捷性很高的证据形式。但是,因为视听资料具有容易被修改的特点,所以《民事诉讼法》第 74 条规定:"人民法院对视听资料,应当辨别真伪,并结合本案的其他证据,审查确定能否作为认定事实的根据。"所以,律师不宜过度依赖视听资料,如有可能,尽量把视听资料转化为书证形式。

此外,在采集视听资料时,务必要保证声音、图像的清晰度,在实践中,当事人费了千辛万苦才取得的视听资料证据,在播放时模糊不清,结果不能为法庭所采信的情况时有发生。此外,如前文所提及,视听资料的制作日期是可以通过设备修改的,所以在制作视听资料时,应注意体现时间、地点、人物等信息。在录音时,可以在不经意中把谈话人的姓名、时间、地点等信息在谈话中说出来;在录像时,可以通过报纸、公共日历牌等拍摄内容反映拍摄日期。

进行视听资料采集、拍摄时,要注意采集方法方式的合法性和正当性。一方面,拍摄的场合和内容应该是与案件相关的,不要侵犯公民合法的隐私权和肖像权;另一方面,拍摄设备应为法律所允许使用的,不能是国家禁止使用的器材。如果不注意合法性,就有可能使获得的证据因采集不合法而丧失合法性,从而失去作用。

(2)电子数据的调查收集

电子数据也是现行三大诉讼法共同规定的证据形式。随着科学技术的迅速发展,电子、网络通信设施产品极大丰富,方便快捷的移动和网络通信方式基本取代了传统信件、电报等通信方式,当有争议发生时,储存在电子设备里的信息成为证明事实真相的依据,把电子数据纳入证据体系是时代发展的必然结果。

所谓电子数据证据,就是指以存储的电子化信息资料来证明案件真实情况的电子物品或者电子记录。电子数据主要包括以下几种形式:一是现代通信技术应用中出现的电子数据证据,常见的有电报电文、电话录音、传真资料、手机短信等;二是电子计算机技术应用中出现的电子数据证据,常见的有单个计算机中的文件、数据库文件、各种系统日志文件等;三是网络技术应用中出现的电子数据证据,常见的有电子邮件、电子公告牌记录、电子聊天记录、即时通信记录、智能卡资料等;四是数字电视电影技术应用中产生的电子数据证据,如数字影视磁带、数字光盘资料等。由此可见,电子数据与视听资料在一定范围内具有重合性。因此,在 2012 年修正《民事诉讼法》前,电子数据通常被当作视听资料的一部分。然而,视听资料强调以声音、图像而非文字内容来证明案件的真实情况，电子数据则是强调以文字、图标、代码所体现的含义来证明案件事实。电子数据和书证也具有相似性，但是书证是以纸张或有形物件为记载介质，电子数据则是以电子设备为存储介质，两者可以通过输入设备和打印设备进行转化。在2012年修正《民事诉讼法》前，电子数据一般都被转化为视听材料或书证来证明案件事实。

电子数据证据具有以下特点：① 在保存方式上，借助于电子介质；② 在传播方式上，电子数据可以通过网络快速交换和传播；③ 在感知方式上，电子数据必须借助于电子设备才能被阅读或观看、聆听；④ 存储信息量大，一张光盘或优盘可以保存相当于许许多多书证的信息；⑤ 容易被修改，但安全性高，因为电子数据的修改、复制、删除可以通过科技手段分析判断。

对于电子数据证据的收集，律师也应该从证据的"三性"来掌握：

① 真实性。一方面，律师收集的电子数据必须是原始的、未经修改的真实的信息；另一方面，由于网络聊天有时具有一定的调侃性，还要分析这些信息是不是当事人的真实意思表示。例如，两个人在腾讯QQ上留下了这样的聊天记录：

甲说："你欠我5万元怎么还？"

乙说："过两天。"

如果甲以此为证据到法院起诉，法院应当结合案情和其他证据来判断他们聊天记录的真实性。

② 关联性。一方面，是指电子证据记载的信息要与案件事实有关联性；另一方面，要确保电子数据中的电子邮件发送者、接收者、QQ昵称、微信号都能与真实的个人相联系起来。例如，在使用微信为证据的场合，律师如果不能证明QQ昵称中的"风云浪子"就是生活中的张三，以"风云浪子"的聊天记录起诉张三就面临巨大的败诉风险。

③ 合法性。取得电子数据的手段要合法，不能用黑客技术、侵入他人计算机系统的方式取得电子数据。要是违法盗取电子数据，不仅面临诉讼败诉的风险，还有被依法追究刑事责任的危险。

对于有些网络电子数据，被保存在对方的计算机或服务器中，一旦被删除就再也无法通过网络查阅到，因此，公证保全成了网络电子数据证据的有力取证手段。

3. 调查证人

证人是"知道案件情况的人"，证人尤其是现场目击证人的陈述往往能够对案件的主要事实作出证明，是证明案件事实极其重要的证据，因此，律师或诊所学员必须十分重视对证人的调查取证工作。

特别是在刑事诉讼中,绝大部分刑事案件从侦查机关侦查、公诉机关审查起诉到人民法院审判,都需要证人证言对案件事实加以证明。在很多刑事案件中,证人证言还是证明案件事实的关键性证据。因此,司法机关历来重视对证人的调查取证工作。基于刑事诉讼证明责任分配的特殊要求,辩护律师对证人的调查取证往往是一种补充性的工作。但是,我们不能因此认为辩护律师调查证人的工作是不重要的,在某些案件中,证人证言也可能是律师辩护的"制胜法宝",获取证人证言也将成为辩护律师工作的重中之重。

也正因为证人证言在刑事诉讼证明中有特别重要的意义,为确保获取的证人证言的客观真实性,《刑事诉讼法》不仅在司法机关对证人的调查取证的程序上有严格的规定,而且对律师的调查取证行为进行了严格的规范。例如,律师对证人调查取证不具有强制性,必须经证人同意;如果该证人系被害人提供的证人,必须经人民检察院、人民法院许可,并同时经被害人和证人的同意(《刑事诉讼法》第43条)。同时,《刑法》还对辩护律师违法收集证据明确规定了刑事责任。《刑法》第306条第1款规定:"在刑事诉讼中,辩护人、诉讼代理人毁灭、伪造证据,帮助当事人毁灭、伪造证据,威胁、引诱证人违背事实改变证言或者作伪证的,处三年以下有期徒刑或者拘役;情节严重的,处三年以上七年以下有期徒刑。"为此,中华全国律师协会为规范辩护律师对证人调查取证的行为,防范律师职业风险,还在其制定的《律师办理刑事案件规范》中,对辩护律师参加对证人调查取证的人数(二人)、律师调查证人的流程、制作调查笔录的规范等方面都作出了明确的规定(相关内容将在第八章"刑事辩护的理论与技巧"中详细介绍)。

在行政诉讼和民事诉讼中,代理律师对证人的调查取证则没有很严格的程序规制,也没有相应的刑事入责规定。此外,原告提起行政诉讼的主要目的是要通过法院行使审判权,对行政机关具体行政行为的合法性、正当性进行司法审查,因此,《行政诉讼法》第35条明确规定:"在诉讼过程中,被告及其诉讼代理人不得自行向原告、第三人和证人收集证据。"

证人证言是证人对案件事实感知的描述,它不仅会受现场环境(如光线、人多嘈杂)等客观条件的限制,而且还会受证人的感知和记忆能力,以及证人与当事人的亲疏关系、好恶情感等主观因素的影响。因此,如果仅仅通过法庭上对当事人及其诉讼代理人提供的书面证言进行审查,是很难确保证人证言的客观真实性的。这也是我国民事司法实践中长期忽视证人证言对事实的证明作用的主要原因之一。鉴于此,2021年修正的《民事诉讼法》第76条明确规定:"经人民法院通知,证人应当出庭作证。有下列情形之一的,经人民法院许可,可以通过书面证言、视听传输技术或者视听资料等方式作证:(一)因健康原因不能出庭的；（二）因路途遥远，交通不便不能出庭的；（三）因自然灾害等不可抗力不能出庭的；（四）其他有正当理由不能出庭的。"也就是说，我国民事诉讼立法已经确立了证人"出庭作证为原则，不出庭作证为例外"的证据规则，相较于刑事诉讼立法和行政诉讼立法，这无疑是一个重要的突破和进步。

在民事诉讼中，证人因履行出庭作证义务而支出的交通、住宿、就餐等必要费用以及误工损失，由败诉一方当事人负担。当事人申请证人作证的，由该当事人先行垫付；当事人没有申请，人民法院通知证人作证的，由人民法院先行垫付。刑事诉讼中，证人因履行作证义务而支出的交通、住宿、就餐等费用，由司法机关提供经费保障。

还需要强调的是，律师或诊所学员会见或访问有关人员时，必须制作询问笔录或谈话笔录，注明时间、地点、询问人、被询问人及询问的主要内容。询问笔录或谈话笔录，必须由被询问人核对无误后签字或盖章，否则就会因为未满足证据的形式要件而被排除。

询问笔录可以参考以下格式：

示例

询 问 笔 录

询问时间：＿＿＿＿＿＿＿＿＿＿＿＿＿＿＿＿＿＿＿＿＿＿＿＿＿＿

询问地点：＿＿＿＿＿＿＿＿＿＿＿＿＿＿＿＿＿＿＿＿＿＿＿＿＿＿

询问人：＿＿＿＿＿＿＿＿＿＿＿＿　工作单位：＿＿＿＿＿＿＿＿＿

被询问人：＿＿＿＿＿＿＿＿＿＿　性别：＿＿　年龄：＿＿　民族：＿＿

身份证号码：＿＿＿＿＿＿＿＿＿　工作单位：＿＿＿＿＿＿＿＿＿＿

家庭住址：＿＿＿＿＿＿＿＿＿＿＿被询问人电话或手机号码：＿＿＿＿

询问内容：＿＿＿＿＿＿＿＿＿＿＿＿＿＿＿＿＿＿＿＿＿＿＿＿＿＿

＿＿＿＿＿＿＿＿＿＿＿＿＿＿＿＿＿＿＿＿＿＿＿＿＿＿＿＿＿＿＿＿

＿＿＿＿＿＿＿＿＿＿＿＿＿＿＿＿＿＿＿＿＿＿＿＿＿＿＿＿＿＿＿＿

（"以上笔录经本人核对无误"字样，需被询问人本人手写）

被询问人签字：＿＿＿＿＿＿＿

时间：＿＿＿年＿＿月＿＿日

4. 申请调取和保全证据

《民事诉讼法》第67条第2款规定："当事人及其诉讼代理人因客观原因不能自行收集的证据，或者人民法院认为审理案件需要的证据，人民法院应当调查收集。"第84条规定："在证据可能灭失或者以后难以取得的情况下，当事人可以在诉讼过程中向人民法院申请保全证据，人民法院也可以主动采取保全措施。"按照以上规定，当事人及其诉讼代理人对于因客观原因无法收集到的证据，以及证据可能灭失或者以后难以取得的情况，可以申请人民法院收集或进行证据保全。

5. 申请鉴定

鉴定意见是指鉴定人运用专业知识、专门技术对案件中的专门性问题进行分析、鉴别、判断后得出的结论或倾向性意见。鉴定意见是专业人员对待证事实中的某些专门性问题作出的专业性判断，对于法官认定案件事实影响很大。因此，鉴定意见在诉讼中应用相当广泛，如在民事诉讼中，鉴定就包括了文书鉴定、医学鉴定、产品质量鉴定、工程质量鉴定、工程造价鉴定、会计鉴定等。

按照当前的诉讼规则，一方当事人单方委托的鉴定往往都不能得到相对方的认可，也很难被法庭采纳，因此，鉴定一般在法院主持下进行，由法院按照法定程序委托有资质的鉴定机构进行鉴定。只有在确有必要的情况下，才单方先行委托鉴定。

第三节　事实调查的技能演示

一、分析案件情况的技能演示

分析案件情况，首先需要明确案件涉及的法律关系，以及调整这些法律关系的法律规范；同时，律师还必须了解当事人希望通过律师代理实现何种意图，并分析已有证据材料对实现当事人权利请求的可能性，进而为进一步开展事实调查做出计划和安排。

1. 分析案件的法律关系及适用的法律

案件的法律关系不仅涉及相关的法律适用，而且还直接影响当事人权利主张的提出，并决定证明责任及其分担，以及证明标准的适用。因此，律师或诊所学员在开展事实调查之前，一定要认真分析案件涉及的法律关系是什么。

第一，律师或诊所学员要分析所涉案件是属于民事法律关系、行政法律关系还是属于刑事法律关系。这种情况在实践中是经常会遇到的，如在涉及故意伤害、合同诈骗中，就经常需要律师或诊所学员去分析判断它到底是人身侵权的民事纠纷还是故意伤害的犯罪行为，是合同欺诈的民事争议还是合同诈骗的犯罪活动。

示例

某日，律师接待了一个当事人的法律咨询，该当事人陈述：我是刚从国外读书回来的本地人，因为长期在国外读书，国内的亲戚朋友都疏远了，国内的情况也了解得比较少。因此，自己回国后比较喜欢在像微信这样的社交平台上与人交往。有一次，我在微信朋友群里认识了一个自称是公司老板的人，他说自己的公司正在搞一个很赚钱的项目，既然大家是朋友，他愿意和我分享这样的机会。起初我也是将信将疑的，此后，我们见了面，还吃过几次饭，慢慢地我就对他产生了信任感。之后，我就和他签订了一份"股权转让合同"，根据该合同约定，我以150万元人民币受让他在公司15%的股权。合同签订后，我依约按时把150万元款项转到了他指定的银行账户，我们也在市场管理监督局办理了股权转让手续。一年多时间过去了，他说过的投资回报根本见不到。前几天，我和几位一起吃过饭的朋友见面，他们说这位老板说的赚钱项目其实就是一个噱头，他已经用同样的方式多次转让了自己在公司里的股权，受让股权的钱款也都被他用在了别处，公司目前的经营状况已经很差了。于是，我便与他联系要求退还150万元。一开始还能联系上他，他还说理解我投资失败的心情，但最近他就不接我的电话了。于是，我急忙向公安机关报案，举报这位老板涉嫌合同诈骗罪。但是，我去公安机关沟通了好几次，他们还是不同意立案。我想咨询一下能不能要求检察院督促公安机关立案？

根据当事人提供的案件情况，律师或者诊所学员就要分析案件中的"公司老板"进行的是正常的股权转让行为还是合同诈骗，即案件涉及的是民事法律关系还是刑事法律关系。如果案件涉及的是刑事法律关系，也就是"公司老板"的行为是构成合同诈骗罪的行为，我们就应当支持当事人行使请求检察机关督促公安机关立案的权利，并为当事人提供相关的法律帮助。如果当事人与"公司老板"之间是一种正常的股权转让行为，他们涉及的就是民事法律关系，当事人就只能选择民事纠纷解决机制来处理。

第二，如果我们已经确定案件涉及的法律关系是民事法律关系，律师或诊所学员还需要分析案件是属于民事法律关系中的哪一类法律关系。因为在不同类型的民事纠纷中，当事人主张的权利内容是不同的，因而在民事诉讼中的证明责任分担及证明标准的适用也不一样，事实调查的范围当然也是有差异的。在刑事法律关系和行政法律关系中亦然。

示例

自然人康某向商家订购了一套家电设备，康某依约向商家支付了全部货款，商家也依约向康某按时交货并安排安装工人上门安装，经调试后能正常使用。设备正常运营了一段时间后，康某某日打开设备时就发生了爆炸，造成了康某人身和财产的损害。康某向律师或诊所学员咨询应当采取何种救济。

显然，这里涉及的应该是民事法律关系。但是，在这个案件中涉及的是多重法律关系。首先，康某向商家购买家电设备，这是一种货物买卖关系，涉及的是买卖合同关系，为《民法典》中的合同法所调整；其次，康某购买的家电设备是一种消费品，其与商家、厂家形成了消费关系，为《中华人民共和国消费者权益保护法》所调整；最后，家电设备在正常使用中由于产品质量问题发生爆炸，造成了人身和财产的损害，涉及侵权法律关系，应受《民法典》中的侵权法调整。

第三，在确定了民事法律关系的类型后，律师或诊所学员还需要分析确定是属于哪一种法律关系。以民事诉讼中的侵权纠纷为例。民事侵权纠纷通常分为一般侵权和特殊侵权两种。一般的民事侵权诉讼，如普通的人身伤害侵权，此类诉讼适用民事诉讼证明责任分配的一般原则，即"谁主张，谁举证"规则。也就是说，当事人提起普通的民事侵权诉讼，提出主张的一方（原告）就必须对侵权行为、侵权结果、侵权结果与侵权行为的因果关系，以及侵权实施人的主观过错等构成侵权责任的事实要件都作出证明，否则就要承担败诉的结果。为此，事实调查的范围就应当包括但不限于构成这些事实要件的事实。而在特殊的民事侵权诉讼中，则适用举证责任倒置的证明责任分配规则。也就是说，当事人提起特殊侵权诉讼，如医疗纠纷、高度危险作业造成损害等，提出主张的一方（原告）就无须对构成侵权的所有要件事实进行证明，因为，法律明确规定了被告应当对不具备这些要件事实的部分或全部事实进行证明，亦即举证责任倒置。

2. 了解当事人的意图

律师或诊所学员接受当事人的委托是为当事人处理法律事务提供法律服务，这种法律服务就像是一种"私人订制"，需要根据当事人的不同需求而作出调整。律师的服务质量高不高，最终是需要当事人评价的。因此，律师或诊所学员接受当事人的委托后，需要去分析和了解当事人的意图，这是很重要的。当然，在这个委托和服务的过程中，当事人的意图（也可以说是一种需求）可能是复杂而不是单一的，这就需要律师或诊所学员有"透过现象看本质"的分析能力。这里以一起离婚咨询接待为例。

示例

  有一天，一位情绪激动的年轻妇人走进了律师事务所，向律师哭诉她那背叛感情的丈夫是如何的无情无义，并要求律师为她代理离婚诉讼。此时，如果律师顺着当事人的思路，就可以为她作出离婚诉讼的安排，将案件起诉至人民法院。这从拓展律师业务的角度来说，肯定是有利的。但接待律师是一个有经验也有社会责任感的资深律师，他隐隐地感觉到这位妇人激动情绪背后的那份感情眷恋。因此，律师没有急着给当事人"开处方"，而是耐心地陪着当事人进行情绪宣泄，等到当事人的情绪逐渐恢复平静，才向当事人了解事情原委。

  原来，当事人和她的丈夫是国内某名校的大学同学，当事人毕业后回到了南方某一线城市工作。这是她出生和成长的地方，各种社会关系丰沛，再加上名校毕业生的光环及其本人的出众才能，她很快就获得了成功，不到三十岁就成为单位的中层。

  大学毕业之初，她是很少和同学交往的，尤其是和男同学。成功后的当事人春风得意，也就在同学群里活跃起来了。这个时候，大部分同学都成家立业了，原来"孤芳自赏"的当事人也萌动了结婚心思，后得知一直暗恋自己的某男同学还没有结婚，于是两个人的联系就多了起来，后来这位男同学就成了他现在的丈夫。再后来，他们有了自己的孩子，她也从那个南方一线城市搬到了现在这个一线城市，并成为一个家庭主妇。

  随着生活逐渐趋于平常，两个人的感情世界也变得平淡了，两个人的争吵也变得多了起来。丈夫回家的时间也越来越晚，有时还带着别的女人的香水味回家，从而引起了家庭大战。这次也是因为丈夫身上有别人的香水味，而且他还亲口承认在外面有别的女人了。所以，她才到律师事务所作离婚咨询的。

  接待律师凭着他的经验判断，认为这应该是一个不该离散的家庭。于是，律师就对当事人做了一些抚慰工作，并表示她如果真的想离婚，律师愿意做她的诉讼代理人。但要求她不要现在作决定，等回家平静几天后再说。同时律师以需要征询当事人丈夫的名义，向当事人要了其丈夫的联系方式。

  当事人离开律师事务所后，律师便与当事人的丈夫进行了联系。当事人的丈夫听到妻子去律师事务所咨询离婚的消息感觉很惊讶，同时他确认了妻子陈述的两个人的感情经历，也说出了最近的苦闷。据当事人的丈夫陈述，他们的夫妻感情一直就很好，只是近半年来妻子老是拿她为了现在的家庭放弃工作、放弃父母所在的城市说事，而且经常疑神疑鬼，让他感到压力很大，再加上他的工作本来应酬就多，所以，那段时间他确实去娱乐场所多了些，但绝对没有背叛感情。那天说自己外面有人只是气话。鉴于此，律师对他做了一些批评和开导，并要求他回去和妻子好好交流。

过了几天，当事人联系律师说想见他，并说这次不是一个人而是和她丈夫一起。

说到这里，大家对结局应该已经清楚。由此可见，了解当事人的意图既要明确当事人具体的权利请求，同时也要了解当事人对纠纷解决方式的关注。

3. 梳理现有案件材料，分析现有证据材料的证明力

确定了案件的法律关系及适用的法律规范后，律师或诊所学员就可以为当事人作出权利请求的选项；明确了当事人的意图后，律师或诊所学员就可以指导当事人作出权利请求的选择，明确诉讼请求。诉讼请求一旦确立，律师或诊所学员对案件待证事实也就了然于胸了。接下来，律师或诊所学员还需要对现有证据材料进行仔细梳理，并对其证明力进行认真分析。因为，现有的证据材料都是律师或诊所学员在接待（会见）当事人阶段由当事人提供的，而当事人受强烈的求胜欲望驱使，加上他们的不专业，肯定会把一些不具备证据资格或者证明力极弱的材料提供给律师或诊所学员，律师或诊所学员必须排除这些对证明案件事实无用或者无益的材料，而保留那些可以证明案件事实的证据材料。由于待证事实已经明确，现有证据材料的状况也已经清楚，那么，案件的事实调查也就有了明确的方向。这里以一起民间借贷纠纷为例。

示例

当事人某甲告诉律师，他在三年前将50万元借给了某乙，言明借期为一年，月利息为一分。一开始，某乙还是能够按月支付利息的，可三个月后就迟延支付利息了。到了借期将至，某乙便以资金运转需要提出续借的请求，并在原来的"借条"上添加了"续借某甲本金及利息共54万元整"字样，并在添加处签名按印，标注了日期（某甲当场向律师出示了这份借条）。之后，某甲多次催促某乙还钱，某乙断断续续又还了3万元，尚有本息共63万元一直没有归还。最近，某甲打了好几次电话给某乙，发现手机都处于关机状态。因此，现委托律师通过诉讼为其讨要这笔借款。

本案是一起民间借贷纠纷，如果某甲想通过诉讼要求某乙归还借款本息63万元，就应该对借款的事实与最后形成63万本息的事实进行证明。某甲现在只提供了一份"借条"，根据现行的证据规则，单有"借条"是不足以证明借款事实存在的，还必须有借款已交付的事实。另外，50万元借款三年的利息应该是18万元，而某甲主张归还本息为63万元，那就应该提供某乙已归还利息5万元的证据。在当事人陈述事实的过程中，律师还获悉某甲是用同一张银行卡转账支付借款和收取利息的。通过这样的分析，律师或诊所学员就可以明确还需要调查收集哪些证据材料了。

二、拟定事实调查范围的技能演示

所谓的"事实调查范围"就是律师或诊所学员为进行诉讼代理或者完成其他法律事务而对事实调查事项、内容所作的界限设定。

从理论上讲，为确保证明责任的实现或完成某项法律事务，律师或诊所学员应该把事实调查事项罗列得越详尽，证据收集得越充分越好。但现实是律师或诊所学员不能保证有如此充裕的时间去做细细的调查，而且，很多的证据调查收集工作是需要成本的，有的甚至成本很高（如鉴定、公证等），从实现当事人利益最大化的要求，也不允许这样不计成本地去追求完美。律师或诊所学员必须对事实调查事项进行取舍，对证据材料的调查收集作出选择，在保证达到证明标准或完成法律事务的前提下，将事实调查确定在最适当的范围。因此，律师或诊所学员在拟定事实调查的范围时应考虑以下一些因素，学会运用如下工作技巧：

（1）拟定事实调查范围应当从分析案件情况开始。在诉讼代理中，事实调查是为确保证明责任的实现而进行的工作，因此，事实调查的范围受证明责任、证明标准等证据规则的直接影响。而证明责任与当事人提出的诉讼主张有密切的联系。律师或诊所学员通过对案件情况的分析，就可以明确案件的法律关系及当事人的意图，并帮助当事人选择适当的诉讼请求，这样，案件需要通过证据证明的待证事实也就确定了。而通过对现有证据材料及证明力的分析，明确已有证据材料的状况，再对照证明待证事实需要的证据材料，拟定事实调查的范围也就"水到渠成"了。

示例

某商家向某玻璃器皿厂订购了一批玻璃制品。某日，某玻璃器皿厂的送货员按照合同规定的时间，将玻璃制品送到了合同中指定的大楼下，并按照约定给签约的某商家经理打了电话（该电话号码为合同确定的联系电话），该经理接到电话时告诉送货员"十分钟内有业务员下楼接货"。过了不到十分钟,有一位自称是该商家业务员的年轻人下楼从送货员手里接收该批玻璃制品,并在送货员的送货单上签下了张××的名字。过了质量异议期后,某玻璃器皿厂向某商家请求支付货款,但该经理多次托词拒绝。无奈,某玻璃器皿厂只能寻求法律救济。某玻璃器皿厂现有订货合同书和送货单可以提供。

这是一起普通的货物买卖合同纠纷,如果该案要通过诉讼处理,供方就必须向法庭证明需方有拖欠货款的事实存在,亦即供方已按照合同约定向需方交付了货物,而需方应支付货款却没有支付。现供方提供的合同已经证明供需双方存在买卖合同关系,然而,由于送货单上只有张××的签字,却没有该商家的印章或者是合同约定的联系人签名。因此,张××是否为该商家收货人的身份就成了律师或诊所学员需要证明的关键事实了。

(2) 拟定事实调查的范围应当根据证据价值进行取舍。证据价值也就是证据对证明案件事实的有用性。作为证据,它对证明案件事实总是有用的,这是证据的"关联性"属性所决定的。然而,证据的这种有用性程度是有区别的,有的证据是必须有的,因为缺了这项证据,事实就无法得到证明。因此,这样的证据就被认为是具有高证据价值的证据,律师或诊所学员当然要把它列入事实调查的范围,不遗余力地做好调查收集工作。还有的证据是需要的,因为少了这些证据,证明事实的程度会大大削弱,甚至影响到法官对证明标准的评价。因此,这样的证据可以认为是有较高证据价值的,律师或诊所学员也应当把它列入事实调查的范围,设法获取到。还有的证据是可以有的,但如果没有,尽管对事实证明的程度有弱化,但并不影响证明责任的实现。这样的证据就属于低证据价值的,律师或诊所学员可以根据实际情况决定是否列入事实调查的范围。

示例

某日,两位年轻人急匆匆地来到律师事务所要求向律师咨询。正在值班的律师和诊所学员接待了他们。其中一位陈述,他叫陈××,另一位是他的朋友李××。陈××男子告诉律师:"半年前,我和朋友刘××、王××一起在朋友方××开的饭店里吃饭。其间,刘××说最近手头有点紧张想向我借五万元,一个月后就还。当时,我翻了一下皮包发现还有五万多现金,就当着王××的面把钱交给了刘××。刘××收了钱后,去向方××要了笔和纸说要写借条给我,我说'大家都是朋友,写什么借条呀?'最后就没让他写借条。过了一个月后，刘××见到我时对借钱的事连提都没提，我也不好意思刚到还款期就催他还钱。之后，我还让王××和他说过还钱的事，可直到今天，李××也没有半点还钱的意思。今天，李××来我家玩时问起刘××有没有还钱，我问他怎么知道我借钱给刘××的，他说是王××和他说的。"李××插话说："我是听朋友王××说的，王××说刘××真的不靠谱，借了朋友钱也不还。另外，我还听别人说，刘××并不是只在陈××这里借钱不还。所以，今天才让陈××过来咨询的。"律师问陈××还有没有人知道借钱的事，陈××说那天自己拿钱给刘××时，饭店的伙计看到了，还说钱真多。

从上述案情中，我们可以得到下面一些信息材料：

（1）朋友王××看到了刘××向陈××借钱，以及陈××把钱借给刘××的全过程——证人证言；

（2）饭店老板方××知道刘××向他要纸和笔写借条，但不知道谁向谁借钱——证人证言；

（3）饭店伙计看到陈××拿钱出来，但不知道把钱给谁——证人证言；

（4）李××听王××说刘××向陈××借钱不还的事——证人证言；

（5）李××听别人说刘××借了别人的钱也没还——证人证言。

在上述信息材料中，陈××是事情的经历者，他的陈述不仅是原始证据，而且还是直接证据；王××不仅目睹了陈××借钱给刘××的全过程，还帮陈××向刘××催过款，他的证词属于原始证据和直接证据；方××提供刘××纸、笔写借条的情况，只能证明那天有人要借钱，但不知道谁向谁借钱，他的证词属于原始证据和间接证据；饭店伙计亲眼看到陈××拿钱给刘××，但不知道陈××为什么要把钱给刘××，他的证词属于原始证据和间接证据；李××听王××说刘××向陈××借钱不还的事情，他的证词属于传来证据和直接证据；而李××听别人说刘××借了其他人的钱没还，这与案件没有关联性。由此可见，材料5对证明案件是没有证据价值的，它不能成为本案的证据；材料2、3是间接证据，不能证明案件的主要事实，材料4是传来证据，也必须结合其他证据才能证明案件事实，证据价值相对于原始证据和直接证据要弱许多；材料1是原始证据、直接证据，是两位当事人的共同朋友，具有最高的证据价值。

（3）拟定事实调查范围必须考虑收集证据的成本及当事人的经济能力。收集证据是需要成本的，它不仅花费律师或诊所学员大量的时间，而且有时还需要付出当事人的经济成本。在实践中，有些当事人因为赌一时之气，为打官司不惜成本，结果是赢了官司不赢钱，甚至有的还既输官司也输钱。遇到这样的情况，认栽服输的当事人多，但生气埋怨的当事人也不少，甚至还可能引发当事人的投诉。因此，律师或诊所学员在拟定事实调查范围时一定要审慎评估收集证据的成本，尤其是对那些经济承受能力较差的当事人，尽量花小钱甚至不花钱办大事，实现当事人诉讼利益最大化。例如，在事实调查中，对于鉴定、公证、异地取证等需要较大成本投入的证据收集手段，一定要充分考虑当事人的经济利益，确保当事人利益最大化的实现。

(4) 拟定事实调查范围还要尊重当事人的意愿。在实践中，有一些当事人因争强斗气进行诉讼，他们可以不计成本地去追求打赢官司。但更多的当事人还是为了利益尤其是经济利益进行诉讼，他们可以不在乎官司在纸面（判决书）上的结果，只要实现经济利益的最大化。因此，律师或诊所学员一定要尊重当事人的选择，服从当事人的意愿。如果当事人是希望律师或诊所学员通过和解、调解的方式，或者"以诉促谈"，最终以和解或调解的方式解决争议的话，那么，律师或诊所学员在拟定事实调查范围时就未必要按照严格的证明标准提出高要求，而可以寻找关键证据为目标，达到"打蛇打七寸"的效果来确定事实调查的范围即可。

(5) 事实调查范围应当包括一般调查事项。例如，案件发生的时间（可能有多个时间点）和地点（可能涉及多处地点）、涉及的当事人（可能涉及多个当事人）、当事人之间发生了怎样的冲突或行为、各方目前的态度和目的、发生的费用和相关单据、鉴定结论、单位证明、其他法律文件等。

三、制订事实调查计划的技能演示

(一) 制订事实调查计划应该在一个明确的目的（目标）指引下进行

制订事实调查计划就是为了实现事实调查的目的。因此，在进行事实调查之前，律师或诊所学员首先就必须明确为什么要开展事实调查活动，或者说律师或诊所学员进行事实调查要得到什么结果。如果事实调查的目的性不明确，事实调查工作就会陷入盲目，就会直接影响事实调查工作的效果，甚至对律师或诊所学员所进行的诉讼或其他法律事务工作产生不利的后果。

当然，在不同的法律事务中，事实调查的目的也是不一样的。就诉讼案件而言，律师或者诊所学员进行事实调查的目的就是要通过深入细致的证据收集工作，依据证据来证明特定的案件事实，以求得到人民法院的公正裁判。[①] 而在对交易伙伴的尽职调查中，律师进行事实调查就是要通过收集相关材料，分析可能影响交易的各种因素，以便提出规避法律风险的对策，为当事人正确决

---

① 孙淑云、冀茂奇主编：《诊所式法律教程》，中国政法大学出版社2010年版，第75页。

（二）制订事实调查计划应当在分析已有案件材料的基础上展开

律师或诊所学员制订事实调查计划通常是在经过接待（会见）当事人获取了案件事实的基本信息并取得当事人的授权后展开的工作，因此，分析已有案件材料是制订事实调查计划必须进行的一项工作。

（三）事实调查计划必须建立在明确的调查范围基础上

通过对案件情况的分析，律师或诊所学员已经明确了案件的法律关系及当事人的意图，并帮助当事人选择了诉讼请求，这样，本案需要通过证据证明的待证事实也就确定了。另外，通过对现有证据材料及证明力的分析，明确了已有证据材料的状况，再对照证明待证事实需要的证据材料，拟定事实调查的范围也就水到渠成了。

（四）事实调查计划应当是具有开放性的

"计划没有变化快"，这并非完全是戏言，尤其是在事实调查的过程中，情况随时都会发生变化。如果我们僵化地守着计划，而不是随着情况的变化而改变，那么，这不仅会给事实调查工作带来被动，甚至还会造成事实调查的目标无法实现，使当事人的利益受损。因此，事实调查计划应当具有开放性，应随着情况的变化而改变、充实、完善。

示例

吕××房屋买卖纠纷案事实调查计划书

【案情介绍】 2016年2月20日，吕××与上海××置业有限公司签订了《房屋预售合同》，合同约定由吕××向上海××置业有限公司购买上海市浦东新区××路1000弄1号楼1910房屋（以下称"该房屋"），房价款共计3010594元，房屋交付时间为2017年5月31日前。同时，合同还约定，如果双方就房屋买卖合同发生纠纷应提交上海仲裁委员会仲裁解决。之后，吕××于2016年2月23日依约向上海××置业有限公司支付第一期房款1510594元，并向上海××置业有限公司递交了办理网签及房屋过户手续的相关材料；2017年5月2日，上海××置业有限公司向申请人交付了合同项下的房屋；2017年7月3日，吕××向上海××置业有限公司支付了尾款1500000元。上海××置业有限公司向吕××出具了收到前述房款的收款收据。

上海××置业有限公司在收到吕××的登记材料后，其工作人员即与同期购买该楼盘房屋的其他客户一同在网上进行了网签的相关操作，并告知吕××届时领取《房屋产权证》。此后，吕××得知同期购买该楼盘的其他业主已经收到了《房屋产权证》，而自己却迟迟没有收到，于是就向上海××置业有限公司询问。经上海××置业有限公司查验后发现，因为工作人员的工作疏忽，吕××所购房的网签手续并未提交；而吕××是用自有资金全额支付购房款的，不涉及办理银行贷款的相关手续，当时并未注意网签程序是否已经完成。现在该楼盘的网签通道已经关闭，导致吕××至今无法办理《房屋产权证》。

吕××欲委托律师通过法律途径解决该项纠纷。

【计划人】

上海市×××律师事务所黄×律师、李××律师助理。

【计划目标】

通过事实调查收集的证据，证明吕××与上海××置业有限公司签订的《房屋预售合同》是真实有效的，进而通过仲裁取得有利于吕××的裁决书，完成房屋登记过户手续。

【计划内容】

1. 需要吕××提供的证据材料包括：

（1）身份证复印件；

（2）《房屋预售合同》复印件；

（3）付款凭证及收据（发票）；

（4）房屋交接通知及相关手续证明；

（5）在物业处办理的入住证明，包括但不限于物业费发票；

（6）其他可以提供的证据材料。

2. 需要在房地产交易中心收集争议房屋的产权状况，包括但不限于抵押。

3. 需要在房地产交易中心调查关闭网签通道的原因。

4. 需要调查上海××置业有限公司操作网签的工作人员，了解未办网签的情况。

5. 需要调查吕××的邻居，了解吕××对房屋的使用情况。

6. 其他需要调查的事项。

【可能存在的困难】

1. 调查关闭网签通道的原因需要房地产交易中心的支持。

2. 向操作网签的工作人员调查需要上海××置业有限公司的配合。

3. 是否有限购的政策影响，需要特别关注。

四、对证人调查取证的技能演示

（一）选择证人也要"挑三拣四"

有时在一个案件里会有很多个证人，里面有现场目击的，也有道听途说的；有了解事情原委的，也有知道过程片段的；有与当事人亲近的，也有与当事人疏远甚至是有恩怨的。律师或诊所学员不能认为"放进篮里的都是菜"，照单全收，而应该对证人进行必要的选择。

1. 选择证人是要选择证据价值高的

示例

某日正午时分，在某县城的一个十字路口发生了一起交通事故，一辆疾驶的轿车撞倒了一位快递小哥，交警赶到现场后开展了事故调查。交警询问肇事双方，轿车司机说是快递小哥闯红灯被撞的；而快递小哥却说当时信号灯已转绿，是轿车司机车速太快造成事故的。由于这是个小县城，居民人口本来就不多，加上这也不是车辆繁忙路口，路口没有安装电子探头。当时路上行人也很少，现场就三个人。两位是站在人行道边上等待绿灯通行的，还有一位是快递小哥被撞倒后才到现场的。这三个人和被撞快递小哥都是同一方向的，其中一位站在人行道上等绿灯的行人因为一直在看手机，他是在听到轿车的撞击声和人的喊叫声才发现快递小哥被撞的。那么，如果需要我们对三个证人进行选择，答案应该是很确定的，就是那位站在路边等待绿灯时并没有看手机的行人，因为只有他是目击了这起交通事故全过程的，是最具有证据价值的证人。

2. 选择证人是要选择证明力强的

我们知道，决定证据证明力大小的因素有很多。例如，原始证据比传来证据证明力强，直接证据比间接证据证明力大，公文书证比私文书证证明力强，处分性书证比报道性书证证明力大，司法机关收集的证据比当事人收集的证据更容易被采信等。而决定证人证言的证明力强弱还有一个重要的因素，那就是证人与当事人之间的关系。但凡与当事人关系比较亲近的，如亲戚朋友、师生战友、同事同学等，这些证人为当事人作证的愿望肯定不弱，律师或诊所学员也很容易能收集到这些证人证言。然而，也恰恰是因为有这种亲近的关系，他们所提供的证人证言的真实性必然会受到对方的质疑，证明力相对是比较弱的。① 而与当事人有恩怨或者与对方当事人关系亲近的证人，如果能作出有利于当事人（不是对方当事人）的证词，那证明力自然是很强的，但这可能只存在理论上的假设，在现实生活中可能很难发生。如果这些证人作出有利于对方当事人的证词，同样也会受到己方当事人的质疑，进而影响证人证言的证明力。② 而只有那些与双方当事人均无亲疏关系，最好是"陌路人"的目击证人所作的证言，是最容易被法官采信的、被认为是证明力最强的证人证言。③ 如果需要在这三类"目击证人"中作出选择，首先应该选择的就是双方当事人的"陌路人"这一类。

3. 选择证人是要选择成本低的

律师或诊所学员开展对证人的调查取证是需要成本的，这种成本不仅仅是一种时间上的耗费，有时还需要经济付出，如在异地对证人进行调查取证，就需要支出交通差旅费用；再如证人出庭作证，还要承担证人为履行出庭作证义务而支出的交通、住宿、就餐等必要费用以及误工损失等。这些支出都将转化为诉讼成本，最终由当事人承担。因此，如果在证人中存在选择的空间，那么，律师或诊所学员一定要将调查取证需要的成本也作为选择证人应当考虑的因素纳入计划的范围。

（二）会见安排还要"投其所好"

如果证人同意与律师或诊所学员会见，那么，律师或诊所学员就需要对会见的时间、处所等作出安排。在通常情况下，律师一般都会和证人约定时间后安排在律师事务所的接待室会见。但是，律师或诊所学员出于对证人尤其是"中立证人"和"不友好证人"的尊重，投其所好，一般让证人来确定会见的时间和场所。这是一种"以守为攻"的策略，这样不仅可以避免律师或诊所学员在与证人沟通中遭遇拒绝的尴尬，而且还可以拉近律师或诊所学员与证人之间的心理距离，让"中立证人"感受到律师或诊所学员的真诚而积极作证，让"不友好证人"体会到律师或诊所学员的友善而消除原有的隔膜，为下一步展开话题创造和谐的氛围。

（三）展开话题需要"看客下菜"

"万事开头难"，和陌生人打交道也是如此。初上社交场的人通常都会有

---

① 我们姑且把这样的证人称为"友好证人"。参见孙淑云、冀茂奇主编：《诊所式法律教程》，中国政法大学出版社2010年版，第97页。

② 我们姑且把这样的证人称为"不友好证人"。参见孙淑云、冀茂奇主编：《诊所式法律教程》，中国政法大学出版社2010年版，第97页。

③ 我们姑且把这样的证人称为"中立证人"。参见孙淑云、冀茂奇主编：《诊所式法律教程》，中国政法大学出版社2010年版，第97页。

"丑媳妇怕见公婆"的那种感受，怕见但又不得不见。而这种局促、紧张的心态，往往也会给律师或诊所学员的临场发挥带来负面影响。因此，律师或诊所学员在和证人见面寒暄后要如何展开话题，确实是需要费点心思的。

对于亲近当事人的"友好证人"，律师或诊所学员与其展开话题应该不会有什么障碍，只要礼节到位，直奔主题展开话题也未尝不可。即便是律师或诊所学员对其礼仪不够，但只要不是有心之举，与其直接展开话题也能顺畅。

示例

律师："×先生，您好！"
证人："您好！"
律师："我是××律师事务所律师、××案件的委托代理人。感谢您能如约来到这里接受询问。为确保××案件能够得到公正处理，依法维护××的合法正当权利，请您如实提供您所知道的案件信息。"
证人："好的。"
律师："您和××是否认识？"
证人："认识的。"
律师："您和××是什么关系？"
证人："我和××原来是××公司的同事。××××年我离职了。"
律师："现在呢？"
证人："是朋友关系。"
律师："××××年×月×日在××××发生交通事故时您在现场吗？"
证人："是的，正和几位朋友在××店门口喝茶聊天。"
律师："好的。那请您把当时看到的情况说一下吧！"
证人："好的……"

对于"中立证人"，情况可能就会复杂一点。对于一些正义感比较强、能与当事人有同理心、对当事人比较友善的"中立证人"，律师或诊所学员可以采用与"友好证人"一样的展开话题的方式——直奔主题，也能比较顺利地完成调查取证。但有些"中立证人"可能会采取比较消极的态度对待律师或诊所学员的调查。由于他们抱着"多一事不如少一事"的观念，习惯用"事不关己高高挂起"的态度对待别人的事情，不容易与当事人形成"共情"，因此，对于律师或诊所学员的调查可能会敷衍了事。面对这样的"中立证人"，律师或诊所学员如果也采取"直奔主题"的话题展开方式，或许调查也可以进行，但可能会影响调查的效果。假如律师或诊所学员能多一分耐心，让证人了解一点案件发展的情况，知道当事人的近况，明白得到他（她）的帮助对当事人很重要，以激发他的正义感和同情心，这样，律师或诊所学员的调查工作一定会有意想不到的效果。

示例

律师："今天您能如约而至，真的很感谢您！"

证人："不客气。"

律师："您知道这个事情的后续吗？"

证人："不知道。当时我看那个人伤得比较重，就和旁边的人一起把受伤的人抬上了一辆私家车，有人送他去医院的。待了不一会儿，我也就走了。"

律师："是呀，要不是大家救助及时，还不知道会发生什么结果呢！所以，×先生至今还说要感谢你们呢。"

证人："没什么呀，我也就搭了把手。"

律师："您搭的一把手对×先生也是很重要的。要不是及时送医院治疗，×先生估计已经不能够恢复到现在的状态了。"

证人："伤得很严重吗？"

律师："伤得很严重。可怕的是在治疗过程中还出现了并发症，差点危及生命。但更可气的是肇事者×××，他就在出事那天去医院看过×先生，后来再也没有去过医院。前不久，他居然还停止了给医院支付医疗费。×先生家里经济状况不好，要承担这笔医疗费是不可能的，迫不得已，×先生只能采取司法途径，迫使×××为还在治疗中的×先生承担医疗费用。因此，能得到您的帮助对×先生真的很重要。"

证人："需要我做什么？"

律师："需要您为他作证。"

证人："好。"

与"不友好证人"展开话题，那是真正考验律师或诊所学员沟通能力和水平的。在实务中，律师一般不大会选择对与当事人有恩怨或者与对方当事人亲近的"不友好证人"调查取证，通常都会考虑用别的证据替代，或替换其他证人。只有在别无选择且该证人的证明对案件是必不可少的情况下，律师才会考虑从"不友好证人"那里获取证词。不过，从"不友好证人"那里获取有利于当事人的证词并非绝无可能。首先，"不友好证人"只是与对方当事人

的关系比较近,并非对己方当事人不友好。如果律师或诊所学员能够动之以情,晓之以理,激发其潜在的社会正义感,并能消除其在处理人际关系上的某些顾虑,这样的证人完全是有可能转化成立场比较中立的普通证人的。其次,"不友好证人"只是理论上根据其与当事人关系的亲疏所作的一个区分,而同类关系中的不同个体,他们对事物的态度和立场也并不是完全一样的。例如,甲、乙都是对方当事人丙的同学,但谁也无法保证甲和乙在为丙作证的立场和态度就必定一致。最后,"不友好证人"是对当事人"不友好",而并非针对律师或诊所学员。如果律师或诊所学员能够通过自己的努力化解证人与当事人之间的恩怨,那这位证人肯定也不再是"不友好证人"了。所以,律师或诊所学员绝不能完全排斥所谓的"不友好证人",只要能够找到适当的话题展开方式,从"不友好证人"处获取证词也不是不可能的。另外,律师或诊所学员还可以向法院行使申请调查取证的权利。

(四)切入主题就要"因势利导"

与证人的话题展开之后,律师或诊所学员就可以开放性询问的方式把证人引入主题。例如,以"现在就请您陈述一下您所看到(或知道)的事情经过吧!"这样一种开放式询问开始,可以让证人充分地陈述他所看到、听到的事实,为律师或诊所学员提供最丰富的案件信息。此时,律师或诊所学员主要是倾听者,除非证人的陈述过于跑题,否则尽量不要去打断他(她)的陈述。

当然,在证人陈述事实之前或者过程中,律师或诊所学员可以提醒证人要围绕案件事实展开陈述,只讲证人亲眼所见、亲耳所闻的事情经过,尽量不要有推断或者评价。在证人讲到案件的某些关键性事实的时候,律师或诊所学员还可以用一些提示性语言,引导当事人作出有重点的陈述,如:"嗯,你刚刚讲到的事实很重要,请你讲得具体一点好吗?"在证人因受情绪影响出现陈述偏离主题的时候,律师或诊所学员除了对证人的情绪进行适当安抚外,也要进行适当的引导,让证人回到对案件事实的陈述上来。

由于受认知能力和表达能力的限制,证人对案件事实的陈述可能是零乱、没有逻辑的,因此,在证人对案件事实的陈述结束后,律师或诊所学员还应当按照事先确定的调查目的,对证人之前的陈述进行梳理,并以询问的方式引导证人回答一些案件事实中的重要问题,并把证人证言以调查笔录的形式固定下来。

示例

律师:"您的陈述结束了,是吗?"

证人:"是的。"

律师:"您刚才陈述的内容很多,我做了一个梳理,您看对不对?"

律师:"……"

证人:"嗯,我是这么说的。"

律师:"好的,谢谢您!"

证人:"不客气。"

律师:"下面,我还有几个问题想问问您,可以吗?"

证人:"好的。"

律师:"(提问)……"

(五)打破僵局要唱"白脸红脸"

在刑事诉讼中,为了规范律师在刑事案件中的辩护工作,同时也是为防范辩护律师的执业风险,中华全国律师协会在《律师办理刑事案件规范》中明确要求律师在调查取证中必须有两个人参加。在民事诉讼和行政诉讼中,虽然没有这样成文的规范要求,但实践中很多律师还是采取两位律师或由律师与律师助理共同接待(会见)当事人、证人的,除规范执业、防范执业风险外,两个人有分工、有协作,更有利于工作的进行。例如,在调查证人时,万一在进行中遭遇僵局,如果参与调查的两位律师能够协同配合,一个人"唱红脸",一个人"唱白脸",就有可能比较容易地化解大家面临的尴尬。

在对证人的调查过程中,通常在展开话题一开始及签字确认时比较容易出现僵局。或许由于律师或诊所学员缺乏经验,或许由于律师或诊所学员没有做好应有的准备,没有营造与证人谈话的气氛,证人面对律师或诊所学员时可能"话不投机半句多",话题一时无法展开,使调查陷入僵局。另外,形成书面证人证言的调查笔录,是需要有证人签字确认的,否则就会因为缺乏法定的形式要件而成为废纸。而当律师或诊所学员要求证人在"询问笔录"结尾处书写"以上笔录已阅,无误"并签名时,很多证人可能因为有所顾忌而犹豫,甚至拒绝签字,使调查陷入僵局。此时,律师或诊所学员除了动之以情,晓之以理,反复对证人做解释、说服工作,使其消除不必要的顾虑外,旁边的律师或诊所学员适时提醒一下,"如果我们今天的调查无法进行下去的话,就只能申请法院调查或申请法院通知证人到庭作证了",可能对打破僵局很有作用。因为,证人可能会担心自己出现在法庭上会让大家很尴尬,而且很多证人对接受法官的调查或上法庭会心生畏惧。

> **示例**
>
> 律师甲:"好,我们今天就询问到这里。最后还要请您仔细阅读以下笔录,如果没有记录错误的话,就请您在笔录结尾处书写'以上笔录已阅,无误',并在下面签上您的名字,写上今天的日期。谢谢!"
>
> 证人:"啊?还要我签字呀?"
>
> 律师甲:"是的,只有您在笔录上签字以后,我们才能把笔录作为证据提交给法院。否则,我们今天的工作都白做了。"
>
> 证人:"……那我得好好想想。"
>
> 律师甲:"……"
>
> 证人:"……"
>
> 律师乙:"如果您不愿意在笔录上签字的话,那只能说明我们今天对您的调查工作还没有成功,而且这是我们主观之外的原因造成的。我们只能根据法律的规定申请由法院来调查,或让法院通知您上法庭作证。"
>
> 证人:"是让法官来做笔录或者让我上法庭?"
>
> 律师乙:"是的。"
>
> 证人:"我可以不去吗?"
>
> 律师乙:"这您可得问法院了。"
>
> 律师甲:"您拒绝出庭可能要承担法律后果的。"
>
> 证人:"……"

(六) 调查笔录最好"原汁原味"

调查证人应当制作调查笔录(有的称为"询问证人笔录"),这样能够起到固定证人证言的作用,使证人在此后不能轻易改变在调查过程中所作的陈述;同时,制作调查笔录使证人证言形成书面形式,律师或诊所学员才能将其作为证据向法庭提交。

关于对证人调查笔录的写作规范及样式已在本章第二节作过介绍,在此不再重复。这里需要特别说明一点,不同于其他法律文书强调语言表述的规范化,为体现对证人调查过程的真实性,调查笔录中的语言表达尽量要记载证人的原话,而不要刻意去"法言法语"化。

第四节　事实调查的技能训练

一、制订事实调查计划的技能训练

【案情资料】　刘某英为某企业退休员工，丈夫早逝，夫妻二人共有二子一女，均由刘某英抚养长大。长子周某进于 2011 年与王某月结婚，生有一子周某玉，周某进于 2013 年因病去世，王某月非常伤心，决定不再婚，专心照顾儿子及多病的婆婆。次子周某峰因意外事件刺激患精神病，被送往精神病院接受治疗。女儿周某红甚得母亲喜爱，现在美国留学。2018 年 2 月，刘某英因突发心脏病被王某月送往医院，虽经数月的细心照料及治疗，仍无法控制病情，于四个月后死亡。在其遗产继承问题上，远在美国的周某红来电话称，刘某英死前曾打电话给她说，其死后全部遗产由周某红继承。

【要求】
1. 王某月现要求作为继承人继承刘某英的遗产，她的要求是否合理？请以王某月诉讼代理人的身份，拟定一份事实调查计划。
2. 本案中周某玉是否享有继承权？请以周某玉诉讼代理人的身份，拟定一份事实调查计划。

【提示】
1. 丧偶儿媳对公婆、丧偶女婿对岳父母尽了主要赡养义务能否作为第一顺序继承人？
2. 被继承人的子女先于被继承人死亡，被继承人子女的直系晚辈血亲能否继承被继承人遗产？

二、拟定事实调查范围的技能训练

【案情资料】　2015 年 7 月，某机械设备厂因生产需要，欲招聘一名有机床设计工作经验且掌握机床电气原理和机床维修知识的机械设计师。王某得知此事后，到该厂应聘。当时，他自称自己完全符合该厂所提出的招聘条件，不但具有 8 年从事机床设计工作的经验，而且精通各种机床的电气原理和维修知识。厂方审阅了王某的自荐表并听取其自我介绍后，便与其签订了为期 3 年的劳动合同，约定的工作岗位为机械设计师。一个月后，厂方在工作中发现，王某不但不能胜任机床设计工作而且连进行该项工作的基本常识都不懂。于是，厂方便怀疑王某应聘时的自荐材料有问题。经过调查得知，王某的自荐材料纯属虚构，他高中毕业后，一直在一家国有企业当机床维修工人，并不懂机械设计。进该机械设备厂前,他才刑满释放,在社会上游荡。厂方在获悉了王某的真实情况后,决定与其解除劳动合同。

【要求】

1. 某机械设备厂能否依据试用期的规定解除与王某的劳动合同?
2. 某机械设备厂是否可以解除与王某的劳动合同?请为某机械设备厂提出仲裁或诉讼主张并拟定事实调查范围。

【提示】

1. 没有约定试用期的,用人单位能否对劳动者实行试用期?
2. 采取欺诈、威胁等手段订立的劳动合同是否有效?当事人是否可以自行认定?

三、调查模式选择的技能训练

【案情资料】 梁某、刘某、何某与陆某系公司同事,梁某是陆某的领导。某日下班后,陆某约刘某和何某到烧烤店吃饭,陆某与刘某两人共同饮45°白酒约一斤半,何某未饮酒。席间陆某曾去隔壁敬酒并接受了隔壁桌的回敬。当晚约21时40分,陆某与刘某、何某步行回到公司员工宿舍。因陆某与宿舍楼下邻居发生争执,刘某打电话通知经理梁某前来处理。梁某让方某开车一起到达员工宿舍,看到陆某醉酒,且宿舍里声音很大,梁某让陆某去其家中休息,由方某开车将其二人一起送至梁某家中。梁某将陆某安排到一间小卧室里。方某在安抚好陆某躺下后,将其手机放在其躺着的枕头下方,并于凌晨1时左右离开。梁某对陆某进行了照料后也回房入睡,中途起来上厕所时发现陆某已经离开,并带走了自己的车钥匙、工牌等物品。梁某并未对陆某进行寻找,再次回房休息。第二天,梁某和刘某被告知陆某因遭遇车祸不幸身亡。现陆某家属欲以刘某、何某聚餐喝酒时未对陆某劝阻,陆某酒醉后梁某、方某未尽看护义务为由起诉梁某、刘某、何某和方某。

【要求】

1. 梁某、刘某、何某和方某是否应当对陆某的死亡承担民事赔偿责任?
2. 根据案件因果关系进行事实调查,拟定事实调查范围。

【提示】

《民法典》第1165条规定:"行为人因过错侵害他人民事权益造成损害的,应当承担侵权责任。"

四、调查证人的技能训练

【案情资料】 甲方与乙方在中介机构居间下签订了一份房地产买卖协

议，并支付了定金。第二天，甲方因家人意见不一，向乙方口头提出解除协议，乙方表示"除非找到下家，否则不同意解除"。为此，甲方将此情况电话告知中介人员王某，并请求为乙方重新发布售房信息。此后，中介人员王某多次联系甲方和乙方前来签订解除协议，甲、乙双方始终未签订解除协议。甲方见协议无法协商解除，为筹集房款卖掉自住房屋，并告知乙方依约受领房款。孰料，乙方因房价上涨又将房屋卖给他人。纠纷遂起。

本案的争议焦点为甲、乙双方是否已经协商一致解除协议。因甲、乙双方之间只有口头交涉，没有任何书面证据。问题的关键就在于本案的中介人员王某能否证明这一事实。在一审中，中介人员王某应乙方申请出庭作证，陈述说"甲方告知他协议已解除"。一审法院据此认定，甲、乙双方已协商一致解除协议。甲方上诉后，二审法院在询问双方当事人后，径行判决，驳回上诉，维持原判。①

【要求】
1. 模拟法庭调查场景，对证人王某进行法庭调查。
2. 讨论法院是否可以王某的证言作为依据，判定合同已协商一致解除？

【提示】
与案件事实有关联或者与案件有利害关系的证人，其证明力应当如何确定？

---

① 陈招利：《一则案例引发的思考：证人证言岂能任意采信?!》，http://www.law‐lib.com/lw/lw_view.asp?no=8730，2021年7月28日访问。

第六章 法律研究的理论与技巧

第一节 法律研究概述

法律研究是从事法律实务、开展法律实践的基础和条件。目前，法学/法律教育机构对法科生的培养重理论、轻实践，法科生法律实践能力普遍不足，面对法律实践问题普遍缺乏应有的法律实践技艺和能力。培养法科生具有必备的法律实践技艺和能力，首先应使他们具备针对某一法律实务开展法律研究的技巧。

一、法律研究的概念及特征

（一）法律研究的概念

法律诊所中的"法律研究"要区分于学术上的法律研究，前者仅指律师或诊所学生对具体案件的法律研究，是英文"legal research"的直译，即根据案件的具体情况，科学、系统地检索法律信息，并对检索到的法律信息进行分析，进而运用于具体案件的方法。

法律职业共同体的任务并不仅局限于构建法律的概念和体系，或者对概念体系进行理论描述，还应当在此基础上对法律这一社会调整工具的实际运用及其方法给予积极关注和深入思考，从而实现霍尔姆斯所说的将"纸面上的法"（law in book）转化为"现实中的法"（law in action），因为法律的精髓在于后者，而不是前者。[①] 因此，法律研究不应局限于抽象的法律本身，而应该扎根于客观世界，面向实践、面向具体问题，即根据法律分析事实，解决纠纷，通过特定的方法和技巧将法律规范与具体的案件事实结合起来，从而得出妥当的结论。

（二）法律研究的特征

诊所中的法律研究通常具有以下两个基本特点：

[①] 王利明：《法学是一门科学》，载《人民法院报》2013年2月8日第7版。

1. 以构建案件事实为前提

从法律适用的过程来看，形成案件裁判结论的过程，通常适用法律的三段论逻辑：确认作为判断材料的"事实"，即小前提，寻找要作为判断依据的法规范，即大前提，将案件事实涵摄于法规范之下，依逻辑三段论推导出结论。

法律规范要适用于具体情况，首先就要确定引起争议发生的事实是什么。当然，"案件事实并不等同于自然的客观事实，而是根据诉讼法的要求依证据法规则人为构建的事实"[①]。一般来说，法律研究是通过三个步骤来完成的：一是听取当事人的陈述，并在此基础上，运用一种"合乎情理的想象"，复原实际发生的事件；二是运用证据规则，对该案件事实作进一步的判断、确信与证成；三是将该案件事实涵摄于特定法规范之下，即"案件事实"与可适用的该特定的法规范明确的构成要件之间建立起了一一对应的关系。[②] 这一过程说明，构建案件事实是法律研究的前提。

2. 以现行法律规范为基础

法律研究的目的是找寻正确的特定法规范，这一目标导向表明，法律研究必须以现行的法律规范为基础。法律包括狭义和广义两种。一般而言，狭义的法律专指国家最高权力机关制定的效力低于宪法的规范性法律文件。广义的法律是指全部法律规范的整体，包括作为根本法的宪法、全国人民代表大会及其常务委员会制定的法律、国务院制定的行政法规、地方国家权力机关制定的地方性法规等。

找寻正确的特定法规范可能是一个耗时的过程，需要梳理与纠纷相关的所有规范，包括但不限于法律、法规、司法解释、司法判例等。

示例

就私自录音取得的资料能否作为证据使用的问题，是当事人等各方均比较关心的问题。对于此问题的最终解决，就需要借助法律研究，回溯性梳理相关规范等，才能找到一个合适的准确的即现行的特定法规范。

《最高人民法院关于未经对方当事人同意私自录音取得的资料能否作为证据使用问题的批复》（法复〔1995〕2号）指出："证据的取得必须合法，只有经过合法途径取得的证据才能作为定案的根据。未经对方当事人同意私自录制其谈话，系不合法行为，以这种手续取得的录音资料，不能作为证据使

[①] 刘治斌：《案件事实的形成及其法律判断》，载《法制与社会发展》2007年第2期。

[②] 同上。

用。"该批复现行有效,但批复时间比较早,最高人民法院明确只有以合法途径取得的证据才能作为定案的依据,显然是不切实际的。要求对方同意录制在今后对其不利的证据,根本不具可能性。可以说,该批复的规定不利于保护合法的民事权益,影响实体公正。

这种合理疑问必然促使我们继续借助法律研究,对法复〔1995〕2号所述的"未经对方当事人同意私自录制其谈话,系不合法行为,不能作为证据使用"的内容进行核对。经过法律研究后发现,这一规定在2001年通过的《最高人民法院关于民事诉讼证据的若干规定》实行后被取消了。《最高人民法院关于民事诉讼证据的若干规定》第68条规定:"以侵害他人合法权益或者违反法律禁止性规定的方法取得的证据,不能作为认定案件事实的依据。"第70条规定:"一方当事人提出的下列证据,对方当事人提出异议但没有足以反驳的相反证据的,人民法院应当确认其证明力:(一)书证原件或者与书证原件核对无误的复印件、照片、副本、节录本;(二)物证原物或者与物证原物核对无误的复制件、照片、录像资料等;(三)有其他证据佐证并以合法手段取得的、无疑点的视听资料或者与视听资料核对无误的复制件;(四)一方当事人申请人民法院依照法定程序制作的对物证或者现场的勘验笔录。"该规定的相关规定说明,对视听资料,不再以取得被拍摄、被录制者的同意为具有证据能力的先决条件,即使未取得对方同意而偷拍偷录,也不必然丧失证据资格;视听证据的取得不得侵害他人合法权益(个人隐私、商业秘密等)或者违反法律禁止性规定,但该规定并未对以侵害他人合法权益和违反法律禁止性规定取得的证据的具体情形作出规定。

2019年,最高人民法院公布了《最高人民法院关于修改〈关于民事诉讼证据的若干规定〉的决定》,删除了2001年《最高人民法院关于民事诉讼证据的若干规定》第68、70条。同年,最高人民法院公布了《最高人民法院关于废止部分司法解释(第十三批)的决定》(法释〔2019〕11号),废止了法复〔1995〕2号。但这并不意味着未经对方当事人同意私自录音取得的资料不能作为证据使用。比较法复〔1995〕2号和2001年《最高人民法院关于民事诉讼证据的若干规定》两个文件可知,法复〔1995〕2号所指的"未经对方当事人同意私自录制其谈话,系不合法行为"应当理解为系对涉及对方当事人的隐私场所进行的偷录并侵犯对方当事人或其他人合法权益的行为。2015年实施并经2020年和2022年修正的《最高人民法院关于适用〈中华人民共和国民事诉讼法〉的解释》第106条的规定明确了上述司法精神。该条规定:"对以严重侵害他人合法权益、违反法律禁止性规定或者严重违背公序良俗的方法形成或者获取的证据,不得作为认定案件事实的根据。"另外，陕西省高级人民法院（2021）陕民申545号民事裁定书亦指出，秦岭××公司并未提交证据证明肖××所提供的录音违反了《最高人民法院关于适用〈中华人民共和国民事诉讼法〉的解释》第106条的规定，故其主张本案录音证据不能作为认定案件事实依据的再审申请理由不能成立。根据上述法律研究可以确认，私自录音，没有严重侵害他人合法权益、违反法律禁止性规定或者严重违背公序良俗的，可以作为证据。

二、法律研究的意义和作用

当出现纠纷并进入诉讼或仲裁等阶段时，了解法律在某一特定问题上的具体规定或适用是非常重要的。正如上例所述，私自录音取得的资料能否作为证据使用，需要通过法律研究，找到录音从非法证据排除到有限度地排除的一个发展过程。又如，当一个人在合同上的签字是否足以约束他遵守合同而产生争议时，进行法律研究，以揭示法律关于什么是具有法律约束力的合同，就是很重要的。

对于法律实务工作者来说，法律研究不可或缺，无论是熟悉的领域还是陌生的领域，在草拟和审阅合同，提供法律意见，出具备忘录，做尽职调查，进行谈判或出具项目建议书时，都需要进行法律研究工作。

第二节 法律研究的步骤与技巧

法律研究开展前，需要做好准备工作，明确目的、制订计划；在具体开展法律研究过程中，要遵循科学的步骤，运用娴熟的技巧，最终获得预期目标。

一、法律研究前的准备工作与技巧

法律研究需要以问题为导向、以目的为牵引、以计划为保障，所以，明确所要研究的问题、大致确定所要实现的目的、制订周密的计划，成为法律研究前的准备工作。

（一）通过法律研究，判定案件的法律关系

所谓法律关系的方法，是指识别并确定某特定的民事权利、民事义务处于哪个法律关系之中，进而寻觅与之相适应或类似的法律规范，据此法律规范乃至整部法律甚或法治，确定该法律关系中全部的民事权利、民事义务及其相互关联，以妥当地处理系争案件。①

> **示例**
>
> 在某一法律问题中往往会涉及多重法律关系，这时就需要我们厘清思路，对不同的法律关系分别进行分析。以 P2P 网络借贷为例，其内部法律关系就涉及平台与出借人的法律关系、平台与借款人的法律关系、出借人和借款人的法律关系以及出借人之间的法律关系等，而外部法律关系，还涉及平台与金融监管机构的法律关系、平台与网络监管机构的法律关系。

（二）进行法律分析，为案件的法律适用提供依据

面对一个案件时，在确定了法律关系后，就是寻找可以适用的法律依据，但目前法律规范一般较为纷繁复杂，需要代理律师拨开云雾、精确找法，选择可以适用于案件且能最大程度维护本方当事人合法权益的法律规范。

其中，最基本的还是从相应的部门法律规范中寻找依据。也就是说，如果是一般的民事案件的话，要从民法里寻找规则；如果是一般的刑事案件，要从刑法里寻找规则。对于民事案件，如果可以从民法中寻找到法律依据，则不宜从行政法规、规章中寻找。从民法中寻找依据，应当从基本民事法律规范中寻找，若找不到，再从特别法中去寻找依据。这是因为，基本民事法律规范确定了基本的民事法律制度，它不仅规范了基本的民事关系，而且还提供了基本的民事裁判依据，所以只能从这些基本的民事法律规范里去寻找依据。另外，部分法条已经规定了要依据基本的民事法律规范来进行裁判。这里还需要注意的是，寻找某一类法律规范时，应找到各级司法机关在相关领域发布的所有规范。

> **示例**
>
> 某 S 单位与某普通外国人（即未获永久居留权的外国人）的劳动争议案件，不能简单机械套用《中华人民共和国劳动合同法》（以下简称《劳动合同法》），因为涉外劳动关系具有特殊性，不同于普通劳动关系。
>
> 首先，外国人用工是一项特殊的行政许可，只有满足一定条件、具有稀缺性的情况下才能获得工作许可，这种特殊管理已经突破了《劳动合同法》对普通就业者就业资格的原则。

---

① 崔建远：《论法律关系的方法及其意义》，载《甘肃政法学院学报》2019 年第 3 期。

其次，外国劳动者的薪资待遇在同等条件下比本国人的薪资待遇普遍高出很多，且外国人在生活习惯、宗教信仰等方面的政策与本国公民完全不同，全面适用《劳动合同法》会带来新的不公平。

最后，《外国人在中国永久居留享有相关待遇的办法》（人社部发〔2012〕53号）第1条规定："除政治权利和法律法规规定不可享有的特定权利和义务外，原则上和中国公民享有相同权利，承担相同义务。"所以，司法实践中对于享有永久居留权的外国人在劳动关系方面可以直接适用《劳动合同法》，正因如此，如果普通的外国人在劳动关系方面亦完全使用《劳动合同法》所有条款，则无法体现两者之间的不同，也不符合立法精神。因此，相关主管部门一般会在立法及司法实践过程作出相应的调整，由此在法律适用上是不能简单机械地套用《劳动合同法》的。事实上，基于涉外劳动关系的特殊性，一些主管部门的相关规范赋予了合同双方自由约定的权利，如2017年3月13日生效的《外国人在中国就业管理规定》第22条规定，在中国就业的外国人的工作时间、休息、休假、劳动安全卫生以及社会保险按国家有关规定执行。也就是说，除上述方面内容按劳动法有关规定执行外，其他应按意思自治的原则适应这种特殊性。上海的各相关部门及司法实践中更是明确了这一原则。上海市劳动局发布的《关于贯彻〈外国人在中国就业管理规定〉的若干意见》（沪劳外发〔1998〕25号）第16条规定，用人单位与获准聘雇的外国人之间有关聘雇期限、岗位、报酬、保险、工作时间、解除聘雇关系条件、违约责任等双方的权利义务，通过劳动合同约定。2006年《上海市高级人民法院关于审理劳动争议案件若干问题的解答》第2条"在国内就业的外国人适用中国劳动标准的问题"第2款规定："当事人之间在上述规定（最低工资、工作时间、休息休假、劳动安全卫生、社会保险等方面的劳动标准）之外约定或履行的其他劳动权利义务，劳动争议处理机构可按当事人的书面劳动合同、单项协议、其他协议形式以及实际履行的内容予以确定。"2013年的《上海市高级人民法院劳动争议案件审理要件指南（一）》也明确指出，外国人只能在最低工资、工作时间、休息休假、劳动安全卫生等基本劳动权利方面适用《劳动法》和《劳动合同法》的规定，对于除此之外的，如解约条件违约责任等权利义务完全尊重双方的自由约定。

综上，某S单位与某普通外国人的劳动争议案件，不能简单机械套用《劳动合同法》，对于解除聘雇关系的劳动权利义务，应按当事人之间的书面劳动合同、单项协议或其他协议以及实际履行的内容予以确定。

（三）选择请求权，确定具体的诉讼（仲裁）请求

无论是诉讼还是仲裁，都是基于请求权及其内容开展庭审，故此，包括《全国法院民商事审判工作会议纪要》等文件直接或间接明确，要树立请求权基础思维。近年来，在裁判文书中援引"请求权基础"表述的法律文书呈现出不断上升的趋势。从体系化角度看，我国请求权已形成稳定的结构体系，即债上请求权（包括不当得利、无因管理、侵权）、物权请求权、人格权请求权、亲属及继承请求权等。

每一类诉讼（仲裁）所对应的诉讼（仲裁）请求均不相同，因此，在确定诉讼（仲裁）请求时，应从法律角度考虑发起诉讼（仲裁）的性质、依据的请求权基础以及诉讼（仲裁）策略的选定。就商事案件来说，诉请也大致分为三类，即确认、给付与形成。当事人提起诉讼（仲裁）是为了确认某种法律关系或事实状态，还是为了请求裁判对方履行金钱给付或履行某种行为，又或是为了变更某种法律关系，均是诉讼（仲裁）程序的法律动因之所在，也是诉讼（仲裁）庭审的方向之所在。诉请性质的确定将影响裁判机关审查的请求权基础是否合理合法，影响到律师为委托人后续制定行之有效的诉讼（仲裁）策略，也将决定证据如何进一步梳理、证据清单如何编撰、法律文书如何撰写、开庭如何呈现等。

> **示例**
>
> 在合同案件中，诉讼请求中首先应当明确对于合同状态的态度，实务中常常被忽略，如遇到当事人要求全额返还合同价款的，但没有明确是基于合同无效还是撤销或解除，裁判机关一般需要释明要求其明确对于合同状态的主张。可以主张的合同状态有未成立/未生效、无效、可撤销和继续履行/解除。每一个选择对应不同的法律后果，如选择认为合同未成立/未生效或合同无效的，则应当主张缔约过失责任。如果主张合同继续履行或解除的，则系基于当事人认为合同有效的前提。除非合同无效，裁判机关对于合同状态不主动进行审查。

二、法律研究的步骤

法律研究的步骤可以分为三步：一是确认所要研究的问题，即通过基于对事实背景的准备认知和初步研究获取的系统化概念和信息，对正在研究的法律问题有一个概括的认识和方向；二是收集相关法律信息，包括国内法律、国际

法律、裁判信息和其他参考性资料；三是根据所收集的法律信息进行法律分析并得出结论。

（一）确定所要研究的问题

确定所要研究的问题，即是对基础事实进行描述和判断，包括两个维度：一是理清案件的事实问题；二是由事实问题转为法律问题，因为我们进行的研究是法律层面的问题，需要将事实问题转化为法律问题，唯如此才能开展法律研究、法律分析。

1. 理清案件的事实问题

就事实问题而言，法官或者仲裁员须依据当事人的主张与举证作出判断，确认已发生的事件究竟为何，如"买卖行为是否发生""合同订立的意思表示是否真实"等。

就法律问题而言，"只能透过法秩序，特别是透过类型的归属、衡量彼此相歧的观点以及在须具体化的标准界定之范围内的法律评价，才能确定其于既存脉络中之特殊意义内涵"[1]，即根据法律规范对已经认定的事实如何作出公正评价的一系列问题。例如，在消费过程中，"原告知道商品是假冒的（或商品有瑕疵）仍故意买下商品"，那么这里的原告是否属于真正意义上的"消费者"就是一个法律问题，需要根据法律规范来作出评价。[2] 法律问题包含两个方面的基本内容，分别是法律解释和适用法律。法律解释即对法律法规的进一步阐述以及对法律法规施行后出现的若干问题的补充解释；法律适用是一个将"具体的法律事实"转化为"抽象的法律事实"的过程，旨在形成具体的法律关系以及维持法律秩序。[3]

纯粹的事实问题独立于法律而存在，其产生、解决均无须法律的介入；纯粹的法律问题也只需通过法律规范的解释、识别或选择予以解答，跟案件事实无涉。但是，"法律向下滋生进事实的根部，而事实持续不断地向上延伸进法律"[4]，当事实因素与法律因素不断趋近并逐渐交织融合，就产生了定性的难题。

每当遇到一个新的法律案件，尤其是情节复杂的案件，首先要学会的应当是高效清晰地梳理事实问题，这是将其转化为法律问题的第一步，也是极为重要的一步。

"民法学人"微信公众号刊载的《高效整理案情的方法》一文指出，可以

---

[1] 〔德〕卡尔·拉伦茨：《法学方法论》，陈爱娥译，商务印书馆2003年版，第187页。
[2] 吴艳云、陈科伟：《探究"事实问题"与"法律问题"的有效区分》，载《读天下（综合）》2017年第14期。
[3] 陈杭平：《论"事实问题"与"法律问题"的区分》，载《中外法学》2011年第2期。
[4] 同上。

通过大事记法以时间为主线记录案件事实做成时间轴,再运用可视化技术,根据案件的争议主线绘制流程图、关系图、路线图、思维导图等。大事记法受到了康奈尔笔记法的启发,是由段清泉团队研发的律师整理事实的方法,故又称为"段氏笔记法"。

"所谓大事记法,就是按照时间顺序简要记述案件发展过程中的重要事件、重要活动和重要事实的一种记录方法。""记录时间时,严格按照时间顺序排列,有具体日期的填入具体日期,没有的按照事物进展记录在相应位置,事后补齐。以简练而准确的语言记录主要细节。""从上往下记录,删繁就简,主线突出,可以直观、全面、简单地勾勒案件的情况,便于下一步的文字整理。"① 这一阶段还无法确知相关信息在法律适用中的重要性,所以最好是事无巨细地把获取的全部信息都整合进来。在整理的过程中,可能有些事实相互矛盾,可能有些事实还有些疑点,这些都一一标记出来,留待后查。

示例

以下通过一个具体案例列举几种工具图表:②

甲有一颗玉石,某年4月1日,甲将该玉石出卖给乙,但未交付。5月1日,甲又将该玉石出卖给丙,丙支付了3万元价款,甲未交付。6月1日,甲又将该玉石出卖给丁,同样未交付。乙、丙、丁请求甲实际履行债权受保护的顺位如何?

(1) 时间轴

时间	证据	证据信息
4月1日	买卖合同	甲、乙双方签订合同的日期、内容等
5月1日	买卖合同	甲、丙双方签订合同的日期、内容等
6月1日	买卖合同	甲、丁双方签订合同的日期、内容等

(2) 流程图

以合同成立为例:

---

① 参见"民法学人"微信公众号发布的文章《要件诉讼九步法》。
② 本示例引自"民法学人"公众号《要件诉讼九步法》。

(3) 关系图

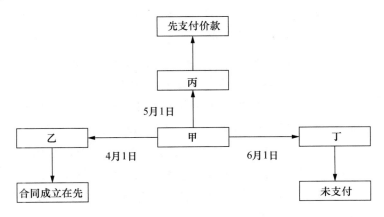

2. 由事实问题转向法律问题

法律规范适用于具体案件的前提必然是事实问题得到确定或确认，但事实即使为真，也只是某种未经加工的案件事实，仅以此仍无法确定裁判结果。只有把事实问题定性或转化为具有法律意义的问题即法律问题，才能找到所适用的准确的法律规范，进而作出法律裁判。换言之，对事实问题的法律裁决，必然通过法律思维和法律语言的再包装转化为法律问题，从而使得法律规范实现从抽象到具体、从一般到个别的转变，即法律问题的认定阶段。对于从事法律实务工作的人来说，在庭审中，若能争取到法官或者仲裁员作出对己方有利的裁判即为成功，而决胜法庭或仲裁庭的关键就在于将争议的事实问题转化为法律焦点问题。

那么，如何将争议的事实问题转化为法律焦点问题呢？主要有以下几个方面：首先，需要识别该法律案件所属部门法，是民法、刑法还是行政法等。其次，在民事案件中，要找到该案件的请求权基础；在刑事案件中，要找到该案件的犯罪构成；在行政案件中，要找到该案件的行政行为等。

以下通过一个具体的民事案件体会一下将争议的事实问题转化为法律焦点问题的方法。

> **示例**
> 甲、乙均为 A 公司股东，其中甲为法定代表人。丙是乙的朋友，平时经

---

① 该示例、分析与结论引自凌科安时律师事务所争议解决部韩健撰写的《以请求权方法为核心，直击案件分析要点》，https://www.sohu.com/a/366736356_170807，2022年1月18日访问。

常借钱给乙。截至 2017 年 5 月，乙累计欠丙共 5000 万元。2017 年 5 月 20 日，乙又找到丙借款 1000 万元，并出具借条一份，借条中未载明利息及还款日期。提起诉讼后，丙称乙当时借钱时提出来是为 A 公司借钱，因为 A 公司与 B 公司就一块土地进行合作，需要投钱，但其出于谨慎考虑，提出乙必须在借条上加盖 A 公司的印章。5 月 30 日，乙电话通知丙持借条来 A 公司盖章。丙到公司后，发现甲不在。乙在甲的办公室取出印章在借条上空白处盖章。盖章后，丙立即将 1000 万元转入乙的个人账户。乙收到 1000 万元后，将其中 700 万元清偿了个人对外的债务，300 万元转入了 B 公司账户。2017 年 10 月，乙突然失联，丙遂以借条、转款凭证为证据，以 A 公司为被告诉至法院，要求 A 公司归还借款 1000 万元。A 公司委托律师应诉。此时，如何分析本案？

【用请求权方法进行分析】

（1）识别丙的诉请所对应的请求权基础规范——《民法典》第 675 条，并结合本案，对其要件事实进行解构：

——乙为有权代理；

——丙与 A 公司的借款合同成立，丙为贷款人、A 公司为借款人；

——丙履行了向 A 公司支付借款的义务；

——还款期限已届满或未约定还款日期。

（2）考虑对要件事实的否认：

——乙为无权代理；

——即使乙为有权代理，丙向乙转账 1000 万元不应视为向 A 公司支付借款。

（3）检视诉讼时效等一系列抗辩权抗辩规范，初步认为本案没有援引相关抗辩规范的余地。

（4）检视权利妨碍、消灭抗辩规范，初步认为本案没有援引相关抗辩规范的余地。

（5）若法官最终认为乙为无权代理，则将引用《民法典》第 171 条的规定，认定借款合同对 A 公司不发生效力。在此情形下，丙可针对此法效果，援引权利妨碍抗辩规范——《民法典》第 172 条的规定，但需要证明"丙有理由相信乙有代理权"这一要件事实。

（6）针对这一新的要件事实，A 公司可再进行否认，即"丙没有理由相信乙有代理权"。

【结论】

据前述分析，可推导出待解决的争议焦点如下：

（1）乙是否有代理权；

(2) 若乙有权代理，丙向乙支付 1000 万元借款是否应当视为向 A 公司支付借款；

(3) 若乙无权代理，丙是否有理由相信乙有代理权。

最后，围绕案件事实、初步证据材料对争议焦点进一步拆解，并转换为待开展深度法律检索的明确任务。

(二) 进行法律检索

法律检索是律师迅速准确办案，法律研究和工作人员分析判断法律问题所必须具备的一项技能。在法律研究的三个步骤中，法律问题的确定是前提，获取法律信息是准备，表述结论和方案是结果。其中获取法律信息，就是通常所说的法律检索，这是非常关键的一步。

1. 法律检索的价值

以民商事律师为例，中国法上现行有效的民商事法律规范浩如烟海，仅凭广泛的阅读和记忆，已经无法找全、找准特定案件所应适用的全部法条。要提高办案时找法的查全率与查准率，除了借助外部数据库进行有效的法律检索外，别无他法。所以，法律检索是法律从业者的基础技能之一，法律检索结果的优劣，对案件办理结果产生直接影响。对业内资深人士而言，法律检索的过程也是发现案件争点、调整办案思路、文书写作参考的过程。法律检索作为一项执业律师所应该训练的能力，对于律师的法律实践起着至关重要的作用，执业律师的重点不在于学历和天赋，而是后天法律实践技能的训练，法律检索就是律师的中心工作之一，美国律师协会（ABA）把它明确规定在律师的工作规范和职业道德之中。①

2. 法律检索素养的构成

一个合格的法律执业者应当具备如下法律检索素养：

第一，对于国家立法机关和政府部门制定颁布的法律、行政法规、地方性法规、国务院部门规章和地方人民政府规章等法律规范，以及相关的法律专著、论文、期刊、工具书等，应当很好地掌握并运用。

第二，基本掌握法律的运行规则，理解法律运行和法律体系背后的原则，明确各个法律渊源及其之间的关系、法院或仲裁机构先前关于类似案件的裁判的价值、司法机关等主体的法律解释等。

第三，一个合格的法律执业者对司法机关与立法机关、行政机关等其他政

---

① 赵霞：《论〈法律信息与文献检索〉课程设置的必要性》，载《亚太教育》2016 年第 31 期。

府机构之间的关系要有相当的理解，了解国家的政治、经济以及社会、舆论等各个方面对作出相关法庭裁决的影响力，在有些案件中，还要明确国内法与国际法的关系等。

第四，要熟悉上述领域的相关知识，就必须具备能全面、系统、准确地找到这些领域的规则的能力与技艺，以更好地应对当下面对的问题，不断更新自己掌握的知识。

第五，律师必须有能力做好检索规划，以便更好地利用时间，高效率地查找相关资源。

当然，只具备上述法律检索素养还不够，在具体法律检索时，应当有全局眼光、灵活思维且富有创造力，因为我们在实际运用中所要面对的问题绝不会像书本上描述得那么简单明了。

示例

公办高校A与某高新技术产业开发区管理委员会B分别以专利技术和现金出资成立事业法人C。在C运营10年后，基于客观原因的考虑，A与B拟注销C，但如何启动注销、实施注销等，急需获得相应的法律咨询服务。

提供法律咨询服务的专业人士接到任务时，首先要弄明白：

第一，事业法人是一个什么概念？因目前涉及注销，而注销一般是与登记相对应的，那么，事业法人一定需要登记吗？如果一定要进行登记，那么，若C没有登记，该如何办？

第二，对事业法人进行注销登记，法律上有哪些国资等方面的特殊规定和要求？

第三，启动注销是走行政程序还是法律程序？

经过法律检索后可知，事业法人是指依靠国家预算拨款，从事非营利性的社会公益事业活动的各类法人组织。例如，新闻、出版、广播、电视、文教、卫生单位等。在中国，事业法人的独立经费，主要由国家预算拨给，也可以通过集资入股或由集体出资等方式取得。事业法人不以营利为目的，但可依法从事某些辅助性商品生产和经营活动，如在校学生缴纳的学费、博物馆的门票收入、医院病人支付的医疗费等。根据国家有关法律和政策规定，事业单位所取得的收入可以作为预算的资金留作自用。依照法律或行政命令成立的事业单位，具备法人条件的，依法不需要办理法人登记，自成立之日起，即具有法人资格；由公民或法人自愿组建的事业单位，需经有关主管部门核准，并办理法人登记，方可取得法人资格。

又经过法律检索可知，依据《事业单位登记管理暂行条例》及其实施细则的有关规定，事业单位在申请注销登记前，应当在举办单位和其他有关机关的指导下，成立清算组织，完成清算工作。

再经过法律检索可知，《事业单位财务规则》（中华人民共和国财政部令第68号）第52条规定："事业单位清算，应当在主管部门和财政部门的监督指导下，对单位的财产、债权、债务等进行全面清理，编制财产目录和债权、债务清单，提出财产作价依据和债权、债务处理办法，做好资产的移交、接收、划转和管理工作，并妥善处理各项遗留问题。"第53条规定："事业单位清算结束后，经主管部门审核并报财政部门批准，其资产分别按照下列办法处理：……（三）撤销的事业单位，全部资产由主管部门和财政部门核准处理。"

（三）进行法律分析

法律分析是法律研究的最后一个步骤，也是最能考验法律技艺、法律思维的阶段。

示例

面对一个案子，必须全面调查相关的事实要点与法律要点，做好各项准备工作，探寻处理问题的最佳方式。这个时候，有许多工作需要按部就班地进行。首先，应该对当事人的意图有所判断；掌握相关事实的调查方法；明确是否有必要进一步了解有关事实；在对相关事实材料的认知的基础上厘清各类事实要点在法律上的联系。其次，进行相关法律检索，并写出清晰、有用而可信的检索结果。最后，在对相关法律要点的认知的基础上进行分析；将事实与相关法律规定相对应；将关键法律与事实要点联系在一起；识辨资料中所呈现的法律、事实和其他要点；分析客户的指令，以及指令中的法律、事实和其他要点。

1. 法律分析的概念

对于"法律分析"的定义，目前法律界没有统一权威的定义，对于这方面的研究也甚少。从字义角度看，《现代汉语词典》中对"分析"一词的定义为："把一件事物、一种现象、一个概念分成较简单的组成部分，找出这些部分的本质属性和彼此之间的关系"①。从哲学角度看，分析是人类对于客观事物的主观能动性反映，分析要从事物的客观情况出发，运用规律和辩证性思维进行质疑、解析，从而得出相应的结论。分析的目的就是要把握个体事物和整体事物的关系和联系，从而更好地解剖事物。

对某类社会现象中所蕴含的法律因素在司法过程中所能产生的影响及作用的推论及预测，可以作为现阶段我们对于法律研究的概念的综述。这个概念从主体、客体两个方面进行了阐释，在主体方面，将"法律分析"不仅作为实践意义上的范畴，也将其从思维范畴进行圈定。"推论"和"预测"两个动词所对应的分别是"进行判案的法官或者职业法律人等"和"普通民众、律师和法律专业学者等"。在客体方面，法律分析虽然大部分针对的是个别案件，但分析人的视野不能仅仅局限于个别案件，而应该结合先前的案例和立法者立法时的意图来分析。②

2. 法律分析是一个结合整个法律环境和法治理念的研究

在进行法律案件分析时，尤其要关注所适用的法律，即需要进行法律分析。这就不能不提及昂格尔的《法律分析应当为何？》，在这部著作中他提出了修正的法律分析，即作为制度想象的法律分析，其所需要的方法就必须摆脱两种迷信：一是制度崇拜，即对抽象制度概念的认同；二是结构崇拜，即对制度崇拜的升华。③ 昂格尔对我们的启示意义非常大，这要求我们在进行法律案件分析时，不能仅限于传统的类推思维和形式逻辑思维，而是应当在这些传统思维的基础上，寻求一种新的思维方式，将法律分析当作一种方法进行研究。法律分析不仅是一种线性的研究，更是一个结合整个法律环境和法治理念的研究。法律分析与法律方法有许多相同之处，法律解释、法律论证、漏洞补充、价值衡量、法律发现等法律方法只是从不同的侧面，强调了法律分析的不同方法。但法律推理方法不是法律分析，而是对法律分析结果的应用。

示例

客户A公司是某人民政府下属组成部门B投资设立的国有独资有限责任公司，负责为当地政府建设一项资源保护工程设施，但A公司不具有任何建筑业企业资质，实际施工需交由第三方完成。该项工程的建设资金将主要来源

---

① 中国社会科学院语言研究所词典编辑室编：《现代汉语词典（第7版）》，商务印书馆2016年版，第383页。
② 陈金钊、吴丙新、焦宝乾、桑本谦、陈其谋：《关于"法理分析"和"法律分析"的断思》，载《河南省政法管理干部学院学报》2004年第1期。
③〔美〕昂格尔：《法律分析应当为何？》，李成予译，中国政法大学出版社2007年版，第190页。

于政府下属部门 B 所管理的土地出让金收入。那么，A 公司如果以 BT（回购）方式将项目交由第三方完成，是否属于《关于制止地方政府违法违规融资行为的通知》（财预〔2012〕463 号）所规定的"除法律和国务院另有规定外，地方各级政府及所属机关事业单位、社会团体等不得以委托单位建设并承担逐年回购（BT）责任等方式举借政府性债务"的行为？

法律依据找到后，就应开展相应的法律分析，需要对"融资平台公司""公益性项目""政府性债务""BT"等概念进行研究和界定，看看 A 公司是否属于"融资平台公司"、上面法律研究中所提及的"资源保护工程设施"是否属于"公益性项目"、BT 交易下的债务是否属于"政府性债务"，从而得出客户的行为是否落入 463 号文所禁止的行为。

综上可知，每遇到一个需研究的新的法律问题，要学会拆解问题，把复杂问题简单化。首先要定位问题，通过语境和背景情况，分析问题所在；其次，要把问题分解开，把问题分成几个层次，弄明白问题的核心是什么；最后，在此基础上，要深化客户提出的问题，要发现有关客户囿于知识而没能提出的相关问题或是由核心问题延伸出的问题，还要解决问题之中的小问题，即问题的问题。律师不仅要解答客户提出的问题，还要提出解决方案和相关的变通方法，并对可能出现的法律问题进行分析和判断。①

三、法律研究的技巧

（一）案件事实构建技巧

1. 描述事实的构建

在司法程序中，常见的描述事实有当事人描述和证人证言。起诉书（状）与答辩状、当事人的口述、证人证言等，都可以归为描述事实。但是，案件事实不同于客观事实，当人类的心灵介入外界事实时，不免会受到主观意志与限定条件的影响。既然当事人向法院起诉或提起仲裁，则为了实现胜诉，很有可能以自己的主观态度描述案件，不免会带有主观的价值判断与偏见，甚至出现"添油加醋""添枝加叶"的"编排"成分。除此之外，还会以日常用语或不够准确的法律用语进行描述。以上所有再现的"案件事实"都需要进一步甄别、检验和确认，否则会对司法裁判造成不可挽回的负面影响。例如，主体的

---

① 本示例节选自方榕：《公司组初级律师培训系列（6）——法律研究》，https://www.chinalaw-insight.com/2013/10/articles/corporate-ma/公司组初级律师培训系列(6)-法律研究/，2022 年 1 月 18 日访问。

态度与语言的表达方式，就需要法律人提醒自己及陈述人，关注主体背景信息，并结合有效证据，判断、确认其描述信息。

2. 证据事实的构建

证据事实是以证据为桥梁所建立起来的案件事实。证据事实的表现形式，如证人证言、物证等，也称证据，又称证据来源、证明手段。

关于证据事实的立足问题有客观真实论和法律真实论的论辩。客观真实论认为，人凭理性就可以了解真实情况，获得案件事实。鉴于客观真实论无法确证理性如何确保获得与案件一致的事实，法律真实论则强调案件事实必须依证据获得，符合程序法和实体法的要求，达到法律上的真实，并且以程序正义优先。现代法律及司法裁判中大多强调以证据为基础判断案件事实。所以，证据事实一般应具备如下特征：

第一，以证据为基础。证据事实的构建必须首先以证据为基础，这也是裁判的根基所在。无论是刑事案件，还是民事案件、行政案件，都需要当事人提供证据并经过质证、法院认证等程序。除此之外，证据不会自己说话，还需要借助人的语言参与进行事实构建，现实与语言之间必须有一个接触面，这就要求所有证据都必须经过描述，并与事实一一对应。证据事实应该是一系列描述证据所形成的证据链，并符合法律要求。

第二，悬置价值判断与法律评价。在证据事实的构建过程中，如果价值判断与法律评价多于描述或先于描述，则会使办案人员陷入一种先入为主的状态，极易对案件的判断产生影响。侦查人员收集证据必然是按意向进行的，但这一过程应保持中立、开放的态度，法官对当事人提供或按职权调取的证据也必须保持公正的态度并进行描述，不应臆测，如"认为""应该"等评价词不应进入证据事实的构建中。尽管法律判断在形成案件事实时就已经开始了，但是在构建证据事实时，法律工作者都应当将其与法律评价分离。总之，证据事实的构建应该尽量克服、悬置价值判断和法律评价，白描与叙述应多于推理与评价。①

第三，应避免过多的推理。人类的思考往往要依赖一些得不到验证的假设，从这个意义上讲，所有知识都是或然的、不确定的。证据事实的构建不可能完全没有推理，案件事实必须以一个完整的证据链为基础，每个证据之间应具有关联意义。正如一堆散落的珠子不可能自动形成一条项链，需要人工对其串联，散落的证据需要形成一条证据链才能成为证据事实，在此过程中，推理不可避免，但应限制，推理应受到常识、经验、逻辑等认知要素的限制，并且

---

① 张骐：《司法推理价值判断的观念与体制分析》，载《浙江社会科学》2021年第2期。

应为普通大众所接受，符合社会公共要求。

3. 裁判事实的构建

第一，以证据事实为基础。裁判事实的构成以证据事实为基础，经过证据证明的事实应具有"三性"，即客观真实性、关联性、合法性的特点，在此基础上才能作为裁判论证的对象。相较于证据事实而言，裁判事实具有重评价、重论述的特点。从另一方面来讲，证据事实可以说是自然科学意义上的发现，崇尚价值中立，而裁判事实则不免有主观判断的因素，可以说是在社会科学意义上的论述。

第二，重在论证事实与法律之间的适应性。裁判事实是法官判案的最终依据，其构建过程不仅是对案件事实的校验与确认，也是对法律规范的释明。尽管法律判断贯穿司法裁判的全过程，但并不必然体现在裁判文书当中，而裁判事实必须体现在裁判书中，并且应具有很强的逻辑性和说理性，核心问题是论证案件事实与法律规范之间的适应性，其构建也是在事实与规范之间联系的基础上进行相互证成。在这个论述过程中，不再讨论事实的真假，重点则为证成与不证成的问题。换言之，即涵摄的问题。①

第三，允许存在价值判断与法律评价。与证据事实不同，裁判事实不可避免地要进行价值判断，也更加注重法律评价。可以这么说，小前提的最终形成过程即为裁判事实的构建过程，因为在司法裁判中，法律规范与案件事实从来都不是分离的，裁判事实对案件结论的形成起着决定性作用。在具体事实形成之后，裁判者应判断其是否与法定构成要件具有同一性。

示例

已根据证据证明以下事实：甲方到期没有履行合同，乙方的货物损坏大半。在此基础上需要寻找到一个可能适用于此事实的大前提，紧接着需要判断违约责任所应具备的条件是否存在：首先，是否存在客观的违约事实？其次，甲方主观上是否存在过错？但法律另有规定或双方另有约定除外。再次，违约是否造成了损失？最后，违约行为与损失之间是否存在因果关系？

在判断以上具体事实与法定构成要件时，法官除了有专业知识之外，还需要有认识能力、判案经验等要素。不同裁判者也许会作出不同的判断，如对于主观过错的认识、因果关系的判断等，在此过程中存在主观价值判断和法律评

---

① 白泉民：《裁判文书说理的价值及其实现路径》，载《人民法院报》2015年4月8日第5版。

价的不同。

第四,更加强调逻辑说理性。裁判事实是事实与规范的混合产物,强调逻辑上的客观性。裁判者需要在法规范中寻找与具体案件事实相等置的精确的事实范式,并需要进行判断、解释和论证,在此过程中,演绎为其主要方法。论证性与演绎性决定了裁判事实必须具有逻辑说理性,既要有逻辑性,又要有说理性。逻辑性要求前后一致、环环相扣、论证明确;说理性要求具有"事理"和"法理",事理需要从法理中获得正当性,法理需要事理的支持。

总之,裁判事实的构建除了应具有合法性与合理性之外,还应符合整体融贯的特点,即无疏漏,不能违反排中律、矛盾律等观点。①

(二)法律检索技巧

1. 检索步骤

检索可采取如下步骤:事实收集;事实分析,并找到相关法律原则;找出事实要点和法律要点;制订检索计划。

事实收集主要是弄清楚谁在何时何地因何缘由发生了什么,且如何发生。当然,我们需要分别站在原告和被告的不同视角来回答这些问题。这样一些问题可以被看作我们在初次与委托人会谈时的"提示者",帮助我们向他提出基本问题。从委托人那里收集了主要事实后,我们会对问题的本质有了大致的了解,并且有希望确认相关法律的适用。这时,便可以在与委托人的交谈中扩展事实材料,挖掘深层事实。随着材料来源的获取,我们还能发掘出遗漏的细节。

收集完事实以后,我们就能分析它们的意义了。对已经收集好的事实进行去伪存真后,便可以将它们组合起来,把它们归类至相关法律原则和法律规则下。

将所获事实信息组合好有助于认知事实和法律要点,集中进行检索计划。

为了有助于检索,我们应当创建一系列的关键词,也就是用于索引或书目文献中的不同词汇或短语。创建精确而富有创造力的关键词汇以用于检索,这一工作的重要性是无论如何也不能被低估的。计划所要检索的术语的细化程度取决于我们要使用的索引或书目文献。

---

① 矛盾律的基本内容是:在同一个思维过程中,互相否定的思想不能同时是真的,因此,也有人将它称为无矛盾律。它的要求是:在同一个思维过程中,也就是在同一时间、同一关系下,对于具有矛盾关系和反对关系的判断,不应该承认它们都是真的,也就是不能在同一个思维过程中,对一个对象既予肯定,又予否定。排中律的基本内容是:在同一个思维过程,两个互相否定的思想必有一个是真的。它的要求是:在同一时间、同一关系(也就是同一思维过程中),对反映同一对象的两个互相否定的思想,必须承认其中一个是真的,不应含糊其词,骑墙其中。从概念的基本内容来看,两者的区别是"不能同时是真的"与"必有一个是真的",即前者要求"不能同时为真",后者要求"必须有一个是真的"。

显然，制订检索计划要占用一定的时间，但是完整的检索计划带给我们的是周全的检索结果。一个不周全的结果带给我们的可能会是重新细致地查找与检索，那将是一个很大的工作量。因此，为求一个完整的检索计划，完全值得我们去花费一定的时间。

2. 检索策略

在廓清法律资源整体分布状况的基础上，根据其不同特性，针对具体的检索需求，制定相应的检索策略。

在信息化时代，"中国法律检索系统""中国法律法规信息系统""中国法治网""人民网·法律在线""中华法规库"等一批专业法律网站、搜索引擎、检索系统等信息化渠道纷纷建立，并趋于完善，因此，可以说，借助法律资源检索系统来查找相应的法律法规，是目前最主要、最方便的检索渠道，而且随着科技进步，上述信息化渠道界面更友好，使用更便捷，内容更精准，实操和撷取相应法律法规的检索方法更加简单、便利。

李国新的《中国文献信息资源与检索利用》第六章"时事信息资源与事实、数据、法规的查考"之第三节"法律资源及其检索利用"，根据法律法规形式和内容的特点，将基本的检索条件列为7个方面，提供了较全面的检索方法或路径："一是法规名称，这类检索系统大都支持法规名称的模糊检索，有的还支持多个检索词的逻辑组配检索；二是发布日期，这是法律法规特有的检索条件之一，目前的检索系统，基本上收载的都是1949年以后的法律法规；三是发布机构，有时还单列'批准机构'，这也是法律法规特有的检索条件之一，在现有的检索系统中，大都通过选择菜单列表的方式实现；四是法规分类，不同的检索系统，分类体系往往有区别，分类体系通过列表或树形目录展示；五是内容关键词，将检索目标提炼成关键词进行全文检索，检索深度最高，获得的信息线索最多，当然，相伴而来的冗余信息也最多；六是地域限制，主要运用在查考地方性法规上，以选择地域列表或选择子数据库为多；七是时间限制，主要运用在查考某一特定时段的法律法规上。上述检索条件可以单独进行检索，也可以将多个检索条件组配起来进行检索。"[①]

(三) 法律分析步骤

在法律研究中，法律案件分析是对前述已确定的研究对象和已检索到的法律信息进行整合、分析，运用于目前所研究案件中，从而抽丝剥茧地厘清案件中的法律问题的过程。

法律案件分析的主要目的在于厘清案件中的法律关系，确定其中的法律权

---

① 李国新：《中国文献信息资源与检索利用》，北京大学出版社2004年版。

利和义务以及明确法律关系背后的法律责任。例如，在刑法领域，运用犯罪构成理论是典型的法律案件分析方式；在民法领域，往往是通过运用法律关系理论分析案件事实，从而找出解决问题的方案。①

法律分析方法具体步骤如下：

第一步，进行案例分析。现实生活中的具体案例都有自己的独特性，对于具体进行案件分析能帮助分析人理清案件思路。

第二步，结合法律事实分析成立的是事件还是行为。法律事实的复杂性决定了我们需要对案件涉及的法律要素进行进一步的探求，确认是刑事法律事实、民事法律事实，还是行政法律事实。

第三步，分析法律关系的产生、变更和消灭。

第四步，分析法律责任的归属。法律责任是由特定法律事实所引起的对损害予以补偿、强制履行或接受惩罚的特殊义务。从某种意义上说，法律责任机制也是惩恶机制或者是纠错机制，先确定法律责任是否存在，再确定法律责任的主体是否存在免责情形，以及法律责任主体应该承担的法律责任。

第五步，有争议就有诉求，选择诉求的实现方式。诉求的实现方式有很多，比如诉讼、调解、仲裁、申诉和行政复议。在选择诉求的实现方式时要注意应采取能够达到诉求目的的方式，要采取节约成本的方式和有利于胜诉的方式进行。

第三节　法律研究的技能演示

一、案件事实构建的技能演示

构建的案件事实是一个不断去伪存真、渐次证实的过程。在这一过程中，既有律师本人收集整理的案件事实，更有当事人"提供"或"表述"的案件事实，而后者显然构成回溯或梳理案件事实的重要来源。因此，律师首先要认真倾听当事人的事实描述，获取大概的事实经过，尽管有时当事人的"事实描述"是杂乱的、不成体系的，甚至是臆想的，但至少是律师构建案件事实的起始来源与基础。在当事人"事实描述"的基础上，律师需要通过在诉讼或仲裁等程序中获取的信息（如对方当事人及其代理律师的事实陈述、来自各方的证据资料等），运用逻辑判断，剥离虚构的、非真实的信息，进而使案件事实得以真实、全面地构建起来。

---

① 陈金钊、吴丙新、焦宝乾、桑本谦、陈其谋：《关于"法理分析"和"法律分析"的断思》，载《河南省政法管理干部学院学报》2004年第1期。

示例

　　一当事人在网上进行如下案情描述:"2021年3月19日早7:30分我坐在副驾驶座,行经一有红绿灯的灯岗,是四排道的主路,我坐的车在最左侧,当时右侧三个车道都有正在等绿灯的车。信号灯在我车离人行横道线10多米时就变绿灯了,变灯时没看到行人在人行横道线,等快到线时发现行人横冲过来。因是正常通行,来不及避让。他撞到我车右前方,挡风玻璃碎裂。他飞到车后,我爱人刹车后急忙拨打了120,然后又下车查看伤者。我观察右侧车过后,暂时无车了,连忙下来把三脚架从车后备厢取出,放在伤者身后10多米,警示后车,以免发生二次伤害事故。最右侧司机当时看见行人从他车后跑出,听到撞击声刹车后跑过来,帮着拨打了110,后来又问伤者,手机上哪个号是他爱人的。伤者意识清晰,告诉了那位帮我们打110的好心司机。伤者的爱人当时在对面公交车站等公交车,接到电话后马上跑过来。接着120车来到,我随救护车到医院,到时是七点四十多。我用手机给单位领导打电话请假。伤者的哥哥嫂子先到医院,联系熟人,给伤者做了脑CT检查,然后是拍腿部片。接着伤者的姐姐姐夫到了医院。检查后从急诊楼推到路对面的住院三部,一直等高级病区的熟人大夫。到十点左右,才给做了面部清理。伤者左侧脸部有划伤,皮外伤,约下午做手术。当时伤者的姐姐问我车是什么险,又问我家住哪个小区,还说他们人遭点罪,我们钱遭点罪,让我帮垫付3.5万元住院押金。我说我没那么多钱,等我爱人来了再说。伤者还来了三个朋友,气势汹汹地问谁撞的。我说我是司机家属。后来这几个人又到交警队找人,把我爱人给捎带到住院部,告诉我爱人,伤者在几楼几层哪个病区,然后就走了。我爱人当天垫付了1万元住院押金。第二天伤者家属要求保险先垫付1万元,保险公司问我爱人是否同意,我爱人同意了。第三天我爱人和同事去医院看伤者,他家又要求垫付,我爱人又垫付了1万元,他家还嫌少。我们是本着先让他治好的原则,其实他应该是负完全责任的。如果他是有完全行为能力的人,当时就应该预见到闯红灯的危害性,而且他还是从最右侧的车后跑出的。我的问题是:当天下午去看录像,说我们无权看,现在又听一位好心人说,监控镜头那天被风刮歪了,看不到当时的真实情况,我们该怎样维护自己的切身权益?"①

　　从该当事人在网上进行的案情描述中可体会到该当事人主观意志与限定条

---

① 资料来源:https://www.faniuwenda.com/Ask/Index/detail/id/537154.html,2021年7月26日访问。

件对描述的影响及其程度，一方面，从该当事人描述来看，能大致了解案情事实发展过程，因为其将自己所认为的"全部事实"均描述出来，没有任何保留；另一方面，该"全部事实"杂糅了许多个人主观感受、价值判断等信息，如果准确地复原事实，就需要与当事人逐一核实背景信息，并结合有效证据，判断、确认该当事人描述信息的全面性、准确性。

这是一起道路交通安全事件，其具有法律意义的事实基本构成要素包括：某年某月某日某时，谁驾驶什么车，沿什么路，由某方向往某方向行驶至某地段或路口（遇谁驾驶什么车沿什么路由某方向往某方向行驶），由于什么原因导致车的什么部位与对方（车的什么部位）相撞，事故发生后做了哪些事，如是否马上报警、保护好现场、进行施救等积极工作。上述基本构成要素可从交通事故经过材料的格式得到印证，即：

① 当事人的姓名、性别、年龄、工作单位或家庭住址、身份证号码、联系电话、邮政编码等个人基本情况。

② 事故发生的时间、地点及现场周围的重要环境、天气、道路状况。

③ 当事人及对方当事人的交通方式、车辆的行驶方向、所要到达的目的地。

④ 发现险情的路面情况及采取的安全措施。

⑤ 驾驶证的准驾类型、办理时间，车辆的安全技术状况及车辆类型、牌照号码。

⑥ 预估事故的损失情况，抢救伤者和财物的基本情况。

⑦ 有关目击证人的情况及证人姓名、地址、联系电话。

⑧ 亲笔人或代笔人签字捺印。

⑨ 撰写事故经过日期。

故此，可以采用大事记法来梳理案情如下：

① 2021年3月19日早7:30分，当事人坐副驾驶座，行经一有红绿灯的灯岗时等变绿灯。

② 在离人行横道线10多米时变绿灯，变灯时没看到人行横道线上有行人穿过。

③ 等快到线时发现行人横冲过来，因是正常通行，来不及避让，人与车相撞，人飞到车后。

④ 当事人爱人刹车后急忙拨打了120。

⑤ 最右侧司机当时看见行人从他车后跑出，听到撞击声刹车后跑过来，帮着拨打了110和伤者爱人手机号。

⑥ 当事人随120车到医院。医院为伤者做了脑CT等检查、面部清理。

⑦ 当事人爱人共垫付 2 万元住院押金。经当事人爱人同意，保险公司垫付 1 万元。

⑧ 当事人去看录像，被告知无权查看而被拒；又听一位好心人说，监控镜头那天被风刮歪了，看不到当时的真实情况。

其中，在当事人无法获得录像以及监控镜头被风刮歪时，第⑤项对当事人来说，是非常重要的有利的证据资料，需要当事人说服该最右侧司机出来作证，这也是能有效维护当事人切身权益的较优路径。

二、制订法律研究计划的技能训练

案件事实构建后，需要开展法律研究，而制订法律研究计划，无疑是确保法律研究顺利进行的前提。

法律研究计划主要包括计划目标、计划内容、可能存在的困难等。

计划目标是指法律研究要达到的目的，如经由构建的案件事实能得出什么样的结论；如何找寻全面有效的法律依据来证成此结论；目前学界的主流观点有哪些是有利于结论证成的；等等。

计划内容的要点主要包括：一是初步获得的争议焦点是什么；二是需要检索的法律规范是哪一类、有哪些；三是法律关系的主体、内容等的具体构成是否全面、完整；四是找寻的法律规范能否有效适用于案件；五是如何选择并明确具体的诉请；等等。

可能存在的困难是预估开展法律研究时可能面临的困难，如当事人提出了新的案件事实，或者某些关键证人、重要物证等无法获得，或者某些涉外法律规范无法查明等。对于这些困难，需要提前做好应对，制定策略。唯有如此，才能保证法律研究较为顺利地开展。

示例

一外籍教师 S 受聘某一公办高校后又出任 3 家公司的法定代表人，现因该 3 家公司经营不善而其本人被列入信用惩戒对象名单，成为一名失信被执行人，该公办高校拟以此为由解除或终止与 S 的聘用合同关系。双方发生争议。该公办高校委托律师代为调处此案。

【计划目标】

律师接受委托后，需要确立法律研究计划，其中计划目标至少包括：该公办高校解除或终止与 S 的聘用合同关系，存在的法律风险有多大？一旦遭遇仲裁或诉讼，高校承担败诉的可能性有多大？

【计划内容】

一是初步获得的争议焦点是公办高校与外籍教师的聘用合同关系能否依法解除。

二是需要检索的法律规范是社会保障法类的劳动法、劳动合同法，以及民法类的合同法。

三是法律关系的主体是该公办高校和外籍教师 S，法律关系的内容是公办高校与外籍教师的聘用合同的权利与义务，以及履行或违约的责任承担等。

四是外籍教师因其出任的公司经营不善而其本人被列入信用惩戒对象名单，是否属于师德失范行为，即是否违反了《高等学校教师职业道德规范》（教人〔2011〕11号）、《教育部关于建立健全高校师德建设长效机制的意见》（教师〔2014〕10号）、《新时代高校教师职业行为十项准则》（教师〔2018〕16号）等相关规定。

【可能存在的困难】

一是公办高校与该外籍教师的聘用合同约定的双方权利与义务较不全面、不细致，存在一些模糊空间；二是我国相关法律规范对公办高校解聘或终止外籍教师的规定没有及时跟上，出现法律适用上的空白；三是如果该公办高校解除或终止聘用合同关系后，该外籍教师用尽全部救济手段（如仲裁和诉讼等）仍认为其权益受到侵犯，并向其所属国申请外交保护权，若被获准，该公办高校如何应对？

三、法律信息检索的技能演示

（一）掌握法律检索的资源和工具

法律检索的资源根据载体的不同可分为法律专业出版物、光盘音像制品、网络信息资源；法律检索还可以根据所涉及的法律地域元素的不同分为国内法法律资源、国外法法律资源、国际法法律资源。

1. 不能仅选择搜索引擎和免费的法律数据库

法律检索的工具在法律检索中发挥着非常重要的作用，法律工作者在从事法律研究时都要借助一定的法律检索工具。很多法律工作者会选择常用的网络搜索引擎作为法律检索的工具，比如谷歌、百度等，这些搜索引擎的优点很明显，即方便日常查找、能快速定位查找信息、信息比较充分、可选择性多等。但是，这些搜索引擎的缺陷也很明显，因为信息量大，随之而来的是信息的质量参差不齐、鱼龙混杂，其权威性和准确性受到了质疑。

现在网络上也出现了免费查询法律法规的网站，虽然避免了像搜索引擎信息量太混杂这样的缺陷，其范围有所减小，但是其实效性，文件是否被修正、废止等的准确性等无法保证。

所以，法律工作者不能仅选择搜索引擎和免费的法律数据库作为法律检索工具，还应选择专业的法律信息公司的法律信息库的光盘版本或者网络版本以及政府官方网站、业内的知名网站和法律出版物。

示例

近年来，被四川、湖北、安徽、黑龙江、吉林等多省高级人民法院在相关判决和裁定中引用的《最高人民法院关于审理民事纠纷案件中涉及刑事犯罪若干程序问题的处理意见》，是一个并不存在、没有最高人民法院文号的假意见。这些法院不仅引述这份"乌龙意见"，甚至还作出了实质性裁决，对案件当事人的程序或实体权利产生了影响。

这份并不存在的《最高人民法院关于审理民事纠纷案件中涉及刑事犯罪若干程序问题的处理意见》，与上海市高级人民法院2007年12月18日实施的《上海市高级人民法院关于审理民事纠纷案件中涉及刑事犯罪若干程序问题的处理意见》（下称《上海高院意见》）内容完全相同，但《上海高院意见》被"改编"成最高人民法院出台的处理意见后，在多地法院的裁决中具备了"法律效力"。比如，吉林省高级人民法院作出的"（2018）吉民再235号"判决："本院再审认为……即使康××伪造公司印章罪可能影响到本案的性质、效力、责任承担，依据《最高人民法院关于审理民事纠纷案件中涉及刑事犯罪若干程序问题的处理意见》规定，本案应裁定中止审理。"

由于该不存在的文件在多个法院被引用，并由法院作出了实质性裁决，对案件程序或当事人的实体权利产生了影响，可以被认定是适用法律错误，相关的权利主体可申请再审。[①]

2. 最好利用有官方背景的检索系统

专业法律数据库具有容量大、及时、便捷等特点，使其在提供法律信息方面显示出明显优势，随着互联网和现代信息技术的普及推广，法律数据库作为新型的检索工具越来越受到关注。在我国法律信息行业，"北大法宝""法意""汇法网"作为三大主要的法律专业信息提供商，为各大法律院校、司法部

---

① 李沁桦：《多省高院引用不存在的"意见"作出判决，回应：可申请抗诉或复查》，https：//baijiahao.baidu.com/s? id=1674102983220984591&wfr=spider&for=pc，2021年7月26日访问。

门、政府机关、公司企事业单位、律师事务所及法律从业者提供法律专业的信息服务。① 其中,"北大法宝"的数据来源官方化,注重数据信息的筛选和过滤,对于信息的有用性帮助非常大,可以帮助用户选取最贴切的法律数据和信息;"法意"的数据信息大都来自互联网,文件信息数量繁多,内容繁杂,需要用户自己根据自己的具体需要进行筛选,实用性自然会打折扣;"汇法网"的数据信息量较为全面,但其个人信息保护制度不够完善。

此外,对于法律信息的检索也可以选取政府网站的资料,如中国政府网(www. gov. cn)、中国人大网(www. npc. gov. cn);还可以结合其他重要部委的官方网站,如商务部(www. mofcom. gov. cn)、国家税务总局(www. chinatax. gov. cn)、海关总署(www. customs. gov. cn)、国家外汇管理局(www. safe. gov. cn)等。

(二) 检索所有的相关法律法规

为避免遗漏,首先要检索所有的相关法律法规,包括但不限于以下几个方面:

一是国内法律:宪法、法律、行政法规、部门规章、地方性法规、自治条例和单行条例、地方政府规章、我国签署的条约、特别行政区的法律文件、司法解释等;

二是国际法律:国际条约与公约、世界贸易组织(WTO)规则、外国法律制度等;

三是法律信息:我国各级法院的裁判文书、案例评析以及仲裁机构的仲裁案例等;

四是应用型法律书目:法律文书汇编、法律实务指南、法律合同范本等;

五是参考性资料:法律词典、法学教材、法学论文等。

对于专业领域的法律法规,尤其要找全,特别是一些比较小众的或地方性的规章制度。

(三) 法律检索策略

1. 收集相关法律数据库

专业的法律数据库能保证数据的权威、全面、准确性,更新速度快,关于法律法规的变动情况(如修订、修正、废止等)一目了然,而且除关键词和全文检索外,还有发布部门、时效性、效力级别、专题、地域等复合检索方式,能够快速锁定所需资料范围。

---

① 建设、郭叶:《国内法律专业数据库之比较》,载《法律文献与信息研究》2008 年第 4 期。

2. 注重随时关注

要养成检索法律信息时及时访问相关的主管部门官方网站的习惯,在这些官方网站中通常会设有"办事指南"之类的项目,可以搜索到自己所需要的相关事宜的操作流程和法律法规现行规定。

要不间断关注专业法律学术网站,获取最新的法学观点,研究最前沿的法学问题,学者对于当下法律问题的研究往往是最具前瞻性,能从更深层次理论的角度来解析法律现象。

作为职业的法律人也要注意对于立法者立法动向的关注,法律总是落后于现实生活的,某些具体的案例可能在法律上还存在漏洞需要被填补,这就要求法律工作者对于立法者的立法动态有敏锐的观察,在处理相关案件中,可能会涉及多方面的内容,要善于捕捉当下的法律风向才能于无形中制胜。

3. 精准筛选信息

从专业的法律数据库检索出的信息不一定全部适用于具体案例,需要对相关的法律信息进行检查后方可适用。需要注意的事项包括:第一,注意法律法规的时效性,不可以引用已失效的法律法规,也不要漏掉最新的相关规定。第二,法律法规本身所调整和规定的事项并非所需检索内容,但其部分条文,甚至是全部规定,却因为其他法律法规的准用而可能会适用于所处理的问题。第三,要遵循法律优先原则,比如上位法优于下位法、特别法优于普通法等原则进行法律适用;注意发文机关及其相互之间的关系,以确定法律的位阶和相关部门对法律行为是否有管辖权。第四,理解条文背后的含义。第五,特别关注法律法规的适用主体、适用范围。

> **示例**
>
> 甲公司是某人民政府下属组成部门乙投资设立的国有独资有限责任公司,负责为当地政府建设一项资源保护工程设施,但甲公司不具有任何建筑业企业资质,实际施工需交由第三方完成。该项工程的建设资金将主要来源于政府下属部门乙所管理的土地出让金收入。那么,甲公司如果以 BT 方式将项目交由第三方完成,是否属于《关于制止地方政府违法违规融资行为的通知》(财预〔2012〕463 号)所规定的"除法律和国务院另有规定外,地方各级政府及所属机关事业单位、社会团体等不得以委托单位建设并承担逐年回购(BT)责任等方式举借政府性债务"的行为?

对于此案例,我们定位的问题是:(1)财预〔2012〕463 号的适用范围是什么？（2）"资源保护工程设施"是一个什么概念？在法律上对其投融资有无特殊规定？（3）对土地出让金的收支管理有什么特别规定？（4）BT项目的基本交易结构是什么？有哪些类型？

　　定位了上述问题后即进行相关法律信息的收集。在收集相关法律信息时，需要注意的是由于我国法律具有层级特性，故除了关注特殊行业规定外，首先要关注基本法律，如人身损害赔偿问题要查一下《民法典》等基本法律的相关规定。其次要查一下行业主管部门的官网，看看有什么相关的实施细则和规定，其中的文章会代表一些主流的观点，对一些新的法律问题有指导意义。再次要去百度、谷歌等网站输入关键词检索一下，读一些热点新闻。最后要找几篇热点文章来读读，以便对问题有一个全面系统的了解。在本案例中，财预〔2012〕463号是核心内容，故需要仔细研读财预〔2012〕463号文。当阅读财预〔2012〕463号文时会注意到这么一句话："《国务院关于加强地方政府融资平台公司管理有关问题的通知》（国发〔2010〕19号）下发后，地方各级政府加强融资平台公司管理，取得了阶段性成效。地方政府性债务规模迅速膨胀的势头得到有效遏制，大部分融资平台公司正在按照市场化原则规范运行，银行业金融机构对融资平台公司的信贷管理更加规范。但是，最近有些地方政府违法违规融资有抬头之势，如违规采用集资、回购（BT）等方式举债建设公益性项目，违规向融资平台公司注资或提供担保，通过财务公司、信托公司、金融租赁公司等违规举借政府性债务等。为有效防范财政金融风险，保持经济持续健康发展和社会稳定，现就有关问题通知如下。"由此可见，财预〔2012〕463号文是国发〔2010〕19号文的延续，故此还需要仔细研读国发〔2010〕19号文。另外，财预〔2012〕463号文还涉及"融资平台公司""公益性项目""政府性债务""回购（BT）"等概念，故还需要对这些概念进行研究和界定。

　　在确认了所需研究的问题和收集相关法律信息后，就可以对问题进行分析，进而得出结论，即核对甲公司是否属于"融资平台公司"、所提及的"资源保护工程设施"是否属于"公益性项目"、BT交易下的债务是否属于"政府性债务"，从而得出甲公司的行为是否属于财预〔2012〕463号文所禁止的行为。[1]

---

[1] 方榕：《金杜律师分享：初级律师接到一个全新法律问题，该如何分析？》，https://www.sohu.com/a/356581596_650902，2022年9月14日访问。

第四节　法律研究的技能训练

一、制订法律研究计划的技能训练

【案情资料】　原告 C 诉称：被告 S 大学不履行法定职责，未组织有关院、系及学位评定委员会对原告博士学位申请进行审核评定一事，依据《中华人民共和国行政诉讼法》向法院提起行政诉讼，请求法院判令被告依法履行法定职责，组织学校的学位评定委员会对原告的博士学位申请进行审核评定。

被告 S 大学辩称：在进校之初 C 就应当了解学校关于博士毕业和取得学位的相关要求，相关规定和科研量化指标被告也通过学生手册和官网的方式予以周知。原告发表论文数量不符合学院的科研量化考核要求，只发表了一篇核心期刊论文，不符合三篇的要求。同时，原告发表的论文也不符合 S 大学的科研量化指标要求，与原告的博士学位论文没有相关性，商法年刊的论文不属于会议论文。被告收到原告的申请材料后，学位评定分委员会审查后认为原告不符合博士学位申请条件，遂对原告申请予以驳回，不存在不履行法定职责行为。

法院经审理查明：2014 年 9 月，原告进入 S 大学应用经济学（法律金融学）专业就读，攻读法律金融学博士学位。2017 年 12 月 9 日，被告组织博士论文答辩，原告持博士学位论文《中国农地信托构造研究》参加答辩。答辩当日，原告向被告学位评定委员会提交书面申请称，因科研不达标，要求准予其暂缓申请博士学位。同日，原告以 5 票通过 0 票反对通过答辩。随后，被告向原告颁发了落款日期为 2017 年 12 月 9 日的《博士研究生毕业证书》，证书载明：原告于 2014 年 9 月至 2017 年 12 月在应用经济学（法律金融学）专业学习，修完博士研究生培养计划规定的全部课程，成绩合格，毕业论文答辩通过，准予毕业。同年 12 月 11 日，S 大学经济学院研究生办公室盖章出具成绩单，载明原告的博士学位论文答辩结果为建议授予博士学位。2018 年 11 月 28 日，原告向被告 S 大学学位评定委员会递交了博士学位申请书及相关材料，包括博士学位论文纸质版、成绩单、论文中英文摘要、照片和已经发表的两篇论文。被告收悉后，经济学科学位评定分委员会秘书于 2018 年 12 月 5 日通过微信告知原告，因其发表的论文数量不符合经济学院科研量化考核指标，故其博士学位申请不符合要求。之后，被告对原告的博士学位申请未组织学位评定委员会进行审核评定，也未出具任何书面决定。

再查明，《S 大学关于研究生学位授予科研成果量化指标体系的规定》

(2004年版本)第一点规定,博士学位申请者在学习期间必须有公开发表的论文或取得经过鉴定的科研成果,具体要求见附件《S大学研究生学位授予科研成果量化指标》,附录说明5载明文科中的美术学研究生学位的标准另定。《S大学关于研究生学位授予科研成果量化指标体系的规定》(2018年7月修订)第一点规定,为保证毕业研究生学位授予的质量,S大学博士、硕士学位申请者,在学习期间必须有公开发表的论文,或取得经过鉴定的科研成果,博士具体要求见附件《S大学博士学位授予科研成果量化指标》,硕士不再统一要求,由学位评定分委员会确定。《S大学博士学位授予科研成果量化指标》附录说明4载明,艺术类学位科研成果量化指标的标准由学位评定分委员会制订。

又查明,原告在2018年11月28日向被告提出博士学位申请前后,还曾向被告校长邮寄了三封信,对被告通过设置核心期刊论文发表数量来提高获取博士学位门槛的做法表示不满,希望被告对原告诉求予以研究,并妥善处理。原告还于2018年12月3日通过电子邮件方式,向被告信访机构发送信访材料,要求被告对原告的博士学位申请事宜进行研究处理。2018年12月11日,被告相关人员与原告就原告学位问题进行面谈,原告在面谈记录尾部书写"双方对法律、经济学院内部文件有效性存在较大分歧"并签名。

还查明,被告S大学于2019年12月组织学位评定委员会对原告的博士学位申请进行了审核评定,审核评定结果为不同意授予原告博士学位。

法院依据《中华人民共和国行政诉讼法》第74条第2款第2项、《最高人民法院关于适用〈中华人民共和国行政诉讼法〉的解释》第81条第4款的规定,判决确认被告S大学对原告C提交的博士学位申请未组织学校学位评定委员会予以审核评定的行为违法。

【要求】
(1)制订法律研究的计划。
(2)讨论本案的法律关系。
(3)讨论原告C的请求权是否成立。
(4)讨论应运用何种技巧进行法律分析。

二、法律检索的技能训练

【案情资料】 原告上海A物业顾问有限公司(简称"A公司")诉称:被告B利用A公司提供的上海市虹口区株洲路某号房屋销售信息,故意跳过中介,私自与卖方直接签订购房合同,违反了《房地产求购确认书》的约定,属于恶意"跳单"行为,请求法院判令B按约支付A公司违约金1.65万元。

被告B辩称:涉案房屋原产权人李某某委托多家中介公司出售房屋,A公司并非独家掌握该房源信息,也非独家代理销售。B 并没有利用 A 公司提供的信息,不存在"跳单"违约行为。

法院经审理查明:2008 年下半年,原产权人李某某到多家房屋中介公司挂牌销售涉案房屋。2008 年 10 月 22 日,上海某房地产经纪有限公司带 B 看了该房屋;11 月 23 日,上海某房地产顾问有限公司(简称"某房地产顾问公司")带 B 之妻曹某某看了该房屋;11 月 27 日,A 公司带 B 看了该房屋,并于同日与 B 签订了《房地产求购确认书》。该确认书第 2.4 条约定,在 B 验看过该房后六个月内,B 或其委托人、代理人、代表人、承办人等与 B 有关联的人,利用 A 公司提供的信息、机会等条件但未通过 A 公司而与第三方达成买卖交易的,B 应按照与出卖方就该房地产买卖达成的实际成交价的 1%,向 A 公司支付违约金。当时 A 公司对该房屋报价 165 万元,而某房地产顾问公司报价 145 万元,并积极与卖方协商价格。11 月 30 日,在某房地产顾问公司居间下,B 与卖方签订了房屋买卖合同,成交价 138 万元。后买卖双方办理了过户手续,B 向某房地产顾问公司支付佣金 1.38 万元。

上海市虹口区人民法院于 2009 年 6 月 23 日作出(2009)虹民三(民)初字第 912 号民事判决:被告 B 应于判决生效之日起十日内向原告 A 公司支付违约金 1.38 万元。宣判后,B 提出上诉。上海市第二中级人民法院于 2009 年 9 月 4 日作出(2009)沪二中民二(民)终字第 1508 号民事判决:"一、撤销上海市虹口区人民法院(2009)虹民三(民)初字第 912 号民事判决;二、A 公司要求 B 支付违约金 1.65 万元的诉讼请求,不予支持。"

【要求】

(1)讨论本案的主体、内容、客体等要素。
(2)讨论本案如何具体运用法律检索技巧。
(3)讨论如何进行法律分析。
(4)制定代理策略。

第七章　民事调解的理论与技巧

第一节　民事调解制度概述

一、民事调解的概念与特征

(一) 民事调解的概念

民事纠纷是社会矛盾的表征，是社会的一种常见形态。现实世界纷繁复杂，民事纠纷的主体、内容以及双方诉求各不相同，民事纠纷的类型也多种多样。民事纠纷快速、有效地解决，需要与纠纷类型相适应的多样化的纠纷解决机制。例如，现实生活中为解决纠纷而设计的和解、调解、仲裁、诉讼等方式。当前，各种社会矛盾交织，社会问题复杂多样，民事纠纷也频繁发生，甚至以极端的形式爆发出来。在建立和谐社会的征途中，对民事纠纷的妥善解决是社会治理的一项重要内容。近年来，各级政府、法院、律协等，通过分工、协调，针对不同类型的民事纠纷，设置不同的纠纷解决方式，建构了一个多元化的纠纷解决机制，以快速、有效地化解矛盾，建立良好的社会秩序。

民事调解制度是多元化的纠纷解决机制的重要组成部分，是解决社会矛盾的重要机制，在现实生活中发挥着重要作用。利用调解解决民事纠纷是我国的优良历史传统。调解曾被誉为"东方经验"，一直为学者所关注。中华人民共和国成立以来，民事调解的理论研究与应用也几经沉浮。近年来又引起了我国学者与实务界人士重视。

在现今的理论界和实务界，对调解概念有不同的表述。例如，有学者认为："调解是指在第三方的主持下，以国家法律、法规和政策以及社会公序良俗为依据，对纠纷双方当事人进行调解、劝说，促使他们互谅互让，在平等自愿的基础上达成协议，解决纠纷的活动。"[①] 也有学者指出："调解是指在第三

[①] 盛永彬主编：《人民调解实务》，暨南大学出版社2008年版，第2页。

方的主持下，当事人双方自愿妥协，合意解决纠纷的活动。"① 尽管不同学者对于调解概念的文字表述有不同，但是调解概念的本质内涵基本相同。

(二) 民事调解的特征

民事调解是解决民事纠纷的重要方法，是我国法律体系的重要组成部分。民事调解一般具有以下特征：

1. 自愿性

民事调解双方当事人具有自愿性。在民事调解制度的双方平等、自愿、合法原则中，自愿最能体现调解的突出特点。调解人员与调解组织无权要求当事人必须接受调解程序或接受调解结果，更无权通过对当事人的人身或财产采取强制性措施，推进调解程序，达成调解协议。调解的全过程是以当事人的自愿为基础。调解人员最终依据双方当事人的合意，进行调解、达成调解协议以解决民事纠纷。在调解中当事人可以根据自己的意愿为解决纠纷而处分自己的权利，承担相应的义务，只要不违反法律、政策的规定，即可达成有效的调解协议。民事调解中当事人享有平等、自愿处理自己权利的空间。这也是调解制度的优势，它有利于双方合意的形成，有利于纠纷的彻底解决。

2. 灵活性

民事调解的程序具有灵活性。民事调解的时间、地点、方式与程序在调解法规、政策中没有严格的规定。上述调解程序要素即使有明确的规定，调解人员也可以随时进行调整，以满足调解的现实需要，顺利解决纠纷。民事纠纷问题的解决为调解的第一要务。调解程序的简单、便捷、灵活可以节约纠纷解决的直接成本。例如，法院调解解决的案件，减半收取诉讼费。人民调解则不收取任何费用。以医疗纠纷为例，在大量医疗纠纷中仅有很少量的纠纷进入司法程序，其原因在于医疗诉讼程序不仅时间长、程序烦琐，诉讼费、律师费等费用高。对于身处医疗纠纷的患者来说，难以付出足够的时间、金钱成本去耐心等待。因此，选择调解程序，通过简单、便捷的调解方式解决纠纷，则是相对合理的选择。

3. 互利性

解决纠纷的结果具有互利性。民事调解是在当事人自愿的基础之上进行的，调解强调争议双方当事人的平等沟通与对话。在第三方的主持下，争议双方在不同意见中寻找共同点。调解员往往晓之以法、明之以理、动之以情，循循善诱，创造一个矛盾双方良好的交涉环境，消减当事人的对抗情绪，争取相互理解、相互让步，努力化解当事人之间的矛盾。在此基础上达成调解协议，

---

① 刘最跃编著：《人民调解原理与实务》，湖南人民出版社2008年版，第9页。

达到双赢的目标。与之相比，诉讼程序强调事实清楚，证据充分，依法判决。对于诉讼当事人来说，极有可能是一个全赢或全输的结果。赢了官司却输了人情是诉讼过程中的常见现象，对当事人来说可能也是未曾预料的意外结局。这也是诉讼方式不利于双方当事人关系修复的缺陷。调解结果的互利性特别适合于解决婚姻家庭、债务、邻里纠纷等民间纠纷。正是由于调解具有促进人际关系和谐，稳定社会秩序的良好效果等优势，调解才得以历久弥新，不断焕发出勃勃生机。

二、民事调解的类型

（一）以诉讼为基点，民事调解可以分为诉讼调解与诉外调解

诉讼调解也称法院调解，是指双方当事人在法院审判人员的主持下，对双方争议的实体权利与义务自愿协商，达成协议，解决民事纠纷的活动。法院调解是我国《民事诉讼法》的一项基本原则，在民事诉讼中具有广泛的适用性。除了以特别程序、督促程序、公示催告程序和企业法人破产还债程序审理的案件外，所有民事争议案件在当事人自愿的基础上，在一审程序、二审程序和审判监督程序中，均可适用法院调解。但法院调解不是审理每个民事案件的必经程序。如当事人不愿调解或无调解基础的案件，法院可以不经调解而直接进行法庭审理，然后作出判决。

诉外调解的类型多样，如行政调解、民间调解、仲裁调解等，在我国诉外调解制度中以人民调解为主导。2010年我国颁布了《中华人民共和国人民调解法》（以下简称《人民调解法》），该法第2条规定："本法所称人民调解，是指人民调解委员会通过说服、疏导等方法，促使当事人在平等协商基础上自愿达成调解协议，解决民间纠纷的活动。"

（二）以调解主体的不同，民事调解主要分为民间调解、行政调解与诉讼调解

1. 民间调解

民间调解的调解人往往是德高望重的民间人士或者民间机构。我国传统文化与道德提倡和为贵，让为贤。所以，婚丧嫁娶、房产买卖、继承遗产等民事纠纷，双方当事人习惯于在当地邀集同乡、同族中德高望重的长辈进行调解、鉴证，愿意就地调解解决。中国历代统治者多崇尚"和谐社会"的理想，在社会治理方面意欲达到"无讼"社会状态。面对客观存在的各种纷争和矛盾，统治阶层不断探索"无讼"的途径，建立"调处息争"的机制。早在西周青铜器铭文中就有"和息""和对"的记载。秦汉时期在乡中设有秩、啬夫和三老，其中三老掌教化，有秩或啬夫职听讼，包括使用调解来息讼。唐律规定，

乡里讼事"先由里正坊正调解之"。明代制定《教民榜文》，在各州县设立"申明亭"，专事调处民间纠纷，不能解决的纠纷再诉至官府。可以这样说，民间调解在我国历史悠久，延续至今。在传统的中国社会，民间调解的范围是民事案件和轻微的刑事案件，超出此范围即为法律所不允许。这说明了调解息讼受到了国家权力的制约。调解与行政管理、诉讼相配合。凡参与调解的乡邻、宗族、民间组织要本着息讼止争、利国利民的目的，不得借机挑讼，从中渔利。中国古代调解的依据是传统的道德，其核心是礼。现代社会民间调解的基本依据是乡规民约、基本道德规范与国家法律法规。

当今社会中的民间调解主要方式为人民调解。它吸收了历史上调解制度的合理因素，是具有中国特色的一种纠纷解决方式，也是中国共产党在基层社会治理上的一个创新。1950年，政务院在《关于加强人民司法工作的指示》中指出："对这类民事案件亦须予以足够的重视，应尽量采取群众调解的办法以减少人民讼争。"1953年，第二届全国司法工作会议确定在全国范围内有领导、有步骤地建立与健全人民调解组织。1954年，在总结人民调解工作经验的基础上，政务院颁布了《人民调解委员会暂行组织通则》。该通则明确了人民调解委员会的性质、任务、组织、活动原则、工作制度和工作方法。它标志着人民调解制度法律地位的确立。从此人民调解工作在全国迅速发展起来。1982年，人民调解制度作为群众自治的内容被写入《中华人民共和国宪法》；1989年，国务院颁布《人民调解委员会组织条例》，对人民调解工作进行了规范；《民事诉讼法》也对民事调解作出规定，尤其是《最高人民法院关于审理涉及人民调解协议的民事案件的若干规定》和《人民调解工作若干规定》的施行，使人民调解纳入了法治的轨道。2004年最高人民法院和司法部联合下发的《关于进一步加强人民调解工作切实维护社会稳定的意见》，肯定了人民调解在化解人民内部矛盾，维护社会稳定和谐中的重要作用，进一步推动了人民调解工作的改革和发展。

随着经济体制深刻变革、社会结构深刻变动，人民调解制度面临着新的发展机遇和挑战。在长期的实践过程中，人民调解在组织建设、人员选聘以及调解范围、程序、效力等方面形成了一系列改革成果。在总结几十年来人民调解工作实践经验的基础上，2010年我国颁布了《人民调解法》，对人民调解工作的性质、原则、组织、人员、程序、效力等各方面进行了规范。它是我国第一部专门、系统、完备地规范了人民调解工作的法律，是人民调解制度发展的一座里程碑，对于推动人民调解制度的改革与发展具有重要意义。

2. 行政调解

行政调解的调解人是各级政府的行政机关。行政调解是由行政机关主持，以国家法律、法规及政策为依据，以自愿为原则，通过对争议双方的说服与劝导，促使双方当事人互让互谅、平等协商、达成协议，以解决民事争议，达成调解协议的活动。

在我国古代，许多官员因善于调解而获得良吏、循吏的声誉。宋代注重教化为先，刑罚为后，官员在案件中有"每遇听讼，于父子之间，则劝以教慈，于兄弟之间，则劝以爱友"这类的判词。[①] 行政调解是中国古代社会"息讼""无讼"文化背景下所倡导的基本调解制度。新民主主义革命时期行政调解制度得到了较大发展。1931 年，中华苏维埃共和国《苏维埃地方政府的暂行组织条例》规定，"乡苏维埃有权解决未涉及犯罪行为的各种争执问题"。乡苏维埃在解决民事纠纷方面的职能近似于法院的裁判组织。抗日战争时期，中国共产党在陕甘宁边区总结调解经验，把调解提高到一个新的高度，认为调解工作是巩固团结，加强抗日民族统一战线的有效方法，是人民司法工作的得力助手和必要补充。各边区政府都很重视调解工作并制定了调解制度，最具代表性的是 1942 年的《晋察冀边区行政村调解工作条例》和《晋西北农村调解暂行办法》。1943 年的《陕甘宁边区民刑事件调解条例》规定，"除了一切民事纠纷均应实行调解外，一些重大刑事罪以外的一般刑事罪亦在调解之列"[②]。这一时期无论调解的组织、原则，还是调解的内容与程序都比较完善，为中华人民共和国成立以后的行政调解制度的健全与完善奠定了基础。值得关注的是，新民主主义革命时期的调解坚持自愿原则，强调只有在双方当事人自愿和同意的基础上的调解才是有效的调解。在调解中坚持法律与政策的标准，依法依规明辨是非，解决纷争。这些新的特点与以前中国历史上的调解略有不同。

目前，中国行政调解的种类多样。可以说，行政机关在行使行政管理职能过程中所遇到的纠纷一般都可以进行调解。调解的主要类型包括：

（1）基层人民政府的调解。基层人民政府主要调解民事纠纷和轻微刑事案件，这也是我国基层人民政府的一项职责，主要由乡镇人民政府和街道办事处的司法助理员负责具体的调解工作。

（2）经济行政主管机关的调解。例如，国家市场监督管理总局和地方各级市场监督管理局作为经济主体的经济行为管理机关，对于公民、法人和其他组织之间的经济纠纷可以进行调解。当事人也可以申请工商部门进行调解。房产管理部门对于小区物业管理的合同，土地管理部门对土地出让合同具有管理的职能，可以接受当事人的申请，进行民事调解。

[①] 李广宇：《如何避免成为诉讼大国？（上）——〈判词经典〉之二十三》，载《人民法院报》2021 年 1 月 8 日第 7 版。

[②] 王立民主编：《中国法制史》，上海人民出版社 2003 年版，第 532 页。

(3) 公安机关的调解。《中华人民共和国治安管理处罚法》第 9 条规定："对于因民间纠纷引起的打架斗殴或者损毁他人财物等违反治安管理的行为，情节轻微的，公安机关可以调解处理。"我国《道路交通事故处理办法》第 30 条规定："公安机关处理交通事故，应当在查明交通事故原因、认定交通事故责任、确定交通事故造成的损失情况后，召集当事人和有关人员对损害赔偿进行调解。"这是法律法规授予公安机关调解的权利。它有利于妥善解决纠纷，增进当事人之间关系的恢复。

(4) 婚姻登记机关的调解。我国《民法典》婚姻家庭编第 1079 条规定："夫妻一方要求离婚的，可以由有关组织进行调解或者直接向人民法院提起离婚诉讼。"同时，该法规定："夫妻双方自愿离婚的，应当签订书面离婚协议，并亲自到婚姻登记机关申请离婚登记。"婚姻登记机关一般会对欲离婚的当事人进行调解，为了促使当事人和解，《民法典》规定了协议离婚 30 天的"冷静期"。这也为当事人婚姻关系的复合提供了更多的空间。

3. 法院调解

法院调解（亦即诉讼调解）的主体是法院审判人员或者受法院委托的不具有法官身份的调解员。法院调解是指在人民法院审判人员的主持下，对双方当事人争议的民事权利与义务自愿协商，达成协议，解决纠纷的活动。调解案件时，当事人或经过当事人授权的委托代理人到场协商。在法院调解中，对于纠纷的调解，可以由审判人员主持，也可由法院邀请的其他个人担任调解员。调解一般应当公开进行。协议内容应当符合法律的规定。达成调解协议的人民法院应当制作调解书。调解书内容应当写明诉讼请求、案件的事实和调解结果，由审判人员、书记员署名，加盖人民法院印章，送达双方当事人后，即具有法律效力。

与民间调解、行政调解比较，法院调解具有特殊性。

(1) 法院调解发生在诉讼过程中。当事人在调解过程中所进行的行为属诉讼行为，对当事人产生诉讼法上的约束力；其他类型的调解发生在诉讼之外，当事人的行为无诉讼法上的意义。

(2) 法院调解是在人民法院的审判人员的主持下进行的。人民法院进行调解活动，依据的是法院审判职权，所进行的调解活动属于审判活动，具有审判上的意义，具有司法性质；其他类型的调解主持者是人民调解委员会的调解员、行政机关的官员等非审判人员，所进行的调解活动不具有审判性，不具有司法性质。

(3) 法院调解要遵循一定的法律原则和程序。根据我国《民事诉讼法》的规定，法院调解要遵循当事人自愿和合法的原则，应当在事实清楚、责任分明的基础上进行，法院组织调解还需要有一定的程序。虽然诉讼外调解也要求当事人在调解时是自愿和合法的，但在查清事实和分清责任上不像法院调解那样严格。此外，在程序上诉讼外调解也不像法院调解那么规范。

（4）法院调解如果成功，其所形成的调解协议或调解书在生效后与生效的法院判决具有同等的法律效力。诉讼外的调解，除仲裁机构制作的调解书对当事人有拘束力以外，其他机构主持下达成的调解书无拘束力，在当事人反悔的情况下可以就该争议向人民法院起诉。

三、民事调解的功能

调解是与民事纠纷的复杂性相适应的纠纷解决方式之一。调解在解决民事纠纷中表现出极强的生命力，无论是诉讼内还是诉讼外调解在解决纠纷过程中都发挥着巨大的作用。调解在社会治理中具有独特的价值。

1. 及时解决当事人之间的纠纷

社会资源的有限性与人的需求增长之间的矛盾决定了民事纠纷无处不在。面对纠纷，如果当事人能够平等协商予以和解当然最好，和解方式最为简单、最便捷。但是，碍于当事人各自立场的片面性以及面子维护等多种原因的影响，当事人很难凭借自我能力，通过双方协商的方式解决纠纷。此时，通过第三方解决纠纷便成为当事人必要的选择。首先，与其他纠纷解决方式相比，特别是与诉讼、仲裁方式相比，调解具有解决纠纷的及时性。调解机构与调解人员的供给较为普遍，甚至在你生活的小区或者街道就有调解组织或调解人员。尤其是民间纠纷，当事人可以随时利用身边德高望重的朋友、长辈或领导，参与纠纷的调解工作，及时化解矛盾。在调解时间的选择上，当事人可以根据自己的需要提前预约调解时间，甚至可以安排在晚上或者周末进行，具有很大的灵活性。其次，在事实认定、证据核实方面，调解不需要事实清楚，证据确凿，即使在仲裁、诉讼程序中的调解，也可以不再细致审查证据的内容，只需根据当事人的意愿，在不违反法律规定的前提下固定调解结论。因此，调解是及时解决纠纷的便捷方式。

2. 有利于纠纷当事人之间关系的修补

在调解过程中，当事人可以畅所欲言地发表自己的意见，平等地听取对方诉求。调解员会根据案件情况对双方的诉求进行评判，并在此基础上劝说当事人不断修正自己的意见与诉求。调解过程始终处于双方协商、各退一步的妥协之中。一方在调解结果上做出让步，可能是出于双方往日的情谊，或者出于未来友好关系的维护。况且，调解结论并非全输全赢的结局，不仅给争议双方保留了基本的经济利益，也为恢复往日情谊与交往提供了机会。因此，民事纠纷的调解有利于争议双方友好关系的修复。

3. 降低民事纠纷解决的成本

对于民事纠纷的解决，社会要提供经济、便捷的解决途径，在调解、仲裁、诉讼等三种解决纠纷的方式中，调解方式最为经济，成本最低。首先，从当事人的角度上看，调解一般不用交解决争议的费用。与之相反，诉讼案件则需要交纳诉讼费用，如100万标的额的诉讼案件，按照目前的标准需要交纳8000元左右的诉讼费用。如果当事人聘请了律师，还要支付几万元的律师费用。如果案件需要进行鉴定，鉴定费用更是一个不小的数额。如果案件标的额较大，面对高额的诉讼费用，部分当事人就可能没有经济能力选择诉讼方式解决纠纷。当事人选择仲裁方式解决纠纷也是如此。如果当事人选择调解解决案件，即使在仲裁、诉讼程序中案件诉讼费用也可以减半收取。这也体现了调解的经济性。其次，从裁决者的角度上看，案件进入法院，法官的选配、开庭时间地点的安排等都需要按照法律规定的程序进行，不能出现违背程序的不规范的操作。这些程序均需要耗费较大的司法资源。最后，从纠纷处理的时间上看，调解解决的及时性、便捷性可以节省当事人、裁决机构解决纠纷的时间成本。这有助于当事人及时摆脱纠纷，投身于社会生活，也使得裁决机构可以在有限的时间内处置更多的案件。

4. 维护社会秩序的和谐与稳定

在现实社会中民事纠纷无处不在，而纠纷的及时解决对于当事人之间关系的稳定至关重要。调解解决纠纷的及时性在于可以在纠纷出现的初期就解决矛盾。一般来说，影响社会稳定的重大社会冲突，往往也可能是由小矛盾、小纠纷累积而来的。利用调解快速、及时解决纠纷往往能够防患于未然，避免重大社会纠纷事件的产生。基层民众是社会的细胞，基层民众之间的和谐稳定，决定了社会整体的和谐与稳定。调解解决纠纷方式的便捷性，为广大民众所青睐，在维护基层民众关系上起到了关键的作用。因此，调解解决方式的推广与适用对于社会的整体和谐稳定具有重要的意义。

第二节 民事调解的步骤与方法

在纠纷解决过程中，律师可能会以不同的身份出现在民事调解中。以往，律师多以代理人的身份加入到民事诉讼或仲裁的调解程序中，他们代表一方当事人的利益，以代理人的身份参加审判庭或仲裁庭主持的调解。近年来，随着我国多元化纠纷解决机制的不断发展和完善，以及律师在社会生活中地位的提高，律师的专业性及个人的社会影响力也受到了国家和社会的关注，有越来多的律师接受人民调解组织、人民法院的邀请,以调解员或特邀调解员的身份主持或参加民事调解。律师以代理人的身份参加民事诉讼及仲裁中的调解,属于民事诉讼代理或仲裁代理的业务范围,将在相关的章节具体讲述,在此不作赘述。本章仅就律师以调解员的身份主持或参加民事调解的技巧和方法做些介绍。

需要特别说明的是,由于法律对民事调解代理人乃至调解人(人民调解除外)都没有严格的资格限制,这就给我们开展法律诊所教学提供了一个新的平台,调解民事纠纷案件因此也可以作为法律诊所教学的重要素材。故此,本书将"民事调解的理论与技巧"列出单章予以介绍。

一、民事调解的步骤

(一)了解当事人情况

当事人是民事纠纷的主体,是纠纷的重要组成部分。调解是调解员对双方当事人所作的劝说、疏通,协调争议双方放弃对立态度,寻求共同认可的解决方案,以消除纠纷的过程。调解中了解当事人,就是了解当事人的性格、职业、学历等方面的特点,以便采取相适应的调解方法从而解决纠纷。例如,性格外向的人更容易流露自己的感情,可从其外在行为、面部表情觉察出。性格内向的人则寡言少语,外人难以揣摩其真实想法。这就要求调解员察言观色、注意细节,准确把握当事人的意图。又如,不同的职业者对纠纷的态度会有不同,流动性较强的职业者在纠纷发生后,更愿意通过调解结案,及时、有效地解决纠纷,以免耽误自己的工作。这时调解员应当及时通过调解方式化解纠纷。而有固定职业的人对于用调解手段解决纠纷还是诉诸司法机关解决纠纷,往往犹豫不决,反复权衡,调解员应当逐步加强调解策略,力求使当事人接受调解。再如,文化水平高的人,接受能力、自我调控能力较强,能理性对待纠纷,不会产生外化的纠纷行为,而文化水平低的人,以及自我调解能力相对较弱的人,对待纠纷易情绪化,一般难于接受调解员提出的建议,需要调解员更加耐心地使用通俗语言表达调解观点。只有调解员充分掌握当事人的个性特征,才能针对不同性格的人提出不同的对策,达到良好的调解效果。

(二)熟悉基本案情

了解纠纷本身的事实或了解与纠纷密切关联的各种相关事实是调解民事纠纷的基础。每个纠纷的发生、发展及其走向都有相应的事实经过,对于纠纷本身的事实,调解员一定要认真倾听、细致记录,查阅相关证据,核实事实,必要时寻找相关人员进行调查。总之,调解员要全部、真实地把握纠纷的事实情节。调解员需要考察纠纷发生过程中双方当事人各有哪些过激的语言和行为,以及双方当事人行为背后的显性或隐性的情节是哪些，这些情节是调解的事实依据。调解员以适当的方式运用这些情节是调解成功的重要武器。因此，调解员应当深入了解与调查，充分掌握与纠纷密切相关的事实。清晰地把握纠纷的事实，在调解中才能明辨是非，准确指出当事人的过错，有依据地判断当事人各方所应承担的责任。当然，调解中双方当事人的具体表现也是调解员可以利用的情节。这些情节不是纠纷本身的事实，但是可以帮助调解员提前预判解决纠纷的可能性、现实性，也能够帮助调解员及时调整调解方法，寻找化解矛盾的合适办法。

（三）分析纠纷发生的原因

原因与纠纷之间存在引起与被引起的关系。原因是引起纠纷发生的事实。纠纷发生的原因有很多，只有与纠纷存在因果关系的原因，才能认定是纠纷发生的原因。原因是引起纠纷的基础，也是调解纠纷的基础，只有真正厘清产生纠纷的根本原因才能最终解决纠纷。一般情况下引起纠纷的原因并非单一、明了的因素，常常是多重原因的长期累积才引起纠纷的发生。不同原因在纠纷中的地位与作用也不相同，分析不同原因对纠纷的解决具有重要意义。在引起纠纷发生的多个原因中，根据作用大小，可以分为主要原因和次要原因。调解员应当查明各种原因要素，认定各个原因在纠纷的发生、发展中所起的作用大小。对纠纷发生起主要或主导性的原因，要着力解决；对纠纷中起次要作用的原因则需要说明事理，劝说一方妥协让步。

另外，引起纠纷发生的原因还可以分为表面原因和真正原因。表面原因就是双方当事人所主张或表面呈现的原因，在表面原因之后常常隐藏某些事实，而这些事实可能是真实的原因。例如，在纠纷调解过程中，有些当事人出于某种特殊考虑而对纠纷的真正原因避而不谈，而是以某种借口加以搪塞。这种情形时常发生在一些婚姻纠纷中，当事人常常把离婚的原因归结于经济、家庭事务等表面原因，其实真正原因可能涉及当事人的隐私，不便于公开。再如，在一些劳动纠纷中，企业辞退员工本来是因为工人年龄、怀孕或其他不能归结于当事人的原因，而在调解中企业却将其归结于员工的过错，试图逃避相应的法律责任。这要求调解员必须具备较强的观察力，通过纠纷的表面深入发现引起纠纷的真正原因，对症下药。

（四）制订调解方案

制订调解方案就是确定调解的时间、地点及选择合适的调解方法，确定预期的调解结论，即在合适的时间、地点，以合适的方法解决纠纷。纠纷产生的初期矛盾刚刚暴露，调解解决的可能性大。纠纷的后期矛盾已经激化，调解的难度较大。这要求调解员在调解过程中根据所掌握的各方面信息，准确判断纠纷的持续时间，并把握好纠纷的阶段性特征，针对纠纷在不同时间段所呈现出的特点做好纠纷解决工作。

调解地点的选择也具有较强的技巧性。一般情况下，调解应当在专门设置的调解场所进行。但调解员可以根据纠纷的特点选择适宜纠纷解决的场所进行调解。如婚姻家庭纠纷，涉及当事人的隐私权，选择在当事人住所或不公开的场合比较好。这样能够缓和当事人间的紧张氛围，拉近调解员与当事人间的感情距离。对于打架斗殴等社会危害性较大或有当事人蛮横霸道行为的纠纷，则应当选择较为严肃的地方进行调解，给双方当事人以庄严感与权威感，起到威慑作用。总之，不同的纠纷对调解场所要求不同，根据纠纷的实际情况选择调解的场所是一项重要且有效的调解技巧。

根据案件情况配备合适的调解人员，如发生在公共场所的打架斗殴行为，需要配置年龄大、社会阅历广、经验丰富的调解员。发生在公共场合的纠纷，影响力大、范围广，当事人的自尊心可能受到更大程度的伤害，纠纷的严重性就会加剧，相应的调解工作相对难以进行。这对于调解员的调解经验与技能要求较高。此外，在有多名调解员参加的情况下，要进行角色分配，有唱红脸的，有唱黑脸的，调解员要相互配合，相互协作。

（五）确定调解结论

经过充分的说理和耐心细致的劝导、说服工作后，调解员要注意观察当事人的态度。如果发现双方当事人可以互谅互让，意见比较接近，那么就具备了达成调解协议的思想基础，调解员应该抓住时机，适时提出合情、合理、合法的建设性解决方案，供双方进行下一步的协商。在征求双方意见的基础上，适当修改协议，双方就可能达成调解协议。对于疑难、复杂、当事人意见相差很大的纠纷，则需要进行多次调解，直到纠纷双方达成合意为止。达成调解协议后，可以根据需要或当事人的请求，制作调解协议书，由当事人双方签名并加盖印章，当事人双方、调解员各留存一份。

纠纷的最终解决取决于有效调解方案的提出，方案能否为当事人所接受不仅与方案本身的内容有关，而且与拿出调解方案的时机关系紧密。通常条件下，在当事人意见分歧较大或在调解工作刚开始时，匆忙提出解决方案，往往不切实际，还有可能加剧矛盾。当双方当事人的意见相差不大，在有达成合意意向的前提下，提出纠纷解决方案，易于为当事人接受并达成调解协议。

二、民事调解的方法及其运用

很多民事纠纷都是因为沟通不畅造成的，因此，调解实际上就是一个劝和的过程，就是通过调解员这个媒介搭起当事人之间沟通的桥梁，促成当事人在互谅互让的基础上实现纠纷的友好解决。

【案情资料】 王阿姨今年75岁，得益于上海适宜的气候与自己平时的保养，仍然满面红光，气色很好。一年前，与其同居8年的李叔去世。王阿姨是有些伤心，但因有以前丧偶的经历，也看透了生死，很快就从悲伤中走出来，恢复正常生活。但是，令人烦心的事情却并未消失。李叔的女儿把王阿姨告上了法庭。王阿姨平静的生活又起波澜。

原来在李叔去世的前三个月，李叔的姐妹深知李叔病情严重，怕时日不多，就在王阿姨家，当李叔的面决定把李叔存在银行的50万元取出，后来王阿姨与李叔弟弟去银行办理了取款手续。按照大家一致的意见，15万元给李叔的女儿，剩余35万元给王阿姨。在李叔住院的几个月时间内，除了医保以外王阿姨支付了2万元医疗费。李叔去世后，其女儿便找王阿姨索要剩余的33万元，认为这是其父亲遗产，王阿姨无权占有。当初之所以把钱给王阿姨，是让其临时保管，用于支付王叔的医疗费。在支付完毕后剩余的部分理应退还。此意见遭到王阿姨的断然拒绝，并坦言，在王叔活着期间，女儿别说尽赡养义务，连打电话关心都没有。王叔活着时女儿只知道要钱，死了仍然想要钱。

案件起诉至法院后，法院委派调解员进行诉前调解。为此，调解员根据案件的特殊情况开展了调解工作。

（一）了解案情，明确争议焦点

首先，原告与被告各自陈述了自己的观点与理由，主要包括35万元款项的来源、取出理由、由谁决定取出、取出的过程、钱款的用途及还剩余多少等案件的关键事实，调解员要分别细致询问，以确定对于上述问题，哪些双方一致确认，哪些双方存在异议。除了原告与被告本人陈述外，原告还提供了其叔叔作为证人，提供了当时双方商量决定取款、去银行取款的证言。原告陈述的核心点在于，35万元由王阿姨保管，用于李叔的疾病治疗。王阿姨则主张，此笔款项属于李叔的生前财产，出于对王阿姨多年照顾的感谢，王叔及其亲戚共同决定予以赠与。其次，在了解案件事实的基础上，调解员需要整理本案的争议焦点，即本案涉及的35万元属于保管还是赠与，并向当事人说明。显然，在明确争议焦点后，事实与问题的解决变得清晰起来，即如果属于保管，王阿姨需要退还剩余款项，即原告胜诉；如果属于赠与，则王阿姨无须返还，原告败诉。当然，属于保管还是赠与属于法律定性问题，需要调解员在后续的程序中进行调解。

值得关注的是，在查明事实方面调解员应当在全面调查，掌握纠纷相关事实的基础上，重视分析确认主要事实，善于透过纷繁复杂的信息群，甄别真伪，发现纠纷的真实情况。调解员还要通过与当事人亲切交谈，了解当事人对待纠纷的态度及其相应的观点，提高准确地判断纠纷调解结案的可能性。当然，调解员为了及时有效地解决问题，要在查清主要事实的基础上，尽快确定双方争议的焦点，明确法律与情理关系，围绕争议的中心问题进行调解工作。此外，面对没有接受过系统法律教育的基层民众，调解员在解答咨询、法律宣传上要做到深入浅出，把专业的法律术语变成通俗的大众语言来表达，让当事人能听懂其中的道理。由于当事人之间知识水平、阅历、年龄的差异，为了保障当事人双方的权利平等，调解员应使用通俗易懂的语言方式与当事人交流。具体来说，调解员对事实的陈述要简明扼要、层次分明，对当事人的说服教育要有理有据、富有逻辑，而不能模棱两可、似是而非。

（二）背后劝导，说明调解依据

调解员在归纳争议焦点后，按照自己的知识与经验，对于本案心中已经有了初步结论。调解员先让原告离开法庭，单独面对王阿姨，并明确告知，"对方已经提供证据证明是保管，你主张赠与需要提供证据证明，而你又没有证据证明，涉案款项将被认为是保管。"但是，王阿姨认为，35万元是李叔在世期间已经处理完毕，不属于遗产。然而，调解员明确告知王阿姨"处置"不是一个法律术语，或者不能确定是一个明确的法律行为，必须在保管与赠与行为之间作出选择。现在，是否接受调解是王阿姨面临的问题。接受调解意见，自己将会在33万元以内承担责任；不接受调解，可能被判决必须支付33万元。常言道，好汉不吃眼前亏，面对调解员已经确定的调解底线，王阿姨作出了让步，答应接受调解，并愿意支付10万元的款项。得到被告接受调解的意见后，调解员让被告出去，原告进入法庭，并告知原告："你父亲生前同意取钱，且钱由你父亲的兄弟姐妹取出，然后作出了分配，在情理上你再要回来难以服人，况且除了已经支付的有记录的2万元医疗费，还有交通费用、护工费等，算下来也需扣除，不可能完全支持你的诉求，况且现在调解解决，被告愿意让步，支付10万元，你是如何考虑的？"原告认为，相对于33万元，10万元太少，愿意接受调解，但是调解的数额太少。至此，第一次调解没有产生结果，以失败而告终。

在背对背的调解中，调解员要在了解事实的基础上，利用法律标准、道德标准判断当事人在纠纷事件中的对错，确立争议双方承担的责任大小，从而在内心确定初步的调解方案。然后利用对错分析法，指出当事人的过错，抓住双方的弱点，说服双方不断让步。在背对背调解过程中调解员不但要讲明问题，还要注意表达问题的技巧。在与当事人交流中，调解员要做到条理分明、逻辑性强、重点突出，让疏导工作具有吸引力、感染力和号召力。调解员在调解过程中，要善于利用当事人之间曾经的感情链接，尤其是家事纠纷、邻里纠纷等，利用情感触动法，设身处地为当事人着想，解决纠纷。这样既可以营造宽松的氛围，让当事人感到自然贴切，又可以避免产生不必要的误解。

(三) 暂停调解，缓解现场矛盾

如前所述，经过背对背劝导，双方由于分歧过大，现场不能达成一致意见。调解员暂停现场调解，给双方更多的考虑时间。又过了两周，调解员再次联系被告王阿姨，劝说其提高退还数额，理由与之前相同，王阿姨一方面强调自己委屈，责怪原告的无礼；另一方面也没有直接拒绝，说与律师商量后再说。后王阿姨与律师联系，说明调解员联系的情况。律师认为 10 万元已经可以了，本来就不是遗产。原告又不尽赡养义务，现在回来要钱，实在没有道理。律师分析，调解员有挑被告毛病的意图，主要是想达到让被告接受调解方案的目的。调解员有压迫被告的意思，即使按照调解员的想法判决，我方还有上诉的机会。律师的建议是先不要给调解员答复，等待事情下一步的发展。不久，原告律师也给被告律师打电话，说明是否可以提高调解金额，被告律师首先表明，自己要与被告商量一下。其实这是律师推脱的话语，在不好当面拒绝对方建议的情况下而采取的策略。两周后，明确回复原告，被告不同意增加退还金额。至此，第二次庭后调解陷入僵局。

在调解时间与阶段把握上，需要考虑不同纠纷类型、不同当事人，以及不同调解阶段当事人的不同心态，纠纷的调解也处于变化之中，因而调解难以有固定的模式。这就要求调解员善于随机应变，因时制宜，具体问题具体分析，根据不同的时间、地点以及不同的当事人，审时度势地采取相应措施来面对复杂多变的纠纷调解。尤其是在双方情绪激动、感情强烈的面对面交流中，当事人在受到言语刺激情况下往往不能控制自己的感情。这就需要调解员及时应变，妥善处理，迅速隔离双方当事人，待逐个说服劝解，情绪平静后再行组织调解。总的来说，调解员遇事要沉着冷静、不骄不躁，及时有效采取相应对策应对突如其来的变化。

(四) 综合利用，形成调解合力

在现场与庭后调解失败后，调解并未停止。两周后调解员电话联系被告王阿姨的律师，明确三点内容：第一，在调解方案上明确调解金额为 15 万元，理由是被告没有证据证明为赠与，将会被认定为保管。如果法庭判决，被告退还金额要超出这个数字，你们自己慎重考虑。第二，要发挥被告律师对于当事人的影响力。调解员特别强调，你是被告律师，要把案件判决的可能结论分析给被告听，从对当事人负责的角度出发，帮助被告选择对其有利的调解方案。在此，调解员对于代理律师以前的工作进行了一番表扬。第三，为了调动律师参与调解的积极性，调解员还谈及自己与被告律师是校友关系，大家要密切合作，完成本案的调解工作。上述三点，理法结合，调动了被告律师的积极性。

果然，被告律师听取调解员意见后立即行动起来，整理了一下思路及时联系被告。首先，律师对于案件的判决进行了预测：如果现在不接受调解，法官将会判决退还25万元左右（去除部分出租车费等），远超出调解金额15万元。不过，这个判决不一定正确。如果被告不服，可以上诉。但是，要想在上诉中改变一审判决，除非我方提供新的证据，如果没有新证据二审将维持一审判决。律师明确了自己的意见：接受调解意见。但是，最后由被告本人决定。被告王阿姨听了律师意见以后，表示与其儿子协商后，答复法院。之后，被告王阿姨的儿子又联系律师，询问案件的相关情况，律师把自己的意见及其理由又告知了王阿姨的儿子。后王阿姨决定接受调解员的调解意见。于是，历时三个多月的案件以15万元的调解金额了结。

综上，在调解的过程中调解员始终应该坚守职业道德：第一，秉承公平公正的精神。公平正义是人类社会的永恒主题，也是调解工作追求的目标。任何纠纷的解决只有建立在公平公正的基础上，才能真正构建一个秩序井然、运行良好、和谐发展的社会，才能够在法制的框架内把这些矛盾和冲突控制、化解。作为实现社会正义的手段之一，调解员要以法律为准绳、以事实为根据，在调解工作中独立思考，坚持原则，合理行使自己的职权，不受到任何行政机关、社会团体和个人的干涉。调解员要尊重双方当事人，同等对待当事人，给予双方当事人同样的陈述和辩解的机会，不偏不倚。第二，钻研调解业务知识。业务能力的训练，不仅要求调解员立足自身调解实践并总结经验，还要学习纠纷调解技巧，不断锻炼自己。首先，学习国家的大政方针政策、法律法规，不断提高自己的法律水平，保证调解工作不违反法律政策的规定；其次，锻炼语言表达能力与思维能力，能够透过现象，抓住本质，并用简明扼要的语言表达出当事人的所思所想；最后，有把握人情世故以及提出解决方案的时机的能力等。总之，要钻研调解业务，熟悉常见纠纷调解技巧，把握纠纷发展过程。只有对本职工作内容精通、熟练，才能在调解的实践工作中发挥出应有的力量，成为一名合格的调解员。第三，具备优良的道德修养。调解员应当具备忠于职守、公平公正、刚正不阿的品质；具有全心投入调解工作，弘扬正义，构建和谐人际关系的满腔热情；具有正直善良、谦虚谨慎的优秀品格与良好的个人声誉。调解员需要通过不断积累与学习，养成良好的政治素养、业务素质与品行，具有化解矛盾，解决纠纷，维护社会秩序，全心全意为人民服务的奉献精神。

第三节　民事调解的技能演示

调解的技巧方法有很多，调解员应当根据不同类型的纠纷、不同的当事人，选择适当的技巧以解决纠纷。同时，调解员还要善于总结调解经验，形成适合自己的调解方法，才能胜任调解工作。

一、过错分析法的调解技能演示

在民事纠纷发生过程中，一般情况下双方当事人都存在一定的过错，只是双方过错的程度大小不同而已。但是，人们历来注重面子，在纠纷中体现得更为明显。在纠纷调解过程中，首先出现的场景是争议双方都不愿承认自己的错误，更不愿首先作出让步。觉得如果承认自己有错，会有损颜面，于是便寻找各种借口，对自己的错误予以掩饰。调解员要抓住当事人这一微妙心理，摆事实、讲道理，分析双方当事人的过错与过错的程度，以理服人。让争议双方当事人承认错误，放下架子，互相让步。调解员认定一方过错要出于公心，说话公道，居于中立。在认定过错的过程中，不仅要立足于查明的事实，还要认定过错在纠纷产生中所起的作用、过错对纠纷发展的影响。但是，有时对于过错认定也不能过于具体明确，而要为争议双方留有余地，做到张弛适度，点到为止。

如果善于适用道德规范、公序良俗释法说理，达到双方当事人互相检讨、相互让步，则效果最佳。

示例

黄昏时王女士在小区内遛狗散步。小狗体格较小，一般没有伤人的危险，所以王女士没有给小狗系上绳索。在家憋闷了一天的小狗，一下子到了小区广阔的天地，便到处奔跑，在横穿道路时，被驶来的汽车压死。心爱的宠物横尸眼前，王女士悲痛欲绝，欲让司机李先生归还小狗，双方发生争执，物业管理人员与警察到达现场。警察到场后发现本案不属于治安案件，便把纠纷交于小区业委会与小区物业后离开现场。纠纷双方被请到物业办公室由小区业委会人员进行调解。

业委会人员运用过错分析法调解纠纷。首先，指出王女士的过错。王女士认为自家宠物是小型犬，没有危险性，不用拴绳。业委会人员告知，不管小型犬还是大型犬，按照法律规定出门必须拴上绳索，并向其展示《中华人民共和国动物防疫法》第30条第2款的规定："携带犬只出户的，应当按照规定佩戴犬牌并采取系犬绳等措施……"王女士的行为明显违反法律规定，过错明显。在此情况下王女士坚持认为自己无辜的底气大减。其次，针对李先生认为自己正常行驶无过错的想法，调解员指出按照小区《管理公约》第20条的规定，机动车在小区内行驶的限制速度为每小时5公里。黄昏之时，小区人员密集，小孩、老人较多，更应该注意路面状况，及时刹车，而李先生超速驾驶，且未尽到注意义务。在调解员的劝说下，李先生认识到了自己的过错。最后，调解员提出，尽管王女士过错在先，毕竟是因为李先生的过错造成了王女士的损失，基于邻里和睦关系的维护，李先生应向王女士赔礼道歉，不再承担其他责任。王女士也认识到了自己的过错，在对方道歉的情况下，也赢得了面子，所以也接受了调解结果，双方矛盾得以妥善处理。

二、情感触动法的调解技能演示

利用亲情、友情、相邻关系和调解员的情感方式来触动当事人，促成纠纷解决的方法称为"情感触动法"。民事纠纷常发生在当事人住所地或其附近，纠纷的产生、发展离不开当事人所在的生活环境，也离不开当事人原有情感的积累。利用当事人的已有情感基础以及情感变化来解决纠纷，是调解常用的方法。

由于民事纠纷发生地点的日常性，调解员很容易找到触动当事人情感的外在因素。调解员可以利用纠纷当事人之间的社会关系，如邀请亲友、长辈和有名望人士协助劝说，加大其调解的教育说服力。通过调解员不遗余力的情感疏导，一般当事人都能够接受调解而化干戈为玉帛。情感触动法特别适合解决婚姻家庭纠纷，此类纠纷中的当事人曾有不同程度的情义联系，调解员可以利用当事人间的情义关系，唤起他们过去的感情或友谊，使双方能求大同、存小异，大事化小、小事化了，最后双方互谅互让，握手言和。

示例

老王与妻子均七十多岁，育有一儿一女，均已成家立业。夫妻俩居住的房子是市区老公房的六楼，且无电梯，他们就想把老房子卖掉，置换一套电梯房，以便出行。但是，电梯房价格昂贵，卖老房子的钱不足以支付同一区域新房的一半。由于年龄因素，老王又无贷款购房的资格，所以房屋置换陷入困境。于是，老王找儿子协商，拟向儿子借钱购买房产，等自己百年之后，房产一半归儿子所有。但是，老王的建议遭到儿子的拒绝。儿子给出的解决办法是自己可以借钱给父母买房，但条件是房产登记在自己的名下。老王听后恼羞成怒，房子登记在儿子的名下，这分明是儿子想占有自己的财产。于是，老王认为儿子不孝顺，要到法院告儿子不尽赡养义务。

解决老王住房问题，目前关键在于儿子。于是，调解员运用情感触动法。首先，谈及老王夫妻作为父母，在儿子成长、成才的过程中投入了巨大的精力与财力，甚至穷尽所有也在所不惜。其次，谈及老王养老面临房屋置换的困境。对于老人来说，六层无电梯，已经严重影响了老人的生活起居。房屋必须置换，但如何置换呢？老王已经退休，没有贷款的资格，只有依靠子女的力量解决房屋问题。再次，谈及儿子的经济状况。儿子做律师工作，收入丰厚，具备借钱的能力。但是，如果把房子登记在儿子名下，不仅要考虑老人的想法，还要征求其姐姐的意见，所以儿子的方案不太现实。最后，回到房屋置换中儿子面临的现实问题。儿子借钱给父母也面临难题：一是数额较大，儿子也需要多方筹集；二是要征得妻子的同意，如果妻子反对，借钱给父母的愿望也难以实现。对此，调解员也深表理解。在调解过程中，调解员了解到儿子在市区还有两套电梯房，与其对外出租，不如让父母居住。父母的房子由儿子负责对外出租，租金归儿子所有。这样既解决了父母的房屋置换问题又维护了儿子的经济利益，也没有损害女儿利益，维护了家庭的亲情关系。

三、换位思考法的调解技能演示

在调解中转变思维方式，从不同的人、不同的角度、不同层次对纠纷进行深入细致的分析与研究，从而提出一个兼顾双方的较为周全的解决方案，我们称之为"换位思考法"。

协调纠纷时，不仅要求当事人之间进行交流，而且要求调解员与当事人进行交流。通过交流与换位思考，从当事人双方的立场来看事情，才能真正理解别人的想法和感受。因此，运用换位思考法时，可以从两个方面着手：一方面，调解员应当站在当事人双方的立场和角度，寻找全面解决纠纷的适当方法。调解员要善于换位思考，想当事人所想，急当事人所急，才能避免自己考虑不周全。提出调解方案或引导当事人达成调解协议时，站在当事人的立场，有利于提出合情合理解决纠纷的方案。同时，换位思考法的运用会让当事人感觉到调解员是从己方的利益出发，从而消除对调解员的抗拒心理，听取调解员的合理建议，便于调解的顺利进行。另一方面，调解员在向当事人做思想工作时，要常把"假如"二字挂嘴边，让当事人感受到对方的用心和情感，设身处地、将心比心地去思考矛盾产生的原因、解决问题的关键和自己所能作出的最大让步，从而使当事人减少相互积怨，增进相互理解。

换位思考法可以促成双方转变立场，转换思维方式，用对方的眼光看待问题，最终解决纠纷。

示例

小王与小李两人是高中同学，上大学时虽在不同城市，但还是建立了恋爱关系。大学毕业后小王出国读硕士，小李在北京读硕士。后两人都到上海工作，一年后结婚，婚后育有一女。由于双方工作繁忙，将女儿放在浙江的奶奶家抚养。结婚时，为了在上海购买婚房，小王父母向亲友借了40万元，给女方8万元彩礼；而小李父母经济上较为宽裕，结婚时给女方存了20万元。婚后小王父母不时暗示小王与小李，让夫妻两人拿出部分钱款，支援男方父母的家庭。小王也多次向小李表达这个意思，引起夫妻双方的矛盾。小李要求离婚，案件进入调解程序。

解决本案的关键在于妻子小李的态度，所以针对小李，调解员利用换位思考法，开展调解工作。调解员找来妻子小李，首先站在小李立场上进行分析，肯定小李手上的存款来源于婚前双方父母的赠与，确实属于其所有，他人无权索取。调解员贴心的话语让小李得到心理上的满足。其次，站在丈夫小王及其父母一边分析。小王父母家庭经济条件一般，支持小王读大学、出国花费了不少钱财。父母是工薪阶层，希望小王毕业后在经济上对家庭予以支持，也在情理之中。再说，现在夫妻两人忙于工作，无暇顾及孩子，交由爷爷奶奶抚养。抚养孩子就需要投入巨大的时间与精力，就算其雇保姆，也需要支付工资。因此，拿出些钱在经济上对男方父母予以支持也是应该的。最后，站在小王的角度分析，现在小王已参加工作，经济独立了，小王又是家中唯一的儿子，在自己的能力范围内对家庭予以经济支持，为父母排忧解难也是分内之事。

面对小李，调解员从小李、小王及其父母等三个角度，多层次分析问题，换位思考，使妻子小李全面认识到公公婆婆需要小李、小王在经济上予以帮助的合理性，从而摆脱"钱是自己的，他人无权索要"的片面认识，解除其思维障碍，最终解决本案的纠纷。

四、案例引导法的调解技能演示

调解员在调解过程中引用相关已经发生法律效力的判决、裁定或者业已调解完成的事例，对当事人进行说服教育，引导当事人相互让步，达成调解协议，我们称之为"案例引导法"。调解过程中常常遇到当事人双方固执己见、争执不下，不愿让步的情形，对调解人员提出的建议意见置若罔闻。遇此情形调解员可以适用案例引导法向当事人分析案例事实，阐述该裁定的缘由和依据，从而让当事人认识到在该调解纠纷中最终解决方案的大致方向，使当事人对调解结果有所准备，有所认识。即通过案例引导、暗示，促使当事人改变自己对于纠纷解决的不切实际的预期，放弃固执的想法。

示例

王先生在小区正常驾车，车速并不快，可途经拐弯时，与另一辆外来的电动车发生了碰擦，双方及车辆均无大碍，但骑电动车的男子指着小区内的5公里限速标志，不停地加以指责；王先生则认为，小区限速5公里，根本不具有合理性与可行性。双方发生纠纷，到小区业委会接受调解。

调解员运用案例调解法向王先生说明：小区道路岔口多，老人孩子多，路况复杂，超速行驶更加危险。前几年，小区发生两起车祸，第一起是开车的司机压死一个老人，赔偿了60多万元；第二起是司机压伤了一个小孩，赔偿医疗费10万多元。小区里的老人与孩子在小区道路上待的时间相对较多，安全意识相对较差，躲避危险能力也较弱。虽说从法律上来讲物业公司没有权利制定限速标准，5公里标志存在的意义也只是提醒车主在小区内驾车速度一定要慢。因为，小区首先是居住区，道路主要供行人行走，行人具有小区道路的优先通行权。机动车看到行人后应当减速慢行、限速行驶。再说，按照《道路交通安全法实施条例》的规定，在单位院内、居民居住区，机动车应当低速行驶，避让行人；有限速标志的，按照限速标志行驶。因此，小区限速也符合法律的规定。在调解员的劝说下，王先生向骑电动车的男子赔礼道歉，双方纠纷平息。

五、背靠背调解法的调解技能演示

将双方当事人隔离开来，通过分别劝说的方法，使双方逐步缩小意见差距，然后再面对面调解，更容易达成调解协议，俗称为"背靠背调解法"。采用背靠背调解法常常会取得一些意想不到的效果。因为在调解过程中，双方当事人本身就已经存在情感冲突，如果双方直面矛盾，在受到不良信息的刺激后，极易使冲突进一步升级或矛盾进一步恶化。此时，调解员就有必要使用隔离的方法将当事人分开，通过逐个劝说的方法，促使双方意见朝着同一方向靠近。当争议双方意见差别不大时，待当事人情绪稳定后，再促使双方形成合意。

使用背靠背调解法有着其他方法不可替代的优点，能够缓解紧张气氛、稳定当事人情绪、避免矛盾升级，是最常用的调解技巧之一。

示例

小薛和老李是某小区上下楼的邻居，一天老李发现家中卫生间及厨房有漏水现象，造成吊顶、墙面、木门等受损，严重影响了正常生活。经物业人员检查发现，是楼上小薛家因改装暖气管时弄坏了管道，导致渗漏。小薛和老李二人通过多种途径试图解决纠纷，但赔偿问题一直未能解决，反而矛盾越发激化，老李一气之下将小薛起诉到法院，进入诉前调解。

相邻关系纠纷看似标的不大、表象简明，法律规定明确，但实则复杂难判，亦影响百姓生活和社会稳定。如果硬判，不能真正达到案结事了，邻里之间从此可能埋下积怨。但在诉前双方都已在物业、社区调解过，当事人到了法院时情绪都比较激动，甚至抱着鱼死网破的心态。调解员在让双方把自己的意见充分表达出来，情绪也得以释放的基础上，采取背对背调解法，先把老李拉到外边，告知老李如果对方不认可他的损失，法院会委托专门机构对于损失产生的原因以及损失数额进行鉴定，鉴定费用高的要几万元，甚至会超出损失的费用，况且鉴定需要半年以上时间，而老李房屋需要及时修缮，不然会影响其正常生活。再说，即使鉴定后法院支持了老李，但在执行过程中如果被告不配合，还存在难以执行的实际困难。调解员让老李细致考虑。

调解员再与小薛单独谈心，说明房屋漏水不仅是财产损失，关键影响了楼下邻居的正常生活，带来了很多烦恼，做人不能太自私，仅考虑自己的利益，还要从对方立场考虑问题。值得注意的是，背对背调解时，调解员让双方说说相邻期间曾经的和睦相处、团结互助，再分别转诉给对方听，以缓和双方的对立情绪。经过背对背调解，双方权衡利弊，怀着希望回归平静生活的心态想解决好纠纷。俗话说"远亲不如近邻"，邻居之间就要带着互让互利、团结邻里的态度解决矛盾。调解员在法与情之间，在小薛与老李之间，通过背对背调解的方式搭建了一座友好沟通的桥梁，最终双方握手言和。

六、联动调解法的技能演示

联动调解法是指调解员根据案件情况需要，邀请公安、司法、党政群干部或者街坊邻里、村组人士联合协同调处的方法。联动调解主要是针对涉及缠诉、群访等问题较为复杂的案件。通过联动调处的方法，使当事人感受到自己所处的不利环境和外在的压力而羞于缠诉从而接受调处，以消除矛盾。

示例

　　孟庄村九户人家集资从村磨坊到村口修建一条路，方便通行。路修建到一半时，因客观原因有一段不适合修路，需要改道占用杜家村老杜家菜地。老杜的意见是：路可以修，但九户业主需要赔偿菜地占地费或者调换适合的土地种植。但由于公路是村民集资修建，没有钱对老杜进行赔偿，村里也未找到合适的地进行调换，故双方多次协商均未达成调解。一边是，九户村民看着修了一半的路荒废在那里；另一边是，老杜不肯妥协。九户村民便找到镇党委要求解决这件事情；老杜也到处投诉，称九户村民为了修路破坏其耕种的菜，还联合其他村民排挤他。村里的气氛也紧张起来。

　　镇里派调解员下到村里，联合村委会和村小组进行调解。由村委会带头，村小组和村民参与，一起做双方的工作，缓和双方的矛盾。镇调解员深入村中了解具体情况，并进行了实地查看。通过察看，发现公路要从老杜菜地上的两道田坎和田坎外的小土坡上修过去，如果修路就需要挖土填方。调解员从事农村基层调解工作有三十余年的经验，看到这种情况他便想到：填方土能不能从老杜家菜地里面挖取呢？这样对九户村民来说，会省下购土和运输的费用。调解员记得，之前与老杜交谈，老杜一直有从事渔业养殖的想法。菜地挖成鱼塘，老杜可以省下挖鱼塘的费用。现在这个办法对双方都有利，或许可行。但如果填方的挖土费用与挖口鱼塘费用过于悬殊，调解起来也会有困难；而且该菜地是否能转换为鱼塘用地也是需要明确的问题。通过咨询村建管办，挖土填方与挖取鱼塘的费用大致持平。调解员通过镇土地管理部门向上级土地管理部门请示土地改变用途，得到肯定的结果。在村政府、镇政府的协调下，很快给老杜办理了相关的土地及渔业养殖手续。最终，村民集资的路修通了，老杜也开辟出自己的副业。

第四节　民事调解的技能训练

一、民事调解技能训练之一

【案情资料】　李总原为新疆某监狱干警，负责监狱的后勤供应工作。由于工作的关系，对于商业经营有所接触、了解。在他的眼中，公务员的岗位并无多大吸引力。于是，便在20年前辞职，开办了一家食品公司。在那个市场经济刚刚兴起的时代，商业竞争尚不激烈，很快李总的食品公司赚到了第一桶金。随着经营规模的扩大，食品公司经营实力的增强，需要更加有力的品牌与技术支持。于是，李总便与上海"面包新语"店签订品牌加盟合同，在新疆开设"面包新语"面包店。新的品牌给李总带来了大量的财富。当然，因为工作关系李总经常来往于上海与新疆之间。长期住宾馆实在不是太方便，李总便有了在上海买套房子的想法。购置房产一方面用于自己来往上海时住宿，另外还考虑孩子将来在上海读书的需要。于是，李总购买了上海浦东新区的一套140多平方米的房产，当时价值126万元。但是在办理贷款的过程中，李总因为食品公司已经存在贷款，自己是法定代表人的缘由，没有通过银行房贷的审核。人的智慧是无限的，此时房屋中介提出变通买房办法，即用家人的名字办理贷款。当然，用谁的名字办理贷款，房产证就必须办理在谁的名下。当时李总想借名买房也没有什么关系，反正都是亲戚。于是，李总想到了大姐。一是大姐是家中老大，对于家中弟妹有感情，与李总走得也近；二是大姐也是政府公务人员，有稳定的生活来源，也值得信赖。面对弟弟的提议，姐姐想都没想就同意了："不就是买房子吗！房子登记在我的名下，用我的名字贷款无妨，仅仅借名买房而已。"

转眼到了2019年，房子还在大姐名下，李总便与大姐协商，要把房产的名字过户到自己名下。但是，大姐态度大有不同。大姐与李总多次谈及其同事在市区都有几套房子，自己仅有一套，因为上海的房子自己没有买房；况且，上海的房子现在已经涨到了900多万元。大姐的话提醒了李总：过户总该有所表示吧！李总明白大姐的意思，便开诚布公地说明自己愿意补偿，让大姐提出补偿的数额。不知出于拿捏不准，还是不好开口，大姐始终没有主动提出补偿金额。几次协商后，李总不得不最后摊牌，答应大姐，自己愿意补偿100万元。100万元对于工薪阶层来说可是一个不小的数字。在局外人看了，借名买房十年，收到100万元补偿，真是赚足了！但是，大姐却有不同想法。既然弟弟表明了态度，自己也就不必掩饰什么了，开出了300万元补偿的价格。这完全出乎了李总的预料，他无法接受大姐的要求。接下来便是漫长的谈判与交涉。大姐丝毫没有让步，李总没有其他办法，最后不得不答应300万元数额的补偿。但是，李总附加一个条件，先期支付100万元现金，剩余200万元先打欠条。不过，李总的建议遭到了大姐的拒绝。大姐要求一次付清300万元补偿金，不留后遗症。李总一方面认为数额太大，另一方面自己也没有那么多的现金。在迫不得已的情况下，李总找到律师朋友准备起诉。律师也知道李总的难处，一方面生意上遇见困难，如果起诉，诉讼费用、律师费用预计也需要 30 万元左右；另一方面毕竟是姐弟之间的纠纷，如果起诉，可能意味着亲情的终结。

【要求】
1. 现场调解模拟训练的情境介绍。
2. 指定 4 名学生模拟现场调解情境。
3. 其余学生点评学生调解时存在的问题。
4. 教师总结、点评。

【提示】
1. 李总与大姐之间存在何种合同法律关系？
2. 如何利用姐弟亲情，通过换位思考，结合法律规定，使用适当的调解方法进行调解。

二、民事调解技能训练之二

【案情资料】 浙江某食品公司（简称"食品公司"）在办公房屋建设中，将其建筑装修业务承包给湖州某建筑公司（简称"建筑公司"），双方签订承包协议，约定在工程结束后将工程款一次性支付给建筑公司。建筑公司在承包过程中，又将厂房的铝合金门窗安装业务分包给了湖州某门窗公司（简称"门窗公司"）。当时，与建筑公司签订分包合同的为门窗公司的代表人何某。之后，何某通过熟人介绍，再次将铝合金门窗安装业务分包给由包工头刘某带领的私人门窗安装公司（简称"个人公司"）。

铝合金门窗安装完工后，包工头刘某同门窗公司何某联系，要求其支付铝合金门窗费用，却发现何某手机一直关机。刘某到门窗公司寻找何某，被告知"何某已去往澳大利亚旅游数月，至今未归，而且无法联系"。于是，刘某便要求门窗公司支付铝合金门窗安装费。门窗公司以何某无法联系，且某建筑公司并未完全付清工程款，公司资金亏空而无力支付为由，拒绝支付。刘某多次前往门窗公司讨要未果。

后张某、王某等 20 位民工在包工头刘某的带领下，前往食品公司索要拖欠的铝合金门窗安装费等共计 98 万余元。刘某称，因自己找不到何某，门窗公司又拒绝支付其装修费，只好向安装门窗的食品公司讨要工钱。食品公司称，公司通过合同已将装修业务承包给了建筑公司，并在工程结束后与建筑公司结清工程款，不存在拖欠刘某等人安装费问题。双方在交涉过程中产生严重的语言冲突，矛盾一度激化，食品公司不得不拨打"110"报警，警方到场维持秩序，劝导当事双方。刘某等人在警方劝说下，离开食品公司。但是，双方的矛盾并未解决。之后张某、王某等 18 位民工在包工头刘某的带领下再次来到食品公司索要拖欠的安装费用，并称若此次食品公司仍不予支付，则动手强行拆除其为食品公司安装的所有铝合金门窗。后当地司法所等多个部门介入，调解双方民事纠纷。

【要求】

1. 现场调解模拟训练的情境介绍。
2. 指定 6 名学生模拟现场调解情境。
3. 其余学生点评学生调解时存在的问题。
4. 教师总结、点评。

【提示】

1. 食品公司与建筑公司的总包合同，建筑公司与门窗公司的分包合同，以及刘某等民工与何某之间的门窗安装合同等三个合同之间的关系与效力如何？
2. 用过错分析法、背靠背调解法、联动调解法进行调解。

第八章 刑事诉讼辩护的理论与技巧

刑事辩护制度是构成国家司法制度的重要组成部分，它不仅在保护当事人行使正当的辩护权利，维护当事人合法权益方面发挥着重要作用，而且也是国家公正司法的一个重要保障，是衡量一个国家法治发展状况的重要标准。刑事辩护是律师行业一个非常重要的服务领域。由于刑事诉讼涉及当事人的生命、健康和财产等重大利益，加上刑事诉讼的诸多措施具有特殊性，因此，国家法律对刑事辩护人的资格及履行刑事辩护权的程序都有比较严格的规定，尤其是对非律师接受委托辩护的条件有很严格的限制。所以，绝大部分刑事案件都不适宜作为法律诊所的教学素材，而只有在被告人犯罪情节比较轻微，未被羁押，而需要寻求法律援助的情形；或者为刑事被害人进行维权的情况下，诊所学员才有可能在执业律师的指导下办理相关案件。从各个法律诊所的教学实践情况来看，在刑事诉讼中，诊所学员多是从维护社会某些特殊人群譬如青少年、妇女等的权益出发，为他们提供法律援助服务而展开法律诊所教学活动的。为使诊所学员能对刑事案件的处理尤其是律师开展刑事辩护工作的全程有系统的学习和把握，本章将以律师的全流程刑事辩护工作为线索，对刑事诉讼中的相关法律事务进行介绍。

第一节 刑事诉讼概述

一、刑事诉讼的概念

刑事诉讼，是指在国家专门机关的主持和相关诉讼参与人的参加下，按照法律规定的程序，查明犯罪嫌疑人、被告人是否构成犯罪、构成何种犯罪以及应当受到何种刑事处罚的诉讼活动。

刑事诉讼有广义和狭义之分。广义的刑事诉讼包含刑事诉讼法规定的立案、侦查、审查起诉、一审、二审、审判监督程序、特别程序、执行程序等所有刑事程序；而狭义的刑事诉讼仅指审判程序。就法律诊所课程的设置而言，应当从广义的角度理解刑事诉讼,对办理刑事案件的全部过程进行教学和训练。

二、刑事诉讼的特点

与其他诉讼活动相比,刑事诉讼具有鲜明的特点。

(1) 法律关系的特殊性。刑事诉讼法的调整对象是刑事法律关系。国家通过刑事诉讼活动,解决罪与非罪、此罪与彼罪、重罪与轻罪等刑事实体法问题,较民事诉讼、行政诉讼存在显著的差异。

(2) 法律程序的严谨性。由于刑事诉讼主体地位的天然不平等,因此刑事诉讼程序的设置,往往严格遵循有利于被告原则,被告人不得自证其罪、无罪推定、疑罪从无等规则或理念均为刑事诉讼所独有。在实践中,刑事诉讼业务也更加注重程序的严谨性,对程序合法性的要求更为严苛。

(3) 诉讼进程的复杂性。与民事诉讼、行政诉讼仅具有审判程序不同,刑事诉讼程序包含侦查、审查起诉、审判等不同阶段。同时,刑事诉讼还包含未成年人刑事案件诉讼程序,当事人和解的公诉案件诉讼程序,缺席审判程序,犯罪嫌疑人、被告人逃匿、死亡案件违法所得的没收程序,依法不负刑事责任的精神病人的强制医疗程序五项特别程序。

(4) 法律后果的严重性。刑事诉讼的直接后果是决定是否对被告人判处刑罚以及判处何种刑罚。刑事诉讼的结果直接关系到被告人的生命、自由及财产。因此,刑事诉讼所带来的法律后果更为严重。

三、刑事诉讼的程序

现行《刑事诉讼法》规定,刑事诉讼程序包括立案、侦查、提起公诉和审判等程序。审判程序包括第一审程序、简易程序、速裁程序、第二审程序、执行程序和审判监督程序。第一审程序是人民法院审理刑事案件最基本的程序,也是刑事审判程序中最完整的、最具独立性和使用最广泛的诉讼程序。它不仅适用于人民法院审理第一审普通案件,同时还适用于其他诉讼程序,其他诉讼程序有特别规定的除外。第一审程序包括对案件的审查(包括公诉案件和自诉案件)、开庭审理前的准备、开庭审理、评议与宣判等阶段。

第二节 刑事诉讼辩护的业务流程

基于刑事诉讼程序的复杂性,办理刑事案件的业务流程也显得较为复杂。从诉讼阶段上看,刑事诉讼包含侦查阶段、审查起诉阶段与审判阶段;从具体内容上看，刑事诉讼中每一阶段涵盖的内容也比其他诉讼程序更为丰富。办理刑事案件，必须全面了解刑事诉讼程序及律师在每一阶段中的业务流程。

一、刑事诉讼侦查阶段业务流程

长期以来，侦查阶段的辩护工作并未得到足够重视。实践中，律师在侦查阶段的辩护工作往往流于形式。这种情况体现在诸多方面：首先，从立法层面讲，1996年《刑事诉讼法》并未赋予律师在侦查阶段的辩护人身份，律师在该阶段的身份被学界定义为"提供法律帮助的人"。其次，虽然2012年修正的《刑事诉讼法》赋予了律师在侦查阶段的辩护人身份，同时也在一定程度上规定了律师在该阶段所享有的辩护权，但实践中律师在侦查阶段的辩护工作依然趋于形式化、流程化，有效辩护比例较低。最后，在实践操作层面，侦查阶段的辩护多依赖于办案机关的配合，由于理念和职能分工的对立，侦查机关此时往往怠于配合甚至拒绝配合。伴随《刑事诉讼法》的变动，律师在侦查阶段的辩护权大幅度扩大。律师应抓住机会，为当事人争取最大利益。

侦查是刑事诉讼的初始与基石。侦查阶段打下的基础是否牢固，往往直接影响刑事诉讼后续进程的走向，进而影响律师辩护的效果。因此，律师应当重视侦查阶段的辩护工作。2018年修正的《刑事诉讼法》第38条规定，辩护律师在侦查期间可以为犯罪嫌疑人提供法律帮助；代理申诉、控告；申请变更强制措施；向侦查机关了解犯罪嫌疑人涉嫌的罪名和案件有关情况，提出意见。律师在侦查阶段的辩护工作应当依照上述规定展开。

（一）接受委托并告知办案机关接受委托情况

律师的一切权利来源于当事人的委托。律师办理任何案件，必须首先与当事人建立委托关系。同时，根据《刑事诉讼法》第34条的规定，辩护人接受犯罪嫌疑人、被告人委托后，应当及时告知办理案件的机关。通常情况下，委托手续的办理应按如下步骤进行：

（1）应与当事人或有权委托律师的人签署聘请律师合同及委托书。委托书一式三份，办案机关、当事人、律师各持一份。

（2）律师将律师事务所出具的告知接受委托情况的公函一份连同委托书一份一并交由办案机关归档。

（二）会见、听取当事人意见

《刑事诉讼法》赋予了律师在侦查阶段的了解案情权。由于该阶段律师尚不能查阅案件卷宗，因此，该权利的行使主要依赖于会见当事人。在侦查阶段的会见中，律师应告知当事人相关的诉讼权利，了解当事人何时因何事被采取强制措施，了解办案机关有无违反法律、法规或其他规范办案的情形。此后，律师应让当事人陈述事实经过，并听取当事人对该案的意见。同时，律师应将与该案相关的法律规定告知当事人，解答当事人的相关疑问。

（三）向侦查机关了解案件情况

律师在侦查阶段了解案情的另一渠道是向侦查机关了解案情。律师应当主动与侦查机关承办人员沟通，了解案件情况。

当然，实践中律师行使该项权利尚有一定障碍。由于职业角色的对立，侦查机关在与律师交流案情时，往往心存顾虑，对案情的阐述也往往避重就轻，语焉不详。对于此种情况，律师应当尽量获得更多的案件信息，同时也应当认识到侦查工作的性质与特点，对于一旦公开确有可能影响案件继续侦查的信息，律师应当对侦查机关拒绝透露的行为表示理解。

（四）申请变更强制措施

《刑事诉讼法》规定了律师有权为当事人申请变更强制措施。实践中，律师申请变更强制措施的方式主要有：（1）逮捕前，提出变更为取保候审强制措施的辩护意见；（2）审查批准或决定逮捕期间，提出不需要适用逮捕措施的辩护意见；（3）逮捕后，提出羁押必要性审查辩护意见。

上述方式中，需要强调的是第三种方式，即羁押必要性审查辩护意见。《刑事诉讼法》第95条规定："犯罪嫌疑人、被告人被逮捕后，人民检察院仍应当对羁押的必要性进行审查。对不需要继续羁押的，应当建议予以释放或者变更强制措施。有关机关应当在十日以内将处理情况通知人民检察院。"该规定确立了人民检察院对犯罪嫌疑人、被告人羁押必要性的持续审查权。这种制度设计对律师的辩护工作产生了重大影响，律师可在案件进程中的任何时间点向人民检察院提出变更强制措施的意见。

（五）调取特定证据

律师在侦查阶段是否具有调查取证权一直是学术界和实务界广泛关注的争议问题。有人认为，《刑事诉讼法》第38条是对律师侦查阶段辩护权的具体规定，但该条并未规定律师具有调查取证权。也有人认为，《刑事诉讼法》虽未明文规定律师在侦查阶段是否具有调查取证权，但明确赋予律师在侦查阶段的辩护人身份，而调查取证权是辩护权的自然之义、应有之义。笔者认为，第二种观点是对《刑事诉讼法》的正确理解，该法第38条的规定不应理解为对辩护权的授权，而仅仅是一项注意规定，该条未规定的权利，并不意味着辩护律师不得享有。同时，我们还应注意到，《刑事诉讼法》第42条规定："辩护人收集的有关犯罪嫌疑人不在犯罪现场、未达到刑事责任年龄、属于依法不负刑事责任的精神病人的证据，应当及时告知公安机关、人民检察院。"从该条规定分析，律师发现上述证据后应及时告知公安机关、人民检察院，而律师发现上述证据的前提正是进行调查取证工作，因此可推论出律师在侦查阶段具有调查取证权。

但是，鉴于刑事案件的风险性，实务中律师的办案行为应当有充足的法律依据，尽量避免争议性行为。因此，律师在侦查阶段调取证据应当慎重。但毋庸置疑的是，对于犯罪嫌疑人不在犯罪现场、未达到刑事责任年龄、属于依法不负刑事责任的精神病人这三类特定证据，律师在侦查阶段有权调取。

（六）提出意见

《刑事诉讼法》还规定了律师在侦查阶段具有提出意见权。在该阶段中，律师不仅可以向侦查机关提出辩护意见，还可以向人民检察院就强制措施的适用问题提出意见。

二、刑事诉讼审查起诉阶段业务流程

在审查起诉阶段，《刑事诉讼法》赋予了律师更为充分的辩护权。因此，律师的工作除了涵盖侦查阶段的所有工作内容外，又有了新的工作内容，其中最为重要的就是阅卷工作。审查起诉阶段在刑事案件中起到承上启下的作用，如果辩护得当，不仅可以为今后的法庭辩护打下基础，甚至可以阻止案件进入审判程序。

该阶段律师可以充分阅卷，也具备较为完整的调查取证权。通过上述手段，律师已经能够全面了解案件事实、证据及法律适用，进而提出较为完备的辩护意见。因此，利用该阶段的辩护机会，律师可以就相关问题与公诉机关沟通，争取在庭前就部分问题达成共识，为当事人争取有利的庭审辩护条件。甚至可能通过律师的工作，争取公诉机关对案件进行不起诉处理。相反，如果放弃该阶段的有效辩护，将问题一概推到审判阶段解决，则会错失良好时机，增加案件辩护的难度。

（一）接受委托并告知办案机关接受委托情况

审查起诉阶段办理委托手续的流程与侦查阶段相同，律师亦应在接受委托后将有关情况告知办案机关。

（二）阅卷、审查证据

阅卷，是一切刑事辩护工作的基础。通过阅卷，律师可以了解案件的基本情况，掌握案件事实和证据，判断所适用的法律，最终得出罪与非罪、此罪与彼罪、重罪与轻罪的结论。脱离阅卷，刑事辩护工作将成为无源之水、无本之木。

《刑事诉讼法》第40条规定:"辩护律师自人民检察院对案件审查起诉之日起,可以查阅、摘抄、复制本案的案卷材料。"对于"案卷材料"的范围,相关司法解释规定为"诉讼文书、证据材料"。

在审查起诉阶段,律师阅卷的主要目的是对证据进行审查,如证据的真实性、合法性、关联性及证据链是否完整、证明内容是否缺失等。

(三)会见、核对证据

律师在审查起诉阶段同样需要会见当事人。与侦查阶段相比,审查起诉阶段的会见工作更为复杂。由于律师已有权查阅卷,对案件情况已经有了基本掌握,因此,律师在该阶段的会见不仅需要完成侦查阶段会见的基本工作,还应当进行下列工作:(1)告知当事人公安机关对案件的认定,并听取其意见;(2)针对当事人提出的意见,结合自身判断,与当事人核实有关证据;(3)结合案件证据及法律规定,告知当事人对案件的初步意见;(4)了解公安机关未调取的证据情况,为调查取证工作进行准备;(5)就辩护方案与当事人进行沟通。其中最主要的内容,是与当事人核实有关证据。

对于核实证据问题,《刑事诉讼法》第39条规定:"自案件移送审查起诉之日起,可以向犯罪嫌疑人、被告人核实有关证据。"但是,该条文并未明确规定核实证据的范围、方式等。因此,实践中对上述问题存在不同看法,有观点认为,鉴于刑事案件的特殊性,律师与当事人核实证据易导致当事人翻供,因此对核实证据的行为应加以限制。笔者不同意上述观点。首先,律师与当事人核对证据并不会导致当事人翻供,相反,律师帮助当事人分析案件的证据情况,反而有助于其正确认识案件性质,有利于诉讼程序的顺利进行。其次,案件进入审查起诉阶段,意味着包括言词证据在内的相关证据已经完整固定。如果案件在侦查阶段事实清楚、证据确实充分,即使当事人在此时翻供,也不会影响案件的处理。再次,律师的一切权利均是辩护权的延伸,律师享有阅卷权,当事人自然应当享有,只不过鉴于其特定身份,该项权利需要律师协助完成。最后,当事人有权在庭审中就证据发表意见,而充分了解证据情况是庭审质证的前提。仅凭借公诉人当庭宣读或出示证据,当事人无法充分了解证据,质证更无从谈起。因此,笔者认为,律师与当事人核实证据的范围应当包含全部案卷材料。至于核实的方式,对于书证,可直接交由当事人查阅;对于言词证据,可以由律师向当事人概括或宣读。

(四)调查取证

律师在审查起诉阶段享有完整的调查取证权。实务中,律师行使调查取证权存在一定困难,如相关被调查人不配合及调取言词证据的风险极大。长期以来,不断有律师因调查取证问题遭受行业处分、承担法律责任甚至刑事责任。

因此，律师在行使调查取证权时应当严格遵守办案规范，慎之又慎。同时，对于调取证据确有困难或存在风险时，律师应当申请办案机关进行调取。

（五）调解工作与刑事和解

对于有被害人的犯罪，律师应当进行必要的调解工作，以帮助双方化解矛盾，尽量争取被害人对犯罪嫌疑人的谅解。

值得关注的是，《刑事诉讼法》在第五编"特别程序"中专门规定了"当事人和解的公诉案件诉讼程序"，其中第290条规定："对于达成和解协议的案件，公安机关可以向人民检察院提出从宽处理的建议。人民检察院可以向人民法院提出从宽处罚的建议；对于犯罪情节轻微，不需要判处刑罚的，可以作出不起诉的决定。人民法院可以依法对被告人从宽处罚。"因此，对于符合刑事和解范畴的案件，一旦当事人达成和解意向，辩护律师应积极促成办案机关启动和解程序，为当事人争取从宽处罚的机会。对于符合不起诉条件的，辩护律师应积极建议检察机关对该案作不起诉处理。

（六）申请变更强制措施

审查起诉阶段，律师依然有权为当事人申请变更强制措施。在该阶段，律师为当事人申请变更强制措施的主要方式是提出羁押必要性审查辩护意见，对于确实无羁押必要性的当事人，应当积极为其申请变更强制措施。

（七）提出辩护意见

《刑事诉讼法》第173条明确了律师在审查起诉阶段有权提出辩护意见，包括：（1）案件事实是否清楚、证据是否确实充分；（2）案件的正确定性为何；（3）案件中的法定量刑情节；（4）案件诉讼程序是否合法；（5）案件的量刑建议。

三、刑事诉讼审判阶段业务流程

审判阶段是刑事案件辩护的最后阶段，也是此前工作成效的汇总和集中体现。审判阶段的辩护工作内容极为丰富，可以涵盖此前阶段的所有工作。同时，案件进入该阶段意味着当事人即将面临审判，因此，律师在该阶段的最主要工作就是庭审准备与参与庭审辩护。

律师应当在侦查及审查起诉阶段展开有效辩护的用意，一方面在于利用此前的辩护工作，使对当事人有利的事实、证据在案件进入审判阶段前即得到落实，从而为庭审辩护争取有利条件；另一方面，前两阶段的有效辩护还可以减轻审判阶段的工作压力，便于律师集中精力和时间进行庭审准备。

（一）接受委托并告知办案机关接受委托情况

与侦查、审查起诉阶段相同，审判阶段律师也需要与当事人建立委托关系。具体的委托程序可参见侦查阶段的阐述。

(二) 阅卷、调查取证

审判阶段的一切工作均建立在此前工作的基础上，律师同样需进行阅卷和调查取证工作，该部分的工作内容是此前工作的延续。当然，如果律师在审判阶段才接受委托介入案件，阅卷、调查取证等一切工作均需从头进行。

另需强调的是，审判阶段的会见工作内容与此前存在明显不同，具体内容在后文阐述。

(三) 庭审前准备

精彩的法庭辩护绝非依赖律师雄辩的口才与机敏的应变，而是依赖于扎实、缜密的庭前准备工作。在案情无明显不利、控辩双方机会均等的情况下，哪一方的准备工作更充分，哪一方就能掌握庭审主动权。越是复杂的案件，越需要律师在庭前充分把握案卷中反映的细节，对庭审各环节作出充分准备。

庭审前准备工作可从以下方面进行：

1. 制作庭审预案

庭审预案是指在开庭前，通过对庭审可能发生的情形进行预判，并结合庭审所期望达到的目的，对庭审各环节工作事先制作的方案。庭审预案应当包含庭审的每一个环节，就不同情况应有不同的应对方案。

(1) 形成辩护思路并撰写辩护词

通过此前的一系列工作，律师在庭审前已经能够形成清晰的辩护思路。首先，律师应根据案件事实、证据及法律适用情况，确定进行无罪辩护还是罪轻辩护。若是无罪辩护，应当明确是法律适用辩护还是事实、证据辩护。若是罪轻辩护，应当明确是此罪彼罪的辩护，还是犯罪情节的辩护。

在此基础上，律师应当撰写书面辩护词。撰写书面辩护词十分重要。首先，书面辩护词与法庭辩论并不能等同。通过书面意见，律师可以不加限制地对需要阐述的问题展开论述，就细节问题可以直接引用证据或法律。而法庭辩论基于节省司法资源的考虑，需要言简意赅，直截了当，因此仅能就重要问题进行重点阐述，许多辅助观点只能一言带过。因此，二者在详尽程度上不可同日而语。其次，书面辩护词是对案件辩护思路的全面阐述，可以涵盖律师所有的辩护观点。而法庭辩论必须针对控辩双方的争议焦点，集中进攻控方的弱点或集中防御控方的重要指控。再次，书面辩护词只是庭前的辩护方案，律师在庭审中需根据实际情况对此前的辩护词进行修正，因此书面辩护词并不会限制律师的应变发挥。最后，书面辩护词是对律师辩护思路的记录，撰写书面辩护词并归档，可以方便事后还原案件辩护工作，做到有据可查。

（2）设计发问提纲

庭审的主要职能是查清案件事实，而发问是查清案件事实的主要手段之一。"直接审理原则"是刑事诉讼理论中的基本原则，而我国的刑事司法实践尚无法全面实行直接审理，对证人证言、被害人陈述的审查，基本以书面审查为主。因此，大部分案件中律师的发问对象仅限于被告人。

发问的技巧和方式直接影响到发问能否达到期望的目的。发问是为辩护服务的，发问的设计应当围绕辩护思路、针对争议焦点展开。巧妙的发问，可以为此后的法庭辩论赢得先机。律师的发问应当循序渐进，有条理和逻辑，并应当充分利用交叉询问规则，争取主动权。具体发问技巧问题将在下文阐述。

（3）形成质证意见

证据在诉讼中的重要作用毋庸置疑。控辩双方的所有争议和观点，均需以证据和法律作为支撑。因此，对证据的判断往往左右着刑事案件的最终走向。哪一方对证据的阐释能够得到法庭的认可，往往就能赢得庭审主动权进而赢得诉讼。

律师表达对控方证据意见的途径是质证。很多案件中，法庭的激烈辩论并非始于辩护阶段，而始于举证质证。在质证中，律师仅应当就控方出示证据的真实性、合法性、关联性、证明内容及证明力问题发表意见，而对案件的定性问题、法律适用问题、犯罪情节问题及量刑问题等，应置于法庭辩论阶段阐述。

（4）组织辩方证据，制作证据目录，起草举证提纲

许多案件中需要辩方出示相关证据。辩方证据的来源主要有两方面：其一，来源于案件侦查卷宗。《刑事诉讼法》第115条规定："公安机关对已经立案的刑事案件，应当进行侦查，收集、调取犯罪嫌疑人有罪或者无罪、罪轻或者罪重的证据材料。"因此，案件侦查卷宗中往往会存在对犯罪嫌疑人有利的证据。若公诉机关未在庭审中出示此类证据，辩护人应当进行举证。其二，来源于自行调取或申请办案机关调取的证据。律师在此前的调查取证工作中取得的对当事人有利的证据，应当在法庭上出示。

举证应当制作证据目录。证据目录中应当载明证据编号、名称、页数、来源及证明内容。如有必要，律师还可以起草举证提纲，将需要向法庭说明的内容详细记载。

（5）预判对方观点并制定应对措施

制作庭审预案最难的一项工作就是预判对方观点并形成相应对策，该项工作对律师的经验要求较高。法庭发展瞬息变化，该项工作能够使律师在庭审中自如应对各种情况，极大地提高庭审效果。

2. 会见当事人并就上述内容进行沟通

开庭前，律师须会见当事人，与当事人沟通辩护思路及庭审准备情况。该次会见，律师应完成以下工作：（1）告知当事人开庭的程序、庭审注意事项及相关的权利义务；（2）与当事人敲定基本辩护思路，如有罪无罪、罪轻罪重等问题；（3）与当事人沟通庭审发问内容，避免庭审"突然袭击"；（4）告知当事人控方与辩方证据情况及质证意见，听取其意见；（5）告知法庭辩论内容及庭审预案内容，听取其意见。

另需提及的是，实践中常有当事人与律师观点不一的情形。此时，律师应当听取当事人的意见，判断其意见是否于法有据，对案件处理是否有利。若非有利，律师应当向当事人进行劝解和解释，说服其接受自己的辩护方案并在庭审中予以配合。但若当事人依然坚持己见，律师应当自觉限制适用独立辩护权，具体处理方式如下：（1）告知当事人坚持自己观点可能的后果。（2）若当事人认为自己构成犯罪或构成重罪，律师认为其不构成犯罪或构成轻罪，律师可坚持为其作无罪或罪轻辩护，但应向法庭说明该观点系律师独立观点。（3）若当事人认为自己不构成犯罪或构成轻罪，律师认为其构成犯罪或构成重罪时，律师可考虑劝当事人更换律师。如不肯更换，庭审中可由当事人自己发表无罪或罪轻观点，律师应予以指导。同时，律师在发表独立辩护意见时，应提醒法庭注意并尊重当事人自己的辩护意见。

3. 与法官进行庭前沟通

庭审前，律师还可根据案件特点及案情需要，事先与法官进行沟通。众所周知，法官在庭审中负有指挥控辩双方、控制庭审节奏的职责。法官能否理解律师在庭审中表达的观点，决定着律师能否在庭审中获得足够的发挥时间与空间。办理下列案件时事先与法官进行沟通十分必要：（1）无罪辩护案件；（2）案情重大复杂，仅通过庭审难以掌握全部细节的案件；（3）需提交证据众多的案件；（4）辩护思路较为特殊的案件；（5）存在庭审中不适宜展开的内容（如涉及当事人隐私）且该内容对案件处理有重大影响的案件。

与法官的沟通工作应当注意方式与程度。首先，庭前沟通的意见并非在庭审中正式发表的意见，点到即止地将概括性意见告知法官即可；其次，庭前沟通应以交换意见为主，表达意见的同时也应耐心倾听法官的意见，而非一味说服法官接受自己的意见。

（四）出席庭审并进行辩护

法庭是律师最好的舞台。在法庭上，律师能够展现自己的工作成果、专业技能和个人魅力，为当事人争取最大利益，实现律师职业的价值。出席法庭并进行辩护，是刑事律师最为关键、最为重要的工作。

刑事案件的庭审程序如下（以一审普通程序为例）：

1. 庭前准备工作

（1）由书记员面向旁听席，站立宣读法庭纪律。

（2）公诉人、辩护人入庭。

（3）审判长、审判员、人民陪审员入庭。

2. 开庭

（1）法庭调查前的程序

① 书记员向审判长报告法庭审理准备工作完毕，审判长宣布开庭。

② 审判长或审判员核对被告人身份及其他相关信息。核对完成后，另令被告人坐下接受庭审。

③ 审判长宣布案由；宣布合议庭的组成人员、书记员、公诉人、辩护人名单；告知被告人、辩护人在庭审中享有申请回避的权利；告知被告人享有辩护权利。

（2）法庭调查

① 公诉人宣读起诉书并讯问被告人意见。在此，被告人只需简要阐明起诉书指控的事实属实与否及何处不属实。

② 庭审发问。先由公诉人就起诉书指控的犯罪事实向被告人发问，发问完毕后，辩护人经审判长许可可以向被告人发问。而后，就控辩双方没有涉及或被告人未明确回答的问题，审判长询问公诉人与辩护人是否进行补充发问。

存在多名被告人时，由公诉人询问是否需要单独发问及发问顺序的建议，并由法庭决定是否准许。公诉人对某一被告人发问完毕后，由该被告人的辩护人对其发问，再由其他被告人的辩护人对其发问。

③ 举证质证。先由公诉人出示证据并对证据的证明内容进行阐述。所有证据都需要当庭质证，物证、书证应由法警协助交被告人及辩护人阅看。后由被告人、辩护人发表对证据的意见。

根据庭审需要，公诉人的举证方式会有所不同。公诉人有时会将全部证据一次性出示完毕，有时会每次出示一组证据，有时则会每次出示一份证据。若辩护人对证据异议较大，应建议法庭就异议证据一证一质，即由辩护人针对公诉人单独出示的该份证据单独质证。

公诉人举证完毕后，由被告人、辩护人出示自己的证据，出示方式与公诉人举证方式相同。若无，则应向法庭表明没有证据需要提交。

（3）法庭辩论

先由公诉人发表公诉词。被告人可以为自己进行辩护，也可委托律师为自己辩护，委托律师辩护的，由辩护人发表辩护意见。在首轮法庭辩论中，控辩双方应就全案的事实、证据、法律适用及量刑问题发表意见，法庭应归纳双方在首轮辩论及此前庭审过程中的争议焦点。

在第二轮的辩论中，围绕法庭归纳的争议焦点，先由公诉人针对辩护人的首轮辩护意见发表有针对性的答辩意见，再由辩护人针对公诉人的第二轮答辩意见，发表有针对性的辩护意见。第二轮辩论应避免重复此前的观点，避免偏离争议焦点。

（4）被告人最后陈述

被告人起立向法庭作最后陈述。

（5）庭审结束、宣布退庭

① 择期宣判的情形。审判长宣布本案待合议庭评议后，将另行定期宣判。

② 当庭宣判的情形。审判长宣布休庭，经合议庭评议后由审判长宣告判决结果，并告知被告人有权提出上诉。

（五）庭审后的工作

1. 根据庭审情况修订辩护思路，将书面辩护词提交法庭

刑事案件错综复杂，无论开庭前的准备工作多么充分，往往都会出现新情况、新问题。因此，律师在开庭后应针对庭审情况，修订辩护思路，并将修改好的书面辩护词提交法庭。庭审后对辩护词的修改可从以下几个方面着手：（1）针对庭审中出现的新问题和新情况，发表辩护意见；（2）针对庭审中控方的答辩意见对争议焦点进行补充论证，或直接论证反驳控方答辩意见；（3）根据庭审情况及控方量刑建议，修改辩方量刑建议。

2. 必要时，就庭审情况与法官再次沟通

庭审后，律师可根据案情需要，再次与法官进行沟通。本次沟通，可针对庭审中未表述清楚或仍需强调的问题与法官交换意见，争取说服法官采纳辩方的相关意见。

3. 会见当事人

庭审结束后，律师依然需要会见被告人。此时会见，应询问其对庭审的意见，并就其对庭审的不满或疑惑进行解答。案件宣判后，应询问当事人判决书是否收到及何时收到，并询问其对判决的意见。若当事人对判决结果不服，律师应在仔细倾听理由的基础上进行分析，告知不服判决结果的理由是否成立。若为一审案件，应询问当事人是否需要提出上诉及上诉理由。若需上诉，律师应帮助当事人起草刑事上诉状，并告知上诉途径；若为二审或再审案件，应告知当事人有权进行申诉或其他救济途径；若判决结果为死刑，应告知当事人死刑复核程序的相关内容及其在死刑复核程序中享有的权利。

4. 案卷材料及时整理与归档

案件判决后,律师工作已基本完成。根据相关执业规范,律师在结案前,应将案卷材料进行整理,装订成卷,并交由律师事务所档案管理部门归档。

第三节 刑事诉讼辩护的技能演示

刑事诉讼涉及范围广,对律师的综合能力要求高,且律师在办理刑事案件过程中,前项工作开展的质量,往往直接影响后项工作的质量。因此,刑事诉讼技能的训练应当循序渐进地进行。

一、刑事案件接待当事人(家属)技能演示

律师介入刑事案件的前提是接受委托,初次接待当事人或其家属时,律师通过对自身专业能力及个人魅力的展现,博得当事人(家属)的信赖,进而使其与自己建立委托关系。

(一)初次接待前的准备

律师在初次接待当事人前,应当对基本案情、当事人状况、当事人要求等进行初步了解,在此基础上,有的放矢地进行准备。

初次接待前需要准备的内容有:

1. 对该罪名的法律规定进行了解

律师在初次接待前,应当事先查找该罪名所涉的法律法规,且绝不限于刑事法律,律师应当全面掌握该罪名所涉的各类法律法规并针对该案建立法规库。

示例

二被告人在被告单位未取得医疗器械生产许可证的情况下,决定并指使员工在医疗器械上加贴自行或委托他人制作的带有伪造代理人信息、伪造具有识别产品资质功能二维码的中文标签及中文说明书并在国内销售,涉嫌违反国家规定,未经许可经营法律、行政法规规定的专营、专卖物品。

在初次接待前,律师仅仅了解刑法中的非法经营罪是远远不够的,应当进行充分的法律检索,包括但不限于《中华人民共和国药品管理办法》《医疗器械监督管理条例》《体外诊断试剂注册管理办法》,只有充分了解我国关于医疗器械的生产、经营与使用的相关规定,才能在了解案情后作出更为专业的判断。

2. 调查案件的背景及舆论关注度

刑事案件,特别是一些重大敏感的刑事案件,往往受到舆论的广泛关注。其中,案件的背景及舆论情况往往直接影响着案件的走向。因此,律师在接手案件前应了解案件背景,调查该案的舆论情况。这项工作具有两个重要意义:其一,重大案件的舆论报道中往往涉及案情甚至案件细节,律师掌握这些情况可以在接待中掌握先机;其二,律师了解案件背景及舆情,可以对案件的敏感性作出判断。

示例

在上述非法经营案中,打击非法经营医疗器械的违法违规行为是多地整治重点,自然受到舆论的热切关注。在接受案件前,可以从网页新闻、微信公众号、微博等多处了解有关案情及背景情况,打有准备之仗。

3. 对案件所涉行业、领域进行了解

必须承认,许多刑事案件所涉行业是刑事律师完全陌生的。办理此类案件,必须对该行业的情况进行充分了解。

示例

在上述非法经营案中,对于律师行业来说,律师往往不曾掌握医疗器械领域的知识。因此,在办理该类案件时须对我国医疗器械行业的情况进行多方检索。由于我国医疗事业发展迅速且需求量大,而我国高端医疗器械逾八成被外国跨国企业垄断,外国公司与其销售代理达成垄断协议,因而进货价格畸高,导致二被告人只能另寻渠道进口案涉医疗器械。由于被告公司所进口的产品均系真实的医疗器械,与国内正规的相同产品仅仅是渠道上的差异,因此社会危害性显著降低。作为辩护人,对于案件所涉行业、领域的了解对日后的辩护工作而言是极为重要的。

(二)接待的方法与注意事项

1. 接待场所的安排

接待当事人(家属),应安排在律师事务所办公场所进行,初次接待尤应如此。

2. 耐心倾听，谨慎打断

接待当事人（家属）的重要内容之一就是听取其对案情的介绍。受专业背景、文化程度等因素所限，当事人（家属）对案情的介绍往往容易长篇大论，对其所掌握的情况事无巨细地和盘托出。对此，律师应当尽量耐心倾听，只有在当事人（家属）过分展开、偏离主题、避重就轻时才能谨慎打断。律师在当事人（家属）介绍时，可就重要环节的细节问题进行提问，但不要打乱当事人（家属）的叙事思路。

对于表达能力有限的当事人（家属），律师可直接采取提问方式，按照时间顺序，逐次将案件事实的各个环节询问清楚。

3. 独立判断不轻信

需注意的是，当事人（家属）的介绍未必都是事实，律师切记不能盲目轻信其介绍。导致这种结果的因素很多，可能是因为当事人（家属）对案件了解有限，偏听偏信；也可能是因为当事人（家属）的表达词不达意；甚至不排除当事人（家属）因与案件有利害关系或其他原因，有意隐瞒事实，避重就轻的可能。因此，律师在听取当事人（家属）的介绍时，应当保持独立判断，对当事人（家属）叙述的合理性、逻辑性进行分析。针对存疑问题，可以就细节进行询问，从而判断其陈述的真伪。

4. 客观分析不承诺

听取当事人（家属）的介绍后，律师应当就当事人介绍的情况进行事实、证据和法律上的初步分析。有条件的，可以向当事人（家属）介绍办理该案的大致方向。

接待过程中，当事人（家属）往往会提出对办理结果的要求，并询问办理该案的把握程度。在此情况下，律师切不可就案件结果进行承诺。律师可以通过讲解法律规定，恰当地引导当事人（家属）正确认识本案性质，正确判断该案可能面临的法律后果。若当事人（家属）提出非法要求，律师应严词拒绝。

5. 恰当引导，防范在先

接待中，律师应当就案件的性质、法律后果及处理思路等问题对当事人（家属）进行引导。实践中，常有当事人（家属）根据自己的生活经验对案件进行判断甚至下结论的情况。对此，律师应利用自身的专业能力，为其分析、讲解相关问题，告知其可能出现的最好或最坏结果，从而端正当事人（家属）的认识，为接受委托后的办案工作奠定基础，同时也能在一定程度上排除自身的执业风险。

示例

案情：当事人刘某长期在微博进行占卜活动，后被人举报，因涉嫌诈骗罪被刑事拘留。

【场景模拟】

律师："请您介绍一下大概情况吧。"

家属："大概2018年我女儿大三的时候开始在微博上占卜，就是通过卖一些法器和做一些仪式给别人算财运、感情这些东西，到大四之后基本上这个就是主业了，也没有再问我们要过钱，有时候还会给我和她爸爸打钱。她搞这个是因为认识了一个小师妹，小师妹就跟我女儿说她有一个很厉害的师父，可以让我女儿也拜师学这个东西，这些法器都是师父从国外寄给我女儿的，我女儿每隔一段时间要给师父交学费，师父再教给她新的东西。学费很贵，我女儿其实没赚到什么钱。我女儿大概75%的收入都是要交给师父和这个小师妹。我还有小师妹的微信，我女儿被抓也是小师妹告诉我的，她很关心我女儿，还跟我说有消息多沟通，还会安慰我。"

律师："你女儿跟师父还有小师妹平时是怎么联系的，是见面还是什么方式？"

家属："我女儿没见过师父和小师妹，他们平常都是微信聊天或者微信语音，连视频都没打过，我跟她爸爸都怀疑这两个人就是骗子。我女儿说师父在国外，从国外寄一些法器回来，但我看地址都是从云南发回来的，我还问我女儿了，她说是师父先寄到云南，再托人从云南转寄给她，我跟她爸爸怀疑其实就是从云南寄过来的，骗我女儿说是从国外寄回来的。我女儿从小到大都很乖的，很听我们的话，不会做一些违法乱纪的事情。微博上很多人都在做这个东西，怎么就抓了我女儿呢？她在北京突然就被抓了，举报人在上海，听说是一个辅警，肯定是占卜结果不满意然后就举报了。"

律师："她是什么时候被批捕的？"

家属："4月2日被批捕的。"

律师："你说的那个辅警，你知道他跟你女儿之间的交易详情吗？涉案金额是多少？"

家属："就是他在微博上找我女儿给他算财运，算过好几次吧，最后那一次是因为我女儿给他算财运结果还不错，然后那个辅警就去炒股结果亏了很多，就把我女儿举报了。警方查出来涉案金额是13万元。"

律师："你女儿给别人占卜一次大概多少钱？"

家属："具体我也不太清楚，大概是5000元吧，主要是看用什么法器和什么仪式，价钱都是不一样的。"

律师:"如果是 5000 元左右一次,举报人为什么愿意长期花这么多钱找你女儿占卜,肯定是有理由的吧,你女儿在占卜时是否会承诺别人虚假的结果?"

家属:"不会的吧,我女儿微博和朋友圈都经常会发一些客户的反馈的,客户反馈都很好的。(翻开女儿朋友圈)你看,每个朋友圈反馈都很好的,我女儿也没有给别人承诺,说结果一定是准确的或者好的去欺骗顾客。"

律师:"你女儿是商家,她在营销自己的时候一定会美化自身形象,你女儿是否给予客户虚假的承诺还是要通过卷宗体现,包括微信聊天记录等,以及法器的进价与售价之间是否有不合理差价,这些都是我们日后需要关注的重点。上述细节涉及你女儿是否虚构事实、隐瞒真相,也是是否构成诈骗罪的重点之一。"

家属:"在微博上占卜的人那么多,难道大家都犯罪了吗?还有很多算塔罗牌的,这跟我女儿不都是一个性质吗?占卜而已,怎么可能构成犯罪?王律师您看这个案子我女儿是不是无罪,或者说无罪的可能性有多大?"

律师:"是这样的,由于现在还没有看到卷宗,很多细节部分都不太清楚,因此无法过早下判断。你女儿目前涉嫌诈骗罪,诈骗罪的逻辑构造是:行为人虚构事实、隐瞒真相→被害人产生错误认识→被害人基于错误认识处分自己的财产→行为人取得财产→被害人遭受财产损失。我初步的思路如下:首先,了解其是否有虚构事实、隐瞒真相的行为。占卜是一种活动,活动本身不是诈骗,就好比大家烧香拜佛一样,不能说寺庙是在诈骗。如果没有虚构事实、隐瞒真相,自然无法构成诈骗罪。其次,了解其是否给予顾客虚假的承诺。如果明知占卜结果未必准确,却承诺顾客虚假的结果,则是故意使顾客产生错误认识并意图令顾客基于该错误认识处分财产。最后,了解其与师父以及小师妹之间的资金往来,可以从微信聊天记录、转账记录以及账本中了解。即使构成犯罪,若其绝大部分收入都由师父和小师妹所得,其地位和作用也会大大降低。也会有一种结果是其自身也是整个诈骗活动的受害人,在阅卷前,一切都是未知的,因此现在还无法作出判断,希望你能理解。"

在上述对话中,当事人家属在介绍案情时提到的案件相关人师父及小师妹是本案重点之一,但当家属过多提及小师妹在案发后对自己的关切则脱离了案情,作为律师应当巧妙地将其引回到案件本身,通过询问当事人与两位案件相关人的日常联系方式了解两人在本案中的地位与作用;家属作为当事人的母亲,在谈话时会不自觉表露出对女儿的感情亦无可厚非,若没有过多发散律师无须打断,后家属试图猜测举报人意图时亦脱离案情,则可以通过询问当事人与举报人之间的交易往来进一步了解案件事实,做到耐心倾听,谨慎打断。后

家属否认当事人对顾客作出虚假承诺时律师则应保持独立判断，不轻信，在存疑时通过继续发问作进一步分析判断。此外，当家属试图让律师作出对案件结果的承诺时，律师应客观分析，不承诺案件结果，引导家属正确认识本案性质，正确判断该案可能出现的法律后果。家属根据自己的生活经验认为本案不可能构成犯罪时，律师亦应当恰当理性地对家属进行引导，利用自身的专业能力，为其分析、讲解相关问题，同时能够防范执业风险。

（三）建立委托关系

若接待当事人（家属）的工作进展较为顺利，接下来的工作就是与其建立委托关系。委托关系的建立应按照如下方式进行：

1. 有权委托律师的主体

《刑事诉讼法》第33条规定："犯罪嫌疑人、被告人除自己行使辩护权以外，还可以委托一至二人作为辩护人。"第34条规定："犯罪嫌疑人、被告人在押的，也可以由其监护人、近亲属代为委托辩护人。"因此，有权委托辩护人的主体包括犯罪嫌疑人、被告人及其近亲属。

2. 受托手续的办理

律师与当事人（家属）办理委托手续，应当签署《聘请律师合同》，同时由委托人签署委托书。需说明的是，刑事案件中不同阶段的委托手续应分别办理。

3. 接受委托后的告知义务

《刑事诉讼法》第34条规定，律师接受委托后，应当及时告知办理案件的机关。因此，律师接受委托后应主动与办案机关取得联系，将律师事务所出具的告知受委托情况的函、委托书、律师证复印件及律师联系方式等一并告知办案机关承办人员。

4. 司法机关的协助义务

《刑事诉讼法》第34条规定，侦查机关、检察机关及审判机关应当主动告知犯罪嫌疑人、被告人有权委托辩护人，同时应当转达其委托辩护人的要求。

5. 多名律师接受委托的处理

《刑事诉讼法》第33条规定，每位犯罪嫌疑人、被告人只能委托1至2名辩护人。而实践中，常常出现一位当事人聘请多名律师的情况。此时，应当由犯罪嫌疑人、被告人本人确认最终委托哪位律师担任辩护人，同时解除与其他律师的委托关系。当事人确定辩护律师后，其他律师应自觉退出案件，与受托律师交接工作。律师之间应杜绝相互攻击，甚至为其他律师的工作制造障碍的行为。

二、刑事案件会见技能演示

会见,是刑事案件办理过程中律师与当事人沟通的主要手段。虽然《刑事诉讼法》规定了律师与当事人之间的通信权,但鉴于通信的时效性差、不够私密等弊端,律师大多采用会见的方式与当事人联络。不同诉讼阶段,律师会见工作的内容及所要达到的目的也不同。同时,律师在会见过程中也存在一些执业风险。因此,律师在会见过程中,应当谨慎遵守会见规范。

(一)会见手续

根据《刑事诉讼法》第 39 条的规定,辩护律师持律师执业证书、律师事务所证明和委托书或法律援助公函,可以会见在押犯罪嫌疑人、被告人。在常规案件中,律师只要持上述"三证"即可与当事人会见,看守所无特殊情况应当场安排,因其他特殊原因不能当场安排的,至迟也不能超过四十八小时。

但需说明,针对危害国家安全犯罪、恐怖活动犯罪案件,在侦查期间辩护律师会见犯罪嫌疑人,应当经侦查机关许可。上述案件,侦查机关应当事先通知看守所。因此,在办理上述两类案件时,律师应先将委托手续交予侦查机关并提交会见申请书,经许可后方能会见。

(二)会见的工作内容

1. 侦查阶段的会见

侦查阶段的会见应以了解案情及普及法律为主,主要的工作内容有:

(1)向犯罪嫌疑人介绍自己,征求其是否同意委托自己担任辩护人。律师会见前的委托工作往往由当事人近亲属进行,因此,律师应告知委托情况,并征得当事人的同意。若当事人不同意,应当制作笔录,签署解除委托手续。

(2)告知权利,排除侦查机关干扰。侦查阶段中,由于案件事实尚在调查,证据尚未固定,当事人与侦查机关的对抗较为突出,因此,当事人的利益受到侵犯的可能性较大。律师在此阶段会见当事人,应当首先告知其在诉讼中的权利义务,如对记录不实的部分有权要求更改,否则有权拒绝签字等。

(3)询问案情,听取当事人意见。在此阶段,会见是律师行使了解案情权的主要渠道。律师应当耐心听取当事人陈述案情。对案情的询问,既应当关注实体问题,也应当关注程序问题。律师可首先询问当事人何时因何事被刑事拘留、何时被逮捕、侦查机关有无保障其诉讼权利等。此后,再就具体案情进行询问。听取案情时,应当注意捕捉细节,辨别当事人陈述的真伪,客观独立进行分析。

(4)分析案情,解答当事人疑惑,提供法律咨询。听取当事人陈述后,律师应依据法律帮助当事人对案件进行分析。对当事人提出的异议,律师认为成立的，可以帮助当事人寻求救济途径；认为不成立的，应当耐心解答，消除当事人的疑惑。

（5）与当事人沟通进一步辩护工作。侦查阶段同样应当开展有效辩护，如是否具备申请变更强制措施的条件，是否需要与侦查机关沟通并提出意见等。

示例

案情：犯罪嫌疑人陈某与他人结伙，利用实际控制和经营的 A 公司、B 公司、C 公司等 30 余家公司，在无真实交易的情况下，收取 3% 的开票费，后通过 A 公司实际控制的甲平台、乙平台与王某实际控制的 D 公司、E 公司、F 等公司之间以预付卡虚假转让的方式实现资金回流，为多家公司虚开增值税普通发票，票面金额达人民币 4 亿余元。

另查，犯罪嫌疑人陈某与他人结伙，又以同样的方式，通过 G 公司向 10 余家公司虚开增值税普通发票，价税合计人民币 2 亿余元。

【场景模拟】

律师："我是上海××律师事务所的律师王××，今天来会见你，是否同意我担任你的辩护人？"

当事人："同意的。"

律师："何时因何事被采取强制措施？"

当事人："2020 年×月×日因虚开发票罪被刑拘。"

律师："介绍一下 A 公司人员结构。"

当事人："A 公司是 2014 年成立的，分为综合服务中心、财务中心、运营客服中心、技术中心、销售中心、电商部。胡某是总裁、CEO，2018 年兼任董事长。综合服务中心的负责人是我，该部门主要涉及行政、人事、商务、法务等业务；财务中心负责人是叶某，该部门主要负责公司的财务工作，包括资金的往来；运营客服中心负责人是黄某，该部门主要做福利业务和客服服务；技术中心负责人是李某，该部门主要从事甲平台的技术研发和维护工作；销售中心负责人是胡某兼任的，该部门主要从事销售公司的产品；电商部的负责人是宋某，该部门主要负责对接各大电商平台。"

律师："你有无其他职务？"

当事人："我还有 COO 的头衔，但我要说明的是我只是综合服务中心的负责人，不负责公司运营，我们各一级部门的主任都是直接找胡某汇报。"

律师："A 公司的运营模式是什么？"

当事人："A 公司其实是一家预付卡公司。运营模式是：客户在 A 公司的平台充值，用积分换取相应的服务或者商品。同时，我们公司还有甲平台、乙平台。"

律师："A公司的经营模式是什么？"

当事人："我们公司经营开发了甲平台，其中有线上、线下的一些供应商，如京东、苏宁、家乐福等。客户可以在平台上充值，由平台积分换取上述商品或服务。其中，A公司提供一种单用途预付卡，只能在我们平台上用，叫'×卡'，占客户平台消费很大比重。客户可以用这些卡在平台上消费，也可以通过乙平台转让。"

律师："乙平台是什么？"

当事人："乙平台是C公司注册的线上平台，我是法定代表人，但是A公司控制的，股权关系我不太清楚。这个平台是专门用于二手卡交易，有京东卡、苏宁卡，但大概只占1%，主要是×卡。平台有专门的收卡人，×卡的持卡人可以在平台上把卡卖给这些收卡人。"

律师："收卡人怎么知道你们平台的？"

当事人："收卡人一般是机构或者黄牛，他们会了解这类信息。A公司的市场部会与收卡人对接，如果收卡人符合条件，我们就会在后台帮他们登记信息，他们就可以在平台上交易了。"

律师："卡的交易钱款怎么往来？"

当事人："收卡人会先付款到A公司账户中，或收卡后再付，A公司再付给收卡人。"

律师："客户如何给甲平台充值？"

当事人："客户首先会和我们的代理商签订合同（福利合作协议、平台合作协议），将钱款打给代理商，代理商开具'服务费'发票，并和我们公司签订《××服务协议》，大概是A公司把平台出租给代理销售公司，代理商把收的钱转给A公司，并由A公司开具'预付卡充值'发票。"

律师："易某卡是怎么回事？"

当事人："易某卡是某超市发放的卡，也是单用途卡。我们收购的×卡在甲平台上兑换成易某卡，然后再由易某卡公司回收，最终兑付后帮我们将收购而来的×卡进行变现。"

律师："此事你如何得知，参与了哪些？"

当事人："我只知道公司在做易某卡，但我并不知道具体情况。我听承办说，是我给王某打电话的，这个有可能，但我并不参与这项业务，只是胡某让我介绍这个电话给他。"

律师："你在公司的作用是什么？"

当事人："我只是部门负责人，我的年收入是50万元。"

在侦查阶段的会见中，律师在接受委托后第一次会见当事人时应当首先介绍自己，征求其是否同意委托自己担任辩护人。当事人表示同意后，首先询问当事人何时因何事被采取强制措施。由于此阶段尚无法阅卷，律师仅能通过会见了解本案案情，因此应就具体案情进行询问，如开票公司的具体情况、相关公司的情况、当事人的地位作用等。听取案情时，应当注意捕捉细节，特别是当事人表示自己不清楚、不参与时应当客观独立进行分析。

2. 审查起诉阶段的会见

（1）确认委托关系。由于刑事案件要求律师分阶段办理委托手续，因此案件进入审查起诉阶段后，律师应当重新与当事人确认委托手续。

（2）告知侦查机关对案件事实及罪名的认定，听取当事人意见。律师应听取当事人对公安机关认定的事实及罪名的意见。听取意见时，律师应辨别意见的合法性与合理性。对于不合法或不合理的意见，律师应当依据事实、证据和法律说服当事人，劝解其放弃该意见。

（3）与当事人核实相关证据，听取当事人意见。审查起诉阶段律师已经可以查阅全部诉讼文书及证据材料。《刑事诉讼法》第39条规定，自案件移送审查起诉之日起，律师可以向当事人核实有关证据。核实证据的工作对于律师辩护工作而言意义重大，是此后一切辩护工作有效开展及庭审顺利进行的必要条件。因此，律师必须重视该项工作。

关于核实证据的方法与范围，法律并未加以限制。由于实务界特别是司法机关对该问题尚存不同认识，从控制执业风险的角度出发，我们建议律师按照以下方式核对证据：第一，告知当事人侦查机关提供的证据架构；第二，对被告人自己的供述，可全文进行核实；第三，其他言词证据，有必要核实的，可概括式宣读，应避免将此类证据交由当事人查阅；第四，对于物证、书证，确有必要核对的，可全文或概括宣读，宣读无法充分核对的（如审计类的司法鉴定），部分可交由当事人查阅。

与当事人核实证据应按照法律规定进行，避免教唆串供之嫌。

（4）分析案情，解答当事人疑惑。核实证据后，律师应当就如下内容为当事人分析案情：第一，公安机关认定的事实是否清楚，证据是否确实充分；第二，罪名及其他法律适用问题是否准确；第三，量刑问题；第四，案件中对当事人有利和不利的因素。在分析案情的过程中，律师应当向当事人告知相关法律规定，帮助其解答疑惑。

（5）与当事人沟通辩护思路。此时律师已经享有调查取证权及阅卷权，对案件的了解较为详尽，已有条件提出该案的具体辩护思路。因此，律师在会见时应当就辩护思路与当事人进行沟通，争取获得当事人的配合。

示例

案情： 同前陈某等涉嫌虚开增值税普通发票案。

【场景模拟】

律师："案件已经移送审查起诉了。"

当事人："我知道了。"

律师："我们在全面系统阅卷后，对案卷材料进行了整理，现在需要就案卷中影响本案定罪量刑的关键证据向你核实。（出示案卷整理材料）

第一组证据是言词证据，具体包括同案犯的供述以及证人证言。本案的同案犯8名，都是你司的高管。证人29名，主要是三类人员，第一类是你司的员工，第二类是你们的客户公司人员，第三类是卖卡公司的人员。上述言词证据我现在宣读给你听：（略）。

第二组证据是书证，主要包括你司与某某公司签订的福利采购协议、你司开具给某某公司品名为'服务费'的发票、你司与某某公司的银行转账记录、你司员工和客户公司的微信聊天记录、你司收取的某某公司开具的品名为'预付卡'的发票、你司的薪资发放说明、你司的公司账目、你司高管的银行查询明细、某某公司开具给你司关联公司的发票明细列表、你司与某某公司签订的预付卡销售协议。

目前本案的审计报告还没有出来，等出来以后我会将报告的内容再与你核实。你对以上出示的证据内容是否有异议？"

当事人："有异议。"

律师："具体有哪些异议？我根据你提的异议做一个记录，之后会对该部分内容进行核实并将核实的情况与检察机关进行沟通。"

当事人："第一，对证据中关于我司接受某某公司虚开发票的金额有异议，该部分金额不属于虚开。我司和该公司之间的交易是真实存在的，这些预付卡是能够被真实消费的。从现有证据来看，这些预付卡是否被消费无法证明，我司和该公司之间是否产生了资金回流也无法证明，所以该部分金额不得认定为虚开发票的金额。第二，对我在公司中的地位作用有异议，我虽然有首席运营官的身份，但是工作上不履行首席运营官的职责，我的这个职务只是为了方便对外开展业务设立的，属于虚职。我在公司主要负责的工作都是辅助性工作，这一点可以通过我参与的具体事项和公司的核心业务流程进行比对进行证实。"

律师："好的，我会对你反映的情况进行核实，如果情况属实，我会书面将这些情况反映给检察机关。"

当事人："好的。"

律师:"是否愿意退还违法所得?"
当事人:"我愿意的。"
律师:"有无其他补充?"
当事人:"我没有了。"

在审查起诉阶段,律师已经可以查阅全部诉讼文书及证据材料,在会见时应当将卷宗中的证据分组展示给当事人并与当事人核实,若当事人对证据有异议,律师应当对该部分内容进行核实并将核实的情况与检察机关进行沟通。

3. 审判阶段的会见

(1) 确认委托关系。审判阶段,律师同样应与当事人确认委托关系。

(2) 告知当事人起诉书指控的事实及罪名,询问当事人意见。若为一审案件,律师在会见前应主动与审判机关联系,再次阅卷并领取起诉书。会见时,律师应询问当事人起诉书是否收到、何时收到,并帮助其理解起诉书的文义,包括事实认定及法律适用问题。在此基础上,律师应听取当事人的意见。

(3) 针对指控及当事人的意见,结合事实、证据和法律规定进行分析。律师在充分阅卷的基础上,应当就当事人的意见进行分析并与当事人及时探讨。出现当事人与律师观点不一的情形时,前文已经进行阐述,在此不再赘述。

(4) 确定辩护思路并与当事人沟通。开庭前,律师必须确定辩护思路,并将辩护思路告知当事人。律师应当告知的内容包括:第一,辩护的基调,即无罪辩护还是罪轻辩护。若为无罪辩护,应当告知是事实不清、证据不足辩护还是法律适用辩护。若为罪轻辩护,应当告知是否具有法定或酌定的量刑情节。第二,沟通发问的情况。律师应将庭审中可能发问的问题事先告知当事人,避免在庭审中被"突然袭击"。沟通时,律师应注意方式方法,避免教唆串供。第三,证据情况及质证意见。律师在核实证据的基础上,告知当事人自己对证据的意见。需要举证的,应当告知当事人将要出示的证据及证明目的。第四,法庭辩论情况,即将律师撰写辩护词的大致内容及可能的争议焦点告知当事人。

(5) 告知开庭程序及注意事项。庭审前,律师应向当事人告知庭审程序,当事人需要事先准备的内容(如最后陈述),可帮助当事人准备。

(6) 判决后听取当事人意见,告知救济途径。案件宣判后,律师应再次会见当事人,询问其判决书是否收到、何时收到及对判决结果的意见。若为一审案件,律师应告知其有权上诉;若为二审案件,律师应告知其有权提出申诉或其他救济途径。

> **示例**
>
> **案情**：同前陈某等涉嫌虚开增值税普通发票案。
>
> **【场景模拟】**
>
> 律师："现在我给你讲解一下庭审程序：（略）。你是否清楚？"
>
> 当事人："我清楚了。"
>
> 律师："现在我告知你的诉讼权利：（略）。你是否清楚？"
>
> 当事人："我清楚了。"
>
> 律师："现在我与你就庭审的辩护思路进行一下沟通。"
>
> 当事人："好的。"
>
> 律师："辩护思路主要有以下三点：首先，关于事实认定，其一，认定涉案公司虚开发票的事实证据不足；其二，利用易某卡交易进行虚开的事实中，有关虚开金额的证据不足。其次，关于案件定性，其一，甲平台中存在商品、服务的交易，包括真实电子购物卡交易，该部分交易不构成虚开发票罪；其二，对易某卡相关交易的事实，应将某超市与涉案公司之间的票款往来认定为虚开化解，涉案公司的代理商公司与客户公司之间的票款往来并非虚开。最后，关于量刑，涉案公司存在合法业务，涉案业务仅是其中一部分；当事人仅是公司中层管理人员，而非公司高级管理人员。有无异议？"
>
> 当事人："没有异议。"

审判阶段会见的主要内容是告知当事人开庭程序及注意事项，并就辩护思路与当事人进行充分沟通。

（三）会见的注意事项

（1）认清职责，摆正关系。律师的职责在于维护当事人的合法权益，因此律师在会见时应关注案件本身，从事实与法律着手，避免对当事人进行人格评价。

（2）态度诚恳，不讥讽训斥。当事人与律师之间是否有信任，决定着律师能否顺利开展辩护工作。因此，当事人在会见中的语言表达应诚恳，让当事人感受到律师确实是在为自己的利益而工作，以此争取当事人的信任。鉴于当事人的文化程度、认知能力等限制因素，沟通时律师需要耐心，绝不能训斥、讥讽甚至责骂当事人。

（3）去伪存真，谨慎判断。许多案件中，不排除当事人故意隐瞒实情的可能。因此，律师在会见时应当通过当事人叙述的逻辑性、合理性判断其陈述的真伪，对存疑的问题，应当询问细节。

（4）增强风险意识。律师会见时应当谨言慎行，不得从事任何法律禁止或可能违法、违规、违纪嫌疑的问题。

（四）会见中禁止的行为

律师在会见过程中，务必遵守相关会见规范，防范执业风险。会见中常见的禁止性规定列举如下：

（1）禁止为犯罪嫌疑人、被告人传递检举揭发犯罪的线索；

（2）禁止使用自己的手机让犯罪嫌疑人、被告人与外界通电话，不得私自为当事人传递纸条、信件；

（3）禁止通过各种方式与犯罪嫌疑人、被告人串供，禁止使用肢体语言或其他方式帮助、教唆当事人串供、翻供；

（4）禁止带律师或实习律师以外的人员会见；

（5）禁止向犯罪嫌疑人、被告人传送监管场所禁止的各种信息、食品或其他物品；

（6）防止犯罪嫌疑人、被告人借会见之机逃离监管场所。

三、刑事案件阅卷技能演示

《刑事诉讼法》第40条规定，辩护律师自人民检察院对案件审查起诉之日起，可以查阅、摘抄、复制本案的案卷材料。应当说，阅卷是律师的一种特权，因此律师应当行使好这项特权。

阅卷的重要性自不待言。我国的刑事审判尚无法全面实行直接言词审理，尤其是对证人证言的审理，基本以书面证据审查为主。因此，只有通过阅卷，律师才能掌握案件事实，挖掘案件疑点并成功进行辩护。

（一）阅卷的要求

律师阅卷工作的质量对此后辩护的开展至关重要。律师在阅卷时，应当做到以下要求：

1. 必须完整阅卷，不能断章取义

律师应查阅全部案卷材料，对于个别案卷极多，无法全部查阅的案件，必须查阅与当事人有关的全部案卷材料。

2. 必须准确阅卷，不能增减歪曲

律师阅卷应追求精确，对诸如时间、地点、犯罪工具、犯罪手段、人物关系及事实经过等案件细节必须准确把握。

3. 必须客观阅卷，不能主观臆断

律师阅卷应尽量立场中立，客观分析证据情况，排除主观色彩。律师虽代表当事人，但只有在中立立场上得出的客观结论，才能够有效地维护当事人的权益。

（二）阅卷的方法

1. 实体与程序同等关注

律师对当事人的保障，也包括实现当事人诉讼权利，防止其合法权利受到侵犯的程序保护。因此，律师阅卷应当兼顾实体与程序，二者不能偏废。

值得注意的是，程序卷往往能够反映实体问题。例如，表明对当事人采取强制措施时间的程序文书，往往能证明当事人是否具有自首情节。

2. 重视书证

我国刑事司法实践向来过度依赖口供。但从实际效果考虑，对书证的审查更加关键。因为书证是客观的、无法变化的。书证中所反映出的问题，任何人都无法推翻。

审查书证时，不能被书证的表面现象所蒙蔽。例如，审查司法鉴定意见时，不应仅审查鉴定结论，还应当审查鉴定意见的分析过程、鉴定方法，以及鉴定结论所依据的证据材料。

3. 全卷通读，掌握脉络，提炼重点

阅卷绝不限于数量，律师对案卷内容的了解应当达到烂熟于胸的程度，且越复杂的案件越应如此。阅卷之初，尤其是第一次阅卷时，可快速全卷通读，掌握案卷基本脉络，分析指控所依据的证据架构。此后，再进行精细阅读，在已掌握基本内容的前提下，提炼出重点内容和重要证据。

4. 重点阅卷，详细比对，制作摘要

在熟悉案卷并掌握重点后，律师应当进行重点阅卷，对案卷中反映同一事实的不同证据进行对比。

在此过程中，律师应当制作案卷摘要。通过制图的方法进行摘要是十分有效的方法。例如，共同犯罪中，律师可以通过制作时间轴，理清多名被告人的行为顺序和行为过程。制图方法可以帮助律师高效、准确地进行阅卷工作，且在越复杂的案件中，效果越是明显。

示例

（1）时间轴——通过时间轴，可以清晰看出案件从初步谈判到初步同意降价直至最终达成初步意向的事实经过。

（2）树状图——通过树状图可以清晰看出整个股票交易脉络与交易经过。

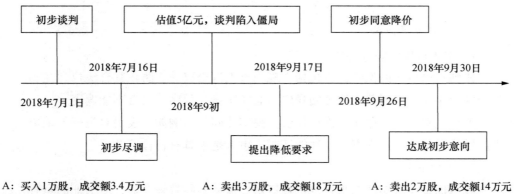

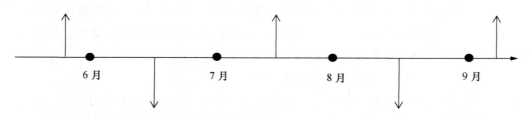

（3）表格——通过表格可以清晰看出当事人供述中的矛盾之处，便于证据比对。

	第一次提到好处费	第二次提到好处费	第三次提到好处费
金某某供述	我曾经听人说起过，在采购这种大型设备的时候，会按照合同金额给10%左右的回扣。周某某没有明确和我说过回扣，但有一次她到我办公室来看我的时候，曾提到过我采购了设备，对方会给我好处的，但当时她没有具体说是谁给我，也没有讲具体金额	之后一次我和周某某等人在××酒店吃饭的时候，周某某私下跟我说等会吃好饭到下面把东西给我。我问她什么东西，她说是别人感谢我的好处费，我当时说不要。周某某就说替我保管帮我理财，以后再给我，我当时回答她说："随便你吧。"	之后是我和周某某等人在××大酒店吃饭，在等人的时候，周某某和我在房间的窗边私下聊天。周某某跟我说钱都到她那了，一共180万元，问我是不是由她继续给我保管、理财，我当时回答她说："好的，那你就继续保管吧。"

5. 反复阅卷，庭前温习

再优秀的律师，也无法在一次阅卷中把握全部案件细节。每次重新阅卷都可能发现新的问题，形成新的思路。因此，律师应当反复阅卷。

有些案件，律师完成全部阅卷工作与开庭时间的间隔可能较长。因此，律师必须在庭前再次查阅案卷，对此前准备的材料进行温习，保证庭审的顺利进行。

（三）阅卷中的禁止行为

由于刑事案件的特殊性，对律师的阅卷也有着特殊的限制，其中较为重要的内容罗列如下：

（1）禁止损毁、涂画、修改案卷，禁止私自拆封；

（2）禁止提供给当事人及律师以外的人员查阅，禁止泄露案卷信息；

（3）妥善保管，不得遗失案卷。

四、刑事案件调查取证技能演示

顺利的调查取证，往往能够扭转案件的走向。同时，调查取证也是律师工作中风险最大的一项内容，甚至可能因调查取证中的不慎而身陷囹圄。因此，学习正确的调查取证方法，合法规范地进行取证工作，对刑事律师而言十分重要。

（一）调查取证工作的起始时间

《刑事诉讼法》第42条规定："辩护人收集的有关犯罪嫌疑人不在犯罪现场、未达到刑事责任年龄、属于依法不负刑事责任的精神病人的证据，应当及时告知公安机关、人民检察院。"因此，我们认为律师在侦查阶段即具有调查取证权，这是辩护权的应有之义。但是，鉴于刑事案件的风险性，实践中律师的办案行为应当有足够的法律依据，对于争议性的行为应尽量避免。

（二）调查取证的方式

根据《刑事诉讼法》及相关司法解释的规定，律师调查取证的方式有以下几种：

（1）律师自行调取。律师经有关证人或其他单位或个人的同意，可以向其调查取证。向被害人及其近亲属或被害人提供的证人调查取证，除经上述人员同意外，还需获得人民检察院、人民法院的许可。

（2）律师不宜或不能自行调取的，可申请人民检察院、人民法院依职权调取，人民法院调取证据时，辩护律师可以在场。

（3）律师可以申请人民法院通知相关人员出庭。这里所称的相关人员一般是证人、专家证人、鉴定人、侦查人员等。

关于律师调查取证方式，有以下两个问题值得探讨：

(1) 律师是否有权向侦查机关申请调查取证？对此，《刑事诉讼法》及相关司法解释均未予以明确。《刑事诉讼法》第115条明确规定，侦查人员不仅要调取犯罪嫌疑人有罪或罪重的证据材料，还应当调取犯罪嫌疑人无罪或罪轻的证据材料。律师向侦查人员申请调查取证，正是帮助其完成上述侦查职责。因此，律师向侦查机关申请调查取证的行为，与《刑事诉讼法》的立法精神与本意相符，不应加以禁止。

(2) 律师是否有权向人民法院申请签发调查令？民事审判中，调查令制度被广泛运用，代理律师持调查令调取证据，相关单位和个人应予配合。而刑事案件中，该制度始终未能实现。我们认为，确有必要在刑事案件中实行调查令制度。

(三) 调查取证的一般规范要求

(1) 尽量二人以上调查取证。侦查人员、检察人员及审判人员调查取证时，必须二人以上进行。律师调查取证虽无强制性规定，但从规范角度考虑，我们建议也应当由二人以上进行，且其中一人必须是执业律师，另一人可为实习律师。

(2) 携带律师执业证、律师事务所证明、所调查案件的委托书。调查前，首先应介绍身份、所代理的案件、说明调查目的及要调查的内容。

(3) 应选择适合地点进行调查，如条件准许，最好在律师事务所办公场所进行。若无条件（被调查人拒绝前来等），律师向有关单位进行调查时，应在所调查单位办公地点进行；向证人或其他人员调查时，应选择较为正式的场所进行。务必避免在餐饮娱乐场所或宾馆等过度私密的场所进行调查。

(四) 调取言词证据的特殊规范要求

律师在调取证人证言等言词证据时，除上述一般规范要求外，还应做到如下特殊要求：

(1) 详细告知证人的权利义务，及不如实作证的法律后果。

(2) 询问其是否自愿作证，作证前及作证时是否遭受干扰，是否有人帮助、教唆或威胁其作伪证。律师调查取证工作的风险主要来自向证人调查取证。因此，律师应当详细询问上述内容并记录在案。

(3) 现场如实制作调查笔录，不得事先写好交由被调查人签名。现场记录必须符合被调查人的真实意思表达，不得主观臆断或曲解证人的意思。笔录制作完成后，应当交由被调查人阅看，不能阅看的，应当向其宣读。被调查人认为记录有误要求更改的，应当准许其更改。核对完成后，应由被调查人签名确认并写明日期。律师及记录人员亦应签名。调查笔录后应附有被调查人身份证明复印件。

（4）调查取证时，不得告知证人案情，不得透露其他证据情况，尤其不能透露其他证人证言、被告人供述、被害人陈述的内容。

（5）应隔离调查。调查时，不能有其他人员在场。对每位被调查人应当单独调查，不得合并调查。

（6）确有必要时，调取言词证据可进行全程录音录像，并事先告知被调查人。

（五）调取物证、书证的特殊规范要求

调取物证、书证时，除上述一般规范要求外，还应当遵守如下特殊规范要求：

（1）所有调取的证据，应当由被调取人签名并注明日期，向单位调取的，应加盖单位印章。

（2）应注明证据来源；若调取的是复印件，应注明原件保留在何处。

（3）提取特定证据，应符合法定的形式要求。

（六）调查取证中的禁止行为

律师在从事调查取证工作中，禁止实施以下行为：

（1）禁止由他人代替调查取证。律师调查取证工作必须亲自完成。调取书证、物证时，切忌由当事人或其家属调取交予律师。

（2）禁止以任何方式获取伪证。律师应当杜绝以威胁、欺骗、引诱或其他明示、暗示的手段获取伪证。《刑事诉讼法》第44条及《刑法》第306条都明确规定了律师上述行为的法律责任。

（3）禁止非律师参与调查取证。调查取证是律师的职业特权。因此，在进行调查取证工作时，必须保证参与人皆为律师，实习律师不得单独调查取证，非律师不得调查取证。当事人及其家属必须回避。

五、刑事案件文书撰写技能演示

撰写刑事案件文书是刑事律师的基本功，文书的质量最能体现律师的理论功底和专业素养。一篇好的文书，不仅是律师长期以来工作成果的汇聚，更是律师展现自身水平的最佳方式。训练撰写文书的技能，是成为一名刑事律师的必经之路。

（一）文书写作的种类

刑事案件中，常见的文书种类有：辩护词、变更强制措施辩护意见、羁押必要性审查辩护意见、刑事上诉状、再审申请书、抗诉申请书、调查取证申请书、证人（专家证人、鉴定人、侦查人员）出庭申请书、延期审理申请书、重新鉴定申请书等。上述文书中，最能体现律师水平、考验律师专业功底的，要数辩护词的撰写。具备撰写优秀辩护词的能力，自然能够轻松驾驭其他文书的撰写。因此，下文以辩护词的撰写为例，阐述撰写刑事法律文书的技巧。

（二）文书写作要求——以辩护词为例

区别于其他文书形式，因辩护词特定的发生场合、特定的专业领域及特殊的用途，对辩护词的撰写有其特殊要求。

（1）语言真实、质朴，避免修饰性、比喻性或过分夸张的辞藻。

（2）注重实践性，做到理论与实践相结合。辩护词应当从实践角度出发，避免纯理论探讨。在辩护词中引用理论问题，是为说明实践观点提供依据。同时，应当避免引用在理论界尚存争议的观点。

（3）对文字的要求应做到语句通顺，条理清晰，逻辑缜密，观点明确，无知识性或常识性错误。

（4）行文立场实事求是，不歪曲事实和法律。律师参与刑事案件时必然存在立场预设，但是，律师维护当事人利益的手段必须以事实为依据，以法律为准绳。律师撰写辩护词时必须在正确认定事实与正确解释法律的基础上提出观点。

（5）无偏激观点，不使用过于情感化的表达方式，尊重法庭，不攻击他人。辩护词是就案件事实、证据和法律问题展开的专业探讨。因此，行文应当紧紧围绕上述主题，一些感情渲染、表达情绪甚至诋毁、攻击他人的文字应当予以排除。

（6）能够对争议性问题展开充分论证，论点明确，论据充分。同时，应列明所援引的法条或所依据的证据。

六、刑事案件庭审发问技能演示

（一）交叉询问规则

我国的庭审发问基本遵循了交叉询问的发问规则。按照交叉询问程序，对被告人的发问或控方证人的发问中，公诉人是直接询问人，辩护人是交叉询问人；对辩方证人的发问中，辩护人是直接询问人，控方是交叉询问人。所有发问应遵循直接询问人在先，交叉询问人在后的顺序。交叉询问中可以进行直接询问所禁止的诱导式发问，问题可以含有期待答案。通过该发问方式，控辩双方可以通过被询问人的回答将案件事实客观地呈献给法庭。

（二）发问的内容

发问的目的是呈现案件事实，因此发问的内容也应紧紧围绕与案件有关的事实。通常情况下，庭审发问应当具备以下内容：

(1) 当事人罪与非罪、罪轻与罪重的事实表现。

(2) 本案的法定与酌定情节。

(3) 公诉人发问中没有阐述清楚的问题。

（三）发问的方法——以发问被告人为例

庭审发问应根据案情实际需要设计发问策略。实践中，常见的发问方式有：

(1) 简短开放性提问，即直接对当事人阐述问题。

(2) 提示性提问。当被告人对如何回答某一问题犹豫不决时，可设计一部分与该问题相关的问题以提示被告人。

(3) 选择性提问，即在问题中设置选项让当事人进行选择。

(4) 封闭式提问，即答案只有是或不是的提问。通常而言，发问此类问题时，律师心理已经知晓答案。值得注意的是，封闭式提问一旦运用不当，则可能遭到对方反对。换一种方式发问，则可能有诱供之嫌。例如，"当天下午五点，你已经离开单位了，是吗？"此种问题属于明显的诱导性发问，在法庭中应该慎用。

(5) 渐进式连环提问，即就某一事实设计层层推进式的连续问题。此类发问，通常适用于需要详细询问事实细节时。

(6) "拔毒刺"。即如果判断对己方不利的问题一定会被对方问到，可在己方发问时率先发问，避免由对方发问时的尴尬。这一技巧在二审庭审中经常适用。

(7) 善用"反对"。律师应当善于利用发问中的反对权为当事人争取有利的庭审条件。一般情况下，发生下列情形时，应当举手向法庭表示反对，并阐明反对理由：其一，公诉人以诱导、威胁方式进行发问；其二，公诉人对被告人人格进行指责；其三，公诉人发问超过起诉范围，或与案件的定罪量刑无关；其四，涉及个人隐私或其他不宜在公开审理的法庭上发表的内容；其五，公诉人进行人身攻击。

（四）发问的注意事项

(1) 不重复发问此前庭审环节中已经问过的问题。

(2) 对案件定性、法律理解等观点性问题不要发问。

(3) 发问内容应事先与当事人沟通，避免突然袭击。

(4) 提问前对答案应有所把握，避免对当事人造成"意外伤害"。

(5) 提问应适可而止，见好就收，避免画蛇添足。对某一事实的发问，只要达到目的即可，就细节问题穷追猛打容易引发对当事人不利的情形。

示例

何某走私普通货物、物品案

案情：被告人王某与被告人何某共谋，由王某多次在日本购买电子烟弹约3000条、卷烟200条，非法携带入境后，加价销售给何某，再由何某对外销售牟利。经上海浦东国际机场海关计核，该部分货物偷逃应缴税额共计200万元。

【发问思路】

走私普通货物、物品罪中，偷逃应缴税额的金额决定了对当事人的量刑，根据《最高人民法院、最高人民检察院关于办理走私刑事案件适用法律若干问题的解释》第16条的规定，偷逃应缴税额在250万元以上的，应当认定为"偷逃应缴税额特别巨大"。起诉书中认定当事人偷逃应缴税额为270万，已然达到了"偷逃应缴税额特别巨大"的标准。因此，降低数额是辩护的重点。首先，根据《核税说明》，对于仅有银行转账记录，而无其他证据（如微信聊天记录）印证具体交易货物种类、数量的，办案机关推定全部交易均为电子烟弹，并按照同一标准计算数量，此种算法有失偏颇，我们认为本案部分交易无法查明货物种类，不能均推定为电子烟弹且二人部分转账应认定为借款，对应的核税数额应予扣除。因此，在发问时需关注当事人从王某处购买物品的种类、价格、周期，以此明确并非仅为电子烟弹。

其次，需关注当事人的从轻、减轻的量刑情节，如当事人在侦查阶段已积极补缴税款，当事人家属亦表示，待本案最终需要缴纳的税款或罚金确定后，其仍然会积极筹措，承担责任，弥补过错。

【发问提纲】

1. 你在到案之前是从事什么工作的？做了多长时间了？

2. 你让王某帮忙代购电子烟弹是从什么时候开始的？王某每次出境都会帮你代购吗？每次代购的数量大概有多少条？最少的一次带了多少条？

3. 除了电子烟弹，你还从王某那里买其他物品吗？都有什么？是和电子烟弹一起让王某代购的吗？眼镜、卷烟、加热器等物品的单价是多少？与电子烟弹相差得远吗？2018年8月23日至10月16日，有没有让王某带过电子烟弹以外的物品？

4. 2018年9月3日，你转款3万元给王某，次日，王某转款给你3万元，该笔款项是什么钱？你和王某之间除了电子烟弹外，有没有其他往来，比如借款？2018年9月26日，你银行转账给王某的5万元和微信转账给王某的1万元是什么钱？是借款、预付款，还是付之前未清的烟款？

5. 王某2018年被浦东机场、萧山机场海关查获的事情你知道吗？王某被查获，你是怎么认识的？之后做了什么？前两次王某被海关查获后，为何还要继续从他这里购买烟弹？

6. 每次王某带货是你先联系王某，还是王某先联系你？王某主动联系你的次数多吗？

7. 每次购买电子烟弹的价格，你是如何确认的？是王某给你购物小票的照片，还是其他方式？王某平时购买电子烟弹的地方，你知道吗？是每次去的地方都不一样，还是说经常光顾某一两家店？对于王某这种常客，每次购货量也蛮大的，免税店会有优惠或者折扣吗？有折扣这件事情，是王某跟你讲的，还是你自己通过其他渠道了解到的？这些折扣会反映在王某给你的价格上吗？

8. 从2017年12月开始，你一共通过销售电子烟弹赚了多少钱？

9. 在本案侦查阶段，你有无补缴税款？若根据审判机关后续判决，仍需要你进一步补缴税款，你是否愿意？

10. 你是如何到案的？关于走私的事实你是否如实交代？

七、刑事案件举证质证技能演示

（一）法庭质证

1. 质证的内容

法庭质证不同于法庭辩论，在质证阶段，律师的意见应当围绕证据的真实性、合法性、关联性、证明内容及证明力等内容。

2. 质证的基本要求

进行法庭质证时，律师应当做到以下要求：

（1）在庭前高度熟悉案卷材料。在此基础上，律师才能辨别证据中存在的问题，提出质证意见。

（2）针对有异议的证据事先准备质证意见，避免打无准备之战。开庭前，律师应就存疑证据事先构思质证意见，证据众多时应当起草书面质证意见。

（3）庭审中，公诉人举证的组别和顺序可能与起诉书列明的情况不同。因此，律师必须高度集中精力，紧随公诉人的举证顺序。

3. 质证的具体方法

庭审中的质证方法多种多样，很难一一列举。下面简要介绍几种常见的质证方法。

（1）重点击破。针对关键性证据，或控方证据链中起到承上启下作用的证据进行重点攻击。击破此类证据，相当于动摇了控方证据大厦的基石，将对案件处理结果产生重大影响。

（2）矛盾对比。当不同证据就同一事实的证明存在不一致甚至矛盾时，律师应善于利用对比的手段，指出证据之间的不一致与矛盾。律师可事先制作对比表格，在质证时提交法庭。

（3）为我所用。许多案件中，个别证据既可以证明控方指控的事实，又能证明对当事人有利的事实（多为罪轻事实）。此时，律师在认可该证据真实性的基础上，可以指明该证据证明了哪些对当事人有利的内容。

（4）排除合理性。许多证据的证明内容在表面上看没有问题，但其证明内容，或不符合生活逻辑，或不符合当时特定的场景条件。此时，律师可提出因该证据不存在合理性而不应采信的意见。此方法经常使用在言词证据的质证中。

（5）限制解释。对同一证据的证明内容可能产生多种解释。从被告人立场讲，某一证据的证明内容越少，对其越有利。因此，律师可就证据的证明内容进行限制解释。

（二）法庭举证

律师同样需要进行举证工作。通常情况下，律师应当就如下证据进行举证：其一，侦查卷宗中存在但公诉人未出示且对当事人有利的证据；其二，律师通过调查取证获取的证据；其三，律师提供的证人（包括专家证人）。

1. 举证的基本要求

律师在举证的过程中，应当做到以下要求：

（1）针对案件事实进行举证。律师的举证应围绕起诉书指控的事实。不过，有些材料与事实无关，但律师依然希望提供给法庭（如当事人存在家庭困难、子女年幼等情况，希望法庭量刑时参考）。此情形下，律师可在庭前将上述材料递交法庭，并与法官沟通说明用意。如在法庭上提交，应向法庭说明这些材料不作为证据提供，仅作为法庭处理案件的参考。

（2）律师举证应当符合法定的举证要求与规范。证据的合法性包含了证据取得手段的合法，也包含证据外在形式的合法。

（3）律师出示证据时应当按照一定的逻辑顺序有序分组与排列。当证据较多、内容较复杂时，律师应当根据客观需要将证据分组，并且按照一定的逻辑顺序有序出示。

2. 举证的方法

律师在法庭上举证，可以按照如下方法进行：

（1）将证据分组。将证据分组有助于形成证据间的逻辑层次，从而更好地展示证据。对证据分组时，最基本的方法是将证明同一内容的证据归为一组，可以根据犯罪构成、事实类型、时间顺序划分等。

同时，有序排列证据组的前后顺序，可按照时间顺序、难易程度、主次顺序排列等。

（2）合理排列组内不同证据之间的先后顺序，应当将最重要、最客观、最有证明力、证明内容最明确及印证度最高的证据排在前列，以此类推。对证据组内各份证据进行合理排序，有助于展示证据间的逻辑顺序，使法庭充分理解律师的证明目的，提高庭审效果。

（3）根据上述情况，制作证据目录，帮助法庭理解辩方证据内容。证据目录中，应载明证据编号（第几组第几号）、证据来源、证据页数、证明内容等。

（4）出示证据时应进行充分、有条理的说明。有效举证说明对举证的效果有着重要的影响，能够让法庭迅速理解律师的证明目的，极大地增加证据的采信度。证据说明应按照如下顺序进行：第一，证据结构的说明，即对证据分组及证据排列的情况及依据顺序进行说明；第二，证明目的的说明，即出示每组证据前，应明确该组的证据内容；第三，具体证明内容的说明，即证据所体现出的具体事实有哪些；第四，证据来源与合法性的说明，即对证据的取得手段、来源、外在形式等进行说明；第五，分析证据，即说明证据能够证明的待证事实。

八、刑事案件法庭辩论技能演示

法庭辩论，是庭审的最后一个环节，也是法庭上最激烈和精彩、最能体现律师实力的环节。法庭辩论的内容，应当结合庭审实际情况，对辩护词的内容进行调整。

（一）法庭辩论的内容

法庭辩论的内容，是全案双方所有的争议焦点。律师应当在法庭调查程序中识别双方争议焦点，并根据争议焦点调整辩护词的思路，确立法庭辩论的主题，根据案件的证据情况及法律规定，填充辩论内容。

1. 总结争议焦点

通过此前的法庭调查，律师应当判断出控方指控的薄弱环节，并在辩论中重点予以攻击。同时，律师亦应发现控方指控的有利方面，对这些问题，应当构思防守方案。在此基础上，律师可以归纳案件的争议焦点。

2. 确立辩护主题

在双方争议焦点清晰的基础上，律师应当针对各争议焦点形成方案，确立辩护的主题。包括指控的哪些环节事实不清、证据不足；哪些环节适用法律错误；哪些法定与酌情情节没有认定；哪些违法阻却事由没有认定等。

3. 填充辩论内容

在焦点明确、主题清晰的基础上，律师应就每一辩护主题填充具体辩护内容。辩护内容一般包括以下方面：其一，案件中有无证据支撑辩护观点；其二，辩护观点有无法律依据；其三，辩护观点有无法理依据。在法庭辩论中，律师应就重点问题进行重点论述。引用证据时，若是举证阶段已经宣读或出示过的证据，仅需概括证据内容，不需要再宣读。援引法条时，可概括法条文义，阐述对该法条的正确理解，不必照本宣科式地宣读法条。阐述法理时，应以实践为出发点，避免过于理论化的表述。

（二）辩论的技巧运用

法庭辩论的目的在于呈现案件的真实面貌，阐明案件的争议焦点及各方观点，使法官兼听则明。法庭辩论中的发言，应注意以下技巧：

（1）言简意赅，围绕焦点，观点明了。法庭辩论中的语言应尽量简短，同时应当围绕争议焦点，明确提出辩护观点。

（2）在说理透彻的基础上追求生动表达。辩论的最基本目的是阐明道理，明辨是非。因此，辩论语言应首先追求说理透彻、充分。在此基础上，将语言设计得尽量生动，能够提高庭审效果。

（3）随机应变，不照本宣科。法庭辩论最忌讳无视庭审中的变化，盲目宣读辩护词。律师应根据庭审实际情况，修正此前的辩护意见。同时，辩论发言应尽量追求脱稿。

（4）语速音量适中。律师在庭审中应注意音量和语速。庭审中，声音应适中，切忌过大或过小。同时，为方便法庭记录，庭审中的语速较之生活语速应更慢。律师发言时，可注意观察书记员的记录节奏。

（5）面向法庭发言。律师发表辩论意见的目的在于法庭能够最终采纳律师的观点，因此，律师发表辩护意见时应面向法庭。同时可以通过观察法官的行为表现，判断法官对自己发言的态度，从而适时地增减、调整发言内容。

（6）第二轮发言具有针对性。在进行第二轮发言前，律师应听清公诉人的答辩意见，并依照答辩意见的观点有针对性地再次反驳。对于第一轮辩论中已经明确的观点不应重复。

（7）就事论事不表演。法庭辩论应围绕案件本身展开。律师的发言应当就事论事，不脱离案件进行天马行空的表演。

（三）辩论中的注意事项

法庭辩论中，还应当注意以下事项：

（1）辩论的目的在于追求好的判决结果，而非庭审效果。因此，律师的一切言行应当以有利案件处理为前提。

（2）禁止对办案人员进行粗暴攻击，使用煽动性甚至侮辱性语言评价他人。

（3）合理使用程序辩护。保障当事人的程序权利是律师辩护的应有之义，对于可能影响案件公正审判的程序问题，应当大力辩护。对于细枝末节的问题，应当掌握尺度，切忌过于纠结而影响整个庭审进程。

（4）掌握合理的无罪辩护界限。无罪判决是每位律师追求的结果，但只有符合条件时，律师才能进行无罪辩护。

（5）只需反驳指控，无须论证其他。律师的职责是进行无罪或罪轻辩护。因此，当律师认为当事人不构成所指控之罪而构成其他轻罪时，律师应进行无罪辩护，在庭审中律师只需要反驳指控罪名，无须论证构成何罪。

（四）辩论中的禁止行为

法庭辩论中，禁止出现以下行为：

（1）禁止攻击国家的基本制度、政治体制；

（2）禁止恶意侮辱、诽谤他人，更不能亵渎宗教；

（3）禁止攻击法庭，扰乱法庭秩序。

第四节　刑事诉讼辩护的技能训练

【刑事模拟法庭案例】

一、被告人的基本情况[①]

被告人张×发（曾用名张×利），男，1992年5月16日出生，出生地山西省，回族，小学文化，农民，身份证号码：142××××××××××××，户籍所在地：山西省××市××县××乡××洼××号。因涉嫌犯绑架罪于2012年8月26日被羁押，同年10月1日被逮捕，现羁押于××市××县看守所。

---

① 本案例根据首届全国大学生模拟法庭竞赛小组赛赛题改编。

二、基本案情

杨×双系博宇公司的总经理,其雇用被告人张×发等人冒充××电视购物质量管理局、手机售后服务中心等公司的工作人员,通过拨打私人电话,且编造免费调换手机需要收取保证金、邮寄银行卡、支票退款等方式,骗取他人钱财。为了保证盈利,杨×双通过非法手段从别处购买了几千余条客户信息。2012年8月23日20时许,杨×双(另案处理)因对沈×鹏私自拷贝其经营的博宇公司的客户信息1000余条并予以出售不满,遂纠集被告人张×发及张×在等人(均另案处理),在山西省××市××区×××苑×区×号×××室沈×鹏暂住处,强行将沈×鹏带至××市××县××街××号张×发暂住处、××市××县××大酒店×××室,限制沈×鹏人身自由,要求沈×鹏退回私自拷贝的客户信息并赔偿损失。后沈×鹏的家属向杨×双提供的银行账户内汇款人民币3万元。其间,沈×鹏遭到殴打,经鉴定,沈×鹏构成轻伤。2012年8月26日1时许,被告人张×发等人被抓获。

三、证据清单

序号	名称	件数	页数	备注
1	被告人张×发的供述与辩解	4	1	
2	被害人沈×鹏的陈述	3	2	
3	证人杨×双的证人证言	1	1	
4	证人张×在的证人证言	1	1	
5	证人魏×华的证人证言	1	1	
6	证人贾×海的证人证言	1	1	
7	证人贾×峰的证人证言	1	1	
8	证人冯×的证人证言	1	1	
9	证人乔×的证人证言	1	1	
10	证人王×的证人证言	1	1	
11	证人樊×爱的证人证言	1	1	
12	证人李×围的证人证言	1	1	
13	证人敖×河的证人证言	1	1	
14	证人王×龙的证人证言	1	1	
15	接报案及到案经过	1	1	
16	沈×鹏拷贝的博宇公司客户信息(部分)	1	1	
17	沈×鹏母亲王×的汇款证明	2	1	
18	医院诊断证明	1	1	
19	常住人口登记卡	1	1	

注:本清单一式两份,当事人一份,立案存查一份。

提交人:　　　　　　　受理人:　　　　　　　受理时间:

四、证据

(一) 被告人张×发的供述与辩解

被告人张×发于 2012 年 8 月 26 日 10 时、19 时及 27 日、28 日的供述：

2012 年 8 月 23 日 20 时许，公司主管贾×浩找到我和冯×，我们三人打车到山西省××市××县××街我住的地方。进屋后，我看见公司的七八个人把沈×鹏带到屋里面来了。杨×双便问沈×鹏在公司偷了多少客户资料、资料去向及卖了多少钱，沈×鹏一直不交代，杨×双便将沈×鹏关在屋里打沈×鹏，有七八个人看守着。8 月 24 日早晨，我和杨×双等人继续审问沈×鹏，他还是没说清楚，那七八个人又对沈×鹏拳打脚踢。后来，杨×双命令我们将沈×鹏用车拉到××县××乡一个比较偏僻的农家院，沈×鹏不说或者和前面说的不一样，就拳打脚踢，用皮带和钢管打，后来警察把我们给抓了。

签名：张×发
讯问人：民警 曹 ×
王 ×

(二) 被害人沈×鹏的陈述

姓名：沈×鹏

性别：男

民族：汉族

出生日期：1980 年 2 月 17 日

籍贯：山西省

被害人沈×鹏于 2012 年 8 月 27 日 10 时、15 时及 29 日的陈述：

2012 年 8 月 8 日左右，我发现公司的客户信息质量很好，就偷偷拷贝了一份客户信息，大约有 1200 条。我依照客户信息私下给 10 多个客户打了电话，骗他们说只需要收取保证金便可免费调换手机，成功了 2 个，2400 元钱都汇到我哥哥王×生的账户下。后来，我把拷贝下来的客户信息数据都卖给了王×生的老板刘×燕。我和哥哥各得了大约 7000 元的好处费。我所在公司知道此事后非常生气。8 月 23 日，老板杨×双等人便强行把我带到××县××街张×利的暂住地内看管。他们在屋里一边打一边审问我，说已经对公司造成了 20 多万元的损失。我没钱赔偿公司的损失，杨×双他们便叫我给家里打电话，让家里拿钱出来，不然他们就不让我离开，要把我手脚都砍掉。次日 9 点左右，我给我母亲打电话说我偷公司的东西被人抓住了，对方跟我要 3 万元，如果不给钱就要被打断手脚。在当天下午两三点钟时，我母亲向杨×双提供的工商银行卡上汇了 3 万元。后来，杨×双他们没放我走，提出让我把客户信息要回来还要再赔2万元。我只好又和家里联系要钱，后来警察来了，我就被解救出来了。

签名：沈×鹏

询问人：民警　曹　×

　　　　　　　王　×

(三) 杨×双的证人证言

姓名：杨×双（系博宇公司总经理）

性别：男

出生日期：1965年7月21日

民族：汉族

籍贯：山西省

2012年8月初，我听说公司的客户资料是被已辞职的员工沈×鹏泄露的。我就电话约沈×鹏谈谈这件事，一直遭到沈×鹏拒绝。8月23日晚上，我带着我公司的一些人找到沈×鹏并把他强行拉到了张×利的住处，把沈×鹏打了一顿。沈×鹏承认窃取客户资料，并将资料卖给了他哥王×生和刘×燕。8月24日，王×生和刘×燕不给钱也不接电话，我们一生气又打了沈×鹏。后来沈×鹏给他母亲打电话，陆续汇来了3万元，但这部分钱和公司损失相比相差太远，所以没放沈×鹏走。8月25日，张×利说房子到期了，我们便押着沈×鹏换到××县××乡的一处农家院。晚上睡觉的时候警察把我们抓住。

签名：杨×双

询问人：民警　曹　×

　　　　　　　王　×

2012年8月26日

(四) 张×在的证人证言：

姓名：张×在（系博宇公司员工）

性别：男

出生日期：1981年8月24日

民族：满族

籍贯：安徽省

2012年8月初，听杨×双说沈×鹏偷了公司的客户资料卖钱。8月23日18时，我们抓住了沈×鹏并强行带到张×利在××县××街的住地，大家动手打了沈×鹏。沈×鹏偷公司的信息及骗客户的钱加起来大约有20万元，沈×鹏同意赔偿5万元。24日中午，陆续汇到3万元，沈×鹏说家里没钱了。

我们在××县住了两天。25日，我和乔×看好××县××乡的一个农家院，杨×双他们将沈×鹏带到农家院。当晚23时，民警就来了。

签名：张×在

询问人：民警 曹 ×

王 ×

2012年8月26日

（五）魏×华的证人证言

姓名：魏×华（系博宇公司员工）

性别：男

出生日期：1988年9月21日

民族：汉族

籍贯：山西省

2012年8月23日20时许，我们老板说沈×鹏盗取公司客户信息，让我和张×在、张×发、冯×、贾×峰、乔×这些人把沈×鹏带到××市××县××街张×发暂住的地方，后来又带去了××乡一个农家院，我们把他关在屋子里面，跟他说他想出来就砍断他的腿。后来沈×鹏一直想逃走，我们就打了他一顿。后来沈×鹏承认把资料卖给了他哥王×生和刘×燕。杨×双给他们打电话让他们赔钱，但是王×生和刘×燕不接电话。8月25日21时30分许，警察来把我们抓走了。除了乔×和两个女的没打沈×鹏，其他人都打了。

签名：魏×华

询问人：民警 曹 ×

王 ×

2012年8月26日

（六）贾×海的证人证言

姓名：贾×海（系博宇公司员工）

性别：男

出生日期：1975年8月11日

民族：汉族

籍贯：河南省

2012年8月24日下班时，贾×峰让我们几个人打车到××乡一个农家院，进去后看到老板杨×双、张×在等人都在那个农家院里，还有一个男的蹲在墙角。我和贾×峰主要负责看着那个男的。25日，老板让我们看着的那个男的给家里打电话要钱。因为没要来钱他们便打了那个男的。后来不知道谁报警了，警察来把我们带走了。

签名：贾×海

询问人：民警 曹 ×

王 ×

2012 年 8 月 27 日

（七）贾×峰的证人证言

姓名：贾×峰（系博宇公司员工）

性别：男

出生日期：1989 年 3 月 12 日

民族：回族

籍贯：山西省

2012 年 8 月 23 日晚上 7 点多，贾×浩把我、贾×海、张×在、乔×叫到一起说骗老板钱的人找到了。我、贾×海、张×在、乔×便打车到了一个院子，看到有个男人蹲在院子里。第二天，老板让那个男人给家里人打电话要钱，不过好像是事情没谈成，老板就让我们几个打了他。8 月 25 日 22 时左右，我和乔×还有一些人一起来到××的一个宾馆。过了差不多一小时，警察过来把我们都带走了。

签名：贾×峰

询问人：民警 曹 ×

王 ×

2012 年 8 月 26 日

（八）冯×的证人证言

姓名：冯×（系博宇公司员工）

性别：男

出生日期：1979 年 8 月 21 日

民族：汉族

籍贯：浙江省

大约是 2012 年 8 月 20 多号的一天，我和同事贾×浩、张×利打车一起到了××市××县××街张×利的住处，进屋后，看到我公司的老板和偷公司客户资料的沈×鹏都在，还有一个男的我不认识。公司老板让沈×鹏给家里打电话问钱是否筹好，不过事情好像是没谈妥，老板就用铁皮棍子打了沈×鹏的后背，之后他们几个人也动手打了沈×鹏。打完后，我们又打车来到××乡山里的一个农家院。老板听沈×鹏说家里钱还没有到位就又火了，我们就继续打沈

×鹏。后来警察来了,我们就被警察抓住了。

签名:冯　×

询问人:民警　曹　×

　　　　　　王　×

2012 年 8 月 27 日

(九)乔×的证人证言

姓名:乔×(系博宇公司职员)

性别:男

出生日期:1988 年 4 月 22 日

民族:汉族

籍贯:山西省

2012 年 8 月 23 日下班的时候,我、贾×峰、郭×慧、张×蕊、张×阳和贾×海一起来到××市××县××街。到房屋内,我看到贾×浩用腰带抽打沈×鹏的后背。8 月 25 日 15 时左右,我们开车到了××市的一处农家院,一个多小时后,老板、贾×浩带着沈×鹏也来了,他们后来又打了沈×鹏一顿。等到晚上,我们都快睡着的时候警察进来把我们都抓了。

签名:乔　×

询问人:民警　曹　×

　　　　　　王　×

2012 年 8 月 26 日

(十)王×的证人证言

姓名:王×(系沈×鹏的母亲)

性别:女

出生日期:1968 年 7 月 18 日

民族:汉族

籍贯:山西省

2012 年 8 月 24 日 8 时许,我接到儿子沈×鹏来电说别人打他,让快点汇 3 万块钱过去,钱汇了他们就放人。我怕儿子出事,就按他口述的银行账号把 3 万块钱给汇过去了。第二天,儿子打电话来说对方又提出再要 2 万块钱,我觉得事情没那么简单,就报案了。

签名:王　×

询问人:民警　曹　×

　　　　　　王　×

2012 年 8 月 26 日

（十一）樊×爱的证人证言

姓名：樊×爱（系沈×鹏的女朋友）

性别：女

出生日期：1985年9月23日

民族：汉族

籍贯：山西省

我和沈×鹏住在同一个地方，我是他女朋友。2012年8月23日傍晚的时候，我在我们住处等沈×鹏回来，听见楼下在喊："我是沈×鹏，快报警。"当时我挺担心的，就马下跑下楼去看看，当时沈×鹏坐在地上，身上有伤，有人向他要钱还对他拳打脚踢的，我就跑过去问他们干什么。向沈×鹏要钱的人里面有一个人我认识，叫贾×浩，是沈×鹏公司的一个负责人，后来他们说要沈×鹏把事情跟他们说清楚，就把他带走了，我拦也拦不住。2012年8月24日4时许，沈×鹏给我打过电话，说他在张×利住处，对方要3万元才放他。我说我筹不出那么多钱，要他给家里打电话问问。

签名：樊×爱

询问人：民警　曹　×

　　　　　　　王　×

2012年8月27日

（十二）李×围的证人证言

姓名：李×围（系沈×鹏同一小区居民）

性别：男

出生日期：1981年9月23日

民族：汉族

籍贯：山西省

2012年8月23日20时许，我在回家的路上看见四五个男人在打一个人。当时天已经黑了，我也没看清楚他们的相貌，后来他们就把那人弄上车开走了，我觉得事情不对劲，就报警了。

签名：李×围

询问人：民警　曹　×

　　　　　　　王　×

2012年8月27日

（十三）敖×河的证人证言

姓名：敖×河（系山西省××市××县××汽车出租有限公司出租车司

机)

性别：男

出生日期：1981年6月19日

民族：汉族

籍贯：山西省

2012年8月20多号，有几名20多岁的男子拦下了我的车，上车后他们说要去××县××街××小区，我当时在车上听见他们讨论了欠钱的事，态度还挺不好的，我在开车，也没好多问，到了地方，他们就下车了。

签名：敖×河

询问人：民警 曹 ×

王 ×

2012年8月27日

（十四）王×龙的证人证言

姓名：王×龙（系山西省××市××县××大酒店大堂经理）

性别：男

出生日期：1987年3月26日

民族：汉族

籍贯：山西省

2012年8月25日晚上12点左右，我看到有十几个人进了酒店，其中有两个女的，到了以后入住了我们阳光大酒店301、302号房间，过了不久警察来了，说是抓着几个人，他们就都被带走了。

签名：王×龙

询问人：民警 曹 ×

王 ×

2012年8月27日

（十五）接报案及到案经过

2012年8月23日20时54分，派出所接李×围110报警称：其在××区×××苑附近看见4、5名男子打一男子。民警赶到时，施暴者与受害者均已不在现场。

2012年8月24日20时许，派出所接王×110报警称：其子沈×鹏打电话称自己被别人控制并遭到殴打，对方索要人民币3万元。接警后，民警迅速出警，展开调查。

经过民警侦查锁定，2012年8月26日1时30分许，在××市××县××大酒店内将杨×双、贾×峰、张×在、乔×、郭×慧、张×蕊抓获，并传唤到××县××派出所接受讯问调查。同时于2012年8月26日1时许，在××市××县××宾馆门口将魏×华、贾×海、张×发、冯×抓获，传唤到××县××派出所接受讯问调查。

××县××派出所
2012年8月26日

（十六）沈×鹏拷贝的博宇公司客户信息（部分）

	2011
博宇公司 客户信息表	绝密

潜在/关键人物信息表				
姓名	性别	年龄	联系方式（手机或邮箱）	职业
方×	女	38	132××××424	护士
冷×	女	42	137××××490	护士
诸葛×婷	女	47	139××××452	护士
万×	男	25	139××××821	理发师
张×蓉	女	32	187××××483	服务员
贾×	女	27	188××××877	公务员
李×轩	女	21	189××××375	服务员
冯×浩	男	18	9228××××@qq.com	学生
郭×科	男	34	188××××934	工程师
李×	女	37	132××××928	教师
赵×文	女	30	2839×××××@126.com	心理医生
张×锋	男	55	188××××331	公司主任
李×书	女	28	132××××862	会计
李×	女	36	139××××924	会计
古×旋	女	31	187××××947	教师
李×格	女	28	187××××591	教师
韦×	女	23	5918××××@qq.com	理发师
黄×	男	33	137××××973	服装设计师
徐×	女	33	188××××973	歌手
周×	女	31	139××××941	工人
谢×	女	33	134××××356	汽车驾驶员
叶×珊	女	45	187××××987	银行工作人员
邱×	女	52	139××××839	导游
江×青	男	42	139××××631	药剂师
戴×	男	38	188××××824	服务员
吴×宏	男	40	188××××936	播音员
郑×佳	女	51	188××××395	房管员
平×	女	48	139××××947	打字员
邓×	女	48	132××××730	厨师
蒋×	女	37	157××××987	美容员
丁×杰	男	42	189××××278	工人
李×晓	女	22	157××××783	审计员
吴×琪	女	20	188××××347	税收专管人员

(十七) 沈×鹏母亲王×的汇款证明

中国农业银行山东省分行
卡卡转账

转出方账号：62284803002032****7

转账金额：CNY 20000.00

手续费：0.00 元

转入方账号：62284818221389****2

转入方姓名：杨×双

您的交易已成功，感谢使用！

2012-08-24　　13：29：48

中国农业银行山东省分行
卡卡转账

转出方账号：62284803002032****7

转账金额：CNY 10000.00

手续费：0.00 元

转入方账号：62284818221389****2

转入方姓名：杨×双

您的交易已成功，感谢使用！

2012-08-24　　13：33：57

(十八) 诊断证明及鉴定结论

××县人民医院

诊断证明书

单位　××县公安局

姓名　沈×鹏　性别　男　年龄　32　门诊病历号　63××××××

提要病情：多处软组织损伤，胸背、双上肢多处皮肤擦伤。

临床诊断：患者告受到枪烈钝力导致多处擦伤，软组织损伤，轻度挫伤，所受损伤程度符合轻伤。

诊疗建议及病人应注意事项：

20 12 年 8 月 26 日　　外科　　　主任医师　孟×　主任医师

1. 本诊断证明书只对指定部门有效。
2. 用于转院时，只对该院有效，对该院的分支机构（分院、联合医院、协作单位等）无效。

(十九) 常住人口登记卡

姓　名	张×发	户主或与户主关系	户主
曾用名	张×利	性　别	男
出生地	山西省××市	民　族	汉
籍　贯	山西省××市	出生日期	1992年5月16日
本市（县）其他住址		宗教信仰	
公民身份证件编号	××××××××××××	身高		血型	
文化程度	小学	婚姻状况	未婚	兵役状况	
服务处所			职业	
何时由何地迁来本市（县）				
何时由何地迁来本址				
承办人盖章：户籍民警章		登记日期：2008 年 8 月 21 日			

【要求】

请依上述材料开展模拟刑事法庭训练（包括全程及阶段训练）。

第九章 民事诉讼代理的理论与技巧

第一节 民事诉讼概述

一、民事诉讼的概念

民事诉讼是指平等主体的公民、法人、其他组织之间因财产关系或人身关系发生纠纷，由法院、当事人和其他诉讼参与人在案件审理过程中所进行的各种诉讼活动，以及由这些活动所产生的各种诉讼关系的总和。民事诉讼是最为常见的诉讼活动，也是律师代理案件的主要类型。《民事诉讼法》是当事人进行民事诉讼的基本法律依据。现行《民事诉讼法》于1991年4月9日第七届全国人民代表大会第四次会议通过，此后，分别于2007年10月、2012年8月、2017年6月、2021年12月进行了四次修正，现在施行的是于2021年12月24日由第十三届全国人民代表大会常务委员会第三十二次会议决定第四次进行修改后开始实施的《民事诉讼法》，于2022年1月1日起实施。

二、民事诉讼的特点

民事诉讼作为通过法院审理和解决民事纠纷的专门活动，与行政诉讼和刑事诉讼相比具有自身的显著特点。

（1）民事诉讼对象的特定性。民事诉讼解决的是平等主体的公民、法人、其他组织之间因民事权利义务关系而发生的争议。首先，民事诉讼不解决非平等主体之间发生的争议，如行政管理机关与被管理单位或个人之间的纠纷通过行政复议或行政诉讼解决。其次，民事诉讼不解决民事主体间的非民事权利义务争议，如道德上的争议、科学上的争议等，由于并不形成民事权利义务，不能成为民事诉讼调整的对象。

（2）民事诉讼当事人诉讼对抗的平等性和地位的互换性。民事诉讼当事人在实体上和程序上的地位都是平等的，诉讼对抗也是平等的。一般而言，民事诉讼中当事人的举证权利义务是平等的，贯彻"谁主张，谁举证"的原则，除非是特殊的举证责任倒置案件，如环境污染侵权、地面施工侵权等，法律明确规定由侵害人对自己没有侵权行为或者没有过错进行举证；但行政诉讼和刑事诉讼中，由于行政相对人和刑事被告人处于弱势的地位，因而法律往往赋予行政机关和公诉机关更多的举证义务。再有，民事诉讼中，作为被告一方可以向原告提出反诉，但在行政诉讼和刑事诉讼中的被告方都不可能向原告或者公诉人提出反诉。

（3）民事诉讼中当事人处分权利的自由性。由于民事诉讼解决的是民事主体间的争议，根据民事主体可以自由处分其权利的基本精神，民事诉讼中当事人可以自由处分其程序上的权利和实体上的权利，因而民事诉讼中形成了自己特有的纠纷解决机制，如和解和调解制度。这对刑事诉讼而言显然是不适用的，而行政诉讼一般也不适用调解的方式解决。

三、民事诉讼的程序

现行《民事诉讼法》规定的程序类型包括审判程序和执行程序，其中审判程序具体又包括第一审普通程序、简易程序、第二审程序、特别程序、审判监督程序、督促程序和公示催告程序。普通程序是人民法院审理第一审民事案件通常适用的审判程序。它是第一审程序最基本的程序，也是民事审判程序中最完整的、最具独立性和使用最广泛的诉讼程序。它不仅适用于人民法院审理第一审普通案件，同时还适用其他诉讼及非诉讼程序，其他诉讼及非诉讼程序有特别规定的除外。第一审普通程序包括起诉与受理、开庭审理前的准备、开庭审理、评议与宣判等阶段。

第二节 民事诉讼代理的业务流程

一、接受当事人委托

律师要代理当事人进行民事诉讼，首先要获得当事人的委托，在这个阶段，律师的主要工作包括：

（1）做好当事人的接待工作。内容详见本书第三章"接待（会见）当事人"。

（2）了解案件基本情况。律师接受当事人委托代理民事诉讼案件，首先应当了解清楚当事人的争议问题和相关案件事实，了解案件是否已经进入诉讼程序。对于当事人尚未起诉的，应当审查案件是否满足《民事诉讼法》的要求。对于不具备起诉条件的案件，可以建议当事人采取适当的方式处理。

(3) 签订委托合同。在了解案件情况后，律师决定代理的，应当与当事人签订委托合同。告知委托人如何出具授权委托书，明确哪些委托代理的权限。授权委托书应当一式三份，委托人保留一份，委托人提交人民法院一份，律师事务所保留一份。

在签订委托合同前，应当告知当事人可能的诉讼风险，如申请评估、鉴定的风险，申请法院调查收集证据的风险，无正当理由不按时出庭或中途退出法庭的风险，一方没有财产的诉讼风险或无足够财产提供执行等执行风险。

二、做好起诉前的工作

在理论上讲，"民事诉讼代理"应该是发生在民事案件已经进入诉讼程序后发生的。但在实践中，当事人往往在发生民事纠纷之后就开始寻求律师的专业帮助，而且律师也很乐意将民事诉讼代理业务延伸到民事纠纷案件立案之前，一方面这有利于律师业务的拓展；另一方面，对代理律师而言，从民事案件准备起诉阶段就开始代理工作，将更有利于律师制订完备的诉讼方案，实施有效的诉讼策略，提高民事诉讼的胜诉概率。所以，在实务中，律师提前在民事案件受理前介入民事案件的代理几乎已成常态。以下就对律师如何做好"起诉前的准备"工作进行介绍。

（一）了解案件的基本情况

案件的基本情况包括但不限于当事人的基本信息、法律关系存在及存在状况的事实，以及法律关系发生争议的事实等。在这个阶段，律师主要是通过与当事人的交流沟通获取有关案件基本情况的信息。鉴于如何通过当事人了解案件基本情况的相关内容已在第三章"接待（会见）当事人"中进行了详细介绍，在此不再重复。

（二）进行证据收集和证据整理

关于证据的调查收集，本书第五章"事实调查的理论与技巧"中已有详细介绍，不作赘述，下面仅介绍证据整理的相关内容。

这里所讲的"证据整理"主要是指对已收集的证据材料进行分析、归类、编制证据清单，以确定哪些证据需要提交以及如何向法院提交的过程和活动。

律师和当事人尽管都是带着一定的目的展开证据的收集工作的，但是，为了确保证明责任的实现，律师和当事人必须要收集充分的证据（也可说是收集数量相当多的证据材料）。因此，在准备起诉阶段，律师都会要求当事人不要有针对性的选择而是广泛地提供证据材料，同时开展深入、细致、全面的证据调查收集工作。

正因为如此，这些证据材料往往是零碎的、真伪不明的，甚至是相互矛盾的，在向法院提交之前，律师和当事人必须对这些证据材料进行分析整理工作。既要对证据逐项分析，辨明真伪"证据"；也要将证据联系起来分析，消除彼此之间的矛盾；最后才能结合全案进行分析，确定是否已经形成证据链，达到证明标准。如果需要补充相关证据，律师和当事人还必须积极开展证据的调查收集。某些属于当事人和诉讼代理人因客观原因无法收集的证据，应当及时向人民法院申请调查。

通过分析整理，确定要作为起诉依据向人民法院提交的证据材料后，律师还应当根据证明的需要编制"证据清单"，明确证据的类型及证明的内容等，以便庭审中当事人的举证、质证和法庭的认证。

（三）选择纠纷解决方式

随着我国民事司法制度改革的不断推进，多元化的民事纠纷解决机制得到了确认、加强和完善，"有事找法院"已经不是必需的选择，和解、调解、仲裁和诉讼都可以成为当事人在考虑纠纷解决策略时的选项。因此，律师在接受代理以后，应当结合案情，通过与当事人对各种纠纷解决方式的利弊分析和比较，帮助当事人选择最有利于纠纷解决，能使当事人利益最大化的纠纷解决方式。

（四）制定诉讼策略

当事人确定采用诉讼的方式解决争议后，律师就应当为当事人进行民事诉讼做好策略应对和工作安排。在制定诉讼策略时，我们不仅要重视诉讼成本与效率、诉讼团队的构成，选择提起诉讼的时机，了解对方在纠纷处理问题上的意愿，尤为重要的是要准确选择最适当的诉讼请求。因为，诉讼请求一旦确立，争议的民事法律关系就已经明确，诉讼主体和管辖法院也就容易确定了。不仅如此，诉讼请求还直接影响证明责任及其分担，决定当事人进行诉讼的最终结果。

示例

A公司因为需要支付办公场地的租金而向B公司签发了一张金额为50万元人民币，付款期限为三个月的远期商业汇票。付款期限届至，B公司向付款银行请求付款，遭到了银行拒付，在银行出具的拒付通知书上载明拒付理由为"存款不足"。之后，B公司所属的集团公司对旗下的业务进行重组，将公司名下的所有物业都归属于C公司经营，因此，B公司就将该租赁业务移交给了C公司。C公司向A公司催款未果后，就委托某律师事务所的律师通过诉讼解决该项争议。律师接受委托后，选择了以票据诉讼提起了起诉，其诉讼请求为

"请求法院判令被告支付票面金额 50 万元",原告为 C 公司。一审法院审理后认为原告的主体不适格,C 公司并不是票据权利人,因而驳回了原告的诉讼请求。原告不服,向上级法院提起了上诉。二审法院审理后确认一审法院的判决事实清楚,适用法律正确,因此驳回了上诉人的上诉。案件终审后,该纠纷已经过了三年,C 公司对该 50 万元债权已丧失司法保障的机会,能否追回该款也就无从而知。

在此案中,C 公司有两种选择:一是按照租赁合同主张合同债权,二是按照票据关系主张票据债权。承办律师选择了票据诉讼,而且是在 B 公司未背书转让给 C 公司的情况下,该承办律师的此项选择一经作出,在一定程度上就注定了原告败诉的结果。因为,票据是一种文义证券,其权利只能依据票据的文义记载来主张。在票据关系中的票据权利人,只能是在票据上被记载为"收款人"及"被背书人"的最后持票人。由于该票据未经 B 公司背书转让给 C 公司,C 公司自然也就不是在票据上被记载为"被背书人"的最后持票人,C 公司并不享有票据权利。

由此可见,准确确定诉讼请求是在制定诉讼策略中至为关键的一个环节,必须引起高度的重视。同时,在强调确定诉讼请求要"准确"的同时,我们还应当注意提出的诉讼请求应该是"最适当"的。因为,尽管当事人肯定会关注起诉状上的诉讼请求乃至于判决书上的数字,但是,更多的当事人可能会更在乎能够实现、成为现实权利的"诉讼请求"。故此,律师往往都会把当事人利益的最大化(而不是最大)作为民事诉讼代理的目标。

(五)准备诉讼材料

根据《民事诉讼法》,当事人起诉应当提交起诉状,并根据被告人数提供起诉状副本。起诉状应当记明下列事项:(1)原告的姓名、性别、年龄、民族、职业、工作单位、住所、联系方式,法人或者其他组织的名称、住所和法定代表人或者主要负责人的姓名、职务、联系方式;(2)被告的姓名、性别、工作单位、住所等信息,法人或者其他组织的名称、住所等信息;(3)诉讼请求和所根据的事实与理由;(4)证据和证据来源、证人姓名和住所。

由此可见,律师和当事人向人民法院提起诉讼需要准备的诉讼材料主要是诉状和所依据的证据。诉状通常是由接受委托的律师代书并经当事人签字确认;证据材料应当按照证据清单上的顺序整理完整。

(六)向法院提起诉讼

这里的"向法院提起诉讼"就是当事人或经当事人授权的律师(代理人)

向法院递交起诉状及相关诉讼材料的过程。根据《民事诉讼法》的规定，当事人起诉应当向法院提交起诉状（正本）及相关的证据材料，并根据被告人数提供起诉状副本及相关的证据材料。

三、开庭审理前的工作

在庭审前，律师应当做的准备工作包括：

（一）阅卷、调查取证

如果律师接受委托的是已经为人民法院受理的案件，那么，律师就应当及时到法院查阅案件的相关材料，包括原告的起诉状、被告的答辩状、双方的举证材料及证据清单，以及法院调查或鉴定而来的证据等。如果当事人有案件的相关材料，也可以直接从当事人处获取。

通过阅卷和与当事人会晤、交谈后，如果认为证明案件事实或反驳对方主张的证据材料还不够充分，律师就必须及时对相关证据材料进行调查收集，并在举证时限内向人民法院提供。

当事人及其诉讼代理人因客观原因不能自行收集的证据，可以申请人民法院调查取证。对于申请人民法院调查取证的，要注意在举证期限届满前提交书面申请。申请书应当载明被调查人的姓名或者单位名称、住所地等基本情况，所要调查收集的证据名称或者内容，需要由人民法院调查收集证据的原因及其要证明的事实以及明确的线索。

（二）提出管辖权异议、反诉或答辩

如果律师接受被告的委托担任其诉讼代理人，就应当针对原告的起诉，做好提出管辖权异议、反诉或答辩等工作。

1. 提起管辖权异议

《民事诉讼法》第130条规定，人民法院受理案件后，当事人有管辖权异议的，应当在提交答辩状期间提出。

管辖法院对当事人来说首先影响到案件诉讼的成本，在异地诉讼产生的差旅费、取证费等成本相对较高，能否通过诉讼得到支持存在不确定性；其次，可能影响案件诉讼的结果，比如有的地方法院可能存在一定的地方保护主义倾向，对异地诉讼的当事人不利。因此，针对被诉的案件，代理律师首先应当认真审查是否存在受诉法院确实不具有管辖权的问题，如果受诉法院确实没有管辖权，且可能影响当事人的权利，就应当及时提出管辖权异议，并附相关证据材料和规定的条文。但如果受诉法院是有管辖权的，不要基于所谓的"诉讼策略"提管辖权异议，因为滥用管辖权异议不仅不能使当事人的利益得到保护，而且还可能面临高额处罚。

2. 反诉

在已经开始的民事诉讼程序中，被告针对原告提出的与本诉有牵连的诉讼请求，旨在通过反诉，抵消或者吞并本诉的诉讼请求，或者使本诉的诉讼请求失去意义。法院会将本诉与反诉合并审理，提高诉讼效率，也防止分别审理而造成裁判矛盾。

考虑是否提出反诉，首先要注意本诉和反诉之间的牵连性，根据《最高人民法院关于适用〈中华人民共和国民事诉讼法〉的解释》的规定，被告提起反诉需要满足以下要求：（1）反诉的当事人应当限于本诉当事人的范围；（2）本诉与反诉的诉讼请求基于相同法律关系、诉讼请求之间具有因果关系；（3）应当在一审法庭辩论终结前提出。

此外，律师代为提起反诉须得到特别授权，反诉的提出需要提供符合起诉条件的相应证据，反诉本质上是一个独立的诉，反诉中的当事人享有与本诉中当事人同等的诉讼权利，负有同等的诉讼义务，提起反诉后将会重新确定举证期限。

3. 答辩

根据《民事诉讼法》第128条的规定，人民法院应当在立案之日起5日内将起诉书副本发送被告，被告应当在收到之日起15日内提出答辩状，阐述自己的答辩理由。答辩状应当记明被告的姓名、性别、年龄、民族、职业、工作单位、住所、联系方式；法人或者其他组织的名称、住所和法定代表人或者主要负责人的姓名、职务、联系方式。法院应当在收到答辩状之日起5日内将答辩状副本发送原告。被告不提出答辩状的，不影响人民法院审理。

被告答辩应当充分研究原告的起诉状，通过对起诉状的研究理出答辩的基本思路，确定主张驳回起诉或是驳回诉讼请求，在答辩状中须简明扼要地阐明基本观点，清晰明了地让法官明白被告对原告诉讼请求的态度，如果观点模糊或者故意保留，在后面的审判中恐有不利。

（三）行使相关诉讼权利或做好行使准备

在民事诉讼中，当事人的诉讼权利范围比较广泛。庭审之前，律师或诊所学员应当提醒当事人及时行使或做好是否行使以下权利的准备：

（1）申请回避。《民事诉讼法》第47条规定了审判人员、书记员、翻译人员、鉴定人、勘验人等应当回避的情形。为维护当事人的合法权益，应当提醒当事人了解上述人员名单，做好是否申请回避的准备。

（2）申请鉴定。在当事人对一些事实或证据材料持疑议的情况下，考虑是否申请法院对这些材料相关专门性问题进行鉴定。

（3）申请法院调查相关证据材料。对于当事人因客观原因不能自行收集的证据，可以申请人民法院进行调查收集。

（4）申请证人出庭。对于需要出庭作证的证人，可以向人民法院提出申请，由人民法院向证人送达出庭作证通知书。

（四）做好出庭准备工作

1. 分析整理己方证据，制定庭审举证策略

诉讼过程是通过原被告双方举证质证来还原案件事实，相应的诉讼请求也需要相应的证据作为支撑。因此，开庭前证据收集与梳理工作至关重要，并非收集到的所有材料都作为证据提交法庭，对方已认同事实的证据可以不用，与其他材料不相协调的证据也应当舍弃，律师决定提交的证据必须足以证明自己的主张，且证据与证据之间能够互相印证，形成一个完整的证据链。同时，在庭审过程中举证的顺序与策略也非常重要，需要根据己方当事人诉求以及对方当事人证据出示情况作出合理研判，制定科学灵活的举证策略，将收集到证据的效用在庭审过程中发挥至最大。

2. 分析研究对方证据，确定庭审质证对策

除了对己方证据的收集和整理之外，对于对方可能提出的证据应当作出合理的预判，从对方可能提出的证据的真实性、关联性和合法性出发，考虑证据的证明力的有无与大小，研判己方证据是否足以应对，确定庭审的质证对策。

3. 准确研判案件，做好开庭审理的策略安排

律师在开庭前应当起草庭审方案，在庭审方案中，首先，列出案件可能的争议焦点，起草质证要点、提问提纲和辩论要点；其次，列出案件中已经出现的对当事人不利的材料和因素，准备好应对措施；最后，思考庭审中可能出现的对当事人不利的其他情形，做好应对准备。

针对案件的具体情况，还要考虑是否与对方和解或接受法院调解。对于当事人证据不是非常充分的情况，应事先跟当事人说明案件可能的审判结果，并提出和解和接受调解的方案。

4. 慎重对待庭前会议和证据交换

不是所有的民事案件法官都会组织庭前会议，针对案件比较复杂、证据证人比较多的民事诉讼，组织召开庭前会议的情况较为常见。通过庭前会议，法官可以事先了解案件的情况，与当事人交流意见和建议。用好庭前会议，还可以提高法庭的审理效率和质量，减少争议。

在庭前会议中，一般包括以下内容：第一，明确原告的诉讼请求和被告的答辩意见；第二，审查处理当事人增加、变更诉讼请求的申请和提出的反诉，以及第三人提出的与本案有关的诉讼请求；第三，了解当事人是否需要采取证据保全、鉴定、调查取证等，以便做好准备；第四，对于证据较多、比较复杂

的，在庭前会议中还要组织庭前证据交换；第五，对当事人争议的焦点进行概括，并安排庭前调解等。

对律师而言，法官组织召开庭前会议时，若准备充分，对后面的庭审将有很大帮助。首先，可以通过会上交流情况，进一步明确对方的诉讼请求或者答辩意见，进一步凝练双方争议的焦点，对己方提出的意见和证据进行初步判断，确定是否需要调整或补充；其次，可以根据证据交换的情况，决定是否需要采取证据保全措施，是否需要进一步调查取证或申请鉴定等；最后，可以对是否接受调解作出初步判断，给当事人提出合理的建议。

5. 开庭审理前的其他准备工作

（1）备齐诉讼中需要的相关资料。诉讼中所需的相关资料包括起诉状、证据材料、原告身份证、被告的证明材料，委托他人进行起诉的，应当提交授权委托书复印件、受托人身份证明复印件，并提供原件以备查验。委托律师起诉的，律师应当出具授权委托书和律师事务所的出庭函，律师在开庭前应当提前准备好开庭当天需要出示给法院的律师证原件。如果当事人或者己方证人要出庭或旁听的，律师应事先通知当事人与证人带好身份证明原件。

（2）拟定开庭审理提纲。将收集的证据整理形成证据清单，预估庭审中法官、对方当事人及其代理人可能提出的问题并有针对性地做好准备，形成庭审思路。

（3）起草庭审中的相关法律文书。第一，撰写律师代理词。律师要根据案件情况撰写庭审中的代理词，根据案件具体情况提出代理意见。对庭审中可能出现的情况尽可能考虑周全，做好应变准备。律师需要从事实、法律、程序等方面全面准备代理内容，但需要注意，在庭审中要围绕争议焦点进行调整，不可拘泥于代理词。第二，制作《举证说明》，不仅要标明举证的顺序，还要记载清楚每个证据拟证明的内容，甚至预先设想的反驳对方质疑的基本观点。一份准备充分的《举证说明》是律师在法庭调查阶段的依靠，律师可以据此按部就班、有条不紊地向法庭证明己方的主张。

（4）做好己方出庭人员的角色安排。根据《民事诉讼法》的规定，参加诉讼的人员包括原告及其法定代理人、被告及其法定代理人、诉讼代理人、证人、鉴定人、专家辅助人等。在开庭前，律师应当对出庭人员作好合理规划，确保庭审期间相关人员的出庭井然有序。同时，需慎重考虑是否让己方的证人出庭，如果出庭，应由哪些证人出庭。对于案件事实能够起到关键证明作用的证人，为了说服法官采纳该证人的证言，最好让证人出庭作证。对于有所顾虑的证人，律师和当事人应该尽可能一起做好证人的思想工作，打消其顾虑。另外，如果当事人出席庭审，还应当与当事人做好事先的沟通，协调好庭审中的工作安排。庭审中，应提醒当事人尽量不要做一些没有必要的陈述，以免引起对己方不利的后果。

四、出席庭审并进行代理

（一）开庭准备和开庭宣布阶段

1. 开庭准备

开庭审理前，书记员应当查明当事人和其他诉讼参与人是否到庭，宣布法庭纪律。

书记员负责：（1）请诉讼参加人到庭入座，检查诉讼参加人是否到庭。请诉讼参加人出示身份证件，核对诉讼参加人的身份。如确认有证人、鉴定人、勘验人、检查人、专家出庭的，还应核对其身份后请其退席，等候传唤。核实《当事人诉讼权利义务告知书》《举证通知书》《告知审判庭组成人员通知书》和开庭《传票》及《通知书》以及诉状等诉讼材料的收悉情况。（2）宣布法庭规则和法庭纪律。

2. 审判人员入庭和报告庭审前准备情况

审判人员坐定后，书记员向审判长报告庭审前准备工作情况：（1）双方当事人和诉讼代理人到庭情况；（2）出庭的其他诉讼参与人情况。法庭准备工作就绪，请审判长主持开庭。

3. 审判长宣布开庭、核对当事人

审判长宣布开庭后，核对当事人信息，由当事人或其委托代理人回答。关于代理权限，若委托代理人回答为"一般代理"，审判长会进一步要求委托代理人说明"一般代理"的具体内容，委托代理人需进一步说明；审判长有时会特别询问有没有和解的权利，委托代理人需如实回答。

4. 告知当事人诉讼权利

审判长根据《民事诉讼法》的规定，具体告知当事人所享有的权利。

5. 宣布案名、案由、审理程序

审判长当庭宣布诉讼的案件名称、事由和审理的程序，如果有追加当事人、延长审限等情形的，应一并说明。如果本案系再审案件、合并审理案件的，还应当说明。

6. 宣布审判人员、书记员名单，询问当事人是否申请回避

如果当事人提出回避申请，应当要求其说明理由。当事人提出回避的理由属于法定的回避事由的，法庭不必审查该理由是否成立即宣布休庭。

这是庭审的前奏，也称"庭审预备"阶段，作为代理人只需要按照法定程序和要求回答书记员及审判员提出的问题。

（二）法庭调查

1. 宣布法庭调查

由审判长宣布进行法庭调查，并可对法庭调查顺序予以说明。

2. 当事人陈述

首先，由原告陈述起诉的事实理由和诉讼请求。原告或其代理人一般首先陈述诉讼请求，并陈述具体的事实和理由。然后，由被告方答辩。被告或其代理人具体陈述答辩内容，围绕对方的诉讼请求、事实和理由进行反驳。作为被告代理人，主要是对原告方提出的诉讼请求进行认可或者拒绝，同时说明具体的理由。如果被告需要提出反诉，应当在答辩时提出，并且说明具体的反诉请求和理由。

若有多个被告，审判长会询问被告是否共同答辩，被告或其代理人根据具体情况如实回答。若被告方对原告主张的具体权利有疑问，可以在答辩时要求原告界定，如在一编曲作品纠纷案中，原告主张自己著作权受到侵害，被告在答辩时询问原告具体是著作权中的哪一种权利，然后有针对性地进行答辩。

若案件有第三人存在，审判长会指定第三人进行陈述或答辩。此时，代理人需要注意的是，无论该第三人是有独立请求权的第三人还是无独立请求权的第三人，往往都跟当事人一方具有关联，甚至是站在当事人一方的立场进行诉讼，对于对己方不利的第三人，应保持警觉和谨慎。

3. 归纳小结

审判长对诉讼请求进行归纳，如果当事人陈述的部分事实内容完全一致，经说明后审判长即当庭宣布针对某方面事实，各方当事人陈述一致或均予认可。作为经法庭认定的事实，无须当事人举证、质证。如果当事人对案件事实完全没有或者基本没有争议，且根据当事人陈述即可直接认定全部案件事实的，经合议庭评议确认后，即可宣布法庭调查结束。

在这个过程中，作为代理人应当仔细听取法官表述的内容，一一核对是否与案件真实情况相符，若有出入，应当立即提出异议。

由审判长归纳诉讼争议的焦点，征求当事人意见，并提醒当事人后面的举证、质证应当围绕争议焦点进行。此时作为代理人应当注意法官在处理本案时关注的重点，在后面的庭审环节中紧紧围绕这些重点问题进行举证、质证和辩论。但并非每个法官都会作这种归纳，此时，作为代理人应当按照事先拟定的诉讼策略开展工作，并在后面的庭审环节中逐步摸索法官可能关注的重点。

若有庭审前证据交换的情况，审判人员还会就证据交换的情况作归纳，双方当事人对哪些证据予以认可，哪些不予认可，对于已经认可的证据，法庭不再出示，双方也无须举证质证。代理人也应注意不必重复举证、质证，同时抓住有争议的问题进行举证、质证和辩论。

4. 举证与质证

举证、质证这个环节一般是按照"一举证、一质证"的方式进行。先由原告举证，被告方质证，如果原告提出的证据有多组，则分组进行举证和质证，原告举证、被告质证结束后，再由被告举证、原告质证。需要注意的是，《最高人民法院关于民事诉讼证据的若干规定》第3条规定："在诉讼过程中，一方当事人陈述的于己不利的事实，或者对于己不利的事实明确表示承认的，另一方当事人无须举证证明。在证据交换、询问、调查过程中，或者在起诉状、答辩状、代理词等书面材料中，当事人明确承认于己不利的事实的，适用前款规定。"

首先由原告方或其代理人提出自己的证据，说明证明的对象。被告或其代理人针对原告提出的证据提出质证。质证时，法庭会引导质证当事人首先作出是否认可的意思表示，如不认可，应提出具体的理由。法庭会提醒当事人质证主要是针对证据的真实性以及证据与所证明问题之间的关系发表意见，而非法庭辩论。然后由被告方举证。被告或其代理人提出自己的证据，由原告方进行质证。在质证中，如果质证当事人提出相应的反证的，法庭应当当庭组织举证和质证。在举证和质证过程中，当事人可以申请证人、鉴定人、勘验检查人以及专家等出庭作证。

5. 当事人相互发问

在双方举证质证结束后，法官应征询双方当事人及其代理人是否需要对事实调查部分向对方发问。双方当事人均有权就案件事实调查中的问题相互发问。

6. 法官发问

在双方当事人相互发问后，法官为明确经过事实调查的案件事实，可以向双方当事人进行发问。

7. 终结调查

法庭询问当事人对事实部分没有补充后，宣布法庭调查结束。

在法庭调查阶段，如果存在代理人不能确定的事实问题，应当直接向法庭表明，对这些问题需要与当事人核实。在庭审后及时与当事人沟通，通过书面形式等进行法庭答复。

(三) 法庭辩论

1. 宣布法庭辩论

审判长宣布进入法庭辩论，一般会重申案件的争议焦点，提醒当事人围绕争议焦点进行法庭辩论。法庭还可以强调辩论规则，比如辩论发言应当经法庭许可，注意文明用语，发言内容避免重复等。

法庭辩论的顺序为：（1）原告及其诉讼代理人发言；（2）被告及其诉讼代理人答辩；（3）第三人及其诉讼代理人发言或者答辩；（4）互相辩论。

2. 依次辩论

首先，原告或其代理人发表辩论意见，阐明己方的观点。然后，由被告或其代理人发表辩论意见，阐明己方的观点。若案件涉及第三人的，法庭会指示第三人发表辩论意见。

如果第一轮辩论结束，法庭认为有必要进行第二轮辩论的，可以开始第二轮辩论，但一般会提醒当事人不要重复第一轮辩论中已经发表的辩论意见，法庭也可以限定当事人每次发言的时间。

3. 互相辩论

审判长宣布进入互相辩论阶段。需要注意的是，互相辩论也需要经过法庭许可，一般法官会提示："还有辩论意见吗？"此时当事人或代理人表明有补充意见，然后开始发言。在辩论过程中，法庭可能会总结辩论焦点，并概括双方当事人的基本辩论意见，询问双方当事人对辩论焦点是否有补充辩论意见。

4. 辩论回转

在辩论中如果法庭发现有关案件事实需要进行调查，或者需要对有关证据进行审查的，应当宣布中止法庭辩论，恢复法庭调查。法庭调查结束后，宣布恢复法庭辩论。庭审活动恢复到中止时的阶段，法庭辩论继续进行。

5. 终结辩论

如果当事人没有辩论意见，法庭会宣布辩论结束。

如果我们把民事诉讼中发现真实的过程比喻成拼图的话，那么，法庭调查阶段是一个准备拼图材料的阶段，双方当事人通过举证和质证就是为了让法官确认哪些证据材料能作为拼图的"小方块"。辩论就是要把这些零碎的"小方块"拼凑成一副完整的图。

（四）当事人最后陈述

审判长提示当事人发表最后意见。首先，原告或代理人简明扼要地发表最后陈述意见，实践中，原告的最后陈述一般只简单重申己方诉讼请求。然后，被告或代理人简明扼要地发表最后陈述意见，实践中，被告的最后陈述一般只简单请求驳回原告诉讼请求。如果有第三人，还应当征询第三人的最后陈述意见。

（五）法庭调解

1. 征询意见

根据《民事诉讼法》的规定，对于民事案件，判决前能够调解的，可以进行调解。所以，一般庭审中，法庭都会征询当事人是否调解。在是否调解这个问题上，代理人应当根据事先与当事人商定的结果和条件作出决定。如果庭审中出现了在庭审前未能预见的新情况，明显不适于调解，代理人不应当擅自作出同意调解的决定。若一方不同意调解，则进入休庭、评议、判决阶段；若双方同意调解，则在法庭的主持下进行调解。

2. 组织调解

经确认各方当事人都同意调解，审判长宣布进入法庭调解。

法庭调解的一般程序为：

（1）先由原告方提出调解方案，征询被告的意见。

（2）被告同意原告的调解方案的，法庭予以审查确认；被告拒绝的，则由被告提出新的调解方案，并征询原告的意见。

（3）原告同意被告提出的新的调解方案的，法庭予以审查确认；原告拒绝的，法庭可以再进行调解或者终止调解程序。

（4）当事人各方提出的调解方案均被对方拒绝的，法庭可以提出调解方案，并征询当事人的意见。

对当事人达成的调解协议，法庭经审查确认调解协议内容的合法性和当事人意思表示的真实性后制作调解书。调解书经双方当事人签收后，即具有法律效力。调解成功后，审判长宣布闭庭。

在调解阶段，代理人应当根据事先与当事人商定的条件，不突破当事人预先设置的底线，同时为当事人争取最大的利益。

3. 终结调解

当事人一方或双方不同意调解，或者调解不成的，审判长会宣布法庭调解结束。如果法庭认为有调解的必要和可能的，可以在休庭后进一步组织调解。无须调解或者调解不成的，应当及时评议，作出判决。

（六）休庭、评议、宣判

1. 宣布休庭

鉴于当事人不同意调解（或者调解不成），审判长宣布休庭，同时告知当事人复庭的时间；如果已经决定不当庭宣判的，应当告知宣判的时间或者交代宣判时间另行通知。

2. 法官评议

决定当庭宣判的，应于休庭后立即进行评议；择期宣判的，应在庭审结束后五个工作日内进行评议。

在合议庭评议时，应当对案件性质、认定的事实、适用的法律、是非责任、处理结果等作出结论。评议中如果发现案件事实尚未查清，需要当事人补充证据或者由法院自行调查收集证据的，可以决定延期审理，由审判长在恢复开庭时宣布延期审理的理由和时间，以及当事人提供补充证据的期限。

合议庭评议案件，应当秘密进行，并实行少数服从多数的原则。评议应当制作笔录，由合议庭成员签名。评议中的不同意见，书记员必须如实记入笔录，归档备查。

3. 宣布继续开庭

评议结束，庭审准备就绪，书记员要求全体起立，请审判长、审判员（人民陪审员）入庭，然后继续开庭。

4. 法庭宣判

经合议庭合议能够当庭宣判的，审判长会宣布合议庭合议结果。经询问确认当事人或者其诉讼代理人、代收人同意在指定的期间内到人民法院接受送达的，审判长会宣告：请当事人于某日到某地领取判决书（或裁定书）。无正当理由逾期不来领取的，视为送达。当事人要求邮寄送达的，审判长会宣告：法庭将根据当事人确认的地址邮寄送达。邮件回执上注明的收到或者退回之日即为送达之日。如果不能当庭宣判的，审判长应当宣布另行定期宣判。

5. 宣布闭庭

审判长宣布闭庭，待合议庭成员退庭后，诉讼参加人和旁听人员退庭。

五、庭审后的工作

（一）休庭后的工作

法庭宣布休庭以后，律师首先应当认真阅读法庭记录，仔细查看是否有遗漏或者错误，针对发现的问题，及时申请法庭予以补正。同时，根据法庭的要求，就法庭上出示的证据等，与承办的法官办理交接手续，对于需要补充证据的，应当在法庭指定的期限内及时提交。

（二）判决后的工作

在法院作出判决以后，律师应当及时了解当事人是否收到了裁判文书；收到裁判文书以后，进一步了解当事人对判决结果的态度，是否需要提起上诉或者申请再审等，做好相应的准备工作，同时做好案卷材料归档工作。

第三节　民事诉讼代理的技能演示

一、接待当事人（家属）的技能演示

民事案件接待当事人（或家属）时，主要技能可以概括为以下几个方面：

(一) 倾听和提问

律师或诊所学员在接待当事人时，要了解案件的基本情况，首先要倾听。当事人并非法律专业人士，在诉讼的时候往往将与案件有关甚至无关的细节都表述出来，很多时候还带着主观情绪。此时，律师或诊所学员首先应当有耐心地倾听，对于情绪激动的当事人还需要适度安抚，然后从当事人的表述中，抽取重要信息，对案件的基本情况形成初步印象，便于下一步理清法律关系，但不能仅听当事人诉说就立即对案件作出判断，有时候当事人的表述不乏避重就轻、趋利避害之处。比如，离婚案件的当事人往往会将与法律问题无关的恋爱经过、争吵过程、对方人品问题、对方家庭等都说出来，此时律师或诊所学员要能够从中抽取重要信息。

在接待当事人时，还要善于发问。在倾听当事人表述的过程中，根据对案件形成的初步印象，有针对性地提出当事人没有陈述但可能影响案件结果的相关问题，比如在接待离婚案件的当事人时，围绕婚姻状况本身，可以问是否分居及时间；围绕财产问题，可以问有哪些财产、具体来源等。再如，在接待合同纠纷当事人时，要根据合同的基本类型，问合同的签订地、履行地，是否存在合同约定解除的情形等。

(二) 理清关系

在当事人陈述和提问之后，再根据当事人提供的一些证据材料等，律师或诊所学员要做的一项重要工作就是理清法律关系，其目的主要在于判断后期如果要起诉，起诉的基本案由应当是什么。例如，离婚案件法律关系相对比较简单；有些合同纠纷也比较简单，可以通过合同的名称加以判断；但有的法律关系相对而言就比较复杂，如违约与侵权竞合的案件，此时，律师或诊所学员要根据《民事案件案由规定》形成大致的判断。

(三) 明确诉求

了解案件基本情况，作出基本判断之后，律师或诊所学员应当充分了解当事人的诉求，有的当事人希望通过谈判的方式解决问题，律师或诊所学员的下一步工作就需要做好谈判的准备；有的当事人决定起诉的，律师或诊所学员应当准确把握其诉讼请求。对于当事人的诉讼请求，律师或诊所学员要有基本的判断，一方面要符合法律规定，同时要符合当事人之间的约定。例如，针对合同纠纷，当事人要求解除合同的，首先看是否存在约定解除的情形；如果没有，再看是否存在合同法定解除的情形，否则即便起诉，也很难获得法院支持。

(四) 预判结果

根据所了解的案件基本情况，针对当事人的诉讼请求，律师或诊所学员应当大致判断可能的结果，做到心中有数。因为一般情况下，当事人都会问诸如这样的问题：这个诉讼能不能赢，如果能赢，能够拿回来多少钱，或者是少付多少钱等。在面对这些问题时，律师或诊所学员不能回避，但也不可能保证案件的结果。此时，律师或诊所学员应当告知当事人，就目前所了解到的情况（极有可能在后面事实调查中会出现新情况、新证据），作出初步判断，大致的结果是什么，哪些诉讼请求可能得到支持，哪些不能得到支持。同时还要告知当事人影响案件结果的因素有很多，可能存在哪些风险，比如申请法院调查收集证据的风险、一方没有财产的诉讼风险或无足够财产提供执行的风险等。特别需要注意的是，不能为了达到代理案件的目的，向当事人承诺保证赢得诉讼，在诉讼中出现各种变化都是正常现象。

（五）谈判与签订合同

谈判主要是律师或诊所学员与当事人之间就委托与否以及合同价格的谈判。律师或诊所学员上述阶段的工作对于这一步是比较重要的，直接影响当事人对律师或诊所学员的印象和建立对律师或诊所学员的信任。在与当事人谈判时，价格是关键问题，律师或诊所学员的收费与案件的诉讼地点、案件本身的复杂程度、取证的要求、案件本身标的额的大小等都有直接关系，在谈判时，律师或诊所学员应当能够把握价格的浮动区间。在签订合同时，要提醒当事人明确委托的具体事项，并告知委托事项的目的，律师或诊所学员可以代理实施的主要行为；告知当事人仔细阅读委托合同的内容，特别是双方的责任以及合同解除的情形等。

二、民事案件阅卷的技能演示

《民事诉讼法》规定，当事人可以查阅本案有关材料，并可以复制本案有关材料和法律文书；代理诉讼的律师或诊所学员和其他诉讼代理人有权调查收集证据，可以查阅本案有关材料。针对已经在诉讼中的案件或者二审、再审的案件，律师或诊所学员接受委托的，可以查阅与本案有关的材料。根据《最高人民法院关于诉讼代理人查阅民事案件材料的规定》，诉讼代理人在诉讼过程中需要查阅案件有关材料的，应当提前与该案件的书记员或者审判人员联系；查阅已经审理终结的案件有关材料的，应当与人民法院有关部门工作人员联系。律师或诊所学员在阅卷中的主要技能包括：

（一）明确阅卷的目的

在律师或诊所学员阅卷之前，应当思考自己阅卷的目的是什么。带着目的去阅卷比漫无目的地阅卷会起到事半功倍的效果。大体上，律师或诊所学员阅卷的目的主要包括：

1. 熟悉案情

对于一个案件，基本案情就是时间、地点、人物、事件、结果。在阅卷时可以采用做表格或者列项目的方式，逐条做好记录，这样阅卷完毕，律师或诊所学员对案件的基本情况就一目了然了。

2. 发现疑点

在了解案件基本情况的同时要有配套的证据意识，对于案卷反映的事实，是不是每一个都有明确的证据对应，也是需要同时做好记录的。根据对基本案情做的记录和查找的配套证据，对法院认定的事实逐句核实，是否存在疑点，一旦存在，就标注出来。以借款纠纷为例，出借人主张自己借出100万元，在记录时，事件中金额就是100万元，配套的证据要能够找出银行流水或转账记录，或借款人承认的记录等。如果只找到80万元的依据，此处就应当做好标记，缺20万元金额的证据，有疑点。

3. 理清思路

在阅卷的过程中，通过对案件事实的把握和对疑难点的发现，代理律师或诊所学员可以进一步理清在诉讼中的思路和策略。针对发现的重要事实，特别是对方存在的疑点问题，找准进一步调查、答辩或者上诉的突破点，理出庭审中质证和发问的重点。

4. 评估结果

通过阅卷所看到的事实、证据以及一二审中法院认定的事实、判断等，律师或诊所学员能够大致对诉讼的结果有所预测。比如同样是借款纠纷，律师或诊所学员代理的是被告方，被告方坚决否认跟原告是借款关系，主张是投资关系，但律师或诊所学员在阅卷时发现，证据材料中，原告提供的聊天记录中有一句话："利息根据每年的收益情况浮动"。从这句话初步可以判断，被告方如果没有确切的相反证据，其主张得到支持的可能性相对较小。律师或诊所学员在对结果进行评估的同时也会进一步对诉讼思路和策略进行调整。

（二）采用适当的记录方法

阅卷要达到上述目的，应当采用适当的记录方法。阅卷时记录的方法有很多，比较常见的是摘抄法、列表法、关系图法、综合法等。

1. 摘抄法

即在阅卷的过程中，把核心事实、证据、依据等摘抄下来。这样的方法现在采用得比较少，只适用于案情比较简单的案件。

示例

金某和李某本是生意场上的朋友，金某因经营方面出了问题，便向李某借款 2 万元。不久，金某还给了李某 1.2 万元，并答应剩余的 8000 元会尽快还清。金某还重新给李某写了一张欠条："金某借李某人民币 2 万元，今还欠款 8000 元。"由于资金短缺，金某没有及时还给李某剩余的欠款。后来，李某将金某告上了法庭，诉称金某尚欠李某剩余欠款 8000 元，请求返还。本案事实很简单，采取摘录法完全可以解决问题。

2. 列表法

即在阅卷时，针对较为复杂的案件，把案件事实的要素采用图表的方式列出来，并配以对应的证据材料以及是否有疑点、诉讼思路、质证或提问要点等备注。具体案件应制作的表格内容，应当根据案件的事实情况和诉讼目的进行调整。

示例

以借款纠纷为例，原告主张借款金额为 100 万元，利率为年利率 10%，有证据若干。被告认为借款金额没有 100 万元，而是 80 万元，其余部分为合伙关系，提供证据若干。在律师或诊所学员阅卷时，可以制作表格如下：

时间	人物	事实摘要	证据	备注
××××年××月××日	原告、被告、证人	原告与被告达成借款协议	原告提供证人××证言 1 份	
××××年××月××日	原告、被告	被告支付利息	原告提供银行流水 1 份	

3. 关系图法

即根据一定的标准把案件事实所反映出的法律关系通过画图的方式做好记录。以一起遗产纠纷案为例，张某去世后，前妻的两个儿子主张继承权，配偶及父母、孙子（父早逝）等也主张继承权，张某留有遗嘱一份，效力有待确认。律师或诊所学员阅卷时，就可以采用关系图法把案卷中所反映的当事人之间的关系用画图的方式整理出来。

另外，综合法就是针对案件的具体情况，综合采用上述阅卷记录方式的方法。

三、庭审举证的技能演示

举证是指诉辩双方在审判或证据交换过程中向法庭提供证据证明其主张之案件事实的活动。民事诉讼代理的过程中，律师或诊所学员应根据自己所代理的当事人所处的地位进行举证，并且在举证的过程中，律师或诊所学员应准备好证据清单表格，逐一说明证据名称、来源、用以证明的事实。通常来说，证据应当在庭审前提交至法院，证据突袭不仅影响当事人正当行使权利，还会降低庭审效率，引起法官的反感。

举证的内容有：（1）出示书证、物证、视听资料等。书证、物证原则上应出示原件、原物；不能出示原件、原物的，可以出示复印件、复制品、照片或者抄录件等，并说明证据的名称、种类、来源、内容以及证明对象等。视听资料应出示原始载体并当庭播放；不能出示原始载体或者当庭播放有困难的，可以以其他方式播放或者提供抄录件等，并说明证据的名称、种类、来源、内容以及证明对象等。（2）证人书面证言、鉴定意见、勘验笔录、检查笔录应当出示原件，说明证人、鉴定人、勘验人、检查人因故未出庭作证的理由，并说明证据的名称、种类、来源、内容以及证明对象等。

举证包括庭前举证和庭审举证。其中，庭审举证的基本技巧主要有：

（1）根据起诉状所列诉讼请求确定举证顺序。举证的目的是使己方请求或主张获得支持，在民事诉讼庭审举证时，首先应当根据起诉状中所列诉讼请求的顺序进行举证，针对每一项诉讼请求或主张，依次出示证明该诉讼请求的证据，逻辑清楚、有条不紊。如一个合同纠纷，诉讼请求为要求对方双倍返还定金并赔偿损失。律师或诊所学员在举证时就应当先围绕定金的主张举证，拿出当事人在合同中约定的定金条款、己方交付定金的证明，以及对方违约的事实；然后再就赔偿损失举证，逐项证明对方违约给己方造成的具体损失的项目、金额等。

（2）按照事件发生的先后顺序进行举证。在举证时，针对同一事件中多个不同的证据，应当按照事件发生的先后顺序进行举证。如在因对方违约而导致合同解除的合同纠纷中，原告代理律师或诊所学员要举证证明合同已经解除。相关证据包括对方通知己方如果不提高价款将不履行合同的邮件、己方向对方发出的解除合同的书面通知、对方签收己方解除通知的证明等。举证应当按照事件发生的先后顺序进行，先出示对方通知己方的邮件，然后出示己方发出的解除合同通知，再出示对方签收证明，形成证据闭环。

（3）按照事实要素在案件中的重要程度进行举证。每个案件都是由一系列事实要素构成的，各个事实要素在案件中的重要程度并不相同，有的属于必不可少的事实构成要件，有的属于非必要因素，甚至是不需要的因素，在举证的时候应当按照事实要素的重要性程度进行举证。比如，因邻居违规饲养烈性犬导致侵权的案件，烈性犬的种类、烈性犬伤人的证据、受伤的程度及此后支付的相关医疗费用、当地禁止饲养此类烈性犬的规定就是应当重点提出和强调的证据，而邻居是否存在故意或过失，其他邻居对饲养行为的评价、此邻居日常的行为表现等均可以忽略，因为在侵权事实构成中只需要有违规饲养烈性犬、侵权行为与损害结果即可。

（4）按照事实要素之间的因果关系进行举证。案件事实之间往往存在各种因果关系，如行为事实与结果事实之间、行为事实与行为事实之间，此时，庭审举证就可以按照事实要素之间的因果关系进行。而在具体举证的时候，又可以有两种举证方式，一是先因后果的举证方式，即先就案件的原因举证，然后就案件的结果举证；二是反之，采用先果后因的举证方式。采取何种举证方式，应根据具体的案件而有所不同。比如针对对方提出要求己方承担违约责任的案件，对方认为己方有违约事实，到期未履行合同。己方认为是因为对方违约在先，己方才未履行合同，属于行使先履行抗辩权。在举证时，己方举证就可以按照先因后果的顺序举证，先拿出合同中关于双方履行先后顺序的约定，证明对方应当先履行合同，然后拿出对方违约的证据（如先期违约、迟延履行或履行不符合约定等）以及己方与对方沟通的证据等，证明对方违约在先的情况，然后拿出己方与对方沟通无果方通知不再履行的结果证据，以证明己方不履行合同是行使先履行抗辩权的事实。

（5）根据证据的证明力确定举证顺序。证据的证明力本身有强有弱，一般而言，直接证据比间接证据证明力强，原始证据比传来证据证明力强，在举证时，应当把证明力强的证据最先出示，给审判人员留下深刻印象。特别注意疑证不举，有些似是而非的证据，对己方或对方都可能有利，为防范对对方有利超过对己方有利的风险，应当尽量避免提供这类证据。一般来说，在民事诉讼中，证据证明力从高到低的顺序为：含有对方自认内容的证据、法庭依职权独立调取的证据、法院的生效裁决、国家机关持有或出具的证据、公证机关公证的证据、案件当事人共同确认的证据、普通第三方持有或出具的证据、案件一方当事人单方制作的证据。

示例

原告魏某与沙某、陈某等机动车交通事故责任纠纷一审中，双方举证如下：

【原告举证】

① 2017年9月25日陈某为其所有的浙E×××××车辆向保险公司投保的交强险、第三者责任险及不计免赔，保险期间自2017年9月29日至2018年9月28日止，第三者责任险限额为50万元及不计免赔；② 2018年4月10日江苏宜兴公安局交通警察大队出具的道路交通事故认定书，证明事故发生的经过及责任的认定；③ 浙E×××××车辆行驶证、沙某的驾驶证，证明浙E×××××的车主是陈某，沙某系合格合法的驾驶人；④ 魏某在宜兴市人民医院的门诊病历、入院记录、手术记录、诊断报告、2018年4月10日至2018年4月30日的出院记录、医疗费发票1张、医嘱单、医生处方及外购药发票1张，证明魏某受伤后治疗的经过及医疗费金额604元，住院时间20天；⑤ 2018年12月11日无锡中诚司法鉴定所对魏某所做的三期鉴定报告及鉴定费发票，证明误工期为2018年4月10日至2018年12月11日止计240天、护理期为120天、营养期为90天，鉴定费1860元；⑥ 2017年3月—2018年4月魏某的考勤表14张，工友蒋某、杜某、刘某、王某出具的证明，2017年工资结算清单及2018年工资结算清单，证明魏某在工地上从事建筑行业工作，工资为200元/天；⑦ 2018年7月2日电动车的维修发票1160元及2018年4月18日施救费发票150元，合计金额1310元，证明魏某的财产损失；⑧ 2018年4月11日宜兴市人民医院收款收据，证明魏某购买卫生日用品的金额125元；⑨ 交通费700元。

[**被告举证**] 2018年5月2日魏某的大儿子魏×出具的收条一份，证明沙某、陈某已支付魏某5000元，要求在本案中一并解决。

[**原告诉称**] 2018年4月10日17时30分，沙某驾驶浙E×××××小型轿车沿宜兴市××镇××路由西向东行驶至宜兴市××镇××路××路路口左转弯时，与对向直行的魏某驾驶的三轮电动车碰撞，造成两车损坏、魏某受伤的交通事故。根据宜兴市公安局交通警察大队作出的道路交通事故认定书，认定沙某负事故全部责任，魏某无责任。现查明实际车主为陈某，且已向保险公司投保交强险和商业险，该起交通事故发生在保险期间内。魏某为了维护自身的合法权益，诉至法院，请求法院判令沙某、陈某、保险公司赔偿：医药费604元、住院伙食补助费50元/天×20天=1000元、营养费90天×30元/天=2700元、护理费120天×100元/天=12000元、误工费按2016年江苏省分细行业在岗职工平均工资房屋建筑业59440元/年÷12×8个月=39627元、交

通费700元、日用品费125元、电动车修理费1310元，合计58066元；请求判令本案诉讼费用、鉴定费由被告承担。

[**被告1保险公司辩称**] 对事故发生经过、责任认定、陈某向保险公司投保交强险、50万元的第三者责任险及不计免赔的事实无异议，本次事故发生在保险期间，保险公司不承担诉讼费、鉴定费。

[**被告2沙某、被告3陈某共同辩称**] 与保险公司意见一致，且已支付魏某5000元，要求在本案中一并处理。

[**法院认为**] 机动车发生交通事故造成人身、财产损失的，由保险公司在保险责任限额范围内予以赔偿。本次事故发生在保险公司对浙E×××××车辆承保的交强险、第三者责任险及不计免赔的期限内，因魏某无责，故应由保险公司在交强险、第三者责任险限额内对魏某的损失予以赔偿，不足部分由事故责任方进行赔偿。根据双方当事人提供的证据及陈述，结合本院的举证要求，魏某因本起道路交通事故所造成的损失为：医药费604元、住院伙食补助费50元/天×20天=1000元、营养费90天×30元/天=2700元、护理费120天×80元/天=9600元、误工费按2016年江苏省分细行业在岗职工平均工资房屋建筑业59440元/年÷12×8个月=39627元、交通费酌定300元、电动车修理费800元、施救费150元、鉴定费1860元，以上合计56641元，由保险公司在交强险、第三者责任险限额内予以赔偿。沙某、陈某已向魏某支付5000元应在本案中一并结算，由保险公司在魏某的赔偿款中扣除结算并返还给沙某、陈某。根据《中华人民共和国民事诉讼法》的相关规定，诉讼费用由败诉方负担，故保险公司提出不承担本案诉讼费用的主张，本院不予采纳。魏某为确定伤残等级而支付的鉴定费属必要的、合理的费用，应由保险公司负担，故保险公司提出的不承担鉴定费的主张，本院不予采纳。据此，魏某超出上述范围的诉请，本院不予支持。综上，依照相关法律判决如下：

一、××财产保险股份有限公司宜兴中心支公司于本判决发生法律效力之日起10日内赔偿魏某51641元、返还沙某与陈某5000元。

二、驳回魏某对沙某、陈某的诉讼请求。

三、驳回魏某的其他诉讼请求。①

四、庭审质证的技能演示

质证是指诉辩双方及第三人在法庭的主持下，对双方及第三人提出的证据

---

① 案例来源：（2019）苏0282民初1201号。

就其真实性、合法性、关联性以及证明力的有无、大小予以说明和质辩的活动或过程。

质证的本质应该是基于对立的立场，对相对方提出的证据通过质问的方式提出质疑。因此，对己方证据的说明，以及法官对证据资格及效力的认定，都不属于质证的范畴。前者属于举证，后者属于认证。

民事诉讼中质证的方式包括以下几种：（1）单个质证，即"一证一质"，一方举一证，对方质一证。这是质证的基本程式，适用于对证据和事实认识截然不同的情况。（2）分段质证，即"一组一质"，一方根据构成基本事实的基本要素，将其分成若干段，分组举证，对方就针对该组证据进行质证。这种质证方式主要适用于案情比较复杂且证据数量较多的案件。（3）单方质证，即"一方一质"，一方完成举证后，对方对其所举全部证据进行质证。这种质证方式主要适用于案情不复杂或争议点不多、证据数量较少且相对集中的案件。（4）综合质证，即"全案一质"，双方都完全举证后，再以辩论的方式，综合地对对方的证据进行质疑和反驳。这种质证方式以前较为普遍适用，其优点是效率高，但往往质证不充分。

质证时，法庭会引导质证当事人首先作出是否认可的意思表示，如不认可，应提出具体的理由。法庭会提醒当事人质证主要是针对证据的真实性以及证据与所证明问题之间的关系发表意见，而非法庭辩论。作为代理人，质证主要围绕证据的三性，即"真实性、合法性、关联性"进行，质证的基本技巧包括：

第一，做好质证准备。主要是针对法庭在庭前送达的证据，律师或诊所学员应当及时提交委托人并组织核实，向委托人充分了解证据的形成过程、背景以及证据的真实性，评估对方是否能够出示证据原件，并向委托人确认是否同意对方当事人的证明对象等，有针对性地收集反驳这些证据的材料，为在法庭上质证做好充分准备。

第二，在庭审中质证，应当在对方举证时注意聆听和观察。质证必须针对对方出示的证据，在对方出示证据时应当集中精力聆听，不能遗漏也不能误解。对于对方出示的书证、物证、视听资料等，应当仔细观察，结合其他证据辨别其真实性与可靠性。

第三，针对对方证据的不同问题进行不同的质证。例如，针对对方证据不真实的，以己方所获得的真实证据进行质证；针对对方证据矛盾的，直接借对方证据质证；针对对方证据存在常识或科学错误的，以正确的认知进行质证。

第四，对于开庭前未能获得的、对方当事人在开庭时新提交的证据，此时作为代理人应当判断对该证据质证的难度，如果难以进行质证就不能轻易发表质证意见，而是向法庭积极争取，表明需要时间核实该证据。一般而言，法庭会给当事人进一步核实的时间。

五、庭审发问的技能演示

民事诉讼中，发问是一个重要的环节，对律师或诊所学员而言，能够有策略地发问，可以引导庭审向对己方有利的方向发展。律师或诊所学员在庭审发问中的基本技能包括：

1. 明确目的

在庭审中发问要有明确的目的，一般而言，主要目的有：第一，确定案件事实。对于在法庭调查环节事实已经非常清楚的，不需要再通过发问的方式来确定事实，但对于案件事实中存在疑点的细节，可以进一步通过发问的方式予以明确。第二，对对方的表述提出反驳。直接针对对方陈述中与案件事实有出入的地方，通过发问的方式提出反驳。第三，强调对委托方有利的事实。通过发问强调对己方当事人有利的事实，让法官予以充分关注，从而引导庭审向预期的方向发展。

2. 做好准备

通过前期对案件的研究，事先拟好发问提纲，明确提问的思路，设计好几组问题备用。同时在法庭上针对庭审的情况进行适时调整，使得提问更加有针对性，达到提问的目的。例如，针对买卖合同纠纷，买方起诉卖方货物有隐蔽瑕疵，卖方认为货物的问题是买方保管不善导致的。律师或诊所学员代理买方起诉，设计问题时，大致就要考虑：卖方该批货物的生产时间、卖方保管的基本条件、卖方发运货物的时间、包装方式、运输条件、货物到达买方的时间、买方检验期限、检验方式，以及买方的保管条件等。如果经过现场勘查，怀疑卖方的保管条件存在问题，就可以设计一组问题：请问，这批货物在发运前保管于何处？温度、湿度如何？仓库周围是否有特殊设施，如沼气池、化粪池、烟囱、排污管、排气管等。如果了解到对方还有被起诉的类似案件，可以设计：据说贵单位因产品质量问题在某某法院被起诉，相关货物是不是同一批货物？是否存放于同一个保管地点？

3. 具体实施

（1）发问的内容上，应当注意围绕核心问题，环环相扣。在问题的设计上要有体系，针对某一事实，设计一组问题，在法庭上根据情况选取其中的一个或部分问题；一组问题问完，再针对进一步的事实转入下一组问题，注意前一问题与后一问题之间的关联，做到环环相扣，不能杂乱无章，东一榔头西一棒槌。例如，针对离婚争夺抚养权的案件，提问时，围绕对方当事人抚养孩子相对于己方当事人存在的劣势设计问题：每个月收入多少？（问完以后如果收入较少，可以告知法庭孩子目前生活、学习等需要的费用，让法庭能够判断是否有能力）再问：每天有多长时间可以带孩子？是否有人协助？是否有不良嗜好？

（2）根据情况，在发问前适当进行归纳和引导。是否需要此环节关键看庭审进行的情况，如果需要，可以在发问或追问之前，对对方存在疑点的事实进行简要归纳，然后有针对性地发问或追问；对对方回答问题不直接、模棱两可、含糊其辞的，直接指出对方的态度，并对问题再次强调，要求对方直接回答"是"或者"不是"。

（3）选择适当的问题类型。庭审发问前，应当缜密思考，根据发问的目的、庭审的进行情况等，考虑选择哪种类型的问题。具体提问类型包括：

第一，封闭式提问。封闭式提问要找的是一个明确答案，"是"或者"不是"、"好"或者"不好"，或让被问者从几个选项中选择一个答案。通常用"什么""何时"或"多少"开头，或者问对方同意或者不同意某个观点。这主要适用于收集简明的事实性资料，在法庭的交叉询问中也比较常用。例如："那天晚上，你路过现场时看见了被告吗？"（回答：是或者不是）

第二，开放式提问。开放式提问的问题比较笼统，旨在诱发对方说出自己的感觉、认识、态度和想法。要想让谈话继续下去，并且有一定的深度和趣味，就要多提开放式问题。开放式问题对提问者来说比较难以控制，主要适用于意图了解对方真实情况时，此种类型的问题在庭审直接询问时较为常用。例如："你能把那天的事情经过陈述一下吗？""你那天晚上路过现场时看见了什么？"

第三，探索式提问，又称探究式提问。探索式提问的问题为探索究竟、追究原因的问题，如"为什么"，以了解对方某一问题、认识或行为产生的原因。这主要适用于需要对某一问题深入了解的情况。例如："你那天晚上为什么要去那个地方呢？""你知道他为什么向你借锤子吗？"

第四，偏向式提问，又称诱导式提问。偏向式提问的问题中包含提问者的观点，以暗示对方说出提问者想要得到的答案。例如："你今天感觉好多了吧？"这主要适用于提示对方注意某事的场合。偏向式提问的常见方式如下：① 直接性提问，例如："拿到他的钱了吗？""哪里发生的？" ② 重复性提问，重复询问一个问题，诱使回答者觉得之前的回答是错的而改变答案，直到得到想要的答案为止。例如："你觉得陈大文身高是多少？""160 厘米。""确定吗？再给你一次机会，好好想想。""我觉得是 160 厘米。""你要不要再考虑一下？" ③ 强制性提问，提供有限的选项而没有足够的解释，然而回答者可能不接受所有选项。例如:"你喜欢日剧还是韩剧?"④ 确认性提问,设计使答案只能支持特定的观点。例如:"你有什么让国家工作人员不贪污的办法?"

第五,复合式提问。复合式提问的问题为两种或两种以上类型结合在一起的问题。此种提问容易使回答者感到困惑,不知如何回答,故应避免使用。例如:"你被打后是否去医院检查?是在哪家医院检查的?结果如何?"

(4)提问的语言要简练、清晰。律师或诊所学员在提问时,表达应简单明了、通俗易懂,尽量用短句,不重复,不啰唆。同时,语气适当,不咄咄逼人。

六、法庭辩论的技能演示

(一)原告代理人辩论技能

原告或其代理人发表辩论意见,阐明己方的观点。这是代理人论证己方请求成立的重要环节,不能简单重复起诉状的内容。需对自己的诉讼请求、事实和理由进行全面的陈述。需掌握的辩论技巧包括:

第一,依法论证。代理人在发表意见时应当紧紧围绕案件事实和法律规定,不能只讲情理。

第二,实事求是。代理人在发表意见时应当尊重客观事实,不能凭借主观臆断,表述主观意见。

第三,开门见山。代理人在发言时应当首先提出结论性意见,然后展开论述。不能滔滔不绝,没有目标。

第四,论据准确。在引证时应当将事实证据与法律条文和所证明的主张一一对应,不能张冠李戴。

第五,逻辑清楚。对于主张的观点应当逐一进行论证,层次结构清楚,不能乱成一团。

第六,对于质证中对方意见显示出的明显缺陷,应当予以坚决反击。

(二)被告代理人辩论技能

被告或其代理人发表辩论意见,阐明己方的观点。这是代理人反驳对方观点的重要环节,需掌握的辩论技巧包括:

第一,开门见山。直接提出不同意对方的请求。

第二,依法论证、实事求是。与代理原告发表辩论意见一样,代理被告反驳也必须以事实为依据,围绕法律的规定,而不能脱离案件事实和法律法规,纯粹诡辩。

第三,抓住对方弱点,穷追猛打。代理人从对方提供的起诉状、证据材料、发表的辩论意见中,要善于发现对方的弱点所在,一旦发现,就要毫不手软，深刻揭露。

第四，及时调整答辩提纲。对于庭前准备的答辩提纲，在庭上实际操作的时候，不能拘泥于提纲的内容，而是要针对对方的辩论意见，及时调整答辩内容。

第五，发现错误或漏答时应及时补救。在庭审中，因为多种因素，代理人在论证证据、反驳观点时可能会出现一些错误或者遗漏，一旦发现错误或遗漏，不能回避，否则有被对方抓住要害的危险。在发现错误或遗漏之后，可以委婉地承认，比如："本代理人的观点在前面未能阐述清楚，现就有关问题再作如下说明……"

最后，无论是原告还是被告代理人在法庭辩论时，都需注意语言表达问题。尽可能使用短句，简单明了；在表达时，注意语速不能过快或过慢，针对重点问题可以适当提高声调、短暂停留，以引起法官的注意；同时，注意表达的语气和语调，法庭辩论不是吵架，应当有理有利有节，尊重法官、尊重对方和代理人、尊重事实，不采用过激的语言和讽刺挖苦的语气，语调以法官和对方能够听清为宜。

第四节　民事诉讼代理的技能训练

一、代理起诉的技能训练

【案情资料】　张某系某餐饮公司雇用的员工，2019年9月17日入职，每月工资3500元，职位是后厨洗碗工。2019年10月10日晚10时许，张某在餐饮公司经营场所内摔倒，餐饮公司工作人员将张某送往上海市第十人民医院就医，当晚未住院。次日，餐饮公司工作人员将张某送往上海市第一人民医院治疗。张某于2019年10月11日至14日住院治疗，行桡骨骨折切开复位钢板内固定术，出院诊断为左尺桡骨远端骨折。2021年2月，张某经上海某医学科技公司司法鉴定所出具鉴定意见认为，张某意外伤致左尺桡骨远端骨折等，后行桡骨骨折切开复位钢板内固定术治疗，后遗左腕关节活动度丧失25%以上（未达50%），构成人体损伤致残程度×××残疾，损伤后休息期150日，营养期60日，护理期60日。张某为此支付鉴定费3350元。

事发后，某餐饮公司垫付医疗费39235.75元，并支付给张某三个月误工费10500元，共计垫付金额为49735.75元。张某提起诉讼，聘请律师，支付律师费10000元。①

【要求】

1. 根据以上案情资料，请你为当事人张某撰写起诉状。
2. 根据以上案情资料，请你编列证据清单。

【提示】

1. 本案是否属于劳动合同纠纷？
2. 该诉讼请求具体应为什么？

二、庭审举证的技能训练

【案情资料】　2020年4月5日，亢某（乙方）与美洁公司（甲方）签订劳务合同，约定：亢某根据美洁公司工作需要，担任保洁工作；合同期限为1年，自2020年4月5日至2021年4月4日。合同第九条约定：乙方在劳务过程中，应持必要的注意和谨慎义务，保持身体健康，避免劳务过程中遭受身体伤害，并为此负责。乙方在非提供劳务时间段，甲方不支付劳务费。第十一条约定：乙方承诺自行投保人身意外伤害保险，乙方患病或发生意外所发生的费用由乙方自行承担。第十二条约定：……乙方患病或伤亡，甲方不承担相关的医疗费用及法律规定因劳动关系所产生的待遇。乙方同意医疗费用自理，医疗期内甲方不支付劳务费。亢某对劳务合同的真实性认可，但认为双方实际为雇佣关系，劳务合同系美洁公司提供的格式条款，其中关于人身损害自行承担的约定无效。

2020年6月23日，亢某称其在北京市西城区××大街××号××楼三单元八层打扫卫生时从楼梯上滑倒摔伤。美洁公司对亢某受伤的时间、地点无异议，认可亢某系在上班时间摔伤，但当时无人在场，亦无监控，根据同事叙述应为亢某不慎踩空摔伤。

亢某先后被送至北京市健宫医院、北京市垂杨柳医院就诊，并于2020年6月24日至同年7月3日在北京市垂杨柳医院住院治疗9天，其住院病历病史记载为：患者1天前不慎踩空从楼梯摔伤右踝部……2020年6月29日，该院为亢某行右踝关节骨折切开复位内固定术。亢某的出院诊断为：右踝关节骨折（三踝粉碎性）；出院时医嘱：建议全休1个月、3个月内避免负重活动和踩地、加强营养等、拆除内固定物需再次住院等。②

【要求】

1. 根据以上案情资料，请你为当事人亢某列出所要准备的证据材料。

---

① 案例来源：（2021）沪0106民初10750号。
② 案例来源：（2021）京02民终12006号。

2. 根据以上案情资料，请你为当事人提出诉请请求。

【提示】

美洁公司是否应当承担雇主责任？

三、庭审质证的技能训练

【案情资料】 2019年7月25日19时许，原告刘某在被告上海某餐饮管理有限公司××火锅桃浦店位于上海市雪松路×××号的××火锅店二楼包房内就餐时，因被告提供的火锅炉中一氧化碳泄漏造成中毒，原告等报警，警察到场后原告等前往医院就医。

后原告向本院起诉并申请对损伤后的休息期、护理期、营养期进行法医学鉴定，经原、被告双方一致同意，本院依法委托华东政法大学司法鉴定中心进行鉴定，华东政法大学司法鉴定中心于2020年7月20日受理，于2020年8月14日作出华政〔2020〕临鉴字第823号司法鉴定意见书，鉴定意见为：被鉴定人刘某就餐时发生一氧化碳中毒，酌情给予伤后休息90日、护理60日、营养60日。经质证，原、被告对上述鉴定意见均予以认可。

原告刘某向法院提出诉讼请求：要求判令被告上海某餐饮管理有限公司××火锅桃浦店、上海某餐饮管理有限公司共同赔偿原告医疗费人民币15277.70元、交通费7360元、鉴定费900元、误工费21111.53元、营养费1800元、护理费5260元、律师代理费8000元、精神损害抚慰金10000元。事实与理由：2019年7月25日，原告与其亲属共10人在上海市普陀区雪松路×××号××火锅店二楼包间内用餐，点燃炉子后，原告出现呕吐、头疼等症状。原告打电话报警，警察到场后，原告前往医院就医，诊断为一氧化碳中毒。因原告与被告就赔偿无法达成一致，诉至法院，请求判决如其诉请。原告认可事发后被告为原告垫付了医疗费7402.80元，并支付现金27000元，同意在本案中一并处理。

被告上海××餐饮管理有限公司××火锅桃浦店、上海××餐饮管理有限公司共同辩称，对原告陈述的事发时间、地点、在被告上海××餐饮管理有限公司××火锅桃浦店就餐中发生一氧化碳中毒时间均无异议，被告上海××餐饮管理有限公司××火锅桃浦店使用的是天然气的炉子，因原告自己带了菜担心被发现，所以将包房的门关闭。被告认为导致一氧化碳中毒的结果原告自身也有一定的原因，被告同意承担70%的责任，在事发后其为原告承担了医疗费7402.80元，并支付现金27000元，请求一并处理。关于赔偿项目：医疗费中对2020年5月后发生的费用，仅认可1800元，其余均不予认可；交通费不予认可，过高，请法院酌定；对鉴定意见书中的鉴定意见、鉴定内容、鉴定目的均予以认可，不需要鉴定人员出庭，营养费和护理费的标准过高，请法院确定；原告无法证明其合法收入来源，不认可误工费；鉴定费和律师代理费真实性没有异议；精神损害抚慰金无依据，不同意支付。①

二审审理中，刘某补充提交了案外人上海某保洁公司于2020年9月1日至9月30日税收完税证明的复印件以及由某保洁公司盖章出具的证明复印件，以证明刘某为该公司的职工，月工资为8500元，因一氧化碳中毒，从2019年7月25日起请假未上班，共计95天。两被上诉人均对此不予认可。②

【要求】
1. 根据以上案情资料，请你为原告列出所要准备的证据材料。
2. 根据以上案情资料，请你为被告提出质证内容。

【提示】
1. 误工费的计算依据应如何确认？
2. 精神损害抚慰金应如何确认？

四、交叉询问的技能训练

【案情资料】　　原告向本院提出诉讼请求：判令被告赔偿原告医疗费31581.46元、营养费（含二期）6000元、护理费（含二期）14560元、残疾赔偿金58892元、精神损害抚慰金5000元、残疾辅助器具费98元、鉴定费3000元、衣物损失费500元、律师费5000元。事实和理由：2019年11月24日11时38分许，原告驾驶非机动车行驶至上海市××路896弄口时，被告饲养的宠物狗与原告发生碰撞，致原告倒地受伤。本起事故经交警部门认定，原告无责任，被告承担全部责任。原告伤情经上海旭正医学科技有限公司司法鉴定所鉴定，结论为原告左股骨粗隆间骨折，行手术治疗，后遗左髋关节功能障碍（功能丧失25%以上），构成人体损伤致残程度分级×××伤残，损伤后休息期自本次受伤后至评残前一日，营养期为90日、护理期为150日，若后期行内固定取出术治疗，予以休息期60日、营养期30日、护理期30日。因原、被告就赔偿事宜无法达成一致，故原告提起本案诉讼，要求判如所请。

被告辩称，对事发经过及责任认定均有异议。本案系原告与被告饲养的宠物发生碰撞造成损害，应当适用侵权责任法的规定，原、被告双方都有责任。事故发生后，被告为原告垫付50000元，请求在本案中一并处理。对于原告主张的各项损失，意见如下：（1）医疗费金额没有异议；（2）营养费认可每日20元，期限仅认可一期90日；（3）护理费对于有发票佐证的1440元没有异

---

① 案例来源：（2020）沪0107民初4769号。
② 案例来源：（2021）沪02民终175号。

议，扣除发票所载的护理天数，剩余天数认可每日 40 元；（4）残疾赔偿金，对于原告主张的赔偿标准及系数没有异议，虽然鉴定意见书出具时原告未满 73 周岁，但与 73 周岁仅相差十几日，故仅认可赔偿期限为 7 年；（5）精神损害抚慰金没有异议；（6）残疾辅助器具费，因原告受伤部位是胯部，不需要用到拐杖，且购买发票的开具单位不是上海的公司，对于原告要到外地购买拐杖存疑，故不同意赔偿；（7）鉴定费金额过高；（8）衣物损失费不同意赔偿；（9）律师费认可 3000 元。

原告对于被告在事发后已经支付 50000 元的事实没有异议，该笔款项未在原告的诉讼请求中扣除，同意将该笔款项在本院最终判决被告应向原告支付的赔款中予以扣除。①

【要求】

模拟法庭辩论场景，分别作为原告代理人和被告代理人展开交叉询问。

【提示】

1. 饲养动物致他人损害的责任如何承担？
2. 在后续仍需治疗的情况下，法院该如何确定赔偿？

五、法庭辩论的技能训练

【案情资料】 2019 年 11 月 6 日凌晨左右，原告车某回家途经被告王某某家墙外时，因当天自来水管道改造工程入户管道所挖深沟未回填，也未设立警示标志，加之夜黑导致原告掉入户沟内，致原告受伤。原告被送到大石桥市中心医院救治，住院治疗 21 天，二级护理，共花费医药费 11056.6 元，诊断为：颈 4 椎体右侧横突骨折，颈 6 右侧椎板、关节突骨折，颈间盘突出，颈 5、6 椎体滑脱，颈部挫伤，肩部挫伤。

另查：被告大石桥市××水务有限公司负责自来水改造主线的土方施工，不负责居民入户管道的土方施工。被告李某以每户 800 元的价格，承包了被告王某某的入户土方施工。辽 H×××××营运车辆属原告所有，且原告为该车辆的唯一驾驶员。经营口财物价格评估有限公司评估原告的误工费为 10710 元、车辆停运损失为 25500 元，原告支付鉴定费 3000 元。

原告车某向一审法院起诉请求：（1）请求判令三被告共同赔偿原告各项经济损失共计 54749 元；（2）由三被告承担本案的诉讼费用。②

【要求】

1. 模拟法庭辩论场景，作为原告代理人展开法庭辩论；

---

① 案例来源：（2020）沪 0106 民初 36227 号。
② 案例来源：（2021）辽 08 民终 2143 号。

2. 模拟法庭辩论场景，作为被告代理人展开法庭辩论。

【提示】

1. 李某对原告车某身体受伤害应否承担侵权责任？
2. 原告的误工费和停运损失是否应分别计算？

六、法庭调解的技能训练

【案情资料】　　原告许××、卢××为与被告上海明×房地产经纪服务部（以下简称"明×房产"）等七名被告的房屋买卖合同纠纷，诉至法院，要求判令：(1) 七名被告共同支付拖欠原告的购房款 3480000 元；(2) 七名被告共同支付承担欠付购房款每日万分之五的违约金，自 2006 年 11 月 10 日起计算至判决生效之日止；(3) 七名被告共同承担欠款总额 20% 的赔偿金。

2005 年 12 月 16 日，许××、卢××委托明×房产就其所有的上海市陕西北路××弄 7 号 6 层约 2930 平方米的房屋进行房地产交易买卖。双方约定，许××、卢××的净收入不低于每平方米 7800 元，交易过程中发生的一切费用和相关的税费由明×房产承担。该房屋的实际成交价如超出每平方米 7800 元，则超出部分除明×房产代为支付房屋交易的税费、增值税及该物业内按购买方要求进行的空调、电梯等工程的安装改造等费用外，差价全部归明×房产全权处理。2005 年 12 月 28 日，明×房产与亿××公司及案外人上海锦×投资发展有限公司（以下简称"锦×公司"）、上海普×房地产顾问有限公司签订《购房协议书》。约定亿××公司有意购买锦×公司名下的陕西北路××弄 7 号 5 楼共计 16 个单元的物业及明×房产受托处分的陕西北路××弄 7 号 6 楼共计 16 个单元的物业。该协议第 4 条明确：根据法律规定，锦×公司、明×房产与亿××公司指定的人单独就五层、六层物业的每个单元签署《上海市房地产买卖合同》；协议第 5 条明确：亿××公司以 8100 元每平方米的单价（该单价由 6200 元每平方米的房价及 1900 元每平方米的设备装修补偿款两部分构成）受让第六层物业。2005 年 12 月 28 日，明×房产与金×公司签订《购房协议书》，约定金×公司有意购买系争第六层物业。双方应根据该协议的约定设定《上海市房地产买卖合同》的相关条款，并把该协议约定的事项或原则作为《上海市房地产买卖合同》的附件条款。该协议第 5 条约定，金×公司有意以 8000 元每平方米的单价受让第六层物业，该物业总计 2930.3 平方米（以产权证为准），转让金总价为 23442400 元。金×公司应于 2006 年 5 月 30 日前将 23442400 元支付给明×房产。双方应各承担因本项交易发生的各类税费。双反违反该协议第 5 条的任何一项义务的，违约情形每存续一天，违约方应支付 20000 元的违约金。2006 年 3 月 7 日，许××、卢××出具委托书全权委托许×英代为收取系争物业的一切房款费用。上述协议签订后,明×房产分别于2006年3月13日、3月24日、3月26日、3月27日、6月2日收到亿××公司支付的购房款共计10350000元。2006年8月,许×英代表许××、卢××分别与朱×磊、朱×阳、邢××、王××签订了《上海市房屋买卖合同》,约定由朱×磊买许××、卢××名下的位于上海市普陀区陕西北路××弄7号6层6个单元办公室,房屋建筑总面积为718.92平方米,转让价款为4457304元;由朱×阳购买许××、卢××名下的位于上海市普陀区陕西北路××弄7号6层3个单元办公房,房屋建筑总面积为738.34平方米,转让价款为4577708元;由邢××购买许××、卢××名下的位于上海市普陀区陕西北路××弄7号3个单元办公室,房屋建筑总面积为739.73平方米,转让价款为4586326元;由王××购买许××、卢××名下的位于上海市普陀区陕西北路××弄7号6层4个单元办公室,房屋建筑总面积为733.31平方米,转让价款为4546522元。2006年8月14日,朱×磊、朱×阳、邢××、王××各自就其购买的上述房屋与深圳发展银行上海黄浦支行签订《房地产买卖抵押贷款合同》,贷款金额分别为2650000元、2730000元、2740000元、2710000元,共计10830000元。2006年9月28日,朱×磊、朱×阳、邢××、王××取得系争16套房屋的《上海市房产权证》。之后,许×英分别于2006年9月28日、10月24日收到以上述贷款方式取得的房款共计10830000元。本案审理中,许××、卢××确认其收到明×房产转交的购房款8100000元、违约金180000元,并于2006年9月另收到亿××公司及金×公司支付的房款792041.3元及违约金1230000元。

2006年9月27日,许××、卢××与朱×磊、朱×阳、邢××、王××签订《还款协议》,明确朱×磊、朱×阳、邢××、王××因购买坐落于上海市陕西北路××弄7号601至606、608、614至616室共计10套房屋与许××、卢××签订了房地产买卖合同,现因银行贷款不足支付剩余购房款,致使朱×磊、朱×阳、邢××、王××尚欠金×公司购房款共计3480000元。双方对上述欠款均予以确认。朱×磊、朱×阳、邢××、王××承诺在双方办理上述房屋产权过户手续后且最迟于2006年11月10日前支付上述欠款。朱×磊、朱×阳、邢××、王××如未按期履行上述还款义务,应承担未付款每日逾期万分之五的违约金。如逾期未付款超过五日,许××、卢××可向有管辖权的人民法院申请强制执行,朱×磊、朱×阳、邢××、王××同时还应承担总欠款额的20%赔偿金,并承诺愿意接受人民法院的强制执行。《还款协议》签订后,许××、卢××分别于2007年4月6日、4月26日、12月7日、12月14日收到朱×磊支付的30000元、70000元、104000元、96000元。后因《还款协议》未能全部履行，原告遂涉诉。①

【要求】

1. 请根据案情拟定几套调解方案。
2. 对于调解过程中可能出现的情况进行预判并给出意见。

【提示】

律师在参与调解过程中如何判断调解协议的可履行性？

附：【民事模拟法庭案例】

原告：某汽车租赁有限公司，住所地某某县某某镇。

法定代表人：张某辉，该公司经理。

被告：许某鹏，男，19××年××月××日出生，汉族，无职业，住所地某某县。

××××年2月1日，原告某汽车租赁有限公司与被告许某鹏签订了《某汽车租赁有限公司汽车租赁合同》，约定由被告许某鹏租赁原告方所有的车牌号为××号的三菱猎豹V6汽车一辆，预租2天，租金每天300元，被告许某鹏预交给原告押金500元。合同中出租方的权利和义务第7项规定："出租方不负责因租赁车辆故障给承租方造成的保险责任范围以外的其他经济损失（粘缸、爆瓦、缸体破裂等机械事故，如有发生，按发生费用100%赔偿，另赔偿10%加速折旧费）。"××××年2月1日16时40分被告从原告处提走车，19时左右发现汽车机油灯报警，车不能行驶，在通知原告经理张某辉后，被告许某鹏将所租赁的车辆拖到某县天翼汽车配件商店。第二天原告经理张某辉到修理部后对车辆进行维修，经检查该车为爆瓦。4月11日原告在支付修理费10200元后将车从修理部开回。

另查被告租赁原告的××号三菱猎豹V6汽车2001年出厂，租赁给被告时已行驶255267公里，无相应的保养记录，车辆所有人登记为某某县某某镇人民政府，该车卖给原告后未过户，现为非营运车辆。

原告诉称，××××年2月1日被告从原告处租赁一辆××号三菱猎豹V6汽车，约定租期2天，租金每天300元，双方签订了汽车租赁合同，被告预交租金500元。由于被告违反操作规程，在机油报警后，仍强行驾驶，最终导致该车爆瓦。被告将车拖到林西汽车修理部后就不闻不问，4月11日原告支付修理费10200元，将车取回。被告的行为给原告造成了一定的营运损失和

---

① 案例来源：(2007) 沪二中民二（民）初字第60号。

车辆折旧损失，为维护原告合法权益，要求被告赔偿修车费10200元，给付修车期间租金18000元（300元/天×60天）、车辆折旧费6000元（车辆总价款60000元×10%），共计34200元。

原告为支持诉讼请求，在诉讼中提交如下证据：(1) 汽车租赁合同一份，证明：① 原被告存在租赁关系，租期2天，每天租金300元；② 原告交付被告的车辆是无瑕疵车辆；③ 原告要求赔偿的修车损失、折旧费、租赁损失在合同中均有约定，所诉损失有合同依据。(2) 汽车维修合同一份，证明修车费为10200元。(3) 修车费收据一张，证明修车费为10200元。(4) ××号机动车行驶证一份，证明被告所租赁车辆是合法营运车辆。

被告诉称，××××年2月1日原被告签订汽车租赁合同，约定租期2天，每天租金180元，被告预交租金500元。被告计划从经棚到银都矿业再到林西，车行至距林西镇还有10公里时机油灯报警，不能行驶，被告即给原告经理张某辉打电话，张某辉告知被告将车灭火后再发动，被告按要求灭火后再发动，机油灯还是报警，在这种情况下被告就找车把租赁的车拖到张某辉联系的他朋友的修理部修理，第二天被告在修理部将车交给张某辉。现原告起诉要求赔偿各种损失34200元，被告认为原告诉讼请求不能成立，理由如下：(1) 原告提供给被告的车辆存在瑕疵不能正常使用；(2) 原告提供的修车配件及修理费票据不符合规定；(3) 租赁车辆属非营运车辆，不应租赁，被告第二天已将车辆交付原告经理张某辉，更不存在损失问题；(4) 原告提供的合同为制式合同，合同中关于爆瓦、折旧费、修车期间损失条款免除了出租方责任，加重了租赁方责任，属无效条款。综上，应驳回原告诉讼请求。

某某县人民法院对证据的综合分析与认定结果：

(1) 原告提供的汽车租赁合同被告质证认为当时约定租金为每天180元，不是300元，签合同时合同无手写内容，也未对车辆进行检查和测试，被告在空白合同上签了字交了身份证和驾驶证复印件就将车提走，合同免除了一方责任，加重了对方责任，为无效合同。本院认为，合同存在是认定合同有效无效的前提，不能因认为合同无效而否认签订合同的事实，被告对合同真实性无异议，故本院对汽车租赁合同予以采信。

(2) 原告提供的汽车维修合同被告质证认为维修合同应有维修项目，所维修部件不可能都是被告租赁造成的，本院认为被告无证据证明维修合同中有无关的修理，因此对维修合同应予采纳。

(3) 原告提供的修车费收据虽非正式发票，但原告付款10200元是事实，该事实与维修合同中的费用相互佐证，本院予以采信。

(4) 原告提供的××号机动车行驶证，证明该车为合法上路行驶车辆，虽然该车为非营运车辆，但并不影响原被告之间租赁关系的成立，对此证据本院予以采信。

同时，确认如下事实：

（1）原被告之间是采用格式条款签订的合同，合同中关于"粘缸、爆瓦、缸体破裂等机械事故，如有发生按发生费用100%赔偿，另赔偿10%加速折旧费"的规定，免除了提供格式条款一方责任，加重了对方责任，排除了对方主要权利，该条款为无效条款。

（2）关于本案修理费和折旧费问题。本案车辆受损原因为爆瓦，所谓车辆爆瓦是指曲轴或凸轮轴的轴颈与其轴承座发生干摩擦，使得瞬间产生很多的热量，温度很高，从而使得轴颈与轴承座熔化，黏结在一起；造成车辆爆瓦的主要原因是缺少机油（如机油泵损坏、机油油道堵塞、机油滤清器堵塞）、缺水等。因此，车辆所有人应定期（通常为行驶5000公里后）对车辆进行检查保养，以避免因缺机油或缺水而造成车辆爆瓦。车辆爆瓦是在有一定的时间积累的基础上发生的，并非会因为一时的操作不当而马上引起车辆爆瓦。《中华人民共和国合同法》①第216条规定："出租人应当按照约定将租赁物交付承租人，并在租赁期间保持租赁物符合约定的用途。"《汽车租赁合同》关于出租方的权利义务约定："出租方提供设备齐全技术状况良好的整洁租赁车辆……"本案涉案车辆2001年出厂，已行驶255267公里，无维修记录，在被告收到车后行驶不久即发生爆瓦，根据常理可知原告并未完全履行合同约定的提供设备齐全技术状况良好的车辆的义务，存在违约情形。《汽车租赁合同》中汽车承租人须知中约定："租车时请您一定细心仔细检查车辆是否正常，发现问题应在出场前解决，车辆离场，车况即以离场时《车辆交接清单》为准，视为车辆一切正常……"被告作为承租人亦未全面履行仔细检查车辆的义务，导致车辆行驶不久即发生了爆瓦，亦存在违约情形。《中华人民共和国合同法》第120条规定："当事人双方都违反合同的，应当各自承担相应的责任。"根据本案的实际情况，原被告双方对车辆发生爆瓦均存在违约情形，本院酌定被告承担60%的违约责任，即原告某汽车租赁有限公司承担车辆修理费4080元（10200元×40%），被告承担车辆修理费6120元（10200元×60%）。本案原告未提供折旧费损失的相应证据，因此其提出给付折旧费6000元的诉讼请求缺乏依据，本院不予支持。

（3）关于租金的问题。《中华人民共和国合同法》第231条规定："因不可归责于承租人的事由……因租赁物部分或者全部毁损、灭失、致使不能实现

---

① 本案审判在《民法典》颁布前，故按照《中华人民共和国合同法》审理，内容与《民法典》无异。

合同目的的，承租人可以解除合同。"第96条规定："当事人一方依照……应当通知对方。合同自通知到达对方时解除。……"因原告某汽车租赁有限公司提供的租赁车辆存在瑕疵，致使车辆发生爆瓦，合同目的已无法实现，被告许某鹏自通知原告并将该车在修理部交原告经理张某辉时即应视为解除了租赁合同，因此原被告双方的《汽车租赁合同》于2013年2月2日解除，被告许某鹏共租赁车辆2天，应支付原告某汽车租赁有限公司租金600元，扣除预付款500元，还应再给付租金100元。合理的修车期间损失应由双方按责任大小负担，现原告未提供合理的修车时间证据，且该车为非营运车辆，其要求给付18000元租金损失的诉讼请求不予支持。

综上，依据《中华人民共和国合同法》第40条、第60条第1款、第120条、第216条以及《中华人民共和国民事诉讼法》第64条第1款之规定，法院对本案判决如下：

（1）被告许某鹏赔偿原告修理费10200元的60%，即6120元，给付租金600元，共计6720元，扣除预付租金500元，应付6220元，前列款项于本判决生效之日起十日内给付。

（2）驳回原告的其他诉讼请求。

如果未按本判决书指定期间履行金钱给付义务，依照《中华人民共和国民事诉讼法》第253条之规定，加倍支付迟延履行期间的债务利息。

案件受理费655元，减半收取328元，邮寄送达费40元，由原告负担184元，被告负担184元。

如不服本判决，可在判决书送达之日起十五日内向本院递交上诉状，并按对方当事人的人数提出副本，上诉于××市中级人民法院。①

【要求】
根据上述提供的材料进行模拟民事法庭训练（包括全程和阶段的）。

【提示】
1. 书写起诉书和答辩状。
2. 做好庭审前准备工作，起草庭审方案。
3. 制作举证质证方案。
4. 书写代理词。
5. 制作法庭辩论方案。
6. 准备模拟法庭。

---

① 案例来源：北大法意数据库。

第十章 行政诉讼代理的理论与技巧

第一节 行政诉讼概述

一、行政诉讼的概念

行政诉讼是国家审判机关通过司法程序解决行政争议的一系列活动的总称。行政诉讼在不同国家的不同法律制度下,内涵与外延各不相同。在我国,行政诉讼是指公民、法人或者其他组织认为行政行为侵犯其合法权益,依法向人民法院提起诉讼、由人民法院主持审理行政争议并作出裁判的诉讼制度。[①]《行政诉讼法》是当事人进行行政诉讼的基本法律依据。该法于1989年4月4日第七届全国人民代表大会第二次会议通过并颁布;2014年11月1日第十二届全国人民代表大会常务委员会第十一次会议和2017年6月27日第十二届全国人民代表大会常务委员会第二十八次会议进行了修正。

行政诉讼制度的目的在于解决行政争议,保护公民、法人和其他组织的合法权益,监督行政机关依法行使职权,涉及的领域和类型较为广泛,包括土地房屋征收、行政处罚、行政许可、行政强制、行政协议、行政赔偿、政府信息公开等。

二、行政诉讼的特点

(一)行政行为以合法性审查为原则,合理性审查为补充

人民法院审理行政案件,对行政行为是否合法进行审查。合法性审查原则是行政诉讼的主要特色,行政主体作为社会各领域的管理方具有行政裁量权,属于行政裁量范围内的行为,司法一般不予干涉,故合法性成为行政诉讼审查行政行为的准则,除非法律明确规定进行合理性情况的审查,如行政处罚明显

[①] 《行政法与行政诉讼法学》编写组编:《行政法与行政诉讼法学》,高等教育出版社2017年版,第403页。

不当，或者其他行政行为涉及对款额的确定、认定确有错误。

合法的行政行为需要同时具备以下条件：主要证据确实充分、适用法律法规正确、符合法定程序、不存在超越职权和滥用职权、不存在明显不当和不履行法定职责或者义务的问题。

示例

当事人搭建了违章建筑，按照法律规定应予拆除，但该违章建筑为当事人一家三口的唯一住所，若径直予以拆除则必然导致该户居无定所。这时行政机关若不考虑该因素，直接作出拆除的行政决定，即使合法，也应属明显不当，应予撤销或判决确认违法，并责令采取补救措施。但是，行政机关若抗辩称已给该户人家一定期限的过渡安排（如提供了救助），则该处罚决定并不违反明显不当标准，应予支持。

（二）主要由被告对被诉行政行为合法性承担举证责任，且证明标准不同于民事诉讼和刑事诉讼

被告对作出的行政行为负有举证责任，应当提供作出该行政行为的证据和所依据的规范性文件。原告可以提供证明行政行为违法的证据，原告提供的证据不成立的，不免除被告的举证责任。可见，基于行政主体强势地位的考虑，行政诉讼举证责任在立法上作出了不同于民事诉讼"谁主张，谁举证"证据规则的制度安排，将举证责任倒置于被告方，有利于平衡民与官两方在诉讼中的地位。

《行政诉讼法》第69条规定："行政行为证据确凿，适用法律、法规正确，符合法定程序的，或者原告申请被告履行法定职责或者给付义务理由不成立的，人民法院判决驳回原告的诉讼请求。"故行政诉讼设定的对行政行为合法性审查标准之一为"证据确凿"，而从证据法的角度来看，判断是否构成"证据确凿"的标准有三：优势证明标准、排除合理怀疑标准和清楚而有说服力的证明标准。前两者一般适用于民事诉讼和刑事诉讼，而行政诉讼证明标准具有中间性，即应达到清楚而有说服力的程度。

（三）诉讼期间行政行为不停止执行的原则与例外

现代国家的行政管理要求效率性和连续性。如果具体行政行为一经当事人起诉即予停止执行，势必破坏行政管理的效率性和连续性，使法律秩序处于不稳定状态，所以，在不被有权机关撤销之前都具有法律效力，行政诉讼期间不

停止行政行为的执行。

示例

某药品管理机关决定禁止某药店销售伪劣药品，该药店认为该药品不属于伪劣药品，向人民法院提起诉讼。如果此时要停止行政决定执行的话，即意味着允许该药店继续销售该药品，等到法院审理查明该药品确属伪劣药品时，该药品已经销售完毕，这将给社会和公众带来无法估量和无法弥补的损失。反之，如果不停止行政决定的执行，法院审理查明该药品不属于伪劣药品，因禁止销售该药品给药店带来的损失毕竟是有限的，是可以弥补的。

但是，存在下列情形之一的，准予停止执行行政行为：
（1）被告认为需要停止执行的。
（2）原告或者利害关系人申请停止执行，人民法院认为该行政行为的执行会造成难以弥补的损失，并且停止执行不损害国家利益、社会公共利益的。
（3）人民法院认为该行政行为的执行会给国家利益、社会公共利益造成重大损害的。
（4）法律、法规规定停止执行的。如《治安管理处罚法》第107条关于行政拘留处罚决定在行政诉讼期间可暂缓执行的规定。

三、行政诉讼程序

行政诉讼程序，就是指为行政诉讼法所规定的，法院、当事人及其他诉讼参与人进行行政诉讼应当遵循的步骤和方法。根据我国《行政诉讼法》的规定，行政诉讼程序包括：第一审程序、第二审程序、审判监督程序和执行程序。其中，第一审程序是行政诉讼的必经程序，分为第一审普通程序和简易程序。第一审普通程序是行政诉讼最基本、最完整、最独立和适用性最广泛的程序，它不仅适用于第一审普通案件的审理，也适用于简易程序、第二审程序和审判监督程序审理的行政案件，简易程序、第二审程序和审判监督程序另有规定的除外。

第一审普通程序包括：起诉与受理阶段、庭审前的准备阶段、开庭审理阶段、评议与宣判阶段。我国行政诉讼实行"两审终审"制。

第二节　行政诉讼代理的业务流程

一、接受当事人委托

（一）律师接受原告（"民告官"之"民"一方）的委托

律师接受原告委托应在法院已经受理原告起诉或者原告有初步证据证明起诉符合法院受案范围的基础上进行。律师应告知原告如实、全面地陈述与本案相关的所有事实，不得隐瞒已方过错或不利的因素。

具体步骤和技巧如下：

1. 律师需要充分了解诉争案件情况，界定案件类型

（1）对于行政机关直接作出的行政行为，需了解该行为的作出主体、作出时间，是否有书面载体。

（2）对于不履行法定职责行为，应明确该法定职责系应当依职权主动履行还是依申请履行，如系依申请履行法定职责，需明确原告是否已提出申请，提出申请的方式，是否有证据证明，行政机关是否在收到申请后的法定期限内仍未履行法定职责，亦或是否履行法定职责并不符合法律规定。

（3）对于行政协议行为，应在了解协议具体内容的同时判断行政机关违反协议约定的具体情况，是不依法履行、未按照约定履行，还是违法变更或解除协议，是否给予相应补偿、赔偿等情况。

（4）对于拟申请行政赔偿诉请，应初步判断该行政违法行为是否属于赔偿范围，了解行政行为是否被确认违法或者撤销，有无申请行政复议或行政诉讼，原告是否已单独向赔偿义务机关提出书面赔偿申请等。

2. 律师应当向原告释明可选择的救济方式

（1）对于属于行政诉讼受案范围的案件，公民、法人或者其他组织一般可以先向行政机关申请复议，对复议决定不服的，再向人民法院提起诉讼；也可以直接向人民法院提起诉讼。

（2）有些情况根据法律、法规规定必须复议前置，对复议决定不服才可再向人民法院提起诉讼，否则法院不予受理。①

涉及国家安全和社会稳定的案件：如公安机关对违法举行集会、游行、示威的负责人和直接责任人员给予拘留处罚，当事人应当先向上一级公安机关提出申诉；国家安全机关所作的行政处罚、行政强制措施，当事人不服的，都应

---

① 参见《行政诉讼法》第44条。

当先向上一级部门申请复议。①

涉及海关和税收的案件：当事人同海关或者税务机关发生纳税争议时，应当缴纳税款（或提供相应担保），方可申请行政复议，对行政复议决定仍然不服的才可向法院提起诉讼。但当事人对海关、税务机关的处罚决定、强制执行措施或税收保全措施不服的，不受复议前置的限制。②

涉及行政裁决的案件：行政机关确认土地、矿藏、水流、森林、山岭、草原、荒地、滩涂、海域等自然资源的所有权或者使用权的具体行政行为，应当先申请复议。③

涉及专利、商标的案件：依据《中华人民共和国专利法》（2020 年修正）规定，专利申请人对国务院专利行政部门驳回申请的决定不服，应当先向国务院专利行政部门请求复审。依据《中华人民共和国商标法》（2019 年修正）规定，当事人对商标局撤销或者不予撤销注册商标的决定不服的，应当先向商标评审委员会申请复审。

涉及社会保障的案件：城市居民对县级政府民政部门作出的不批准享受城市居民最低生活保障待遇或者减发、停发城市居民最低生活保障款物的决定或者给予的行政处罚不服的，应当先申请行政复议。④

涉及经营者对政府价格主管部门作出处罚决定不服的，应当先申请行政复议。⑤

涉及当事人对反垄断执法机构禁止经营者集中或者附加限制性条件的决定不服的，应当先申请行政复议；对其他决定，则可以直接起诉。⑥

需要特别指出的是，在复议前置的情况下，如果复议机关不受理复议申请或者法定期限内不作出复议决定，也可依法在复议期满之日起 15 日内提起诉讼。⑦

（3）对于法律规定行政复议或者行政裁决是终局程序的案件，不能进行行政诉讼。如《公民出境入境管理法》和《外国人入境出境管理法》所涉案件；又如不服国务院各部门或者省级人民政府作出的行政行为的案件，当事人向国务院各部门或者省级人民政府申请行政复议，如不服行政复议，可以向法

---

① 参见《中华人民共和国集会游行示威法》第 31 条，《中华人民共和国反间谍法》第 35 条。
② 参见《中华人民共和国海关法》第 64 条，《中华人民共和国税收征收管理法》第 88 条。
③ 《中华人民共和国行政复议法》第 30 条。
④ 《城市居民最低生活保障条例》第 15 条。
⑤ 《价格违法行为行政处罚规定》，该规定于 1999 年经国务院批准并由国家发展计划委员会发布。国务院于 2006 年、2008 年、2010 年对之进行了 3 次修改，所述条款继续保留。
⑥ 《中华人民共和国反垄断法》第 53 条。
⑦ 《行政诉讼法》第 45 条。

院提起行政诉讼，也可向国务院申请裁决，国务院依法作出的裁决是最终裁决。①

3. 律师应完备当事人委托手续

律师在对相关事实进行全面研究审查后，认为符合接受委托条件的，可以接受原告的委托，同时应告知原告有关委托事项的权利义务，并明确提示诉讼风险，双方签订委托合同，原告签署授权委托书，委托关系成立。

(二) 律师接受被告（"民告官"之"官"一方）的委托

律师接受被告委托一般在收到起诉状副本和相关证据后，对相关材料进行初步了解并分析研判，包括向行政机关承办部门工作人员收集作出被诉行政行为的事实根据、法律依据、程序规范、相关政策文件以及现有的生效法律文件。之后，律师应在做好利益冲突检索的基础上与行政主体签订委托合同，获得授权委托书，并提示相关权利义务和诉讼风险。

二、起诉前的准备

如上所述，律师接受原告委托有两种情形：一是在法院已经受理原告起诉后接受当事人的委托，成为其行政诉讼代理人；二是在原告有初步证据证明起诉符合法院受案范围但案件尚未提起行政诉讼时，接受当事人的委托为其起诉提供法律服务并成为案件受理后的行政诉讼代理人。因此，如果发生的是第二种情形，律师接受委托后就必须为当事人进行起诉前的准备工作。

在起诉前的准备阶段，律师的主要工作是起草行政起诉状和整理证据清单，并按被告数量提出副本提交至管辖法院。

(一) 收集整理证据

1. 收集证据

行政诉讼中证据类型共有以下几种：① 书证；② 物证；③ 视听资料；④ 电子数据；⑤ 证人证言；⑥ 当事人的陈述；⑦ 鉴定意见；⑧ 勘验笔录、现场笔录。以上证据经法庭审查认证，才能作为认定案件事实的根据。

根据《行政诉讼法》的规定，被告对作出的行政行为负有举证责任，应当提供作出该行政行为的证据和所依据的规范性文件。同时，原告也可以提供证明行政行为违法的证据。但原告提供的证据不成立的，并不免除被告的举证责任。

需要注意的是：（1）在起诉被告不履行法定职责的案件中，原告应当提供其向被告提出申请的证据。但有下列情形之一的除外：① 被告应当依职权

---

① 《中华人民共和国行政复议法》第5条、第14条。

主动履行法定职责的;②原告因正当理由不能提供证据的。(2)在行政赔偿、补偿的案件中,原告应当对行政行为造成的损害提供证据。因被告的原因导致原告无法举证的,由被告承担举证责任。

在收集证据的过程中,如原告不能自行收集的,可以申请人民法院调取的证据有以下几种:(1)由国家机关保存而须由人民法院调取的证据;(2)涉及国家秘密、商业秘密和个人隐私的证据;(3)确因客观原因不能自行收集的其他证据。

2. 整理证据,编制证据清单

对于收集到的证据,应当从以下几个方面进行初步的审查,力求符合真实性、合法性、关联性的原则:(1)证据来源是否真实、可靠和合法;(2)证据形成和制作的形式要件是否完备和合法;(3)证据内容是否清楚无歧义,是否与案件有密切关联;(4)各项证据之间是否能够互相印证,形成证据链条,逻辑顺畅,无相互矛盾之处;(5)证据提供人的基本情况及其与本案或本案当事人是否存在法律上的利害关系;(6)证据是否关涉国家秘密、商业秘密或者个人隐私等。如果发现有不符合上述条件的证据,应当及时作相应替换和调整,与当事人及时沟通,避免导致对当事人不利的诉讼后果;如经审查证据合格,则可整理后编写证据清单。

证据清单的主体内容应当包括证据名称、证据来源和证明内容:(1)证据名称需要表明其种类与所涉主要内容、时间、地点、人物,如书证一般宜以标题作为证据名称,物证也亦如此。如为视听资料等则根据实际情况不同表述为"时间+地点+人物事件照片""时间+地点+人物事件录音""时间+地点+人物事件录像资料"等。其中对于视听资料等可以另附文字记录稿,清楚明了,方便法院查阅,提高效率,充分发挥己方证据的作用。(2)证据来源主要是说明该证据取得的途径,如某人或某单位提供,以增强证据的可信度与证明力。(3)证明内容主要是说明提交证据所要证明的事实。

需要注意的是,如果证据涉及国家秘密、商业秘密、个人隐私,则应当依法进行保密,不宜在公开开庭审理时出示,应当对该部分证据予以明确的标注提示。

如证据较多,则需要对其进行分类,每一类作为一组证据,在该组证据中再编写证据的名称,按序编号排列。如证据数量不多,则可按照上述方法写明每份证据名称,按序排列即可。此外,标明证据页码有利于庭审时提高质证的效率和针对性,便于让法官清楚明了并及时对应,故对于所提供的证据应当明确编好页码。在证据最后应当写明证据的提供人,即有原告的签字或盖章,并写明提供日期。

(二) 起草行政起诉状

起诉状是法院受理案件的基础和依据,也是法院了解原告诉求及案件争议焦点的核心材料,在撰写起诉状时应当明确原告、被告、管辖法院、受案范围、起诉期限,确定诉讼请求,叙述事实及理由。

1. 原告适格

原告应是符合《行政诉讼法》规定的公民、法人或者其他组织。具体而言,有权提起行政诉讼的主体主要包括以下几类:

(1) 行政行为的相对人以及其他与行政行为有利害关系的公民、法人或者其他组织;

(2) 有权提起诉讼的公民死亡的,其近亲属;

(3) 有权提起诉讼的法人或者其他组织终止的,承受其权利的法人或者其他组织。

2. 被告适格

起诉需明确指出实施被诉行政行为的行政机关或者法律、法规、规章授权的组织。通常来说,在被诉行政决定书面载体上盖公章的主体即是被告;行政协议案件的被告是签订协议的行政主体;不履行法定职责案件中,依职权应履行或依申请仍不履行法定职责的主体是被告;行政赔偿案件中,负有赔偿义务的机关应作为被告。

在经过复议的案件中,若复议机关决定维持原行政行为,那么作出原行政行为的行政机关和复议机关是共同被告;若复议机关改变原行政行为的处理结果的,则复议机关是被告;行政复议决定既有维持原行政行为内容,又有改变原行政行为内容或者不予受理申请内容的,作出原行政行为的行政机关和复议机关为共同被告。[①] 如果复议机关在法定期限内没有作出复议决定,而公民、法人或者其他组织起诉原行政行为的,仅作出原行政行为的行政机关是被告,如果起诉复议机关不作为的,复议机关是单独被告。

如果两个以上行政机关作出同一行政行为,那么共同作出行政行为的行政机关应作为共同被告;对于行政机关委托的组织所作的行政行为,委托的行政机关是被告;行政机关被撤销或者职权变更的,继续行使其职权的行政机关是被告。

3. 确定管辖法院

就地域管辖及专门法院管辖而言,行政案件通常由最初作出行政行为的行政机关所在地人民法院管辖,故而确定被告是确立管辖法院的前提。但经复议

---

① 《最高人民法院关于适用〈中华人民共和国行政诉讼法〉的解释》第134条。

的案件，也可以由复议机关所在地人民法院管辖。此外，还存在以下几种特殊情况：

（1）对限制人身自由的行政强制措施不服提起的诉讼，由被告所在地或者原告所在地人民法院管辖。

（2）因不动产提起的行政诉讼，由不动产所在地人民法院管辖，但有下列情形之一的也可由被告所在地人民法院管辖：① 请求房屋登记机构履行房屋转移登记、查询、复制登记资料等职责的；② 对房屋登记机构收缴房产证行为提起行政诉讼的；③ 对行政复议改变房屋登记行为提起行政诉讼的。①

（3）知识产权法院管辖有关专利、植物新品种、集成电路布图设计、技术秘密等专业技术性较强的第一审知识产权行政案件，以及对国务院部门或者县级以上地方人民政府所作的涉及著作权、商标、不正当竞争等行政行为提起诉讼的行政案件。其中，不服国务院行政部门知识产权的授权确权裁定或者决定，或涉及知识产权授权确权的其他行政行为而提起的第一审知识产权授权确权行政案件，由北京知识产权法院管辖。② 知识产权法院所在的市的基层人民法院作出的第一审著作权、商标、技术合同、不正当竞争等知识产权行政判决、裁定的上诉案件，由知识产权法院审理；知识产权法院作出的第一审判决、裁定的上诉案件和依法申请上一级法院复议的案件，除依法应由最高人民法院审理的之外，由知识产权法院所在地的高级人民法院知识产权审判庭审理。

（4）经最高人民法院批准，高级人民法院可以根据审判工作的实际情况，确定若干人民法院跨行政区域管辖行政案件。自2014年年底起，北京、上海相继设立北京市第四中级人民法院和上海市第三中级人民法院作为跨行政区划法院，旨在探索重大行政诉讼案件、环境资源保护案件、食品药品安全案件、重大商事案件等其他案件的跨区域审理。

就级别管辖而言，行政案件原则上由基层人民法院管辖，中级人民法院和高级人民法院分别管辖"本辖区内重大、复杂的第一审行政案件"，最高人民法院则管辖"全国范围内重大、复杂的第一审行政案件"。

依据《行政诉讼法》及相关司法解释的规定，中级人民法院管辖的一审案件有：

（1）对国务院部门或者县级以上地方人民政府所作的行政行为提起诉讼的案件，其中对于复议维持作出原行政行为的行政机关和复议机关为共同被告的情况，应以作出原行政行为的机关确定案件的级别管辖③；

---

① 《最高人民法院关于审理房屋登记案件若干问题的规定》第7条。
② 《最高人民法院关于北京、上海、广州知识产权法院案件管辖的规定》第5条。
③ 《最高人民法院关于适用〈中华人民共和国行政诉讼法〉的解释》第134条。

(2) 海关处理的案件；

(3) 本辖区内重大、复杂的案件，包括社会影响重大的共同诉讼案件，涉外或者涉及香港特别行政区、澳门特别行政区、台湾地区的案件等①；

(4) 其他法律规定由中级人民法院管辖的案件，主要指发明专利等知识产权案件。

4. 判断受案范围

具体来说，人民法院受理公民、法人和其他组织对下列行为不服提起的诉讼：

(1) 对行政拘留、暂扣或者吊销许可证和执照、责令停产停业、没收违法所得、没收非法财物、罚款、警告等行政处罚不服的；

(2) 对限制人身自由或者对财产的查封、扣押、冻结等行政强制措施和行政强制执行不服的；

(3) 申请行政许可，行政机关拒绝或者在法定期限内不予答复，或者对行政机关作出的有关行政许可的其他决定不服的；

(4) 对行政机关作出的关于确认土地、矿藏、水流、森林、山岭、草原、荒地、滩涂、海域等自然资源的所有权或者使用权的决定不服的；

(5) 对征收、征用决定及其补偿决定不服的；

(6) 申请行政机关履行保护人身权、财产权等合法权益的法定职责，行政机关拒绝履行或者不予答复的；

(7) 认为行政机关侵犯其经营自主权或者农村土地承包经营权、农村土地经营权的；

(8) 认为行政机关滥用行政权力排除或者限制竞争的；

(9) 认为行政机关违法集资、摊派费用或者违法要求履行其他义务的；

(10) 认为行政机关没有依法支付抚恤金、最低生活保障待遇或者社会保险待遇的；

(11) 认为行政机关不依法履行、未按照约定履行或者违法变更、解除政府特许经营协议、土地房屋征收补偿协议等协议的；

(12) 认为行政机关侵犯其他人身权、财产权等合法权益的；

(13) 人民法院受理法律、法规规定可以提起诉讼的其他行政案件。

人民法院不受理公民、法人或其他组织对下列事项提起的诉讼②：

(1) 国防、外交等国家行为；

---

① 《最高人民法院关于适用〈中华人民共和国行政诉讼法〉的解释》第5条。
② 参见《行政诉讼法》第13条，《最高人民法院关于适用〈中华人民共和国行政诉讼法〉的解释》第1条、第2条。

(2) 行政法规、规章或者行政机关制定、发布的具有普遍约束力的决定、命令；

(3) 行政机关对行政机关工作人员的奖惩、任免等决定；

(4) 法律规定由行政机关最终裁决的行政行为；

(5) 公安、国家安全等机关依照刑事诉讼法的明确授权实施的行为；

(6) 调解行为以及法律规定的仲裁行为；

(7) 行政指导行为；

(8) 驳回当事人对行政行为提起申诉的重复处理行为；

(9) 行政机关作出的不产生外部法律效力的行为；

(10) 行政机关为作出行政行为而实施的准备、论证、研究、层报、咨询等过程性行为；

(11) 行政机关根据人民法院的生效裁判、协助执行通知书作出的执行行为，但行政机关扩大执行范围或者采取违法方式实施的除外；

(12) 上级行政机关基于内部层级监督关系对下级行政机关作出的听取报告、执法检查、督促履责等行为；

(13) 行政机关针对信访事项作出的登记、受理、交办、转送、复查、复核意见等行为；

(14) 对公民、法人或者其他组织权利义务不产生实际影响的行为。

实务中考量行政行为是否可诉，应具体问题具体分析。例如，对于行政机关针对信访事项作出的登记、受理、交办、转送、复查、复核意见等行为不可诉，但并未规定信访答复意见一概不可诉，实践中经常出现行政机关以信访答复之名行拒绝履行法定职责之实的情况。对于此类案件，需结合如答复主体是否适格、答复意见内容是否具体、答复意见是否对特定当事人的权利义务产生实际影响、作出处理结果的法律依据是否不只是依据《信访条例》且信访事项涉及具体行政管理职责等综合考量。又如，通常情形下内部行政行为不可诉，但如果内部行政行为外化，该内部行政行为将不可避免地影响当事人的权利义务，那么此时该外化的内部行政行为亦应当具有可诉性。再如，当事人对于过程性行政行为通常不能单独起诉，但当过程性行政行为实际产生终局性结果时亦可诉，如公民、法人或者其他组织仅就行政许可过程中的告知补正申请材料、听证等通知行为提起行政诉讼的，人民法院不予受理，但导致许可程序对上述主体事实上终止的除外。[①]

---

① 《最高人民法院关于审理行政许可案件若干问题的规定》第3条。

5. 注意起诉期限

（1）起诉期限的一般规定

对于经过复议的案件，可以在收到复议决定书之日起十五日内向人民法院提起诉讼。复议机关逾期不作决定的，申请人可以在复议期满之日起十五日内向人民法院提起诉讼。法律另有规定的除外。①

对于未经复议的案件，除法律另有规定外，直接起诉应注意行政机关是否告知起诉期限，起诉期限从知道或者应当知道起诉期限之日起计算六个月，未告知起诉期限的，起诉期限从知道或者应当知道行政行为内容之日起最长不得超过一年。因不动产提起诉讼的案件自行政行为作出之日起超过二十年，其他案件自行政行为作出之日起超过五年提起诉讼的，人民法院不予受理。

（2）起诉期限的特殊规定

对于行政机关不履行法定职责的案件，通常情况下，行政机关在收到履职申请两个月内不履行的，公民、法人或者其他组织可以向人民法院提起诉讼，但法律、法规对行政机关履行职责的期限另有规定的除外。紧急情况下，公民、法人或者其他组织请求行政机关履行保护其人身权、财产权等合法权益的法定职责，行政机关不履行的，提起诉讼不受两个月规定期限的限制。对行政机关不履行法定职责提起诉讼的，应当在行政机关履行法定职责期限届满之日起六个月内提出。②

对于国家赔偿案件而言，受害人既可以在提起行政诉讼或行政复议的同时一并提起赔偿请求，也可以单独向赔偿义务机关提出赔偿请求。对于一并提起赔偿请求的案件赔偿请求人请求国家赔偿的时效为两年，自其知道或者应当知道国家机关及其工作人员行使职权时的行为侵犯其人身权、财产权之日起计算，但被羁押等限制人身自由期间不计算在内。在申请行政复议或者提起行政诉讼时一并提出赔偿请求的，适用行政复议法、行政诉讼法有关时效的规定。③ 对于单独向赔偿义务机关提出赔偿请求的，赔偿义务机关应当自收到申请之日起两个月内，作出是否赔偿的决定。④ 赔偿义务机关在规定期限内未作出是否赔偿的决定，或者作出决定后，赔偿请求人对赔偿的方式、项目、数额有异议的，可以自期限届满之日起三个月内或者自赔偿义务机关作出赔偿或者不予赔偿决定之日起三个月内，向人民法院提起诉讼。⑤

对于未告知诉权或者起诉、复议期限的情况，即行政机关仅告知公民、法

---

① 《行政诉讼法》第45条、《中华人民共和国行政复议法》第19条。
② 《最高人民法院关于适用〈中华人民共和国行政诉讼法〉的解释》第66条。
③ 《中华人民共和国国家赔偿法》第39条。
④ 《中华人民共和国国家赔偿法》第13条。
⑤ 《中华人民共和国国家赔偿法》第14条。

人或者其他组织行政行为的内容,没有告知诉权或者起诉、复议期限的,起诉、复议期限从公民、法人或者其他组织知道或者应当知道起诉期限之日起计算,但从知道或者应当知道行政行为内容之日起最长不得超过一年。①

注意行政起诉期限不适用中断和中止,在特殊情况下只能适用法定期限耽误的相关规定,即公民、法人或者其他组织因不可抗力或者其他不属于其自身的原因耽误起诉期限的,被耽误的时间不计算在起诉期限内。除此之外,其他特殊情况耽误起诉期限的,在障碍消除后十日内,可以申请延长期限,是否准许由人民法院决定。

6. 确定诉讼请求

诉讼请求作为起诉状的核心,需要根据当事人的基本意愿,结合案件事实作出明确固定。提出何种诉讼请求应当取决于诉讼类型的考量,从解决行政争议,维护当事人合法权益出发,不能提出和行政争议无关的请求,也不能提出超越司法审查职权范畴的诉请。

第一,认为被告实施行政行为违法的,可以根据情况分别提出撤销、变更行政行为或者确认行政行为违法、无效的请求。

(1) 诉请撤销的行政行为包括:① 主要证据不足的;② 适用法律、法规错误的;③ 违反法定程序的;④ 超越职权的;⑤ 滥用职权的;⑥ 明显不当的。

(2) 诉请变更行政行为只有两种情形:一是行政处罚明显不当;二是其他行政行为涉及对款额的确定、认定确有错误。

(3) 诉请确认行政行为违法,但不撤销行政行为,包括:① 行政行为依法应当撤销,但撤销会给国家利益、社会公共利益造成重大损害的;② 行政行为程序轻微违法,但对原告权利不产生实际影响的;③ 行政行为违法,但不具有可撤销内容的;④ 诉讼中,被告改变原违法行政行为,原告仍要求确认撤销原行政行为的;⑤ 被告不履行或者拖延履行法定职责,判决履行没有意义的。

(4) 诉请行政行为无效,包括行政行为有实施主体不具有行政主体资格或者没有依据等重大且明显违法的情形。

第二,认为被告不履行、拖延履行法定职责或者给付义务的,可以提出责令被告在一定期限履行法定职责或者给付义务的诉请。

第三,在行政协议相关案件中,诉请可以根据实际情况提出,包括请求确认协议有效、要求被告继续履行、解除协议;请求确认协议无效,要求被告予

---

① 《最高人民法院关于适用〈中华人民共和国行政诉讼法〉的解释》第64条。

以赔偿、补偿或者采取相应补救措施；请求判决被告承担继续履行协议、采取补救措施或者赔偿损失等责任；请求判决被告依法给予补偿。

第四，对于违法的行政行为，在诉讼中可以一并提出行政赔偿请求，包括要求被告支付赔偿金，返还财产或恢复原状，致人精神损害的，要求消除影响，恢复名誉，赔礼道歉；造成严重后果的，要求支付相应的精神损害抚慰金。①

第五，在涉及行政许可、登记、征收、征用和行政机关对民事争议所作的裁决的行政诉讼中，诉请可以包括请求法院一并审理相关民事争议。

第六，行政行为所依据的国务院部门和地方人民政府及其部门制定的规范性文件（不含规章）不合法，在对行政行为提起诉讼时，可以诉请一并对该规范性文件进行合法性审查。

7. 陈述事实及理由

恰当陈述事实根据和理由有利于法院充分查清事实，在行政起诉状的撰写中，需要写清楚被告实施或者不实施行政行为的来龙去脉，具体而言：

（1）应当写明被诉行政行为作出的时间、文号、主要内容，以及该行为所侵犯的原告具体权益和后果。

（2）写明原告对于被诉行政行为申请复议的情况，包括是否申请复议，复议机关作出复议决定的时间及主要内容。

（3）对被诉行政行为的违法性进行初步分析，包括被告作出被诉行政行为事实不清、主要证据不足、适用法律错误、违反法定程序、滥用职权、明显不当等情形。

（4）在被告不履行法定职责的案件中，则要点明被告系依职权或依申请履行法定职责，如系依申请履职还需写明原告何时向被告提出了要求其履行法定职责的申请以及具体的申请事项和理由、被告应当履行的相应职责以及期限的法律依据。

（5）对于行政赔偿案件，还需要写清楚被告的违法行为侵犯了原告哪些具体的合法权益、原告遭受损失的准确计算依据等。

示例

行政起诉状

原告：×××公司，住所地×××。

法定代表人：×××，职务×××。

---

① 《中华人民共和国国家赔偿法》第32条、第35条。

委托代理人：×××，×××律师事务所律师。
被告：×××，住所地×××。
法定代表人：×××，职务×××。
诉讼请求：

请求依法判决撤销被告×××于××××年××月××日作出的×××号行政处罚决定。

事实和理由：

原告×××公司系符合《××市建筑垃圾运输单位招投标管理办法》所规定的道路运输单位招标条件的经营主体，中标后经申请，由被告×××核发建筑垃圾运输许可证，该许可证书有效日期为2019年7月1日至2022年12月31日，许可类别与专业为×××区陆域范围内的工程渣土和拆房垃圾运输。自取得该许可证至今，原告一直遵守法律法规，在许可范围内安全运营。2021年8月，×××区交警队在并未查清原告车辆自重的情况下，径直以所谓总重超载为由违法对原告开出7张罚单。后被告依据上述交警的错误认定结论于2021年12月17日对原告作出×××号行政处罚决定，吊销原告的建筑垃圾运输许可证。

原告认为，被诉行政处罚决定事实认定严重不清，证据不足，且适用法律错误，具体理由如下：

一、被诉决定适用法律错误，未依照《中华人民共和国行政处罚法》的相关规定。

《中华人民共和国行政处罚法》第14条规定："地方政府规章可以在法律、法规规定的给予行政处罚的行为、种类和幅度的范围内作出具体规定。尚未制定法律、法规的，地方政府规章对违反行政管理秩序的行为，可以设定警告、通报批评或者一定数量罚款的行政处罚。罚款的限额由省、自治区、直辖市人民代表大会常务委员会规定。"针对运输单位超载情形，国家法律、行政法规、地方性法规尚未设定吊销许可证的行政处罚，《××市建筑垃圾处理管理规定》作为市政府规章亦不能对该行为设定吊销许可证的行政处罚。

即便按照被诉决定适用的法律条款，其适用也不准确，《××市建筑垃圾处理管理规定》第48条第1款包含四项内容，到底被诉决定适用哪一项，并没有明确。

二、被诉行政处罚决定事实不清、证据不足，不能认定原告确有超载运输30%以上的行为。

被告认定原告超载30%以上系根据交警部门开具的罚单，但实际原告被处罚的7辆车自身空车重量都超过了行驶证上记载车辆自重，交警作出的处罚没有结合客观实际认定,所谓的超载不符合事实,作出的处罚缺乏明显事实根据。根据《最高人民法院关于审理行政许可案件若干问题的规定》第7条,"作为被诉行政许可行为基础的其他行政决定或者文书存在以下情形之一的,人民法院不予认可:(一)明显缺乏事实根据;……"被告根据交警部门明显缺乏事实根据的超载认定作出处罚决定,亦应当认定为事实不清,证据不足。

综上,人民法院审理行政案件,依据法律、行政法规、地方性法规,参照规章。因被诉处罚决定适用法律、法规错误,主要证据不足,程序严重违法,原告为维护自身合法权益,根据《中华人民共和国行政诉讼法》的有关规定,向贵院提起诉讼,请求法院依法公正审判。

此致
××××人民法院

原告:×××(签名盖章)
[法人:×××(盖章)]
××××年××月××日

附:
1. 起诉状副本××份。
2. 被诉行政行为××份。
3. 其他材料××份。

(三)向人民法院提起行政诉讼

根据我国《行政诉讼法》的规定,起诉应当向人民法院递交起诉状,并按照被告人数提出副本;书写起诉状确有困难的,可以口头起诉,由人民法院记入笔录,出具注明日期的书面凭证,并告知对方当事人。

三、开庭审理前的准备

(一)律师代理原告方("民告官"之"民"一方)

1. 证据的补充

律师代理原告向法院递交诉状和证据材料后,如果法院经审查认为,诉状内容需要补正或者立案仍需要补充有关证据材料,要求原告补正的,律师应当及时与原告沟通,及时进行补正。

2. 停止执行

诉讼期间,原则上不停止行政行为的执行,如《行政处罚法》规定,当事人对行政处罚决定不服,申请行政复议或者提起行政诉讼的,行政处罚不停止执行，法律另有规定的除外。① 但是，从诉讼到判决需要经过一定的时间，如果没有临时性的措施暂停行政行为的执行，特别是行政行为最终可能被撤销或确认违法的情况下，行政行为的执行可能导致当事人难以弥补的损失。故原告律师在接受代理的同时应考虑是否同时提出停止执行申请，包括：

（1）申请被告自行停止执行。如被处罚人不服行政拘留处罚决定，申请行政复议、提起行政诉讼的，可以向公安机关提出暂缓执行行政拘留的申请。公安机关认为暂缓执行行政拘留不致发生社会危险的，由被处罚人或者其近亲属提出符合条件的担保人，或者按每日行政拘留200元的标准交纳保证金，行政拘留的处罚决定暂缓执行。②

（2）申请法院停止执行。情况紧急，不立即停止执行恐造成严重后果的，应立即申请法院裁定停止执行。

3. 先予执行

根据法律规定，人民法院对起诉行政机关没有依法支付抚恤金、最低生活保障金和工伤、医疗社会保险金的案件，权利义务关系明确、不先予执行将严重影响原告生活的，可以根据原告的申请，裁定先予执行。当事人对先予执行裁定不服的，可以申请复议一次。复议期间不停止裁定的执行。

与前述的停止执行不同，此处先予执行只针对行政机关尚未作出但根据情况应当履行的行为，且必须由原告自行提出申请。先予执行限于行政给付，给付的内容主要是金钱。申请先予执行的主体应当是依法有权获得金钱的公民法人或者其他组织，被申请主体须是法律上负有发放上述金钱义务的行政机关。此外，因为先予执行将提前执行将来的生效判决，故要求当事人之间的给付法律关系十分清楚明确，通常法院为了避免审理后出现先予执行错误导致国家赔偿责任，都会严格把关，因此，律师需要收集和提供充分确凿的事实和法律依据予以支持。

4. 财产保全

人民法院对于因一方当事人的行为或者其他原因，可能使行政行为或者人民法院生效裁判不能或者难以执行的案件，根据对方当事人的申请，可以裁定对其财产进行保全、责令其作出一定行为或者禁止其作出一定行为。此外，利害关系人因情况紧急，不立即申请保全将会使其合法权益受到难以弥补的损害的，也可以在提起诉讼前向被保全财产所在地、被申请人住所地或者对案件有管辖权的人民法院申请采取保全措施。因此，律师接受当事人委托之后，也要注意案件是否适用诉讼或者诉前保全的情况，及时申请并提供担保。因申请人

---

① 《中华人民共和国行政处罚法》第73条。
② 《中华人民共和国治安管理处罚法》第107条。

申请保全错误，申请人应当赔偿被申请人因保全所遭受的损失，故对于财产保全申请也应慎之又慎。当事人对保全的裁定不服的，可以申请复议；复议期间不停止裁定的执行。

（二）律师代理被告方（"民告官"之"官"一方）

庭前准备阶段，被告方代理律师的核心工作是撰写并提交答辩状以及作出被诉行政行为依据的规范性文件和证据材料。

1. 制作答辩状

被告对法院送达的起诉状副本应当迅速审查下列事项：（1）原告是否具有原告资格；（2）被诉行政机关是否属于适格被告；（3）被诉行政行为是否客观存在；（4）原告起诉是否符合《行政诉讼法》及相关司法解释规定的受案范围；（5）受诉法院是否具有管辖权；（6）原告起诉是否在起诉期限内；（7）是否遗漏了诉讼当事人；（8）是否属于应当行政复议前置的案件等。如认为案件不属于受诉人民法院管辖，律师应当及时与被告沟通。代理被告提出管辖异议的，应当在收到起诉状副本之日起十五日内提出。[①] 如果人民法院受理的行政诉讼案件符合相关法律规定，律师就应准备答辩状，进行应诉。

撰写答辩状的基本要义是在研究原告起诉状的基础上，查找原告起诉状的漏洞，并结合己方确立的争议焦点，有针对性地反驳起诉状关于行政行为违法的事实和理由。具体而言，应当综合来判断被告作出的行政行为是否合法，行为是否有明显不当，是否认定事实清楚、证据确凿，作出程序是否合法；如涉及行政处罚还需考虑处罚裁量是否适当；如涉及履职行为，则需要考虑原告所提请履行的职责是否系被告的职责，被告是否依法履行；如系行政协议案件，应当考量是否为被告所签订，不履行协议是否基于行政优益权，是否已进行赔偿、补偿；如系国家赔偿案件还需要考虑是否系被申请人行为给申请人造成损害，是否有生效法律文书确认被申请人行为违法以及申请人所提起的赔偿事项和金额是否计算合理等。

示例

行政答辩状

答辩人（即被告）：××镇人民政府，住所地×××。

法定代表人：×××，职务×××。

××××年××月××日，答辩人收到了原告×××诉答辩人"行政城建其他"一案的诉状等应诉材料，现针对原告的诉求作如下答辩。

[①] 《最高人民法院关于适用〈中华人民共和国行政诉讼法〉的解释》第10条。

答辩人认为，原告×××的诉求不成立，答辩人作出该决定具有法律依据和事实依据，故应驳回原告的诉求，维持该决定。

一、答辩人具有依法对本镇的河道予以管理和对违反河道管理的行为作出处罚的职权。

根据《××市河道管理条例》第5条第3款、第42条的规定，答辩人依法具有对本镇河道予以管理的职责，对违反河道管理的行为有相应处罚的职权。

二、原告存在违反《××市河道管理条例》有关规定的行为，答辩人对原告进行处罚的事实和法律依据充分。

原告是××镇××小区的业主，××××年××月××日，被告所属的××镇城管执法中队接到该小区物业报告，称原告在其住宅西侧使用渣土填堵河道。后镇城管执法中队去现场检查，发现确有此事，经委托第三方××公司测绘查明原告填堵河道面积为×平方米，遂通知原告进行谈话并告知其行为已违反《××市河道管理条例》第26条第1款的规定，要求在规定时间内整改并恢复原状。

三、答辩人作出上述决定的程序合法。

答辩人在对原告的违法填堵河道行为进行处罚的过程中，均依据《中华人民共和国行政处罚法》的有关规定，进行现场检查、调查、取证、制作相关笔录，告知当事人的权利，并依法送达相关的法律文书。因此，处罚程序也是合法和充分的。

综上，答辩人认为，原告的诉求不能成立，应予驳回。

此致

××××人民法院

答辩人：×××
时间：××××年××月××日

2. 整理并提交作出被诉行政行为依据的规范性文件

根据《行政诉讼法》第34条的规定，被告对作出的具体行政行为负有举证责任，应当提供作出该行政行为的证据和所依据的规范性文件。

根据《行政诉讼法》第53条第1款的规定，公民、法人或者其他组织认为行政行为所依据的国务院部门和地方人民政府及其部门制定的规范性文件不合法，在对行政行为提起诉讼时，可以一并请求对该规范性文件进行审查。也就是说，行政行为作出时依据了该规范性文件是进行规范性文件合法性审查的前提。

> **示例**
>
> **中华人民共和国最高人民法院行政裁定书**
>
> （2018）最高法行申 10942 号
>
> 再审申请人赵×因诉被申请人××社会保障行政管理一案，不服新疆维吾尔自治区高级人民法院（2018）新行终 121 号行政判决，申请再审。
>
> 赵×请求之一是：审查原劳社部发〔1999〕8 号《关于制止和纠正违反国家规定办理企业职工提前退休有关问题的通知》（以下简称"劳社部 8 号通知"）第 2 项第 2 款和据此作出的新劳社字（2001）6 号文件（以下简称"6 号文件"）第 4 项的合法性与适应性。
>
> 再审法院关于附带性审查的问题认为，根据《中华人民共和国行政诉讼法》第 53 条第 1 款的规定，公民、法人或者其他组织认为行政行为所依据的国务院部门和地方人民政府及其部门制定的规范性文件不合法，在对行政行为提起诉讼时，可以一并请求对该规范性文件进行审查。规范性文件合法性审查的前提条件是行政行为作出时依据了该规范性文件。××州人社局作出的 01 号不予受理通知并未依据劳社部 8 号通知和 6 号文件，××州政府、××州社保局亦未依据该文件作出可诉的行政行为，故赵×对该规范性文件的附带性审查请求不符合规范性文件附带性审查的条件。

3. 整理并提交证据材料

（1）双方当事人提交证据材料的共同要求

根据《最高人民法院关于行政诉讼证据若干问题的规定》（以下简称《行政诉讼证据规定》）第 10 条的规定，当事人向人民法院提供书证的，应当符合下列要求："（一）提供书证的原件，原本、正本和副本均属于书证的原件。提供原件确有困难的，可以提供与原件核对无误的复印件、照片、节录本；（二）提供由有关部门保管的书证原件的复制件、影印件或者抄录件的，应当注明出处，经该部门核对无异后加盖其印章；（三）提供报表、图纸、会计账册、专业技术资料、科技文献等书证的，应当附有说明材料；（四）被告提供的被诉具体行政行为所依据的询问、陈述、谈话类笔录，应当有行政执法人员、被询问人、陈述人、谈话人签名或者盖章。法律、法规、司法解释和规章对书证的制作形式另有规定的，从其规定。"

根据《行政诉讼证据规定》第 11 条的规定，当事人向人民法院提供物证的，应当符合下列要求："（一）提供原物。提供原物确有困难的，可以提供与原物核对无误的复制件或者证明该物证的照片、录像等其他证据；（二）原物为数量较多的种类物的,提供其中的一部分。"

根据《行政诉讼证据规定》第12条的规定,当事人向人民法院提供计算机数据或者录音、录像等视听资料的,应当符合下列要求:"(一)提供有关资料的原始载体。提供原始载体确有困难的,可以提供复制件;(二)注明制作方法、制作时间、制作人和证明对象等;(三)声音资料应当附有该声音内容的文字记录。"

根据《行政诉讼证据规定》第13条的规定,当事人向人民法院提供证人证言的,应当符合下列要求:"(一)写明证人的姓名、年龄、性别、职业、住址等基本情况;(二)有证人的签名,不能签名的,应当以盖章等方式证明;(三)注明出具日期;(四)附有居民身份证复印件等证明证人身份的文件。"

根据《行政诉讼证据规定》第16-19条的规定,当事人向人民法院提供的在中华人民共和国领域外形成的证据,应当说明来源,经所在国公证机关证明,并经中华人民共和国驻该国使领馆认证,或者履行中华人民共和国与证据所在国订立的有关条约中规定的证明手续。

当事人提供的在中华人民共和国香港特别行政区、澳门特别行政区和台湾地区内形成的证据,应当具有按照有关规定办理的证明手续。

当事人向人民法院提供外文书证或者外国语视听资料的,应当附有由具有翻译资质的机构翻译的或者其他翻译准确的中文译本,由翻译机构盖章或者翻译人员签名。

证据涉及国家秘密、商业秘密或者个人隐私的,提供人应当作出明确标注,并向法庭说明,法庭予以审查确认。

当事人应当对其提交的证据材料分类编号,对证据材料的来源、证明对象和内容作简要说明,签名或者盖章,注明提交日期。

(2)原告提交证据材料的特殊要求

对于原告而言,要注意在所有的证据中,不允许有自相矛盾的证据,证据必须经过质证,法院才能采纳,所有的证据必须组成一个证据链,以证明行政行为的存在,必须把证据准备充分,否则诉讼是赢不了的。

在行政诉讼中,原告需要提交证明起诉符合法定条件、起诉被告不作为的事实材料、行政赔偿中损害事实的证据材料。《行政诉讼法》第38条规定:"在起诉被告不履行法定职责的案件中,原告应当提供其向被告提出申请的证据。但有下列情形之一的除外:(一)被告应当依职权主动履行法定职责的;(二)原告因正当理由不能提供证据的。在行政赔偿、补偿的案件中,原告应当对行政行为造成的损害提供证据。因被告的原因导致原告无法举证的,由被告承担举证责任。"

(3) 被告提交证据材料的特殊要求

对于被告而言，提供书证的，被告提供的被诉具体行政行为所依据的询问、陈述、谈话类笔录，应当有行政执法人员、被询问人、陈述人、谈话人签名或者盖章。

根据《行政诉讼证据规定》第14条的规定，被告向人民法院提供的在行政程序中采用的鉴定结论，应当载明委托人和委托鉴定的事项、向鉴定部门提交的相关材料、鉴定的依据和使用的科学技术手段、鉴定部门和鉴定人鉴定资格的说明，并应有鉴定人的签名和鉴定部门的盖章。通过分析获得的鉴定结论，应当说明分析过程。

根据《行政诉讼证据规定》第15条的规定，被告向人民法院提供的现场笔录，应当载明时间、地点和事件等内容，并由执法人员和当事人签名。当事人拒绝签名或者不能签名的，应当注明原因。有其他人在现场的，可由其他人签名。法律、法规和规章对现场笔录的制作形式另有规定的，从其规定。

《行政诉讼证据规定》第1条规定："被告对作出的具体行政行为负有举证责任，应当在收到起诉状副本之日起十日内，提供据以作出被诉具体行政行为的全部证据和所依据的规范性文件。被告不提供或者无正当理由逾期提供证据的，视为被诉具体行政行为没有相应的证据。被告因不可抗力或者客观上不能控制的其他正当事由，不能在前款规定的期限内提供证据的，应当在收到起诉状副本之日起十日内向人民法院提出延期提供证据的书面申请。人民法院准许延期提供的，被告应当在正当事由消除后十日内提供证据。逾期提供的，视为被诉具体行政行为没有相应的证据。"

示例

在江苏省丹阳市（2015）丹行初字第00061号束××与江苏省××经济开发区管理委员会行政处罚行政诉讼一案中，原告束××不服被告江苏省××经济开发区管理委员会城乡建设行政处罚决定提起行政诉讼，法院经审理后认为，根据《行政诉讼法》第34条第1款规定，被告对作出的行政行为负有举证责任，应当提供作出该行政行为的证据和所依据的规范性文件。本案中，被告没有向法院提供其作出关于限期拆除违章建筑的通知的相关证据和法律依据，被告认定原告的养鸡场为违法建筑缺乏证据证明，在该通知书上认定其为违法建筑事实不清，属主要证据不足。被告作出该通知时未向原告告知陈述和申辩权，也未告知行政复议权或诉权，不符合法定程序。被告在该通知中也未适用法律规定，属适用法律错误。综上，被告作出的关于限期拆除违章建筑的通知违法，依法应予撤销。

四、出席庭审并进行代理

开庭审理的大致步骤包括开庭前的准备、法庭调查、法庭辩论、法庭最后陈述、评议和宣判等，但这些步骤不是固定的，尤其是法庭调查和法庭辩论可能交替穿插。

（一）开庭前的准备

在此阶段，律师除了要安排好出席庭审的时间、准备并通知当事人准备好出席庭审的相关证照和资料等准备工作外，还应当了解合议庭及其他审判人员的组成，如发现审判人员与本案有利害关系、其他关系或者不正当行为可能影响公正审判的，应当及时提出回避申请。

此外，曾经在一个审判程序中参与过本案审判工作的审判人员，不得再参与该案其他程序的审判。① 但是，经过第二审程序发回重审的案件，在一审法院作出裁判后又进入第二审程序的，原第二审程序中合议庭组成人员不受此限制。

律师当庭提出回避申请的，审判长应宣布休庭并作出相应的处理。对于院长担任审判长时的回避，由审判委员会决定；审判人员的回避，由院长决定；其他人员的回避，由审判长决定。对决定不服的，可以申请复议一次，复议期间，被申请回避的人员不停止参与本案的工作。②

此外，如对对方出庭人员的身份存有异议，尤其是对于对方诉讼代理人、行政机关负责人出庭有意见的，亦应当及时提出。

（二）法庭调查

根据行政诉讼法的规定，在进入法庭调查之前，法庭通常会在听取当事人陈述与答辩之后作争点归结。如果双方当事人同意法庭对案件争点的归结意见，法庭就会要求双方当事人仅就争点归结所涉及的事实展开调查。法庭调查通常包括当事人举证与质证、当事人相互发问、法庭询问等几个步骤，其中最关键的是法庭调查中的举证、质证环节。

---

① 《最高人民法院关于审判人员在诉讼活动中执行回避制度若干问题的规定》第3条。
② 《行政诉讼法》第55条、《最高人民法院关于适用〈中华人民共和国行政诉讼法〉的解释》第74条。

根据行政诉讼法的规定，未经庭审质证的证据，不能作为定案的依据。①因此，证据应当在法庭上出示，并经庭审质证。

庭审举证过程中，律师应根据已经准备好的证据清单进行逐一举证，说明证据名称、来源、用以证明的事实。通常来说，证据应当在庭审前提交至法院，证据突袭不仅影响当事人正当行使权利，还会降低庭审效率，引起法官的反感。

庭审质证过程中，律师主要应当围绕对方证据的真实性、关联性、合法性，针对证据有无证明效力及证明力大小，以及其与待证事实的关系进行质证。

关于庭审举证、质证的技巧和方法，将在第三节"行政诉讼代理的技能演示"中详细介绍，在此不作展开。

（三）法庭辩论

法庭辩论是当事人结合法庭调查的情况，就法律适用问题发表意见。法庭辩论与法庭调查不可割裂，法庭辩论基于法庭调查，法庭调查阶段的举证、质证、证据材料是否可以作为证据，以及证明效力，也是法庭辩论的事实内容。为了提高庭审效率，法庭辩论前，合议庭通常会归纳案件争议焦点问题，故法庭辩论应主要围绕争议焦点进行。区别于民事诉讼的是，行政案件在法庭辩论的过程中，主要应就行政行为的合法性进行辩论。具体来说：

（1）对于被告的作为行为，主要从行政行为是否具有相应职权、适用法律法规是否正确、主要证据是否确实充分、是否违反法定程序、是否滥用职权、行政处罚裁量是否适当等方面进行辩论。

（2）对于被告的不作为行为，主要从是否系依职权履行行为，原告是否曾提出申请，原告申请是否符合法定要件，被告是否具有履行义务，被告是否存在不履行、拖延履行法定职责的事实，被告不履行、拖延履行法定职责的理由是否合法等。

（四）法庭最后陈述

最后陈述系原告、被告当庭对整体案件最后的意见，一般原告发表支持其所有诉讼请求的主张，被告发表驳回原告诉请或者驳回原告起诉的意见。当然，根据庭审情况，双方亦可最终表达愿意庭外在法庭的组织下进行实质性化解行政争议的意愿。

庭审结束后，建议律师将己方在法庭辩论中所陈述的观点和理由整理成书面代理词及时递交给合议庭，便于合议庭参考。代理词的写作应当紧紧围绕争

---

① 《最高人民法院关于行政诉讼证据若干问题的规定》第35条。

议焦点展开,分点论述,充分论证,详略得当,重点突出。

(五)评议与宣判

人民法院对公开审理和不公开审理的案件,一律公开宣告判决。

当庭宣判的,应当在十日内发送判决书;定期宣判的,宣判后立即发送判决书。

宣告判决时,必须告知当事人上诉权利、上诉期限和上诉的人民法院。

五、诉讼程序终结后的执行和归档

(一)执行

1. 行政诉讼案件的执行

针对负有义务的一方当事人拒绝履行发生法律效力的行政判决书、行政裁定书、行政赔偿判决书和行政调解书,对方当事人可以依法申请人民法院强制执行。人民法院判决行政机关履行行政赔偿、行政补偿或者其他行政给付义务,行政机关拒不履行的,对方当事人可以依法向法院申请强制执行。要注意申请执行的期限为二年。

2. 非诉行政行为案件的执行

公民、法人或者其他组织对行政行为在法定期限内不提起诉讼又不履行的,行政机关可以申请人民法院强制执行,或者依法强制执行。

(1)行政机关申请人民法院强制执行

行政机关作出行政决定后,公民、法人或者其他组织对行政行为在法定期限内不提起诉讼又不履行行政行为确定的义务,没有行政强制执行权的行政机关可以在自期限届满之日起三个月内申请人民法院强制执行。①

(2)行政机关依法自行强制执行

行政机关依法作出行政决定后,当事人在行政机关决定的期限内不履行义务的,具有行政强制执行权的行政机关可以依照《行政强制法》规定的强制执行程序强制执行。例如,对违法的建筑物、构筑物、设施等需要强制拆除的,应当由行政机关予以公告,限期当事人自行拆除。当事人在法定期限内不申请行政复议或者提起行政诉讼,又不拆除的,行政机关可以依法强制拆除。②又如在税收领域中,对未按照规定办理税务登记的从事生产、经营的纳税人以及临时从事经营的纳税人,由税务机关核定其应纳税额,责令缴纳;不缴纳的,税务机关可以扣押其价值相当于应纳税款的商品、货物。扣押后仍不

---

① 《行政强制法》第53条。
② 《行政强制法》第44条。

缴纳应纳税款的，经县以上税务局（分局）局长批准，依法拍卖或者变卖所扣押的商品、货物，以拍卖或者变卖所得抵缴税款。①

3. 行政裁决的执行

行政机关根据法律的授权对平等主体之间民事争议作出裁决后，当事人在法定期限内不起诉又不履行，作出裁决的行政机关在申请执行的期限内未申请人民法院强制执行的，生效行政裁决确定的权利人或者其继承人、权利承受人在六个月内可以申请人民法院强制执行。享有权利的公民、法人或者其他组织申请人民法院强制执行生效行政裁决，参照行政机关申请人民法院强制执行行政行为的规定。②

（二）结案归档

律师承办业务形成的文件材料，必须严格按照规定立卷归档，立卷归档工作由律师助理或承办律师负责。律师业务文书材料应在结案或事务办结后三个月内整理立卷。装订成册后由承办人根据司法部、国家档案局制定的《律师业务档案管理办法》的有关规定提出保管期限，经律师事务所（法律顾问处）主任审阅盖章后，移交档案管理人员，并办理移交手续。③

第三节　行政诉讼代理的技能演示

一、行政案件接待当事人（家属）技能演示

行政案件俗称"民告官"，鉴于我国行政诉讼立法制度建立较晚也不完善，加之民间历来有"民不与官斗"的传统观念，当事人往往对于起诉政府的行为及后果心存疑虑，也担心诉讼本身可能会招致对自己很不利的影响，故律师代理行政案件接待原告一方当事人的过程中，需要帮助当事人正确理解诉讼的原因、诉讼的目的，详解诉讼的过程，指导其理性认识行政诉讼的价值，客观分析行政诉讼的法律风险。当然，对于一部分确实未存在合法权益受到违法行政行为侵害的当事人，或者少部分反复希望通过诉讼向政府施加压力以谋求不正当利益的当事人，律师也应当及时有针对性地引导其理性维权，正确对待矛盾，以避免浪费司法资源。

行政诉讼案件不能风险代理，故律师对于当事人不得承诺案件结果，也不

---

① 《中华人民共和国税收征收管理法》第37条。
② 《最高人民法院关于适用〈中华人民共和国行政诉讼法〉的解释》第158条。
③ 《司法部、国家档案局关于印发〈律师业务档案立卷归档办法〉和〈律师业务档案管理办法〉的通知》第21条。

得收取风险代理费用,必要时应在接待当事人过程中做好谈话笔录,告知诉讼风险提示。而在代理作为被告的行政机关一方当事人的行政案件过程中,律师代表的是政府的形象,更应该注意自身言行,应该就案件向行政机关进行客观全面分析和研判,发现问题及时报告行政机关案件负责人,给行政机关实质化解行政争议提出专业建议,避免行政机关败诉的风险。

关于行政案件接待当事人(家属)的技能,可以借鉴民事诉讼中接待(会见)当事人的具体内容,在此不作赘述。

二、调查取证的技能演示

律师或诊所学员调查取证应当遵守执业纪律和法律规范,对涉及国家秘密、个人隐私、当事人商业秘密的材料,应当依照法律规定保密。[①] 律师或诊所学员调查取证不得故意提供虚假证据或者威胁、利诱他人提供虚假证据,妨碍对方当事人合法取得证据。[②] 在调查取证的过程中,要注意以下几点:

(一) 证据的收集范围

律师应全面客观了解案情,及时、深入、细致地收集并及时固定相关证据。收集证据范围包括能证明己方诉讼请求或答辩请求正确的证据,以及能证明对方诉讼请求或答辩请求错误的所有证据。律师在组织相关证据时,应提醒当事人防止被对方当事人提取、固定对己方不利之证据,如录音、录像或其他相关书面材料等。

律师不能及时收集证据的,应在举证期限届满前书面申请法院延长举证期限。

(二) 调查和收集证据

1. 向证人调查

应当由两名律师(其中一名律师需持有律师执业证)进行并制作调查笔录。调查笔录应当载明被调查人、调查时间、调查地点、调查内容、调查笔录制作人等基本情况;应当记明律师身份,律师要求被调查人如实作证,作伪证的法律责任等内容,以及调查事项发生的时间、地点、人物、经过、结果。

调查笔录应全面、准确地记录谈话内容,并交由被调查人签字、盖章或按指纹确认。必要时,征得被调查人同意可同步录音或录像。

律师应根据案情决定申请证人出庭是否有利,或者聘请公证处公证取证过程,进行证据公证。

[①] 《律师法》第38条。
[②] 《律师法》第40条。

需要证人出庭作证的，律师应编制证人名单，并说明拟证明的事实，并在举证期限届满前提出申请。每一证人应附上相关材料，包括证人的基本身份情况、联系方式、证明事项、证明目的等。

2. 收集书证、物证与视听材料

律师收集书证应调取原件，物证应调取原物。

书证包括原本、正本和副本，律师收集书证时，应尽可能收集原件。收集原件确有困难的，可以复制、拍照或者收集节录本，但应请相关保管机构签字或盖章证明与原件原物一致并附说明，必要时予以公证。

律师收集物证时也应当尽可能收集原物。收集原物确有困难的，可以收集复制件或者对原物进行拍照或录像。同样的，对于复制件、照片、录像应当附上必要的解释说明，应请相关保管机构签字或盖章证明与原件原物一致并附说明，必要时予以公证。

对于移动设备、计算机数据、多媒体素材或者视听资料等，应当尽可能收集和保存有关资料的原始载体，收集原始载体确有困难的，应当对副本标明制作方法、制作时间和地点、制作人、证明对象及内容。此外，对于音频资料可以将其整理成文字记录，便于法官查阅；对于较为关键的视频资料可以将其按照时间刻度拆解开，详细分析每一帧视频画面和声音所反映出的内容，形成完整的文字版分析记录，以充分发挥己方证据的价值。对于外文书证或者视听资料，应当附具有翻译资质的机构翻译文本或者其他翻译准确的中文译本，必要时应当由翻译机构盖章或者翻译人员签字。

3. 申请法院调查和收集证据

律师因客观原因不能自行收集的证据，应在举证期限届满前向法院递交书面申请调查令，或申请法院直接调取，并协助调查收集。

4. 证据保全

在证据可能灭失或以后难以取得的情形下，律师应征得委托人同意后，代理其向人民法院申请保全证据。在诉讼过程中，申请证据保全不得迟于举证期限届满前；若需在诉前采取证据保全的，依照法律规定、司法解释及仲裁规则等规定办理。

（三）证据的审查和整理

律师对调查、收集的证据应从以下几个方面进行审查确定真伪及证明力：证据的来源及种类；证据的形成和制作；证据形成的时间、地点和周围环境；证据的内容和形式；证据要证明的事实及其与本案的关联性；证据间的关系；证据提供者与本案或本案当事人的关系；证据的合法性和客观性；证据的证明力。

编制证据目录应符合受诉法院对证据及证据目录的要求，完整地包含证据名称、证据来源、主要内容及证明对象四个要素。

编制证据目录时，应紧密围绕案件事实、案件争议焦点对证据进行分组，原则上每组证据对应一项案件事实或一个争议焦点。编制完成后，应装订成册并对证据目录和证据进行编号。

1. 证据目录封面

封面是证据目录装订成册时的首页，应包含如下要点：各方当事人；诉讼阶段；审理法院；案由；案号；委托人；代理人及联系方式；证据目录及证据总页码；提交人及提交时间。

2. 证据目录内容

（1）证据名称

证据名称系指证据首页注明的完整名称，或者在未注明名称时对该证据本身的简要描述，不得随意精简或任意描述。例如，《商品房买卖合同》《会议纪要》、"事故现场照片"（未注明名称）等。

（2）证据来源

证据来源是指证据产生的源头，说明证据的来源主要是便于裁判机构判断证据的合法性及可信度。

归纳证据来源非简单表明该份证据由谁提供，律师不得将证据来源简单归纳为"原告提供""被告提供"。证据来源应表明该份证据从何而来，如"《企业法人营业执照》系×××工商行政管理局颁布""《建设工程规划许可证》系在×××规划局查询所得"等。

（3）是否为原件

如果提交的证据有的是原件，有的是复印件，可单独列明。

（4）主要内容

主要内容应归纳该证据包含的与案件事实、争议焦点相关的主要事实，并进行简要描述。主要内容的描述应当简明扼要，不描述与案件事实及争议焦点无关的事实。

（5）证明对象

证明对象是指该证据能够证明的某一法律事实。证明对象与主要内容既相似又有区别，二者都是对事实的描述，但主要内容侧重于对证据体现的表面事实进行描述，而证明对象侧重于根据主要内容而归纳出能够直接产生法律意义的事实。

> **示例**
>
> ×××诉S大学不授予博士学位案中，S大学提交的证据证明对象为：
>
> ① ×××答辩后签署暂缓申请学位的字据，证明S大学不存在程序上延缓；
>
> ② 对×××的论文的鉴定结论，说明不属于S大学经济学院规定的论文类型范围；
>
> ③ S大学经济学院第78次分学位委员会决议表决票统计和决议书，证明分学位委员会不同意推荐授予博士学位，证明分学位委员会的不推荐不是独立的行政行为，而是内部行为，不具有可诉性；
>
> ④ 国务院学位办的回复，证明国务院学位办明确指出，分学位委员会的决议不是具体行政行为，而是内部行为，不具有可诉性；
>
> ⑤《S大学学位授予工作实施细则》（第15条）规定，证明其不符合申请学位所要求的数量要求，是不授予博士学位的硬性规定；
>
> ⑥《S大学学位授予工作实施细则》（第16条）规定，证明即使答辩通过，乃至符合完成了基本的论文数量，分学位委员会仍有权从整体学术判断角度，拒绝颁发学位，以及细则赋予了学位委员会自由裁量权；
>
> ⑦《S大学学位授予工作实施细则》（第25条）规定，说明授予学位需要分委员会进行决议，答辩委员会对申请者从学术能力、思想品德、学术诚信等各方面进行综合判断，进行表决，而不是论文答辩通过后，甚至符合发表科研论文要求后，委员会必然授予学位；
>
> ⑧ 判决书，说明法院此前已经就S大学经济学院科研指标的合法性予以尊重；
>
> ⑨ 决议不授予学位告知书，证明及时通知，未耽误救济。

3. 证据目录及编码

律师应对证据目录及证据进行编码，便于对应查阅。编码时应使用打码器，并在证据右上角空白处打码，不得手写。

4. 证据封面及装订

证据目录及证据材料应使用A4纸打印或复印并装订成册，封面应使用律师事务所胶装机专用的封面用纸，并用胶装机装订后方可提交。

当证据材料较多，需装订多本证据时，应对多本证据进行合理的分拆并注明每本的顺序，既不打乱证据的连贯性和逻辑性，也需保持多本证据的厚度基本一致。

(四) 被告收集证据的特殊规定

应当注意的是：第一，在诉讼过程中，被告及其诉讼代理人不得自行向原告、第三人和证人收集证据。这里作为行政诉讼中被告的律师与被告是委托法律关系；受委托律师的权利来自委托人即行政诉讼被告，在委托人的调查取证权受到禁止的前提下，受委托律师当然要受到相应的约束。

示例

原告南京××建材厂于2015年4月30日向被告连云港市城乡建设局提出政府信息公开申请，并提交了申请表。被告于同日收到原告的申请后，于5月21日作出1号信息公开申请答复书。原告不服，向江苏省连云港市连云区人民法院提起行政诉讼。

被告向法院提交了以下证据：

证据1：被告公开的申报所需材料说明。

证明对于建筑材料构配件和建筑机械设备登记备案，被告依法公开登记备案所需的材料以便相关企业报备。

证据2：1号信息公开申请答复书。

证明被告对于原告申请要求政府公开信息的内容予以书面答复，并告知原告相关救济途径。

证据3：2015年6月26日，连云港××木业有限公司出具与被告的意见。

证据4：2015年6月8日，云台山风景区花果山乡××建筑材料经营部出具与被告的意见。

证据3和证据4证明对于原告申请的申报资料，案外人认为属于其公司的商业机密，要求被告不得对外公开。

法院认为，被告所举证据3、证据4系在诉讼中收集的证据，违反了《行政诉讼法》第35条的规定，即"在诉讼过程中，被告及其诉讼代理人不得自行向原告、第三人和证人收集证据"，法院不予采纳。[1]

第二，人民法院在审查行政行为合法性时，排除被告在行政行为作出后自行收集的证据以及复议机关在复议程序中收集和补充的证据作为认定行政行为合法性的根据，但并未排除不涉及行政行为合法性事项的证据采信。比如，复议机关在复议程序中收集的证据主要用来证明复议申请人的申请复议资格问

---

[1] 案例来源：(2015) 港行初字第00091号。

题，与原行政行为的合法性无直接关系，因此，该收集和补充证据行为不违反法律规定，收集的证据可以作为认定复议申请人申请复议资格的合法证据。

示例

2012年4月19日，河南省人民政府作出豫政土〔2012〕314号《河南省人民政府关于孟津县2011年度第二批城市建设用地的批复》，批准转用并征收城关镇等4个农村集体经济组织集体土地。史××等5人所使用的土地不在该征地批复范围内。史××等5人不服该征地批复，于2015年4月8日向河南省人民政府申请行政复议，河南省人民政府以史××等5人的房屋和土地不在征地批复范围内，与征地批复没有法律上的利害关系为由，于2015年6月8日作出（2015）184—188号驳回行政复议申请决定，驳回史××等人的行政复议申请。史××等5人对上述批复不服，向河南省郑州市中级人民法院提起诉讼。

河南省郑州市中级人民法院一审认为，《中华人民共和国行政复议法》第24条规定，在行政复议过程中，被申请人不得自行向申请人和其他有关组织或者个人收集证据。河南省人民政府驳回史××等人行政复议申请所依据的证据系其在行政复议过程中自行收集的证据。依据法律规定，河南省人民政府驳回史××等人行政复议申请的理由不能成立。河南省人民政府不服，提起上诉。

河南省高级人民法院二审认为，河南省人民政府既是被申请人，也是复议机关，在行政复议过程中可以调查取证。同时，本案争议的事实是被上诉人与豫政土〔2012〕314号征地批复是否有法律上的利害关系，与征地批复的合法性无关。河南省人民政府提供证据的目的是为证明豫政土〔2012〕314号征地批复与被上诉人没有利害关系，不对被上诉人的权利义务产生实际影响，而非为证明该批复的合法性或成为人民法院维持其具体行政行为的根据。该取证行为不在法律和司法解释禁止的范围内。综上，河南省人民政府的驳回行政复议决定正确，法院予以认可。一审适用法律错误，予以纠正。

后史××等人申请再审。最高人民法院认为，《最高人民法院关于执行〈中华人民共和国行政诉讼法〉若干问题的解释》[①]第30条和第31条规定明

---

① 需要说明的是，2017年11月13日，最高人民法院审判委员会第1726次会议通过了《最高人民法院关于适用〈中华人民共和国行政诉讼法〉的解释》，自2018年2月8日起施行。同时，《最高人民法院关于执行〈中华人民共和国行政诉讼法〉若干问题的解释》被废止。但是，本案再审由最高人民法院于2016年作出裁决。为尊重原裁决，这里保留《最高人民法院关于执行〈中华人民共和国行政诉讼法〉若干问题的解释》的规定。

确了人民法院在审查行政行为合法性时,排除被告在行政行为作出后自行收集的证据和复议机关在复议程序中收集和补充的证据作为认定行政行为合法性的根据,但并未排除不涉及行政行为合法性事项的证据采信。本案中,河南省人民政府在复议程序中收集的证据主要用来证明复议申请人的申请资格问题,与原行政行为的合法性无直接关系,因此,该收集和补充证据行为不违反上述司法解释关于"复议机关在复议过程中收集和补充的证据,不能作为人民法院维持原具体行政行为的根据"之规定,收集的证据可以作为认定复议申请人申请复议资格的合法证据。再审申请人史××等5人关于河南省人民政府在复议程序中收集的证据不能作为合法证据使用的主张不能成立。[1]

三、庭审举证、质证的技能演示

1. 庭审举证的技能演示

庭审举证过程中,律师应根据已经准备好的证据清单进行逐一举证,说明证据名称、来源、用以证明的事实。通常来说,证据应当在庭审前提交至法院,证据突袭不仅影响当事人正当行使权利,还会降低庭审效率,引起法官的反感。

下列材料可以直接作为证据:(1)当事人在庭前证据交换过程中没有争议且记录在卷的证据;[2](2)经审判人员在庭审中说明后,可以作为认定案件事实的依据;[3](3)一方当事人对另一方的诉讼请求予以认可的事实;(4)众所周知的事实、自然规律及定理、按照法律规定推定的事实、已经依法证明的事实、根据日常生活经验法则推定的事实,以上除"自然规律及定理",当事人有相反证据足以推翻的除外。[4]

下列证据材料不能作为定案依据:(1)严重违反法定程序收集的证据材料;(2)以偷拍、偷录、窃听等手段获取侵害他人合法权益的证据材料;(3)以利诱、欺诈、胁迫、暴力等不正当手段获取的证据材料;(4)当事人无正当事由超出举证期限提供的证据材料;(5)在中华人民共和国领域以外或者在中华人民共和国香港特别行政区、澳门特别行政区和台湾地区形成的未办理法定证明手续的证据材料;(6)当事人无正当理由拒不提供原件、原物,又无其他证据印证,且对方当事人不予认可的证据的复制件或者复制品;

---

[1] 案例来源:(2016)最高法行申3517号。
[2] 《最高人民法院关于行政诉讼证据若干问题的规定》第35条。
[3] 同上。
[4] 《最高人民法院关于行政诉讼证据若干问题的规定》第68条。

(7) 被当事人或者他人进行技术处理而无法辨明真伪的证据材料；(8) 不能正确表达意志的证人提供的证言；(9) 不具备合法性和真实性的其他证据材料；① (10) 以违反法律禁止性规定或者侵犯他人合法权益的方法取得的证据。②

应当注意的是，对于原告而言，被告在行政程序中依照法定程序要求原告提供证据，原告依法应当提供而拒不提供，在诉讼程序中提供的证据，人民法院一般不予采纳。对于被告而言，下列证据不能作为认定被诉行政行为合法的依据：(1) 被告及其诉讼代理人在作出被诉行为后或者在诉讼程序中自行收集的证据；(2) 被告在行政程序中非法剥夺公民、法人或者其他组织依法享有的陈述、申辩或者听证权利所采用的证据；(3) 原告或者第三人在诉讼程序中提供的、被告在行政程序中未作为具体行政行为依据的证据；(4) 复议机关在复议程序中收集和补充的证据，或者作出原行为的行政机关在复议程序中未向复议机关提交的证据。③

示例

原告洪××不服被告丰顺县××镇人民政府拆除违章建筑行政诉讼一审，双方举证如下：

[**被告举证**]

被告于 2014 年 10 月 8 日向法院提供了作出被诉具体行政行为的证据、依据（复印件）：① 法定代表人身份证明；② 2013 年 6 月 17 日××镇城乡规划建设管理办公室证明；③ 2013 年 5 月 9 日××镇城建办巡查记录表及现场照片；④ 责令停止建设通知书及现场照片；⑤ 2013 年 6 月 20 日××镇城建办巡查记录表；⑥ 2013 年 6 月 21 日××镇城建办巡查记录表；⑦ 2014 年 4 月 21 日××镇城建办巡查记录表及现场照片；⑧ 2014 年 4 月 28 日××镇城建办巡查记录表及现场照片；⑨ 责令限期拆除通知书；⑩ 2014 年 5 月 4 日××镇城建办巡查记录表；⑪ 2014 年 5 月 13 日××镇人民政府作出的《拆除公告》及照片；⑫ 2014 年 5 月 27 日××镇城建办巡查记录表；⑬ 2014 年 6 月 12 日××镇城建办巡查记录表及现场照片；⑭《中华人民共和国行政强制法》《中华人民共和国城乡规划法》；⑮ 丰顺县人民政府丰府行复（2014）1 号行政复议决定书；⑯ 送达回证及责令限期拆除通知书。

---

① 《最高人民法院关于行政诉讼证据若干问题的规定》第 57 条。
② 《最高人民法院关于行政诉讼证据若干问题的规定》第 58 条。
③ 《最高人民法院关于行政诉讼证据若干问题的规定》第 59 条、第 60 条、第 61 条。

[原告诉称]

原告洪××诉称：被告丰顺县××镇人民政府作出的《责令限期拆除通知书》是错误的，理由如下：

一、原告始建房屋有着前因后果。原告是一名四级伤残残疾人。一家五口人居住在人均不足17平方米的窄小、阴暗的房屋里。老母亲居住在转水村老祖屋内，因年久失修，老祖屋已破旧不堪，为此，原告曾多次替老母亲向有关部门申请政府安置房居住，但一直未予以答复。无奈，原告只得将自留埔地建造房屋。建房期间邻里一直相安无事，无任何纠纷，亦没有任何部门及任何人提出过异议。

二、被告认定原告的自建房属于违章建筑，作出《责令限期拆除通知书》，超越职权将原告的房屋强行拆除，且仅仅强行限令原告自行拆除，否则后果自负，未告知原告依法享有的权利。根据《中华人民共和国行政处罚法》①第31条的规定，对应告知的具体行政行为，行政主体不予告知即不履行告知义务，就构成了行政违法。对违法行政行为提供相应的法律补救，是依法行政的内在要求之一。

三、原告具有因镇政府未告知具体行政行为的程序补救权利。违反告知义务，导致不利的法律后果，行政主体因而承担责任。根据《中华人民共和国行政处罚法》第55条的规定，违反告知义务，包括未告知或未正确告知，引起的法律后果是对责任人的"行政处分"及对程序的"改正"。

综上所述，镇人民政府作出拆除原告位于××村××潭（下径）房屋是超越职权的行政行为。

[原告举证]

原告提供的证据（复印件）有：（1）身份证复印件；（2）残疾人证件复印件；（3）土地来源证明；（4）责令限期拆除通知书及刘××的住院证明；（5）丰顺县人民政府丰府行复（2014）1号行政复议决定书；（6）送达回证；（7）群众证明书一份；（8）拆除房屋音像光盘一个。

[被告辩称]

被告镇人民政府辩称：

一、我镇的行政执法，查明的事实清楚，证据确实充分……

二、我镇的具体行政行为，依法有据。根据《中华人民共和国城乡规划法》第65条和《中华人民共和国行政强制法》第44条的规定，我镇相继发出《责令停止建设通知书》《限期拆除通知书》，但原告仍然违法施工，故我镇依据

---

① 需要说明的是，本案判决由广东省丰顺县人民法院于2014年作出，当时适用的是2009年8月27日第一次修正后的《中华人民共和国行政处罚法》。

《中华人民共和国城乡规划法》第 65 条的规定予以拆除，符合法律的规定。

三、原告未能在法律规定的期限内申请行政复议，在提起行政复议后被行政复议机关以超过复议时效驳回复议申请，复议机关系依法办事，并不违背法律规定，原告提起行政诉讼已超诉讼时效。综上所述，我镇对洪××的违章建筑拆除行为，事实清楚，证据确实充分，所根据的法律准确，请法院依法驳回洪××的诉讼请求。①

2. 庭审质证的技能演示

庭审质证过程中，律师或诊所学员主要应当围绕对方证据的真实性、关联性、合法性，针对证据有无证明效力及证明力大小，以及其与待证事实的关系进行质证。

（1）真实性。律师或诊所学员可从证据形成的原因、发现证据的客观环境、证据是否为原件原物、复印件复制品是否与原件原物相符、提供证据的人或者证人是否与当事人有利害关系来审查证据的真实性。②

（2）关联性。它是指证据事实与待证事实之间的关系，包括事实上的逻辑关系和法律上的逻辑关系。如果证据事实和待证事实之间毫无关联，则可直接排除该证据的价值。对于案情复杂、证据较多的案件，律师或诊所学员可以建议在庭前证据交换阶段进行证据关联性判断，以提高法庭调查的效率，便于查明案情。

（3）合法性。律师或诊所学员应当根据具体案情，从以下方面审查证据的合法性：① 证据是否符合法定形式；② 证据的取得是否符合法律、法规、司法解释和规章的要求；③ 是否有影响证据效力的其他违法情形。③

> **示例**
>
> 原告南京××建材厂（以下简称"××建材厂"）不服被告连云港市城乡建设局（以下简称"市建设局"）政府信息公开答复一案中，双方庭审举证、质证如下：
>
> 原告××建材厂称，住宅建筑排烟气道产品是否合格，是否符合满足相关标准的要求，涉及住宅消防安全与事关人民群众生命财产安全，可能对公共利益造成重大影响，根据《中华人民共和国政府信息公开条例》第 23 条的规

---

① 案件来源：（2014）梅丰法行初字第 7 号。
② 《最高人民法院关于行政诉讼证据若干问题的规定》第 56 条。
③ 《最高人民法院关于行政诉讼证据若干问题的规定》第 55 条。

定，应予以公开。为此，原告依据该条例和行政诉讼法的规定提起行政诉讼，请求人民法院判决被告向原告公开相关信息。

原告××建材厂提交以下证据：

证据1：申请连云港市城乡建设局建筑材料、构配件和建筑机械设备登记备案证住宅烟气集中排放系统生产企业申报资料政府信息公开申请表2份（复印件）。证明原告向被告申请政府信息公开。

证据2：连建依复（2015）1号《连云港市城乡建设局政府信息公开申请答复书》（复印件）。证明被告已经给原告答复。

证据3：被告2015年6月25日向法庭提交的答辩状（复印件）。证明被告找各种理由拒绝公开原告申请的信息。

证据4：江苏省连云港市连云区人民法院（2015）港行初字第00091号行政判决书（复印件）。证明法院支持原告的诉讼请求，要求被告重新作出政府信息公开答复。

证据5：连建依复（2015）7号《连云港市城乡建设局政府信息公开申请答复书》（复印件）。证明被告的第二次答复，重复第一次的答复书内容。

证据6：（2015）港行初字第00092号行政判决书（庭审中被告证据1）（复印件）。证明在连云港市通过审核登记备案的生产企业均已按被告网站上公告的申报所需材料的说明，明确企业均已申报纸质材料及电子文档。

被告市建设局提交以下证据、依据：

证据1：连建依复（2015）7号《连云港市城乡建设局政府信息公开申请答复书》。证明被告按（2015）港行初字第00091号行政判决书的要求向原告重新作出答复。

证据2：信息公开意见征询单（存根）。证明针对原告提出的申请公开的信息，因为可能涉及第三人的商业秘密，被告依法向第三人征询是否同意公开。

证据3：相关生产企业意见回复。证明经向相关生产企业征求意见，所有经过备案登记的企业均因原告申请的信息涉及其商业秘密且与生产企业存在商业竞争关系，不同意公开信息。被告依法对涉及第三人商业秘密的信息不予公开。

以上证据均经过庭审质证，被告对原告提供的证据质证意见为：证据1—2真实性无异议。被告收到原告的申请并依法在法定期限内作出答复。但是，因为原告申请公开信息的名称与其要求公开的内容不一致，致被告答复内容不是原告想要的信息。证据3真实性无异议，被告的答辩意见有事实和法律依据。证据4真实性无异议，因原告申请的内容不明确导致被告答复的信息不准确，法院要求被告重新作出答复。证据5真实性无异议，被告根据法院判决要求重新作出答复。证据6真实性无异议，对关联性有异议，对原告的证明目的有异议，原告并未按要求向被告提供过申报材料。法院的判决正确。

原告对被告提供的证据质证意见为：证据 1 真实性无异议。证据 2—3 真实性无异议，但与本案无关。被告所述的是涉及商业秘密，但原告申请的信息是对标准的解说。

后法院根据行政诉讼证据规则的规定，结合双方的质证意见对证据作如下认定：对原告提供的证据 1—6 的真实性予以确认，对被告提供的证据真实性均予以确认。①

四、法庭辩论的技能演示

法庭辩论是当事人结合上一阶段法庭调查的情况，就法律适用问题发表意见，通常按照原告、被告、第三人的顺序进行。律师在辩论前应当准备好发言提纲，时间允许时可以提前撰写书面代理意见，从而减少和避免法庭辩论中因过度紧张和准备不足而发挥失常。考虑到庭审效率，合议庭通常会在法庭辩论开始前对案件的争议焦点进行归纳，并征询双方当事人的意见，若对争议焦点存在异议，应当及时提出；如无异议，则辩论应当主要围绕争议焦点展开。发表辩论意见时应注意以下几点：

（1）辩论发言应清晰易懂，发言应使用普通话，靠近话筒，声音洪亮，口齿清晰，节奏适中，在需要重点强调和论述的部分应提请法官注意，并放慢语速，提高音量，并予以适当的眼神交流。

（2）辩论发言应组织严谨，富有层次和逻辑性，论述开始应提炼要点，开门见山直奔主题；论述过程中要分点论述，简洁有力，详略得当，紧扣主题，避免烦琐冗长和离题万里；表达形式上应尽量使用简单明了的短句，不宜使用晦涩难懂的长难句。

（3）辩论发言应富有感染力和说服力，尽量做到熟悉文本，脱稿或半脱稿发言，与法官及全场有目光沟通和简单自然的手势交流，避免埋头生硬和机械地照读文本，同时应留意法官对自己发言内容的反应，根据具体情况调整发言情况和方式。法律规定当事人在行政诉讼中有权辩论，合议庭应当充分尊重当事人的辩论权利，故遇到庭审中被不合理地打断或限制发言时间的情况，律师应当及时提出异议，维护当事人的合法辩论权利。

（4）辩论发言应当尊重事实，讲法理，展现良好的文化修养和仪态风度，尊重对方的人格，遵守法庭秩序。辩论语言应当符合事实，有几分证据说几分话，观点和主张应当有事实证据和法律规定的依托，不能信口胡言，夸夸其谈，

---

① 案例来源：（2015）港行初字第 00181 号。

更不能进行讽刺、谩骂、挖苦、嘲笑、侮辱和人身攻击。否则，不仅对案件进展无益，反而给法官留下负面印象，严重者甚至可能触犯法律。庭审后，律师应及时整理己方观点，形成书面代理意见提交法庭，以供参考。一方面，书面代理意见可以对己方庭审辩论过程进行查漏补缺，对已有的观点加强论述；另一方面，也可紧扣争议焦点，对对方庭审辩论过程的观点进行有针对性的驳斥。

示例

锡盟国税局稽查局对××公司作出税务处理决定，认定××公司取得的增值税专用发票为虚开发票，决定对××公司第一笔退税申请不予办理。××公司对上述税务行政处理决定不服，向锡盟国税局申请复议，锡盟国税局经审查后决定不予受理。2015年6月29日，××公司不服复议决定提起诉讼。在××公司提起诉讼后，锡盟国税局作出《关于对××公司提出的有关出口退税申请的答复》（以下简称《答复》）。

原告就本案争议焦点"涉案《答复》能否作为本案依据予以认定"提出如下辩论意见：

第一，根据《行政诉讼法》第34条第1款和《最高人民法院关于行政诉讼证据若干问题的规定》（法释〔2002〕21号）第6条规定，作为被告的行政机关承担法定的举证责任，并且被告首先负有提供证据的责任；而原告享有提供证据的权利，不负有提供证据的义务或责任。因此，原告主张，被告举证，是行政诉讼举证责任分配的基本原则。本案中锡盟国税局负有证明其作出的行政行为合法性的举证责任。

第二，根据《行政诉讼法》第34条第2款和法释〔2002〕21号第1条第1款规定，行政机关的举证期限有明确的限定，一旦逾期且没有正当理由则视为没有证据，不得作为定案依据。

第三，被告锡盟国税局负有在法定期限内提供证据的责任，如若举证不能，就要承担败诉的后果责任。涉案《答复》的作出时间后于法院立案及文书送达，因此，涉案《答复》确实属于锡盟国税局逾期提供的证据，且锡盟国税局对此并未提出正当理由，即可以视为税务机关没有履行提供证据的责任。因此，法院不应将涉案《答复》作为证据予以认定，本案相关事实应依据双方提供的其他合法有效的证据予以认定，进而本案中税务机关应当承担败诉的责任。①

---

① 刘天永：《税务机关无正当理由逾期提供证据被法院否定证据效力案》，https://zhuanlan.zhihu.com/p/85919075，2021年12月24日访问。

五、结案归档的技能演示

行政诉讼代理卷顺序参照民事代理卷排列，按照下列顺序排列①：（1）律师事务所（法律顾问处）批办单；（2）收费凭证；（3）委托书（委托代理协议、授权委托书）；（4）起诉书、上诉书或答辩书；（5）阅卷笔录；（6）会见当事人谈话笔录；（7）调查材料（证人证言、书证）；（8）诉讼保全申请书、证据保全申请书、先行给付申请书和法院裁定书；（9）承办律师代理意见；（10）集体讨论记录；（11）代理词；（12）出庭通知书；（13）庭审笔录；（14）判决书、裁定书、调解书、上诉书；（15）办案小结。

下列文书材料，不必立卷归档：（1）委托律师办理法律事务前有关询问如何办理委托手续的信件、电文、电话记录、谈话记录以及复函等；（2）没有参考价值的信封；（3）其他律师事务所（法律顾问处）委托代查的有关证明材料的草稿；（4）未经签发的文电草稿，历次修改草稿（定稿除外）。②

律师业务档案的保管期限规定为永久、长期和短期三种。列为长期或短期保管的律师业务档案，具体保管期限，由立卷人提出并报律师事务所（法律顾问处）主任决定。

凡属于需要长远查考、利用的律师业务档案，列为永久保管，具体包括：（1）当事人一方是省一级或国家部一级单位的案件；（2）在全国有重大影响的案件；（3）涉及金融、税收、工商、银行、公安等部门的典型案件；（4）其他需要永久保管的案件。

凡属于在长时期内需要查考、利用，作为证据保存的律师业务档案，列为长期保管，保管期限为二十年至六十年，具体包括：（1）当事人一方是厅局一级单位的案件；（2）在本地区、本市有重大影响的案件；（3）其他需要长期保管的案件。

凡属于在一段时间内需要查考、利用，作为证据保存的律师业务档案，列为短期保管，保管期限为五年至十五年，具体包括：（1）一般行政诉讼案件；（2）其他需要短期保管的案件。③

---

① 《律师业务档案立卷归档办法》第12条。
② 《律师业务档案立卷归档办法》第9条。
③ 《律师业务档案管理办法》第18条。

第四节 行政诉讼代理的技能训练

一、代理起诉的技能训练

【案情资料】 2019年3月11日,上海市某镇人民政府向上海某汽车配件有限公司(以下简称"汽车公司")作出《告知书》,主要内容为:"根据《农业农村部、自然资源部印发〈关于开展'大棚房'问题专项清理整治行动坚决遏制农地非农化的方案〉的通知》(农农发〔2018〕3号)和市农委、市规土局《关于开展'大棚房'问题专项清理整治行动坚决遏制农地非农化的通知》(沪农委〔2018〕272号)等文件要求以及市、区、镇相关会议精神,现发现你已违反上述文件规定,违规内容:违法建筑9455.38平方米,违法用地18864.19平方米,现要求你在3月25日前对上述违建情况自行拆除,如在规定时间内未完成,镇有关部门将在3月31日前组织强拆。"

2004年,汽车公司取得《上海市建设项目选址意见书》。2005年11月25日,汽车公司与某镇政府下属的房屋土地管理所签订《土地使用权有偿转让意向书》。2006年,汽车公司落户该房管所下辖工业园区×××号地块,该地块经相关行政允诺和政府有关批文批准。2019年3月11日,在对汽车公司的建设情况未作出任何现场检查、未制作调查笔录、未询问当事人及证人、未听取当事人陈述及申辩的情况下,某镇政府以其下属八个部门的名义向汽车公司作出上述《告知书》,之前并未出具责令限期拆除事先告知书。汽车公司不服该行政决定,向法院提起诉讼。

【要求】
1. 根据以上案情资料,请你为当事人撰写起诉状。
2. 根据以上案情资料,请你编列证据清单。

【提示】
1. 本案系争行政行为是什么?
2. 该行政行为是否可诉?
3. 若可诉,该行为是否合法?

二、法庭辩论的技能训练

【案情材料】 2020年9月1日18时30分左右,朱某与几个案外人在某饭店喝酒,21时左右去KTV唱歌,其间也喝了四到五罐啤酒。9月2日0时25分左右离开KTV。1时7分许,朱某驾驶的两轮电动自行车与人行道固定物发生碰撞，造成朱某摔倒，路人打电话给 120 和 110。120 到现场判断其无外伤，但醉酒需要醒酒。某区公安局下辖的派出所出警民警现场认定其发生单方道路交通事故负全责，并将朱某带进派出所对其醒酒。直至 8 时 22 分，民警致电朱某的妻子张某，称朱某大小便解在身上，让其去派出所将朱某领回；8 时 35 分，又打电话给张某称已打 120 送往医院，让其直接去医院。120 到达现场的时间是 9 月 2 日 8 时 26 分。9 时左右朱某被送到医院，急诊查 CT 提示脑疝，右侧额顶颞部硬膜外血肿、左侧颞叶脑挫裂伤伴血肿形成，蛛网膜下腔出血。急诊拟"创伤性脑疝"将朱某收治入院，时间为 9 月 2 日 10 时 2 分。后又经初步诊断为：(1) 创伤性脑疝；(2) 右侧额顶颞部创伤性闭合性硬膜外出血；(3) 左侧颞叶脑挫伤；(4) 创伤性蛛网膜下腔出血。9 月 2 日 11 时 15 分，医院对朱某行右侧颅内血肿清除术+去骨瓣减压术+颅压监护探极置入术。术中诊断：(1) 创伤性脑疝；(2) 右侧额顶颞部创伤性闭合性硬膜外出血；(3) 右侧顶颞部急性创伤性硬膜下出血；(4) 左侧颞叶脑挫伤；(5) 创伤性蛛网膜下腔出血；(6) 右侧颞骨骨折。之后医院因床位紧张，要求朱某于 2020 年 9 月 18 日 8 时出院，并要求转至康复医院继续治疗。出院时情况：朱某神志昏迷，GCS 7 分，刺痛睁眼，气管切开状态，刺激定位，GCS 8 分，左侧瞳孔直径 2.5 mm，对光反射迟钝，右侧瞳孔直径 4.5 mm，对光反射消失，肌张力正常，肌力查体不配合。出院诊断：(1) 创伤性脑疝；(2) 右侧额顶颞部创伤性闭合性硬膜外血肿；(3) 右侧顶颞部急性创伤性硬膜下出血；(4) 左侧颞叶脑挫伤；(5) 创伤性蛛网膜下腔出血；(6) 右侧颞骨骨折；(7) 双侧肺部感染。

朱某准备起诉某区公安局，要求赔偿。

【要求】

1. 如果你是原告朱某代理人，该案诉请将如何表述？
2. 如果你是被告某区公安局代理人，该案将如何答辩？

【提示】

1. 要求行政机关给予行政赔偿的前提是什么？
2. 被告的行为属于帮助行为还是法律法规规章授权的执法行为？
3. 被告是否怠于履行法定职责，行使其法定职责过程中是否存在渎职行为？
4. 原告代理人在本案中是否还需要补强有关证据？如何补强？

三、撰写法律文书的技能训练

【案情资料】　上海市某小区业主共1383人，由于业主委员会的官僚作风以及不作为和乱作为，小区存在物业管理质量堪忧、停车困难等情况，严重影响业主的正常生活。2019年11月20日，共有343户业主（占总业主数量的24.8%）签字提议要求召开临时业主大会。该小区业主委员会于2019年11月30日收到上述申请后，于12月作出书面回复拒绝。后4位业主分别于2020年5月26日通过信函向小区所辖某街道办递交《要求召开临时业主大会同时表决两项议题的申请》，该街道办收到该履职申请后，以信访的方式向4位业主作出拒绝答复。故4位业主分别以自己的名义依法向法院提起诉讼，请求判决撤销被告某街道办事处对原告履职申请的答复并判决被告履行法定职责，依法组织召开该小区业主大会会议。

【要求】
1. 如果你是原告的代理人，请撰写代理词。
2. 如果你是被告某街道办事处的代理人，请撰写代理词。

【提示】
1. 《最高人民法院关于适用〈中华人民共和国行政诉讼法〉的解释》第18条规定："业主委员会对于行政机关作出的涉及业主共有利益的行政行为，可以自己的名义提起诉讼。业主委员会不起诉的，专有部分占建筑物总面积过半数或者占总户数过半数的业主可以提起诉讼。"

2. 《上海市住宅物业管理规定》第25条第1款及第3款的规定明确经20%以上业主提议，业主委员会应当组织召开业主大会临时会议。

3. 《上海市住宅物业管理规定》第12条第1款第2项以及第4项规定，业主在物业管理活动中享有提议召开业主大会会议、业主小组会议，并就物业管理的有关事项提出建议的权利；享有参加业主大会会议、业主小组会议，行使投票权的权利；第2款第3项规定，业主在物业管理活动中履行执行业主大会的决定和业主大会授权业主委员会作出的决定之义务。

第十一章　仲裁代理的理论和技巧

第一节　仲 裁 概 述

一、仲裁的概念

关于"仲裁"（arbitration）一词，从汉语字义上讲，"仲"表示居中的意思，"裁"表示衡量、评断、作出结论的意思，"仲裁"即"居中公断"。按照《现代汉语词典》的解释，"仲裁"就是"争执双方同意的第三者对争执事项作出决定"。

仲裁作为法律概念，是指双方当事人在争议发生前或发生后达成协议，自愿将他们之间的争议交给他们共同选定的第三者居中评判是非，由该第三者依据法律或公平原则作出对双方当事人均有约束力的裁决的一种解决争议的方式。

由此可见，仲裁概念包含了三个要件：

（1）仲裁是以双方当事人自愿协商为基础的争议解决制度和方式；

（2）仲裁是由双方当事人自愿选择的中立第三者进行裁判的争议解决制度和方式；

（3）经由当事人选择的中立第三者作出的裁决对双方当事人具有约束力。

但需要特别指出的是，仲裁只能依据"仲裁条款"提起，这种"仲裁条款"既可以是独立的仲裁协议，也可以是附属在合同中的仲裁条款；可以是在签订合同时就进行约定，也可以在纠纷发生后双方进行约定，但通常都需要有书面形式的约定。

二、仲裁的特征

仲裁虽然与调解和司法诉讼都有第三者介入解决争议这一特征，但相比调解和司法诉讼而言，仲裁又有着自己的特征：自愿独立灵活性、专业快捷经济性、保密公正国际性。

(一) 自愿独立灵活性

当事人的自愿性是仲裁最突出的特点。仲裁以双方当事人的自愿为前提，即是否将发生在双方当事人之间的纠纷提交仲裁，选择哪一个仲裁机构、选择哪一位或哪几位仲裁员，适用哪一个仲裁规则，是否开庭审理，是否公开审理，是否撤销案件等，这些都建立在当事人自愿的基础上，由当事人自行决定或者协商后提出申请。因此，仲裁是最能充分体现当事人意思自治原则的争议解决方式。

仲裁机构独立于行政机构和其他机构，仲裁机构之间也无隶属关系。在仲裁过程中，仲裁庭独立进行仲裁，不受任何行政机关、社会团体和个人的干涉，亦不受仲裁机构的干涉，显示出极大的独立性。

由于仲裁最突出的特性就是自愿性，仲裁中诸多方面都根据双方当事人的意思作出，相比硬性法律所规制的诉讼来说，仲裁程序更为机动灵活，选择空间更广。

(二) 专业快捷经济性

我国的仲裁包括国内仲裁、涉外仲裁、劳动争议仲裁和农业承包合同仲裁等。各个领域的仲裁案件往往涉及特殊专业方面的知识，如金融、工程建设、多式联运、对外贸易以及相关技术问题等。根据不同案件涉及的不同专业进行裁决，才更具有说服力和权威性，才能真正做到对双方当事人负责，这是仲裁公正的保证。仲裁机构一般设有不同的专业领域的仲裁员供当事人进行选择。专家仲裁由此成为民商事仲裁的重要特点之一。

商事仲裁实行一裁终局制，仲裁裁决一经仲裁庭作出即发生法律效力，这使得当事人之间的纠纷能够迅速得以解决。

仲裁的经济性主要表现在：第一，时间上的快捷性使得仲裁所需费用相对减少；第二，仲裁无须多审级收费，仲裁费往往低于诉讼费。

(三) 保密公正国际性

仲裁以不公开审理为原则，这是国际普遍通行的做法。我国有关的仲裁法律和仲裁规则在明确规定仲裁不公开进行的同时，也明确规定了仲裁员及仲裁秘书人员的保密义务。因此，当事人的商业秘密和分歧不会因仲裁活动而泄露，仲裁由此表现出极强的保密性。[①]

仲裁机制决定了仲裁的公正性，即仲裁没有地域与级别管辖，当事人之所以选择仲裁以及由哪一仲裁机构裁决，看重的就是仲裁的公正性，特别是仲裁

[①] 胡玉凌：《商事仲裁的保密性研究》，载《北京仲裁》2005 年第 4 期。

员的选任，除了专业性外，公正性也是非常重要的因素。仲裁机制与仲裁员的选任，确保了仲裁的公正性。

仲裁的国际性则表现在与司法裁决相比，1958年《承认及执行外国仲裁裁决公约》（简称《纽约公约》）赋予了缔约国作出的仲裁裁决在各缔约国国内可执行性的地位，从而使仲裁裁决在客观上获得了国际认可性，而法院的判决在境外执行一般需要判决地国与执行地国签有司法协助条约，或者有共同确认的互惠原则。

三、仲裁的分类

（一）国际仲裁和国内仲裁

一般将当事人、纠纷所包含的法律关系是否有涉外因素分为国际仲裁和国内仲裁。国际仲裁是指当国家之间发生争端时，根据当事国的协议，把争端交给它们自行选择的仲裁人并遵守其裁决判断的争端解决方法。国际仲裁属于国际公法研究的范畴。国内仲裁不含有国际因素或涉外因素，国内仲裁属于国内法的研究范畴。

（二）临时仲裁和机构仲裁

一般将当事人是否把仲裁案件交由常设的仲裁机构仲裁并且遵循常设仲裁机构的规定而分为临时仲裁和机构仲裁。临时仲裁是没有常设仲裁机构的介入，直接根据双方当事人订立的仲裁协议，交由双方当事人选定的仲裁员组成的临时仲裁庭进行仲裁。机构仲裁是根据双方当事人的仲裁协议，将仲裁案件交由常设的仲裁机构进行仲裁。

（三）依法仲裁和友好仲裁

一般将仲裁案件所依据的裁决规则不同而分为依法仲裁和友好仲裁。依法仲裁是根据一定的实体法律规范对仲裁案件进行裁决；友好仲裁是根据当事人的协商后授权，仲裁机构不依据严格的法律规范，而是根据公平公正的原则和商业惯例，对仲裁案件作出有约束力的裁决。

第二节　仲裁代理的业务流程

一、接受委托并告知办案机关接受委托情况

律师在接受仲裁案件当事人的委托时，应做好法律风险审查、必要咨询和一些说明，并及时告知办案机关接受委托情况。

(一) 接待 (会见) 当事人

仲裁代理中接待 (会见) 当事人的工作内容与业务流程, 可以借鉴民事诉讼中的代理, 可详见第三章"接待 (会见) 当事人", 在此不再赘述。

(二) 做好法律风险审查、必要咨询和一些说明

首先要做好法律风险审查, 法律风险审查的范围主要包括以下几个方面: 除劳动合同外, 仲裁协议的内容是否合法、真实、有效; 委托代理的案件是否符合《中华人民共和国仲裁法》(以下简称《仲裁法》) 第2条、第3条等规定的关于提请仲裁的条件; 案件是否超过法律规定的关于仲裁的时效; 仲裁案件的双方当事人是否明确; 仲裁请示或反请求是否合法、明确、具体; 委托人是否为本案仲裁协议的当事人; 委托人作为居住在国外的中国公民、外国人或国外企业及组织时是否提供了合法的委托手续或证明。

律师接受委托时, 应注意根据案情向委托人询问如下事项: 除劳动合同外, 当事人之间是否自愿达成仲裁协议, 以及仲裁协议的内容是否真实; 仲裁请求或反请示的内容。

同时, 应注意根据案件的不同情况向委托人说明: 除劳动仲裁外, 仲裁裁决是终局裁决, 裁决作出后, 当事人不得就同一纠纷上诉, 也不能再到法院起诉; 如果需要采取财产保全措施、证据保全或者仲裁裁决需要强制执行时, 应向有管辖权的人民法院提出申请; 委托人作为仲裁案件的被申请人时有权提出反请求; 委托的仲裁案件依照有关仲裁规则可能涉及的审理时间和费用种类。

律师事务所受理仲裁案件时, 应就委托法律事务、代理律师和服务收费等与委托人签订委托代理协议, 办理委托授权手续, 从而确定律师事务所与委托人在代理法律事务过程中的权利义务关系。《委托代理法律服务合同》的基本内容包括: 委托人的姓名或名称、委派律师的姓名、委托事项、委托代理权限、双方的权利义务等条款。

签订《委托代理法律服务合同》后, 应由律师事务所的接待人员办理收案登记, 编号后建立卷宗。

(三) 告知办案机关接受委托情况

律师接受仲裁案件当事人委托后, 应及时告知办案机关, 将当事人签署的委托书、律所函及律师证复印件, 递交给办案机关。

仲裁委员会为了推进仲裁程序, 或为了查明案件事实, 会进行文书送达、发起调解等, 有时会经对方当事人申请而向有权机关提起一些措施, 这些措施在适用过程中, 往往会涉及本方当事人的合法权益。虽然本方当事人委托了律师, 但有时因故没有及时告知仲裁委员会, 此时仲裁委便无从得知, 在送达

文书、进行调解等方面会有诸多不便；若是律师及时主动告知了仲裁委员会，仲裁委员会则可以直接联系律师，完成文书送达、发起调解等工作，同时也便于律师知悉仲裁委员会提起的一些措施。这会大大提高办案效率，也有利于律师充分发挥作用，全程参与案件的整个阶段，更有利于了解案情，从而更好地维护当事人的合法权益。特别是在庭审阶段，律师的作用非常关键，对于维护本方当事人的程序权利和实体权利都有重要影响。

律师接受当事人的委托后，若不及时告知仲裁委员会，仲裁委员会可能认为本方当事没有委托律师而进行开庭安排等。这势必不利于律师详细阅卷，研究案件相关法律问题。同时，也会影响律师取证，律师只有在阅卷后，才知道何种证据需要补足。有些证据的补足是需要一定时间去完成的，若律师未及时告知仲裁委员会其已接受委托，而在开庭前匆匆阅卷，这显然不利于律师充分了解案情、行使代理权。所以，律师在接受仲裁当事人委托后，要及时告知办案机关接受委托情况。

二、熟悉相关的仲裁规则

仲裁规则是指规范仲裁进行的具体程序及此程序中相应的仲裁法律关系的规则。仲裁规则不同于仲裁法，它可以而且基本上都是由仲裁委员会制定的，不同仲裁委员会根据自身优势特色和目标导向，会在某些方面存在一些差异。同时，仲裁规则具有契约性，是供当事人选择适用的。当事人可以选择某一特定机构或者国际组织的仲裁规则，也可以选择适用其他的仲裁规则，包括他们自行约定的规则。换言之，只有当事人约定适用某一特定的仲裁规则，该规则才能约束相关当事人。

仲裁规则是任意性较强的行为规范，有的仲裁规则明确其有些内容还允许当事人自行约定。故此，当事人及其代理律师在选择适用某一特定仲裁机构的仲裁规则时，也可以对该即将适用的规则通过约定的方法作出这样或者那样的修订。对于特定常设仲裁机构制定的仲裁规则，仅适用于在该机构仲裁的仲裁案件。

由此可见，在适用程序规则上，仲裁与诉讼存在明显不同。为体现司法的主权性和统一性，在一国进行诉讼就必须强制适用该国的诉讼法（无论刑事、民事或行政诉讼都是如此），即便是在涉外诉讼中，当事人也只能就实体法的适用进行选择和约定。而在仲裁中，当事人意思自治性是仲裁的灵魂，当事人不仅可以选择仲裁机构，还可以选择仲裁规则；可以在选定仲裁机构时选择适用该仲裁机构的仲裁规则，还可以在选定仲裁机构时选择适用其他仲裁机构的仲裁规则。因此，律师在接受当事人的委托之后，就应当去熟悉相关的仲裁规定，这不仅是必要的而且也是必需的。

> **示例**
>
> 《海南国际仲裁院（海南仲裁委员会）仲裁规则》（2020年8月25日海南国际仲裁院第一届理事会第一次会议通过）第3条"规则适用"规定：
> （1）当事人约定将争议提交本院仲裁的，或本院依照本规则第1条第5项受理仲裁的，除非当事人另有约定，应视为当事人同意按照本规则进行仲裁。
> （2）当事人约定按照本规则进行仲裁但未约定具体仲裁机构的，视为当事人同意将争议提交本院仲裁。
> （3）当事人同意由本院仲裁，但约定适用其他仲裁规则，或约定对本规则有关内容进行变更或补充的，从其约定，但其约定无法实施或与仲裁程序适用法律的强制性规定相抵触的除外。当事人约定适用的其他仲裁规则规定由仲裁机构履行的职责，由本院履行。
> （4）当事人约定适用本院制定的行业或专业仲裁规则且其争议属于该规则适用范围的，从其约定。
> （5）本规则未明确规定的事项，本院或仲裁庭有权决定以适当的方式推进仲裁程序，以促进当事人之间的争议得到高效和公平的解决。

当然，仲裁规则不得违反仲裁法中的强制性规定。如果当事人的约定或者仲裁规则的规定与应当适用的仲裁法律规则发生冲突，仲裁规则或者当事人的约定不能对抗法律规定。譬如，关于仲裁程序中的临时性保全措施的规定，许多域外仲裁规则都规定了仲裁庭有作出对争议标的物采取保全措施决定的权利，但根据我国《仲裁法》和《民事诉讼法》的规定，仲裁机构、仲裁庭都没有此项权利，当事人也无权在修订仲裁规则时作出类似规定，只有财产所在地法院才有权作出保全措施的决定。我国《仲裁法》第28条规定："……当事人申请财产保全的，仲裁委员会应当将当事人的申请依照民事诉讼法的有关规定提交人民法院"；第46条规定："……当事人申请证据保全的，仲裁委员会应当将当事人的申请依照民事诉讼法的有关规定提交证据所在地的基层人民法院。"因此，尽管外国仲裁机构或者仲裁庭根据所适用的仲裁规则有权作出此决定，但这样的规定显然与我国国内法相抵触，仲裁庭由此作出的决定很难得到我国法院的承认与执行。在仲裁案件中，当事人申请财产保全的，一般案件由被申请人住所地或者财产所在地基层人民法院作出裁定；属涉外仲裁案件的，依据《民事诉讼法》第279条的规定，由被申请人住所地或者财产所在地中级人民法院裁定。在我国，仲裁机构也无权就临时性的保全措施发布命令，而只能将当事人申请保全财产或证据的请求，提交对此有管辖权的中级人民法院作出裁定。也就是说，我国法律并没有赋予仲裁庭作出有关保全措施的权力，也未赋予仲裁庭命令采取临时措施和初步命令的权力。

> **示例**
>
> 九江仲裁委员会（2016）九仲裁字第19号裁决：推定涉案工程系李××挂靠和违法分包建设，润×公司与辉×公司签订的《建设工程施工合同》因故无效；又认为，主张质量合格是建设方的权利，但应当在合理期限内主张，逾期主张则应另案处理，本案审结并不等于确认工程合格，鉴定机构确认的工程款也只是在推定工程合格的基础上作出，润×公司可在另案中主张工程质量索赔。
>
> 江西九江中院认为：根据《最高人民法院关于审理建设工程施工合同纠纷案件适用法律问题的解释（一）》第2条、第3条的规定，建设工程施工合同无效，承包人参照合同约定取得工程价款的条件为建设工程竣工后经验收合格或经修复验收合格。仲裁裁决既已认定双方当事人签订的《建设工程施工合同》因涉及违法挂靠和分包而无效，又在工程尚未竣工且没有证据证明工程质量合格的情形下（裁决意见表明，仲裁庭未采信辉×公司所举证明主体工程合格的证据，且认定本案工程属尚未完工的在建工程）径直裁决润×公司向辉×公司给付工程款，缺乏法律依据，违背社会公共利益（建设工程质量关乎人民群众生命和财产安全，承包人要取得工程价款须首先履行工程质量保证义务）。综上，本案仲裁裁决的部分事项超出当事人仲裁协议范围，且裁决内容有违社会公共利益，裁定撤销九江仲裁委员会（2016）九仲裁字第19号裁决。①

三、做好庭审前的准备工作

通常我们可以把为参加庭审所做的准备工作都看作"庭审前的准备工作"，但是，对仲裁结果影响最大、最关键的是第一次开庭审理。因为，大多数案件也就经历一次开庭审理便作出裁决。因此，人们习惯于把当事人在进入仲裁程序至首次开庭前的这段时间称为"开庭前的准备期间"，把律师在这一

---

① 《仲裁裁决因违背公共利益而被撤销》，https：//www.hnac.org.cn/article/483/39.html，2021年7月26日访问。

期间为开庭审理所做的准备工作称为"庭审前的准备工作"。

律师在仲裁庭审前的准备阶段,基于其接受委托的时间及代理方的差异,需要进行的准备工作不尽相同。概括起来主要有以下几个方面:

(一)研究把握仲裁规则和相应通知书

当事人在仲裁协议中选定仲裁机构的同时,一般也会同时确定所适用的仲裁规则,而仲裁规则是指导整个仲裁程序的规范性文件,它对仲裁程序的进行,乃至对仲裁结果的形成都会产生重大影响。因此,仲裁机构受理案件后,一般都会向双方当事人分别发送仲裁规则、受理通知书及仲裁通知书,这些文书对指导当事人及其代理律师正确参与仲裁活动具有很大的帮助,无论代理哪方当事人,律师都应当对此进行认真的研究,并按照规定准确行使相应的仲裁权利,认真履行各项仲裁义务。

仲裁流程一般如图 11-1 所示,需要代理律师对仲裁流程及其时间节点有清晰的掌握,以更好地维护当事人的合法权益。

另外,提交仲裁委员会的文件应按照仲裁委员会规则要求的份数准备,附件和证据应齐全。

(二)按时选好仲裁员

仲裁和诉讼的一大区别就是当事人可以选择自己信赖的仲裁员来裁决案件,而诉讼中审判庭的组成是法定的。选择仲裁员,是仲裁制度赋予当事人的重要权利。在申请人收到仲裁申请受理通知或被申请人收到参加仲裁通知书后,承办律师应协同委托人在规定期限内按照仲裁机构的要求指定仲裁员。律师应建议委托人指定熟悉纠纷所涉及的专业领域及相关语言的仲裁员。为充分维护委托人利益,承办律师有义务提醒和帮助委托人审查是否有仲裁员回避的情况,并应避免出现仲裁规则规定的应回避的情况。

(三)确定是否提交答辩书、反请求申请及管辖权异议

《仲裁法》第 25 条第 2 款规定:"被申请人收到仲裁申请书副本后,应当在仲裁规则规定的期限内向仲裁委员会提交答辩书。仲裁委员会收到答辩书后,应当在仲裁规则规定的期限内将答辩书副本送达申请人。被申请人未提交答辩书的,不影响仲裁程序的进行。"第 27 条规定:"申请人可以放弃或者变更仲裁请求。被申请人可以承认或者反驳仲裁请求,有权提出反请求。"

提交答辩书、反请求申请和管辖权异议是当事人享有的仲裁权利,也是被申请人在仲裁中进行有效防御的重要手段。因此,被申请人的代理律师应该在认真分析案情的基础上向被申请人提出建议并得到被申请人的认可。如果被申请人及其代理律师决定向仲裁庭提出答辩、反请求申请或管辖权异议的,就应

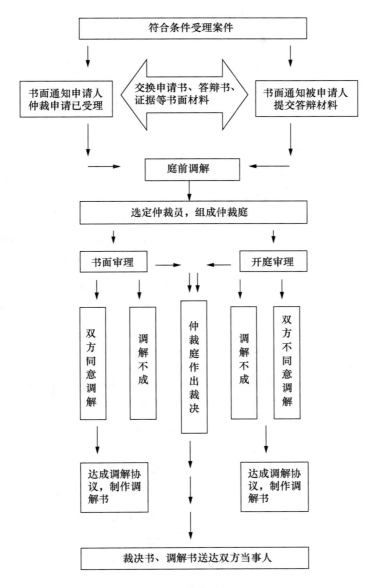

图 11-1 仲裁流程图

当在《仲裁法》规定的期限内提交书面申请及相应的证据材料。

律师应了解仲裁程序中各环节的时效规定，以便及时提出申请或异议，维护委托人的合法权益。依据《仲裁法》的仲裁规则的规定，当事人及其代理律师在进入仲裁程序后，对仲裁协议效力或者对仲裁委员会受理案件有异议的，应当在首次开庭前提出。仲裁案件书面审理的，应当在规定的答辩期间提出。当事人及其代理律师提出上述异议时，应当符合法律规定，并附有相关的事实和法律依据。作为被申请人的代理人，承办律师还应注意能否就管辖权问题提出异议，或就仲裁争议提出反请求。

被申请人应当在答辩期届满前提出书面答辩，对申请人的仲裁请求及所依据的事实和理由阐明自己的意见，这有利于仲裁庭在开庭前了解双方的争议焦点，从而在开庭时有针对性地进行审理。答辩仅是反驳或者抵消申请人的仲裁请求，如果被申请人就同一个争议事实反过来要向申请人主张权利，并且希望在同一个案件中合并审理，则需在规定期限内向仲裁委员会提出仲裁反请求。被申请人提出反请求的仲裁事项，应限于仲裁协议范围之内；被反请求人必须是仲裁案件的申请人。被申请人提出反请求的，应当在收到受理通知之日起15日内以书面形式提出，逾期提出反请求的，是否受理由仲裁庭决定。提出反请求，应按规定交纳仲裁费用。

仲裁庭开庭审理前，承办律师应充分与委托人交换意见，熟悉案情，分析证据，说明举证责任，明确请求或反请求，以便庭审时律师与委托人相互配合。律师应熟悉有关法律法规、商业习惯以及国际惯例与实践。律师应事先与委托人讨论调解的可能性及可能接受调解的方案。对于委托人非法和无理的主张，应耐心进行解释和说服工作。

(四) 分析、整理证据材料，制定证据举证、质证的策略

当事人在仲裁中能否取得胜诉的结果，关键在于己方仲裁主张所依据的事实在庭审中能否为仲裁庭所确认。而这些事实都是一些已经发生过的事实，但仲裁庭成员不是这些事实的亲历者，要想让仲裁庭成员最终确认己方主张的事实，唯有通过庭审中运用证据充分证明。所以，我们把仲裁的过程看成是当事人运用证据证明事实的过程一点都不为过。为此，当事人双方在庭审之前都要竭尽全力对案件的相关证据进行充分的收集，并在分析、整理后及时向仲裁庭提供。但这绝不是证明的终点，而仅仅是证明的基础。根据证据规则和相关的庭审程序规则，只有经过庭审质证的证据才能作为仲裁庭定案的证据。所以，做好庭审中的举证和质证，是可以决定仲裁胜败的关键性工作，应当引起承办律师的高度重视。

1. 分析、整理证据材料，是在庭审中进行有效举证、质证的基础

首先，要对每一份证据进行程序性审查，包括书证、物证、证人证言、当事人陈述、鉴定结论等所有证据。主要审查：（1）当事人、证人、证据提交人等签名（盖章）是否齐全、是否标明了出处（没有的必须补齐）。（2）相关证据材料是否粘贴固定。以美观整洁、方便查阅存档为原则，对于原件（书面的）证据较大的可以用折叠方式，较小的（比办案纸小）可以用粘贴方式；复制件（或复印件）可以用缩小复印或裁剪的方式；照片可以粘贴在照片粘贴单上，在空白处写明拍摄的内容，如"此照片拍摄的为某某技术发明成果

×××的转化产品"等，有时对于照片重点部分可以补充写"照片中某某部分可以看出有什么字样（或现象）"，在下面应当写明照片的拍摄时间、地点和拍摄人员。

其次，按取证的时间先后顺序对证据进行排列。这样便于回顾取证过程，发现证据是否有遗失等情况，也有利于在仲裁程序过程中，视情况需要随时按时间顺序展示取证过程。

再次，按证据所证明的问题之间的关联度再进行排列。这也是案卷整理最后的基本排列要求和方式，即常说的"证据链"的一环扣一环、一环证明一环的逻辑推理顺序排列，如此可便于仲裁员了解案件相关事实的发展过程。

最后，认真浏览、分析所掌握的所有证据。通过此环节有利于发现取得的证据之间是否存在矛盾，能否证明对方当事人有违约或侵权行为；证据是否真实可靠；当事人是否提供了虚假陈述、对有关事实有没有隐瞒；证据是否已经齐全，是否足以从多角度、相对应证明所要证明的事实等。经浏览、查阅分析，认为证据不足的应当再次取证进行补充。

2. 制定庭审举证、质证策略，是在庭审中进行有效举证、质证的保证

仲裁庭依据证据认定案件事实，当事人的仲裁请求能否得到支持，证据是决定性因素。没有证据或者证据不足以证明当事人的事实主张的，由负有举证责任的当事人承担不利后果，即"谁主张，谁举证"原则。因此，举证与质证在整个仲裁审理程序中处于核心环节。

示例

2012年6月13日，申请人王某到××仲裁委员会申请仲裁，请求被申请人齐某偿还借款本金5万元并支付利息，同时提供齐某2010年12月10日出具的借条作为证据，借条中有齐某的签字。齐某在庭审中辩称，其从未向申请人王某借款，借条中的签名非其所签。申请人遂就借条中齐某的签名向仲裁庭申请笔迹鉴定。在仲裁庭的要求下，齐某当庭书写了二十余份签名，××仲裁委员会随后向有关鉴定部门出具了鉴定委托书，将借条和齐某的二十余份签名送交鉴定。后鉴定部门以样本不足无法鉴定为由予以退回，并要求提供齐某2010年12月前后的签名样本。但齐某声称找不到当时的笔迹样本。

仲裁庭认为，根据《最高人民法院关于民事诉讼证据的若干规定》[①] 第5条第1款的规定，在合同纠纷案件中，主张合同关系成立并生效的一方当事人

[①] 需要说明的是，《最高人民法院关于民事诉讼证据的若干规定》已于2019年10月14日由最高人民法院审判委员会第1777次会议进行修正。但是，本仲裁裁决于2012年作出，为尊重原裁决，这里保留当时适用的修正之前的《最高人民法院关于民事诉讼证据的若干规定》的规定。

对合同订立和生效的事实承担举证责任。本案中申请人王某主张与被申请人齐某的借款合同关系成立，而齐某予以否认，应当由申请人承担举证责任，通过申请笔迹鉴定、提供证人证言等证据证明该签名为齐某所签。申请人在不能提供其他证据的情况下，申请仲裁庭进行笔迹鉴定，此时，被申请人作为签名的本人，应当负有提供签名样本配合鉴定的义务。如果被申请人不履行配合鉴定的义务，申请人就无法完成举证责任。在这种情况下，被申请人的行为就构成了对申请人举证权利的妨害，仲裁庭可以"有证据证明一方当事人持有证据无正当理由拒不提供，如果对方当事人主张该证据的内容不利于证据持有人，可以推定该主张成立"为由，裁决被申请人承担举证不能的不利后果。但本案被申请人根据仲裁庭的要求，当庭提供了一定数量的签名，已尽到一定的配合义务。由于时间间隔已久，以齐某现在的签字，根据笔迹鉴定的要求，尚不能完全肯定2010年的签字为齐某所签，导致鉴定无法进行。因为齐某的确无法找到2010年的笔迹，如果再要求齐某提供，显然过于苛刻。在齐某已尽配合义务的情况下，不能推定其拒不提供对自己不利的证据，而据此裁决被申请人齐某承担举证不能的不利后果。因此，本案的申请人王某尚未完成自己的举证义务，应当继续举证。如不能举证，则应当承担败诉的责任。

提供的证据必须符合证据的"三性"，即真实性、合法性、关联性。真实性要求当事人提供的证据应是原件、原物或是与原件、原物核对无异议的复印件、复制品，且证据的内容要真实，不得伪造证据。合法性要求证据的形式、来源应符合法律规定。关联性要求证据与本案事实应相关联。

因此，在制定举证策略时，不能单纯追求证据的数量，而不注重证据的"三性"，否则提供的大量杂乱的证据若无法清晰梳理，反而适得其反、事与愿违；当然，更不能伪造证据，否则将承担相应的法律责任。

当事人因客观原因不能自行收集的证据，可制定申请仲裁庭调查收集的策略。对符合下列条件之一的，当事人及其仲裁代理人可以申请仲裁庭调查收集证据：申请调查收集的证据属于国家有关部门保存并须仲裁庭依职权调取的档案材料；涉及国家秘密、商业秘密、个人隐私的材料；当事人及其仲裁代理人确因客观原因不能自行收集的其他材料。若决定采取申请仲裁庭调查取证的策略，需要遵循法律规定，备齐相关材料和书面申请，并事前确定好申请书应当载明的内容，如被调查人的姓名或者单位名称、住所地等基本情况，所要调查收集的证据的内容，需要由仲裁庭调查收集证据的原因及其要证明的事实。

质证是指在仲裁庭的主持下，仲裁案件一方当事人以口头或书面等形式，对对方当事人所提供的证据的"三性"和证明目的等予以承认或否认，并进行辨认、说明或者质疑、辩驳的活动。未经质证的证据,不能作为认定案件事实的依据。

在制定质证策略时,应主要围绕以下几个方面准备质证要点:证据是否为原件、原物;复印件、复制物是否与原件、原物相符;证据与本案事实是否相关;证据的形式、来源是否符合法律规定;证据的内容是否真实;证人或者提供证据的人与当事人有无利害关系。

(五) 查漏补缺,做好证据收集和证据补强工作

阅卷是律师了解案件事实最直接的方式。仲裁案件坚持"谁主张,谁举证"的一般原则,故调查取证是律师进一步获得案件事实真相的重要路径。另外,做好延伸取证工作,尤其是在基本取证工作完成的情况下,通过收集间接证据(主要包括补充性证据、隐蔽性证据和再生性证据),对既有证据的薄弱环节进行补强、易变环节进行固定,从而实现证据间的相互印证,形成严密证据链,其实质是取证工作的深化和细化。

1. 阅卷

根据《民事诉讼法》及《最高人民法院关于诉讼代理人查阅民事案件材料的规定》,仲裁当事人的代理人有权查阅案件的有关材料,但是查阅案件材料不得影响案件的审理;必要时,可以查阅已经审理终结案件的有关材料。

查阅案件有关材料应当出示身份证或者律师证等有效证件,可以摘抄或者复印,但是涉及国家秘密的案件材料,应依照国家有关规定办理。

复印已经审理终结的案件有关材料,可以要求案卷管理部门在复印材料上盖章确认。

人民法院、仲裁委员会应为代理律师的阅卷提供便利条件,安排阅卷场所。

当然,有的仲裁委员会就阅卷提出了一些要求,如查阅案件时不得将查阅的案件材料携带出仲裁委员会指定的阅卷场所;除当事人之外的其他有关单位和个人如需摘抄正卷内材料的,需经仲裁院负责人批准;所查阅案件材料中涉及国家秘密、商业秘密和个人隐私的,案卷查阅人应当保密等,此时代理律师应当遵守。

2. 调查取证

律师经了解案情后,如认为事实不清,证据不足的,应在征得委托人同意后进行调查。调查内容和目的可告知委托人,调查时可请委托人提供线索和证人名单,委托人应积极配合并提供必要的帮助。

律师调查时,须持律师事务所调查专用介绍信,由两人共同进行。如律师一人调查,应有与本案无利害关系的第三者在场。被调查人是未成年人的,应

请其监护人或教师在场。

对于律师难以取得的证据，可以申请仲裁庭收集、调取证据。仲裁庭同意收集、调取证据时，经仲裁庭同意，律师可以参加。当然，仲裁庭认为确有必要的，也会由仲裁庭进行调查取证工作，如《中国国际经济贸易仲裁委员会仲裁规则》第41条第1款规定："当事人应对其申请、答辩和反请求所依据的事实提供证据加以证明，对其主张、辩论及抗辩要点提供依据"该规则第44条第1款规定："仲裁庭可以就案件的专门问题向专家咨询或者指定鉴定人进行鉴定。"

对有可能灭失或以后难以取得的证据，在仲裁进行阶段，律师应向仲裁委员会提出申请，由人民法院进行证据保全。在仲裁的其他阶段，律师可向公证机关申请证据保全公证。

律师进行仲裁案件的调查取证时，应参照办理民事或经济诉讼案件有关调查和收集证据的规定办理。

3. 延伸取证

延伸取证是在既有证据的基础上进一步拓展取证深度和广度，对案件关键环节和特殊情节作进一步取证，有助于客观反映案件事实全貌。

延伸取证是寻求证据之间相互印证的常用方法，通过补强证据提高证据的客观性，进而巩固证据体系。由于言词证据包含的信息量大、证明作用直接，同时也最不稳定，因此实践中延伸取证的主要任务就是对言词证据进行补强，常用的方法有辅助补强、见证补强和形式补强。辅助补强是指根据供述调取的补充性证据，包括隐蔽性很强的证据（多表现为物证、书证），辅助认定供述的真实性和客观性，增强证据证明力和采信力；见证补强是指采取勘验检查、搜查、查封、扣押、鉴定、技术调查等措施时形成的笔录及书面材料，以及客观证据无法调取时拍摄的照片、录像，制作的复制品及相关辨认笔录、提取记录；形式补强是指在无法获取客观证据的情况下，尽量采取客观手段对供述进行印证，如由当事人亲笔书写相关内容、专门就某一问题的描述录制视频、针对同一问题制作多份笔录等。

要习惯自我设问：取证方向是否合理？证据是否调取完备？证据链条是否闭合？通过自我设问不断修正、完善取证工作。建议采用列表法，将各要件各要素细化后作为表头，全面收集要件事实证据，尤其要注意收集必要要件事实证据。随着案件的推进，动态录入取证情况，通过横向、纵向、交叉比对证据间是否存在矛盾，确定还有哪些证据需要调取，研判认定事实的证据是否确实、充分。通过动态比对证据材料，有利于掌握案件进展情况，把握各类证据间的逻辑关系，合理确定取证方向，形成完整的证据体系。

(六) 聚焦中心，做好庭审辩论的策略安排

辩论是一场关于事实、法律和理论的争论，常常会涉及一些复杂、疑难的理论问题。同时，由于辩论的对手不同，有时候简单的问题也会变得复杂化。所以，在庭审辩论时，首先要聚焦中心，一定要把握住自己的思路和主攻方向，不要让对方牵着走，以免误入歧途而不能自拔。有时候，对方会有意识地避实就虚，转移话题，然后攻其一点，不及其余，达到改变辩论主题的目的，这时候一定要反应敏捷，谨慎应对。有些比较复杂的案件，内容很多也很乱，这时候一定要抓住要害，突出重点，不宜面面俱到，避免冲淡了主题。

同时，要做好庭审辩论的策略安排。例如，要善于选择最容易使人接受的理由和辩论方式，尽量简单明了、通俗易懂地阐释自己的观点。又如，要善于"破圈"，在双方辩论陷入僵局时，应不失时机地跳出圈外，找到一个有可能打破僵局的新的思路作为切入点。再如，按照对方的逻辑去拆解对方的论据，找出并放大对方的薄弱环节、逻辑上不能自洽之处，破而后立，可迅速收到出其不意的辩论效果。

此外，为避免裁决不能执行或难以执行给委托人造成损失，必要时，承办律师应建议委托人申请财产保全；在涉外仲裁案件中代理外方当事人的律师在开庭前应了解委托人的出庭人员是否需要翻译，并提前与仲裁委员会秘书处联系安排翻译事宜或自行安排翻译人员。同时，在开庭前，还要提醒当事人带上本人的身份证件，并带齐原始证据材料。

四、出席庭审并进行代理

《仲裁法》第39条规定："仲裁应当开庭进行。"开庭审理是仲裁审理的主要方式。所谓开庭审理是指在仲裁庭的主持下，在双方当事人和其他仲裁参与人的参加下，按照法定程序，对案件进行审理并作出裁决的方式。开庭审理包括开庭前的准备、宣布开庭、事实调查、法庭辩论、当事人最后陈述、调解、评议和宣判等阶段和步骤。承办律师应当严格按照法定程序开展仲裁代理工作。

(一) 确保按时参加庭审

参加仲裁庭审，是当事人和代理律师向仲裁庭表述自己的请求、主张及事实和理由，并努力说服仲裁庭采纳自己所讲的观点和争取仲裁庭最终支持自己的请求的有效合法途径。所以，当事人和代理律师要十分重视庭审的价值，并利用庭审机会，使自己的合理主张和充分理由直接影响仲裁庭所作出的裁决。

当事人和代理律师要按时参加庭审。根据仲裁法的规定，仲裁庭应当在开庭五日前，将开庭日期、地点书面通知双方当事人。当事人有正当理由的，可

以在开庭三日前请求延期开庭。是否延期，由仲裁委员会决定。

当事人和代理律师均不按时参加庭审，将会带来一定的负面的法律效果，因为无故缺席开庭就等于自己放弃主张或申辩的权利。按照我国《仲裁法》的规定，申请人如果经书面通知，无正当理由不到庭或者未经仲裁庭许可中途退庭，可以视为撤回仲裁申请；被申请人如果经书面通知，无正当理由不到庭或者未经仲裁庭许可中途退庭的，可以缺席裁决。

（二）有效实施庭审举证、质证策略，确保庭审事实调查的效果

开庭大致可以分成两个部分：仲裁庭进行事实调查；双方辩论。

代理律师应按照法律和仲裁规则的要求准备并向仲裁庭提交申请文件或答辩文件，并及时提交补充文件，拟好询问提纲，认真撰写代理词。代理词应叙述事实清楚，引用法律正确，证据确凿，理由充分。当事人在仲裁庭调查时应注意围绕仲裁请求陈述。仲裁庭审理的是申请人提出的请求，当事人没有必要面面俱到，而应抓住与案件有关的关键进行陈述，做到简明扼要、重点突出，以使仲裁庭对案件的争议焦点心中有数。

当事人在仲裁庭调查中要重视举证。首先，在庭审期间，代理律师应充分阐述，积极辩论，引用法条或证据准确，避免不必要的重复和人身攻击，对对方提供的证据的合法性、真实性、关联性、完整性和可信度进行分析和质证，依法适时地提出异议或请求。其次，书证应当提交或准备原件，物证应提交或准备原物，外文书证应附有中文译本。证据应当在开庭时出示或在仲裁庭规定的时间内提供。同时要说清楚证据的编号、名称及证明内容，便于仲裁庭了解案件事实及对方当事人质证。再次，要按一定的规则举证，不要混乱无序。可以按照证据清单的目录进行举证，也可以按时间顺序举证，这样不会产生重复。最后，不要提交和案件没有关系的证据。仲裁庭对与本案无关的证据不会采信，反而会影响审理案件的效率。

当事人在仲裁庭调查中要善于质证。质证时要有针对性。回答仲裁员的提问要如实详尽，以便仲裁庭更好地了解案件事实。质证时不能意气用事，对对方当事人提交的证据，一概否认或一律提出相反的意见，若此，不仅质证意见不会被仲裁庭采纳，而且也不利于仲裁庭查明案件事实。

补充的证据和其他材料，应在仲裁庭规定时间内及时提交。

（三）正确运用辩论技巧，保证辩论策略取得预期效果

辩论是讲道理的过程，辩论时陈述观点应该有法律依据、合同依据和事实依据，不能随意发挥；辩论要围绕争议焦点和仲裁请求，与案情无关的话不要多说，重要的论点或自己有充分依据的论点应作重点发言；辩论时要平心静气地说理，提倡文明讲理，不要激动质责。

除了以上需要注意的以外，开庭时还应该注意开庭的纪律，以维护仲裁开庭的严肃性。为了能使自己的观点得到充分记录，庭上发言时语速不能过快，在论点之间过渡时最好有一定的停顿，以保证记录员的正确记录。

律师应注意在辩论终结时委托人一方有发表最后意见的权利。

（四）注意全过程维护当事人权益

为保证仲裁裁决的顺利执行，一旦发现仲裁过程中任何不符合仲裁程序的做法，代理律师应及时告知委托人，并及时向仲裁机构提出异议，充分维护委托人的权利。

在仲裁庭主持调解或双方当事人希望庭外和解时，应帮助委托人分析调解方案和最终执行的可行性。在符合法律法规，不损害委托人利益并征得其同意的前提下达成和解。

仲裁庭只审理仲裁请求范围内的事项，如果在案件审理过程中涉及的问题超出仲裁请求的范围，代理律师应及时告知委托人，以便采取相应的对策，或补充提出仲裁请求，或向仲裁庭提出异议。

律师对开庭记录应当认真阅读，发现有关自己的陈述的记录有遗漏或差错的，应申请补正。

律师在代理委托人参加仲裁工作中，发现仲裁员或对方当事人及其律师有违反法律规定的行为的，应及时向仲裁委员会、仲裁庭或者相关管理部门反映。

（五）注重息讼

一是接受调解。在庭审结束后，仲裁庭会征询双方是否接受调解，此时代理律师应该和自己的委托人协商是否同意接受调解。因为如果仲裁结果对己方有利，那么代理律师可在与委托人协商一致的情况下，建议委托人适当地进行让步，毕竟调解结案有助于调解协议的履行。如果仲裁结果对己方不利，也就是仲裁庭不支持本方，那么更应该选择调解，这样代理律师可以之后跟对方当事人及其代理律师进行沟通，了解对方的要求，结合双方情况请求调解结案，以期将委托人的损失降到最少。

二是撤回申请。如果遇到仲裁庭不支持己方请求，而对方当事人及其代理律师又不肯和解或者调解的情况，那么代理律师有义务和委托人协商要求撤回仲裁申请。仲裁的性质决定了国内仲裁机构作出的裁决如果错误，代理律师可通过向法院申请撤销或申请不予执行的途径补救，而涉外仲裁一旦公布裁决书，只要仲裁程序没有错误，即使实体裁决有误，代理律师和委托人均无法补救，在这个时候请求撤回请求，案件还未作出最后的仲裁裁决，可以避免无法挽回的局面，代理律师可以继续收集补充证据，日后再提出仲裁请求，将案件交由新的仲裁庭进行仲裁。

五、庭审后的工作

律师代理仲裁案件要注意形成闭环,在庭审结束后仍从维护当事人角度出发,做好事务性、法律性工作。

(一) 写出办案总结

律师承办的仲裁活动结束时,应写出办案总结,整理案卷归档。

办案中提前解除委托关系的,律师应写出办案总结,说明提前解除委托关系的原因,并附上相关解除委托关系的手续,整理案卷归档。

收到仲裁裁决后,承办律师应认真阅读,如果发现文字或计算错误或遗漏事项,应及时告知当事人,并在当事人收到仲裁裁决书之日起30日内向仲裁庭提出补正的请求。如经审查发现有《仲裁法》第58条规定情形之一的,可建议委托人申请法院撤销仲裁裁决。

(二) 完成执行阶段的委托事宜

在执行阶段,律师若接受有关仲裁裁决执行的委托,应与委托人签订委托代理协议,审查仲裁裁决的效力和有关请求的时效,并在委托人的配合下准备有关法律文件。

当事人委托律师申请执行仲裁裁决书或调解书的,律师应依法确定该案的执行管辖法院,并依《民事诉讼法》的有关规定配合法院工作。

律师接受被申请执行方委托后:(1) 应审查该案是否属于受案法院管辖,发现法院管辖不当的,应及时以书面方式向法院提出,请求移送;(2) 经审查发现有《民事诉讼法》第244条、第281条、第283条规定之情形的,应及时写出书面材料,申请法院不予执行;(3) 经审查发现有《仲裁法》第58条规定之情形的,应及时写出书面材料,申请法院撤销仲裁裁决(劳动仲裁除外)。

法院裁定撤销仲裁裁决或者不予执行仲裁裁决书或调解书后,双方当事人重新达成仲裁协议,或者经人民法院通知仲裁庭重新仲裁的,同一律师继续接受委托代理仲裁活动的,应与委托人重新办理委托手续。

受委托的律师参与仲裁裁决的执行还应遵守《律师办理民事经济诉讼案件规范》第十一章"执行程序中的律师代理"的有关规定。

第三节 仲裁代理的技能演示

仲裁代理涉及各个方面,如接待(会见)当事人、阅卷、调查取证、文书撰写、参加庭审并发问与质证、法庭辩论等,其中接待(会见)当事人、签订委托合同、进行庭审辩论等步骤尤为重要,需要代理律师拥有高超的技巧。

一、接待(会见)当事人的技能演示

接待(会见)当事人作为代理案件至关重要的第一步,其效果可能会影响到案件代理的成功与否,当在接待当事人的时候,一些必要的方法和技巧会有助于委托关系的达成。

(一)细节到位

约好与当事人的见面时间后,一些细节性的工作提前要做好:首先,要选择一个安静整洁的办公场所,最好是一间独立无打扰的办公室,这样让当事人谈起案情来思想上没有太大的顾虑;其次,要对自己的衣着形象进行必要的修饰,尽量做到庄重整洁。

与当事人见面时,在做完简短的自我介绍后,握手就座。在就座时要注意位置的把握,尽量让当事人坐在你的左手边。

(二)善于倾听

会见当事人时要注意倾听和提问的技巧,先从倾听的内容入手,用提问的方式引领当事人陈述的方向,获取更有价值的信息。注意询问当事人的要求,提炼纠纷的聚焦点,由此准确确定案件的案由、性质。

尽可能不要打断当事人的陈述,通过"倾听—询问—再倾听—再询问"路径,收集和归纳当事人陈述过程中的重要信息。

倾听完毕后要进行信息确认,争取准确收集、整理、归纳和概括重要信息与关键点,明确当事人的主要目标与期待。

做好接待记录,方便之后能进行系统性的案情梳理,也方便记忆。

(三)耐心解释

在接待时,当事人一定会让律师解答一些问题,这个过程中要注意控制好时间,切记让当事人重复问,对于当事人重复的或诉苦的内容,需要及时打断。

解答问题的时候要抓住重点,言简意赅,尽量通俗易懂,让当事人能听明白。在解答时,要指出当事人在案件中所遭受的损失或权益受侵害的内容,尽量站在当事人的角度用法律解答。

如果当事人的法律基础较弱甚至没有,可以举一些有效的案例,尤其是类似案例,与当事人一起分析案情。如果律师提出的解决方案得到当事人的赞同或首肯,那么,会非常有利于达成委托代理协议,也有利于在委托代理过程中

形成高度共识、行动一致。

当然，有的当事人会打破砂锅问到底，把律师当作咨询专家。此时，律师一定要沉住气，要有极高的耐心，不能表现得不耐烦，而是要尽量全面回答当事人的法律问题。

切记不论案件代理是否成功，不论当事人最后是否决定委托，都要坦诚相待。

在和当事人签订委托代理合同时，要将案件的基本情况同当事人分析，要将案件的各类影响因素提前列出，并对当事人胜算的把握作一个基本客观的分析，为日后的案件处理留有一定余地。如果代理律师认为本方的请求不能得到仲裁庭的支持或者通过举证、答辩和反请求仍不能为当事人减少经济损失的，那么，代理律师应该建议当事人自行和解或者协商。

总之，作为仲裁代理律师在与自己的委托人沟通时，首先，要尊重对方，也要赢得对方的尊重，注意说话的语气和态度，尽量能跟对方无隔阂地交流，彼此建立信任；其次，代理律师应该从委托人的角度出发，发现委托人的需求和要求，仲裁案件的关键点在于双方的利益纠纷点，所以作为代理律师应该清楚自己的委托人和对方当事人的争端点；最后，代理律师应该将案件从抽象的法律法规、法理证据中以具体形象、深入浅出的方式讲解分析给自己的委托人，使得委托人能对于整个案件有个清晰的了解和认识，也能增强对代理律师的信任。

示例

律师："李先生您好，贵单位与英国的世界探索出版社签署的《合作备忘录》（中英文版）各一份我看过了。目前，您和贵单位的诉求是什么？"

李先生："一是解除与该出版社的合作协议；二是拿回Q期刊，成为Q期刊的唯一所有人。"

律师："世界探索出版社是什么态度？"

李先生："对方回复说，期刊的内容版权是他们所有，期刊的经营权归我们所有。这也就意味着，他们也承认这期刊所有权并非全部归他们所有吧？"

律师："这句话并不完全准确，中国和英国均为《伯尔尼公约》的缔约国，根据英国《版权法》和中国《著作权法》的相关规定，期刊刊载的文章著作权一般归作者享有，经过作者授权，期刊享有部分著作财产权，如复制权、公开发行权等，但后者权益的实现有赖于前者，无前者则无后者。"

李先生："那您作为法律专业人士，是否有更专业的解释来协商解决此事？"

律师："应是可以协商解决的。一是正如我刚才所讲的，世界探索出版社并不完全享有期刊的内容版权。需要向对方明确表明，5年来，我方在此刊的稿件遴选、编辑审校、与作者互动、学术话题引领、产品衍生等方面起到决定性、关键性作用。刊物以学术为生存之本、发展之基，在对方更关注经济利益的情况下，需要客观、全面评估我方的地位与价值。对方拟通过上述表态暗设期刊转让障碍、索要过高转让费，最终是得不偿失的。"

李生生："这个是实情，事实真的是这样的。"

律师："李先生，您别急，方法总比问题多，我和我的团队会抓紧研究，尽早给您一个满意的回复。"

李先生："非常感谢您这么耐心地解释。"

二、阅卷的技能演示

律师的工作无非分为"输入"和"输出"两个过程，即将案卷材料录入大脑并梳理为法律事实，再对其进行书面或口头形式的表达，形成法律上的评价。[①] 所以，阅卷是律师了解案件事实最直接的方式，也是律师成功代理案件、充分维护当事人合法权益的重要基础。律师需要在最短的时间、以最高的效率阅卷，全面掌握案件信息。

（一）两维阅卷法

律师阅卷，基本是遵循逻辑顺序和内在关联两个维度前后进行的。

遵循逻辑顺序阅卷，指的是按照一定的顺序排列卷宗并阅读，如按照时间顺序、按照其间法律关系生成发展顺序等。遵循逻辑顺序阅卷非常重要，也是相对投入时间和精力最多的阶段。之所以重要，是因为通过逻辑顺序阅卷，是以逻辑关系为牵引，确保阅卷后能对案件有一个比较清晰的逻辑链的呈现，从而为后续案情的研判奠定坚实基础；之所以投入时间和精力最多，是因为无论卷宗或资料多与寡，都需要律师集中时间与精力，在最短的时间内全部阅读完，唯此才能不会出现思维和记忆的断层，确保能连贯地、无差池地把握案情。当然，在最短的时间内全部阅读完，并非不吃不喝不休息地阅卷，而是指尽量用一个相对比较完整的时间完成阅卷，如一个上午、一个下午或者一天，劳逸结合。切记，应当做到全面、系统阅卷，不遗漏任何一份材料。

遵循逻辑顺序阅卷后，应能够初步厘清案件的事实脉络，掌握案件的背景、当事人的交易目的，以及合同的设立、履行、终止等情况。对于案卷材料

---

① 朱赫：《民商事诉讼的基本功——律师应当如何阅卷》，https：//www.sohu.com/a/332859387_159412，2021年7月25日访问。

中不清楚的地方，需要及时与委托人核实、沟通，缺少相关材料的，也要委托人及时补充。

遵循逻辑顺序阅卷后，就需要遵循内在关联阅卷。所谓遵循内在关联阅卷，是指把阅读过的所有材料全部关联起来，可按人物、时间、事件等依据对所有材料排列组合、重新整理，以进一步对当事人之间的法律关系进行判断。在复杂的案件中可能存在多重法律关系，对此应当详尽列举，并一一作出判断。同时，还要根据当事人的主张，检查是否有相应的证据支持，以及证据是否具备"三性"，即真实性、关联性、合法性。如果卷宗包括对方当事人的答辩等资料，应重点关注双方的不同主张及其所依据的事实与理由，只有这样才能形成初步的、较为科学的法律判断，为后续代理夯实基础。

（二）归纳争议焦点

争议焦点是指当事人存在争议的具体事项，可能是双方对案件事实的理解差异、在适用法律上的分歧等。在商事仲裁中，基于效率、节约的角度考虑，仲裁庭审理的范围是有限的，一般不太可能在庭审中全盘审理该案件的所有事实，往往是围绕着双方争议焦点审理的。即使是法律关系复杂的商事案件，争议焦点也是有限的，故此，律师在阅卷的过程中需要精确地归纳出争议焦点。

在归纳和提取争议焦点时，首先需要考查的是程序方面的事项，如当事人是否适格、时效是否届满、仲裁程序是否符合仲裁规则等，还要审查合同中的仲裁条款与仲裁地点，以确定该案是否属于约定仲裁的范围。其次需要考查的是实体方面的事项。在全面审查合同、附件及相关材料时，审查的重点放在合同的效力上。

示例

一个买卖合同仲裁案件，被申请人买了申请人的货物，部分货款未付，申请人提起仲裁，要求被申请人支付所欠货款；被申请人辩称货物存在质量问题，要求退货。本案的争议焦点是"被申请人应不应该支付货款"吗？很显然，"被申请人应不应该支付货款"是本案仲裁最终要解决的问题，是本案仲裁活动要实现的目的，但将其确定为争议焦点是不确切的。因为双方在支付货款问题上发生纠纷，货款应不应该支付是双方最大的争议，但纠纷发生的起因是货物的质量，一方认为货物存在质量问题，另一方认为货物质量没有问题，因此，申请人卖给被申请人的货物是否存在质量问题才是本仲裁案争议的焦点，查清货物是否存在质量问题，是解决本仲裁案被申请人应不应该支付货款的关键。

(三) 确定可行进路

遵循逻辑顺序和内在关联两个维度阅卷并归纳争议焦点后，就需要确定有利于委托人权益维护的参与仲裁活动的进路。

首先，在这一过程中，要科学合理评估和判断委托人的诉求，基于案件事实、法律关系作出初步判断，把可能提出的请求或主张的抗辩全部列出来。

> **示例**
>
> 申请人与被申请人签署了两份《影视项目合作协议》，双方就影视项目《未与末》达成收益转让协议。被申请人向申请人承诺涉案影片上映时间。但不久，申请人接到被申请人电话通知，要求商讨该项目的"转项"事宜，被申请人经过沟通答复：该影视项目没有明确的完成时间节点，不能透露新的动画制作合作方，上映时间可能推后，有可能部分退和部分转项，目前是没有退的可能。申请人确认被申请人在项目推进中遇到了严重的问题：国家电影局官网查不到被申请人任何关于该影视项目的备案信息。被申请人官宣的合作方和制作团队均已不再参与，该项目目前处于停止状态。被申请人的 App 已经不能下载，申请人已经无法了解影视项目的任何信息。综上，被申请人客观上已经无法完成该项目，被申请人已经构成合同违约，并涉嫌合同诈骗和虚假宣传。故申请人提出如下仲裁请求：
>
> 一是裁决解除申请人和被申请人签订的《影视项目合作协议》；
>
> 二是裁决被申请人退还申请人支付的认购款人民币 300 万元整；
>
> 三是裁决被申请人向申请人支付维权开支 25 万元，其中律师费 23 万元，公证费 2 万元；
>
> 四是裁决被申请人向申请人支付违约金 20 万元；
>
> 五是裁决本案仲裁费用由被申请人承担。

其次，一定要树立"证据为王"的理念。证据是仲裁活动的基础。在仲裁活动中，一方面对仲裁争议的实体处理首先取决于能否适用证据准确地认定争议事实，另一方面仲裁程序的演进与程序正义的实现也有赖于证据之理念及其应用。[①] 在仲裁案件中，各方当事人谁掌握的证据材料越多，就对谁越有利，因此，当事人往往在提出其主张的同时，也提出大量的证据以证明自己主

---

① 王建国：《对人事仲裁证据制度中的一些认识》，载《人才资源开发》2006 年第 3 期。

张的成立。① 另外，根据"谁主张，谁举证"的一般原则，当待证事实处于真伪不明时由依法负有证明责任的人承担不利后果的责任。所以，"在当事人诉称的基础上，律师通过对案卷材料的进一步确认，方可形成足以支撑当事人诉求的证据链"②。

最后，"律师既要保证其符合当事人的利益需求，也要有足够的证据支撑，还要符合法律规定"③。作为仲裁申请人的代理人，律师要仔细研究能否有足够的事实证据支持己方理由，并对证据材料进行甄别。对于对方当事人已经认同的事实则无须过多证明，但对互相矛盾的材料应当仔细确认，辨别当事人的真实意思表示；对于对方提交的证据，律师要着重确认其证明目的，并结合全案就其真实性、合法性、关联性作出判断。

示例

被申请人提供的证据目录

编号	证据名称	来源	证明内容
1	上海 T 影业有限公司出具的《证明》一份	自有	被申请人母公司系电影项目《未与末》的联合出品方，享有转让该电影投资份额的权利，并将上述权利授权给被申请人
2	著作权合同备案证书	自有	
3	授权确认书	自有	
4	作品登记证书一份	自有	《未与末》文字作品由 Q 向××市版权局申请登记的事实
5	往来邮件截图一份	自有	Q 积极推进案涉影视项目的事实
6	境外汇款申请书一份	自有	与某导演签订协议并付款的事实
7	收款邮件回复截屏一份	自有	
8	导演协议一份	自有	
9	豆瓣电影截图一份	豆瓣网	某导演个人信息以及其参与并导演过豆瓣评分高达 9.2 分的动画作品的事实
10	合格影视者鉴定测评视频两份	自有	申请人签约系在全面了解风险的基础上。知晓影视投资具有高风险性的特征，认可项目的市场价值，知晓该投资可能带来的较大损失，充分了解影视项目投资中的风险包括但不限于上映时间、演员、题材、政策、自然灾害或不可抗力风险，并明确对投资协议中的条款无异议

---

① 陶春明：《谈谈仲裁案件中的证据收集》，载《国际贸易》1993 年第 10 期。
② 朱赫：《民商事诉讼的基本功——律师应当如何阅卷》，https://www.sohu.com/a/332859387_159412，2021 年 7 月 25 日访问。
③ 同上。

三、调查取证的技能演示

收集、调查取证是律师的一项基本功,刑事诉讼、民事诉讼以及仲裁案件,都涉及律师收集、调查取证工作。调查取证的方式一共有两种类型:一种是自行调查取证,即自行向有关单位或个人调查核实证据材料,或者了解案情,制作相关笔录材料;另一种是申请调查取证,即直接或间接向有权机关申请调取相关证据材料,或者申请传召证人出庭作证。然而,实践中律师进行有效的调查取证的情况并不尽如人意,甚至还存在一定的法律风险。所以,掌握调查取证技巧非常必要,也非常重要。

(一)知悉调查取证渠道

不同的证据,其获取的路径或渠道是不同的,所应具备的条件和应达到的要求也是不同的。

1. 企业工商登记信息

企业工商登记信息查询主要关注两类:企业基本情况(外档)和除企业登记档案基本资料以外的其他企业登记档案(内档)。

外档主要包括:企业名称、注册号、住所(注册地)、法定代表人、注册资本、实收资本、公司类型、经营范围、营业期限、成立日期、状态、年检情况、登记机关、股东或出资人情况等。对于企业外档查询,可以在"国家企业信用信息公示系统"网站上查询到基本的信息,个人持有效证件(身份证)也可到工商部门查询。

内档包括:(1)企业开业登记材料:名称预先核准通知书、企业设立登记申请书、章程、合同、委派书、聘任书、房屋租赁协议、验资报告(验资证明)、董事会(股东会、监事会)决议等。(2)企业变更登记材料:变更登记申请书、修改后的章程、股东会或董事会的决议或决定等。(3)企业注销登记材料:注销登记申请书、法院破产裁定书、股东会或董事会的决议或决定、清算组织及清算报告等。(4)企业年检材料:年检报告书、资产负债表、损益表、审计报告等。(5)监督管理材料:行政处罚决定书、企业限期整改通知书等。对于企业内档查询,由律师持律所介绍信和本人执业证申请查询,但对于"企业年检材料:年检报告书、资产负债表、损益表、审计报告"等的查询,根据规定,须由律师另持法院出具的立案受理通知书或法院委托律师调查令,这涉及一个前置程序,即律师向仲裁庭提出申请,由仲裁庭向法院等机构提出申请。

2. 银行账户信息

对于银行账户信息查询,根据法律规定,只有公安机关、法院、检察院、税务机关、国家安全机关才有权调查公民个人的储蓄存款和单位存款情况。此时，需要由律师向仲裁庭提出申请，由仲裁庭向有权机关提出申请。在有权机关同意并出具相关法律文件后，律师可作为陪同人员一同前往查询。查询存款账户时，应要求金融机构工作人员对被调查人所开设的活期存款账户、定期存款账户、定活两便存款账户以及一本通等存款账户一一查询；对于企业当事人，应查询其基本存款账户、一般存款账户、专门存款账户和临时存款账户。金融机构从为客户保密的角度出发，或者为了取悦大客户，一般是不情愿提供查询信息的。在实践中某些金融机构可能只提供被调查人活期存款账户或定期存款账户，以逃避存款的查询和冻结。另外，要留意账户存取明细。一般情况下，有权机关只要求银行打印储蓄余额，而不涉及取款的历史记录，有可能使得对方在有权机关查询之前取走的存款被隐蔽掉，而通过存取明细的查询，有可能发现其他银行账号。

3. 股票账户信息

对于股票账户信息查询，可以到中国证券登记结算公司上海或深圳两个分公司调查取证，打印有股票交易的资金对账单；根据资金对账单查找对方开户的证券公司及证券营业部；到该证券公司或证券营业部调查取证，打印所有的股票交易明细及银证出（入）资金。调查取证前尽量与目标证券公司的营业部联系，问清楚是否有律师证、调查令就可以调查取证，有些证券公司的营业部还需要提供介绍信和律师本人身份证原件。[1]

（二）遵循调查取证的原则

一是紧紧围绕委托人主张的权利进行的原则。商事仲裁解决的是申请人和被申请人双方存在争议的事实，而要解决争议，必须靠证据证明。只有调查取证围绕着争议事实进行，由此取得的证据与争议事实具有直接的因果关系，才有证明力。否则，属于无用证据。

二是客观及时原则。由于案件事实是客观存在的，因此，证明案件事实的证据也应当是客观的。作为庭审证据，必须是客观存在的事实。无论物证、书证或人证，都不能将虚构的事实和推测、假设后得出的言论写成材料当成证据。为此，律师在调查取证过程中，一定要注意收集、调取与争议事实有直接因果关系或者客观关联的证据。

三是合法细致原则。合法是指代理律师收集证据应当依照法律、法规的相关规定进行。合法收集证据是保证证据具有证明力的前提。违法收集的证据不

---

[1] 杨舜泗：《律师常用的调查取证方法与技巧》，https：//www.sohu.com/a/414245866_120642643，2021年7月25日访问。

能作为定案的根据。细致是指代理律师在调查取证的过程中，要认真细致，不能马虎行事，要收集或者提取到与证明案件有直接因果关系的各种证据。例如，当证人回答询问的内容含糊不清时，代理律师应当仔细询问，问出与案件有直接因果关系的内容，并作简单、明了的记录。调查和提取物证时，应以原物为主；如果提取原物确有困难，可以提取复制品；对有可能发生变质、毁灭的物证，应采取相应的保全措施。对于书证也应收集和提取原件；提交给仲裁庭时，先交复印件，庭审时再提交该书证的原件等。

示例

代理律师收集证据时，遵循的合法原则主要有以下几个方面：

首先，代理律师向有关单位或者个人调查取证时，应当向被调查单位或者个人出示律师执业证和律师调查函或律师调查专用证明，并讲明来意，同时必须告诉被调查人应当如实提供证据。

其次，调查笔录应当记明：被调查人姓名、性别、年龄、职业、住址、联系方式等；调查人姓名、性别、年龄、所在律师事务所；调查的年、月、日，调查的地点；调查笔录应交被调查人核对，最后由被调查人签名或者盖章。

再次，复制被调查单位的材料，应当交由主管人员核实并加盖其单位公章；注明年、月、日；附调查人（代理律师）的证明。

最后，向证人调查取证，不得采用威胁、诱骗、刑讯等非法手段进行。

四、庭审事实调查的技能演示

庭审是体现律师代理水平、检验庭前准备是否充分的考场。代理律师在出庭进行仲裁庭审活动中，要据理力争，尽量为自己的当事人争取到有利的局面，利用法律和事实得到仲裁庭的支持，作出对于本方当事人有利的裁决。代理律师若做到这一点，需要态度专注、业务娴熟、表述精准、重点突出、观点明确。

（一）熟悉庭审调查程序

仲裁庭审与民事诉讼大致相同，基本上由三部分构成，即当事人陈述和答辩、举证、辩论。当然，仲裁的灵活性，决定了仲裁庭审与民事诉讼庭审是不同的，前者可能并不一定明显区分三个部分，有可能将三者混在一起，但无论怎样，代理律师都要根据仲裁的庭审进程和要求积极参与，万不可按照自己的思路来进行。

在仲裁庭明确进入调查阶段时，应紧紧围绕证据的真实性、合法性、关联性陈述,不要急于反驳对方的证据,不要急于发表辩论意见。

(二) 全面精确掌握案件事实

回答问题时要简洁明了,对仲裁庭或对方当事人的提问,要回答得直截、明确,不能模棱两可、似是而非,更不能阻止当事人回答、当庭与自己的当事人辩论等。提问时要紧紧围绕案件事实,所有提问的内容都应当与案件的事实存在关联性,为了让案件事实更清楚,切忌推理,不要问一些涉及对方隐私或者带有侮辱性的问题。

(三) 沉着发挥

在证据质证过程中,如果对方当事人及其代理律师在庭审过程中提出了对于本方不利的证据,代理律师应该保持良好的心态,沉着发挥,请求仲裁庭对于证据进行质证,代理律师事后可以写成书面的质证材料交给仲裁庭。对于新证据的质证权利,不宜放弃,避免招致对本方不利的裁决结果。

示例

仲裁员:"现在开始进行庭审调查。先由申请人陈述仲裁请求和事实与理由。"

申请人:"(1)请求裁决解除申请人和被申请人签订的两份《影视项目合作协议》。(2)裁决被申请人退还申请人支付的认购款人民币300万元整。(3)裁决被申请人向申请人支付维权开支25万元,其中律师费23万元,公证费2万元。(4)裁决被申请人向申请人支付违约金20万元。(5)裁决本案仲裁费用由被申请人承担。"

仲裁员:"由被申请人答辩。"

被申请人:"同当庭提交的仲裁答辩状。"

仲裁员:"申请人举证,被申请人质证。"

申请人:"影视项目合作协议(一)、影视项目合作协议(二),申请人投资被申请人《未与末》影视项目,总金额300万元。

《未与末》百度百科,《未与末》是X原创作品。

律师函,申请人和被申请人沟通合同解除。

律师函回函,被申请人回复,承认项目出现严重问题。

合同付款记录,申请人向被申请人付款记录。"

仲裁员:"现在由被申请人举证,申请人质证。"

被申请人代理人:"当庭提交证据一组:Y公司出具的《证明》一份、著作权合同备案证书、授权确认书,证明被申请人母公司系电影项目《未与末》

的联合出品方,享有转让该电影投资份额的权利,并将上述权利授权给被申请人。"

五、庭审法庭辩论的技能演示

辩论最能体现律师的法律实务功底。要知悉辩论的目的和功能,注意与庭审调查区别开来,在仲裁庭明确进入辩论阶段时,不能去询问对方,也不能发表一些没有任何新意的意见。

(一)注意遵守职业道德

律师在辩论时应该围绕案件事实进行辩论,最好不要将与案件无关的事实罗列出来,影响仲裁员的判断,否则对方律师可能会提出异议,请求仲裁员进行制止。辩论意见要紧扣争议焦点,观点明确不跑题,围绕争议焦点提出自己明确的观点,用庭审查明的事实和相关法律条文来证明自己的观点。只要就事论事,简单明了地说明观点即可,切忌宏大叙事、广征博引。

(二)注意措辞的严谨

仲裁庭审往往涉及的是商事案件,代理律师应该注意对对方商家的评论语言,不能用"小道消息"等信息来评价对方的商誉、企业文化等方面的情况,否则会让仲裁员怀有对己方不利的印象。① 法庭辩论不是辩论大赛,切忌言语犀利、滔滔不绝。

(三)注意语言的适度

在语言方面对代理律师有较高要求,应变要快,话语要庄重严肃,尽量全部使用法言法语;适当融入激情的演说,配合案件,引起仲裁员的共鸣;法庭上的辩论是门艺术,代理律师应该有个人策略,也要有稳重的仪表和威严、力量的体现。② 阐述要言简意赅,不是说得越多越好,已经陈述过的、反驳过的,没有必要再重复。③

> **示例**
>
> 仲裁员:"请双方围绕争议焦点发表辩论意见,围绕是不是逾期履行合同导致合同目的没法实现。"

---

① 黄皓、程捷:《论律师辩论背后的职业道德》,载《中国律师》2008年第12期。
② 李东蓊:《法庭辩论技巧与应变》,载《法制与社会》2012年第31期。
③ 亚峰:《从法官的角度谈律师如何参加庭审(律师实务)》,https://www.sohu.com/a/336518847_120057417,2021年7月21日访问。

申请人代理人:"被申请人作为合作协议的项目履行方,应当对合同履行情况承担举证责任。但是,被申请人所谓的合同履行情况,只是一个邮件列表,没有任何实质性的影视工作进展,所以被申请人根本没有履行项目合作协议。"

被申请人代理人:"被申请人认为合同中并未对影视项目的具体上映时间进行明确约定,考虑到影视项目在筹备过程中可能因商业需求或不可抗力的因素而变更时间,所以无法承诺影片上映时间,但是我方已在积极推进合同的履行,并不属于逾期履行合同。"

第四节 仲裁代理的技能训练

一、分析案情、确定仲裁方向的技能训练

【案情资料】

埃×公司原为外商独资企业,于2010年9月14日变更为中外合资经营企业,新加坡LKE公司是合资方之一。

2010年10月,LKE公司与华×公司签订《增资扩股协议》,约定华×公司对埃×公司投资人民币2000万元,华×公司和LKE公司增资扩股,并约定如果LKE公司违反协议任何条款并使协议目的无法实现,华×公司有权终止协议并收回增资扩股投资款项。

2010年12月6日,LKE公司与华×公司又签订一份《股权转让协议》,约定:鉴于埃×公司将申请改制成立股份有限公司即目标公司,改制后华×公司占有目标公司股份800万股。在2013年10月10日后,华×公司有权向LKE公司提出以原始出资额为限转让目标公司股权份额,LKE公司承诺无条件以自身名义或指定第三方收购华×公司提出的拟转让股份。

2011年1月27日,埃×公司的各方股东签订《增资扩股协议》,华×公司溢价认购埃×公司增资,并占10%股权。华×公司有权在出现合同约定情形时通知LKE公司后终止本协议,并收回此次增资扩股的投资。该协议经主管部门批准后各方办理股权变更登记,华×公司持有埃×公司10.001%股权,LKE公司拥有76.499%股权。

华×公司以LKE公司拒不依约履行增资义务,又不及时履行回购股份担保责任为由,向×××仲裁委员会提起仲裁,请求裁决LKE公司收购华×公司所持有的埃×公司股权并支付款项人民币2000万元及利息。

【要求】

分析案情，确定仲裁请求。

【提示】

1.《股权转让协议》是否有效？

2. 华×公司依据《股权转让协议》和《增资扩股协议》请求收回增资扩股投资款的理由能否成立？

二、庭审询问和证据质证训练

【案情资料】　　在英属维尔京群岛注册成立的万×公司、叶××于2009年2月26日与中×公司签订《融资服务及保密协议》，约定叶××和万×公司为中×公司募集资金引荐投资者，中×公司支付实际投资资金总额9%的融资服务费，分两部分支付，其中4%于注资完成后的14天内以现金或汇款的方式支付，其余5%按照投资者的同等条款作为战略投资资金注入中×公司或指定上市主体。此后，万×公司、叶××成功为中×公司引荐了投资者，但中×公司未支付报酬，引发纠纷。万×公司、叶××向×××仲裁委员会提起仲裁，请求裁决中×公司支付拖欠的融资服务费及其利息。

【要求】

模拟法庭调查场景，对案件所涉证据进行举证、质证。

【提示】

1.《融资服务及保密协议》是否合法有效？

2. 报酬5%的支付方式不是现金方式，能否与另外4%报酬采取同样的方式支付？

3. 居间人为投资者或者募集者提供居间服务，其报酬请求权应如何得到法律保护？这种法律保护，如何更为精准地体现"一带一路"倡议？

三、庭审辩论的技能训练

【案情资料】　　建行广州××支行与蓝×能源公司于2011年12月签订了《贸易融资额度合同》及《关于开立信用证的特别约定》等相关附件，约定该行向蓝×能源公司提供不超过5.5亿元的贸易融资额度，包括开立等值额度的远期信用证。××电力等担保人签订了保证合同等。

2012年11月，蓝×能源公司向建行广州××支行申请开立8592万元的远期信用证。为开立信用证，蓝×能源公司向建行广州××支行出具了《信托收据》，并签订了《保证金质押合同》。《信托收据》确认自收据出具之日起，建行广州××支行即取得上述信用证项下所涉单据和货物的所有权，建行广州

××支行为委托人和受益人，蓝×能源公司为信托货物的受托人。

信用证开立后，蓝×能源公司进口了164998吨煤炭。建行广州××支行承兑了信用证并付款人民币84867952.27元。建行广州××支行履行开证和付款义务后，取得了包括本案所涉提单在内的全套单据。

蓝×能源公司因经营状况恶化而未能付款赎单，故建行广州××支行在本案审理过程中仍持有提单及相关单据。提单项下的煤炭因其他纠纷被广西防城港市港口区人民法院查封。建行广州××支行向××××仲裁委员会提起仲裁，请求裁决蓝×能源公司清偿信用证项下本金人民币84867952.27元及利息；确认信用证项下164998吨煤炭属建行广州××支行所有，并对处置提单项下煤炭所获价款有优先受偿权；××电力等担保人承担担保责任。

【要求】

1. 模拟辩论场景，各方就开证行对提单是否享有质权展开辩论。
2. 模拟辩论场景，各方就提单是债权凭证还是所有权凭证展开辩论。
3. 模拟辩论场景，各方就提单持有人的具体权利是否取决于提单流转所依据的原因法律关系展开辩论。

【提示】

1. 提单是物权凭证还是债权凭证？
2. 如何通过较为合适的解释方法来确定当事人的真实意思表示，进而遵循当事人意思自治原则来确定开证行是否对提单享有质权？

四、文书撰写的技能训练

【案情资料】 2008年3月4日，机电公司与被申请人签订了《外贸合同》，合同约定被申请人久×公司向机电公司购买北×家具公司生产的沙发床42套，总值CIF 14054.60美元，装运期限为2008年3月11日前北京通州生产厂内交货。装运口岸为中国天津塘沽港，目的口岸为美国奥克兰港。付款条件为货到美国旧金山后90天内一次性结清（现汇）。装运条件为海运。双方约定："在履行协议过程中，如产生争议，双方应友好协商解决。若通过友好协商未能达成协议，则提交中国国际贸易促进委员会对外贸易仲裁委员会，根据该会仲裁程序暂行规定进行仲裁。"

《外贸合同》签订的当天，机电公司与爱××家具经销商投资公司签订了一份《出口订货合同》，机电公司按照与被申请人签订的《外贸合同》中的相同厂家、品种、规格、数量向投资公司订购了一批沙发床，装运期限、装运口岸、目的口岸均与《外贸合同》相同。

此后，机电公司按照上述两份合同的约定履行了购货和供货义务，于

2008年3月13日向中国人民财产保险股份有限公司北京市分公司投保了本案货物从天津塘沽港运往美国奥克兰港的货物运输保险，投保金额为美元15460.06元。《货物运输保险单》上注明的货物启运日期为2008年3月14日。机电公司委托北京货运公司办理了本案货物的报关和运输及到港后交付给被申请人的事宜，北京货运公司将本案货物交付给被申请人之后于2008年4月28日给机电公司开具了国际货物运输代理业专用发票，收取了运费人民币20712元。被申请人收到货物后未提出任何异议，但没有按照合同约定的日期支付货款。此后，机电公司曾多次催要货款，被申请人以美国市场不景气，货物销售不好，资金紧张为由至今未付分文货款。

机电公司认为，机电公司与被申请人签订的《外贸合同》是协商一致的结果，是双方当事人真实的意思表示，合同的内容不违反中国法律和行政法规的有关规定，合同应属合法有效，双方当事人应当遵守履行。机电公司履行了合同规定的供货义务，依法享有按期收回货款的权利。被申请人接收了货物之后，应当按期支付货款，逾期不付属于违约，侵害了机电公司的合法权益，对此，被申请人应当依法承担违约责任。

【要求】

根据以上案情资料，撰写一份仲裁申请书，并编制证据清单。

【提示】

1. 贸易术语"CIF"是指货物应于约定时间在装运港船上交货，但本案合同特别约定了货物应于北京通州生产厂内交货，那么，该特别约定是否应适用于本案？

2. 利息的计算基准日，是申请人要求支付之日还是提交仲裁之日？

参 考 文 献

一、著作类

1. 《行政法与行政诉讼法学》编写组编：《行政法与行政诉讼法学》，高等教育出版社 2017 年版。
2. 〔美〕昂格尔：《法律分析应当为何？》，李诚予译，中国政法大学出版社 2007 年版。
3. 巢容华主编：《法律职业伦理》，北京大学出版社 2019 年版。
4. 何家弘主编：《证据调查（第二版）》，中国人民大学出版社 2005 年版。
5. 江伟、肖建国主编：《民事诉讼法（第八版）》，中国人民大学出版社 2018 年版。
6. 〔德〕卡尔·拉伦茨：《法学方法论》，陈爱娥译，商务印书馆 2003 年版。
7. 李本森：《法律职业伦理（第二版）》，北京大学出版社 2005 年版。
8. 李国新：《中国文献信息资源与检索利用》，北京大学出版社 2004 年版。
9. 刘最跃编著：《人民调解原理与实务》，湖南人民出版社 2008 年版。
10. 马长山主编：《法律职业伦理》，人民出版社 2020 年版。
11. 盛永彬主编：《人民调解实务》，暨南大学出版社 2008 年版。
12. 孙淑云、冀茂奇主编：《诊所式法律教程》，中国政法大学出版社 2010 年版。
13. 孙晓楼：《法律教育》，中国政法大学出版社 1997 年版。
14. 王立民主编：《中国法制史》，上海人民出版社 2003 年版。
15. 许身健主编：《法律诊所》，中国人民大学出版社 2014 年版。
16. 许身健主编：《法律职业伦理》，中国政法大学出版社 2019 年版。
17. 寻会云主编：《法律咨询》，中国政法大学出版社 2015 年版。
18. 俞静尧编著：《律师实用心理》，法律出版社 1999 年版。
19. 袁钢编著：《法律职业伦理案例研究指导》，中国政法大学出版社 2019 年版。
20. 张勇：《律师职业道德》，法律出版社 2015 年版。
21. 中国社会科学院语言研究所词典编辑室编：《现代汉语词典（第 7 版）》，商务印书馆 2016 年版。

二、报刊类

1. 〔德〕阿什特里德·斯达德勒尔：《德国法学院的法律诊所与案例教学》，吴泽勇译，载《法学》2013 年第 4 期。

2. 白云：《诊所式法律教育模式在法律职业伦理教育中的应用》，载《教育探索》2008 年第 12 期。

3. 陈杭平：《论"事实问题"与"法律问题"的区分》，载《中外法学》2011 年第 2 期。

4. 陈红梅：《南非诊所式法律教育对中国的启示》，载《西亚非洲》2008 年第 9 期。

5. 陈金钊、吴丙新、焦宝乾、桑本谦、陈其谋：《关于"法理分析"和"法律分析"的断思》，载《河南省政法管理干部学院学报》2004 年第 1 期。

6. 陈一琳、徐惠婷：《探究诊所式法律教育本土化的障碍与可行性》，载《现代物业（中旬刊）》2012 年第 4 期。

7. 陈中泽：《美国诊所式法律教育的特点与借鉴》，载《交通高教研究》2002 年第 2 期。

8. 成红、孙良琪：《论流域生态补偿法律关系主体》，载《河海大学学报（哲学社会科学版）》2014 年第 1 期。

9. 程乃胜：《何谓法理学——读庞德的〈法理学〉（第一卷）》，载《安徽大学法律评论》2004 年第 2 期。

10. 崔建远：《论法律关系的方法及其意义》，载《甘肃政法学院学报》2019 年第 3 期。

11. 管士寒、刘勤：《诊所式的法律教育的起源与发展》，载《云南大学学报（法学版）》2003 年第 4 期。

12. 郭航：《浅析公司股东资格取得的条件》，载《金融发展研究》2012 年第 8 期。

13. 郭欣：《论诊所式法律教育在法律职业伦理培养中的功能》，载《科教导刊》2012 年第 29 期。

14. 何志、何晓航：《为法律专家意见书"把脉"》，载《北京航空航天大学学报（社会科学版）》2012 年第 1 期。

15. 胡玉凌：《商事仲裁的保密性研究》，载《北京仲裁》2005 年第 4 期。

16. 黄皓、程捷：《论律师辩论背后的职业道德》，载《中国律师》2008 年第 12 期。

17. 建设、郭叶：《国内法律专业数据库之比较》，载《法律文献与信息研究》2008 年第 4 期。

18. 孔腾：《律师基本素质初探》，载《黑河学刊》2012 年第 3 期。

19. 李傲：《诊所法律教育的公益性》，载《法学研究》2006 年第 6 期。

20. 李东蕎：《法庭辩论技巧与应变》，载《法制与社会》2012 年第 31 期。

21. 李飞诚：《"8W"案例分析法——案例分析的一种基本方法》，载《职业》2012 年第 24 期。

22. 李奋军：《民警与当事人沟通时存在的问题及应对策略》，载《人民公安报》2017 年 2 月 6 日第 5 版。

23. 李红梅、杨茜：《诊所式法律教育模式本土化过程中的困境与解决对策分析》，载

《经济研究导刊》2011年第33期。

24. 刘治斌：《案件事实的形成及其法律判断》，载《法制与社会发展》2007年第2期。

25. 栾爽、平旭：《英国法律诊所教育研究——以谢菲尔德大学为例》，载《教育教学论坛》2017年第9期。

26. 庞琳、曾诚：《法律诊所教育模式的本土化障碍及对策》，载《医学与法学》2014年第3期。

27. 强世功：《法律共同体宣言》，载《中外法学》2001年第3期。

28. 秦勇、张洋洋：《"法律诊所"教学评价模式探析》，载《教育评论》2016年第9期。

29. 上官家乐：《法律关系分析方法在案例分析中的运用》，载《晋城职业技术学院学报》2011年第4期。

30. 沈月榕：《论劳动法律关系的主体》，载《经济研究导刊》2011年第11期。

31. 宋振江：《律师的哲学素养与执业技能》，载《中国律师》2013年第7期。

32. 孙英伟：《诊所式法律教育的探索与实践》，载《学周刊》2013年第11期。

33. 陶春明：《谈谈仲裁案件中的证据收集》，载《国际贸易》1993年第10期。

34. 王霁霞、任之初：《美国法律诊所教育的模式及实施条件研究》，载《中国法学教育研究》2015年第3期。

35. 王建国：《对人事仲裁证据制度中的一些认识》，载《人才资源开发》2006年第3期。

36. 王骏良、熊业华：《试述调解民间纠纷中语言表达技巧》，载《武汉公安干部学院学报》2013年第1期。

37. 王利明：《法学是一门科学》，载《人民法院报》2013年2月8日第7版。

38. 王岳华等：《关于做好基层法律咨询服务工作的几点建议》，载《基层政治工作研究》2014年第6期。

39. 吴艳云、陈科伟：《探究"事实问题"与"法律问题"的有效区分》，载《读天下（综合）》2017年第14期。

40. 于华江、李琳：《澳大利亚大学法律诊所教育课程设置解读》，载《中国农业教育》2006年第5期。

41. 袁钢：《法律诊所教学评价方法探究》，载《法学杂志》2011年第2期。

42. 张建伟：《关于刑事庭审中诱导性询问和证据证明力问题的一点思考》，载《法学》1999年第11期。

43. 张雪萍、宋子慧、闫国明：《军队律师审查军采合同浅议》，载《科技视界》2012年第9期。

44. 赵静波、司丙祯：《诊所法律教育的目标定位与法律人的职业伦理培养》，载《科教导刊》2017年第6期。

45. 赵霞：《论〈法律信息与文献检索〉课程设置的必要性》，载《亚太教育》2016年第 31 期。

46. 赵向华：《日本临床法学教育及对我国的启示》，载《东北师大学报（哲学社会科学版）》2015 年第 6 期。

47. 周伯煌、徐璐：《基于多元联动型的"法律诊所"教学评价模式研究》，载《法制博览》2021 年第 22 期。